THE STORMRIDER GUIDE
EUROPE
ATLANTIC ISLANDS

THE STORMRIDER GUIDE EUROPE – ATLANTIC ISLANDS
First published 2007 by Low Pressure Ltd ®

First edition 1992; Second edition 1995; Third edition 1998

Production Office
Unit 11 Efford Farm Business Park Bude Cornwall EX23 8LT

General Enquiries
Tel/Fax +33 (0)5 58 77 76 85   enquiries@lowpressure.co.uk

Creation of all road maps European Map Graphics Ltd. ©Low Pressure Ltd 2006

Creation of all other maps, graphic arrangement, pictograms, text and index
©Low Pressure Ltd 2007

Compilation of all weather and swell data ©YEP using Visual Passage Planner©

All rights reserved. No part of this book may be reproduced, stored in any retrieval system or transmitted in any form or by any means, electronic, mechanical photocopy, recording or otherwise without the express permission of the publishers and copyright owners.

The representation in this guide of a road is no proof of the existence of a right of way, likewise the frontiers shown do not imply any recognition or official acceptance on the part of the publishers. Surfing is a dangerous and addictive activity. The authors and publishers take no responsibility for accident, injury or loss as a result of using information contained within this guide.

A catalogue reference for this book can be obtained from the British Library.
ISBN Softback: 978-0-9539840-4-6

Reproduction and printing by Hong Kong Graphics and Printing
on 100% chlorine-free paper stock from managed forests.

THE STORMRIDER GUIDE
EUROPE
ATLANTIC ISLANDS

LOW PRESSURE

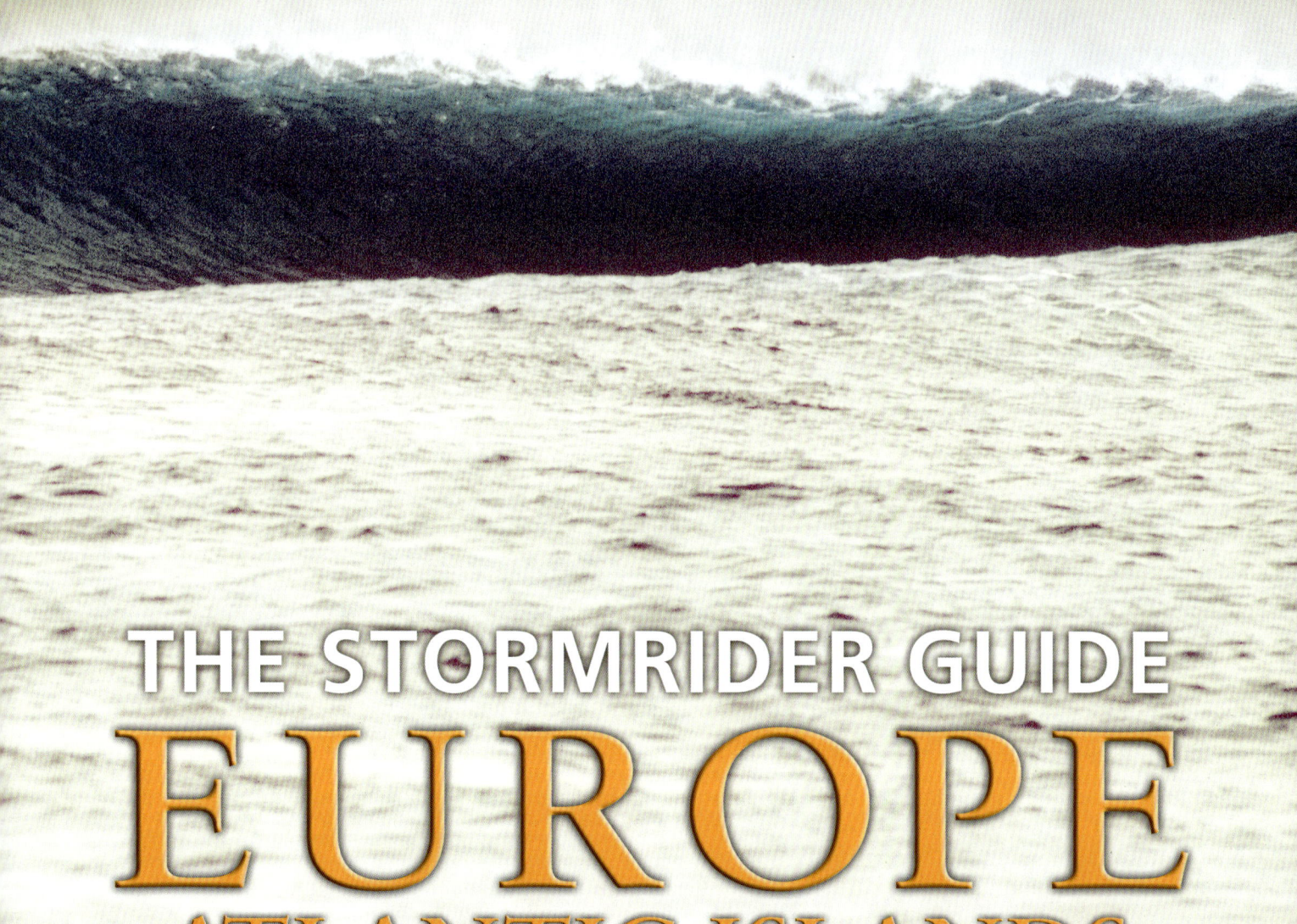

Foreword

In 1989, Ollie had a brainstorm on a building site and three years later, the first copy of The Stormrider Guide Europe hit the streets. Three editions and 18 years later, you would think we might have got faster, but this Atlantic Islands section represents the culmination of another three years hard graft. The real excitement from an editorial point of view was the chance to cover some new territory, while other tranches of coast that were effectively off the map in the third edition, required some further illumination.

Iceland was an obvious starter for the Atlantic Islands section. Researching the waves of the Reykjanes peninsula with the help of local legend Georg Hilmarsson was like entering a time warp as he spoke of maybe only a handful of surfers being able to handle the ferocious winter waves that pummel his coastline. Although surfing numbers are growing rapidly around Europe, beginners in Iceland have a tough task getting going, being faced with either one dangerous beachbreak or gnarly volcanic reefs as a learning venue, let alone the freezing water temps and snow storms. The other striking fact was how little of the coast had been properly explored and Georg was slowly making trips to the nether regions to get an inventory of the wealth of waves in the land of fire and ice. Scandinavia also presents extensive coastlines that have been under the radar – Dan had been part of two arctic expeditions to northern Norway round to the Russian border, and a true wilderness jaunt to Svarlbard, dodging icebergs and polar bears. Stavanger needed a full re-write from our old mate Erik the Viking who is still in shock as new bird-protection legislation keeps him from surfing a couple of Norway's best reefs in winter. Sweden's incredibly long coastline was only lightly covered last edition and blind spots like the Skaggerak and the Gulf of Bothnia intrigued us, not least because the west coast opening to the North Sea was shrouded in mystery and the fact that Bothnia was prone to freezing over! The vibe from the locals comes over as that of a fast maturing bunch making the best of what they've got and looking to shake off the curiosity label.

After many trips to the now famous NW coast of Ireland, it was a real pleasure to surf the unfashionable south coast of the Emerald Isle and meet some of the unassuming crew that ply the narrow lanes waiting for the epic days. A quick scout of Co. Donegal revealed a growing posse of concerned locals worried about over-exposure of their secret spots, but this area has a wealth of possibilities in the ever-changing weather conditions and we stuck to covering spots visible from the main road, leaving much to the imagination.

Right through Wales, England and especially Scotland, the calibre of the surf break information was improved dramatically, thanks to Sharpy and his network of home-grown shredders. Some of the previously considered marginal coastlines have emerged as bona fide surf scenes along the Channel coast, Kent, East Anglia and beyond. The Orkneys, Shetlands and Faeroes will remain on the fringe, despite locals contacting us and offering help, but present a tantalising possibility for future editions.

12 years ago when we first researched the Azores, the fledgling community was ultra-protective and we only published a general overview of the chain. This time, Dan and I hooked up with some of the original, pioneering crew on three of the islands and found a much more welcoming vibe. The Azores will always be somewhat crowd-protected by their geographic position, inclement weather, and complete dearth of sandy beaches let alone the heavy waves and expense of getting there. Basically, when the surf is firing, there are far too many waves for the locals to handle and although certain spots do get crowded, there is great potential for surfers who like both their waves and boards to be long and thick.

Madeira has been victim to many an environmental disaster thanks to coastal armouring, so Save The Waves director and self-confessed Madeira addict, Will Henry gave us the low-down on the Jardim situation, plus a bunch of other spots that are now on the map for the regular winter chargers that love the power of this big-wave haven. Like Iceland, Madeira and some Azorean islands suffer from the lack of beginner-friendly breaks, prompting one local to tell me "the kids have been brought up on rocks and would probably choke on sand!"

Just about all the Canary Islands needed more space for the updated info that was coming in, although not all of it was good news. Reports of localism gone mad were coming in from Lanzarote, making the inclusion of some breaks a moot point, but it seemed better to forewarn than allow the playground bullies to keep all the best rides for their own selfish pleasure. Some breaks were taken out as a safety measure, but Gran Canaria and Tenerife have got new spreads allowing breathing space for new spots and photos.

It should be getting boring by fourth time round but in fact it has been an enlightening and regenerative trip round this awe-inspiring continent and its island satellites. The frontiers continue to expand, leaving plenty of room for surprises, while the mainstream media continue to devour all things surf, helping fuel the burgeoning European surf culture that's obviously in rude health.

Keep paddling,
Bruce Sutherland

This spread – **Paul do Mar, Madeira**
Previous spread – **Thurso East, Scotland**
Cover – **El Quemao, Lanzarote**
PHOTO: TIMO JARVINEN

Publishing Directors Dan Haylock Ollie Fitzjones Bruce Sutherland

Editor Bruce Sutherland

Design and Production Dan Haylock

Advertising and Distribution Ollie Fitzjones

Sub-Editor/Proof Reader Vik Sell

Translation Joachim Grenier Bruno Morand

Production Assistant Nick Farrow

Accounts Andrea Fitzjones

Cartography European Map Graphics Ltd

Relief Shading Anderson Geographics

Editorial Contributors
Tony Butt Richard Hardy Georg Hilmarsson Jan-Erik Jensen Goran Sivertsson Peter Klang Roger Sharp Andrew Hill Ian Hill Aidan Browne Matt Britton Iain Gilmour Oliver Longuet Stuart Butler Al Mackinnon William MacLean João Brilhante João Monjardino Amaro Soares Victor Soares Will Henry Tim Jones Sigi Opitz Ruben Grimon

Photographic Contributors
Jakue Andikoetxea Andy Bennett Christian Black Ricardo Bravo João Brilhante Matt Britton Stuart Butler Peter Carlweitz Diva Cory Sarah Dickson Juan Fernandez Luke Fox Gecko Paul Gill Rob Gilley Iain Gilmour Jez Goffin José Gonzales Ruben Grimon Dan Haylock Will Henry Andrew Hill Gary Hill Georg Hilmarsson Phil Holden Mark Iles Anders Inglesten Timo Jarvinen Michael Kew Gary Knights Frederic le Leannec Oskar Lindholm Olivier Longuet Damien Poullenot Al Mackinnon Greg Martin Laurent Masurel Louise Millais Brian Nevins Joe Newson Bevis Nickel Rob Nunan Tim Nunn Yassine Ouhilal Paipal Kristen Pelou Kristin Prisk Pete Ridgewell Pete Roberts Pete Robinson Jamie Russell Jerry Saunders Truls Schaal Tim Scott David Seri Roger Sharp Goran Sivertsson Tomas Sjoberg Andres Soares Graham Sorensen Ester Spears Bruce Sutherland Wilbur Tilley Patrice Touhar Mathieu Turries Martin Turtle Willy Uribe João Valente Sergio Villalba Neil Watson Dan Watson Julian Wicksteed Alex Williams

Special Thanks
Tiki Yatos Antony "YFP" Colas Alex Dick-Read Drew Kampion Patagonia Simon Mahomo Pete Feehan Marc Hare Kore Antonsen Dave Sims Hayder Tuinama Camilo Gallardo Nicky Kelly Matt Nash Paloma Vega and all at Ties 60 Amelia Rosado Tom and Ulrich Hautzel Tim Rainger

Extra Special Thanks
Sheila Dillon Ty Ryder Jake Shani and Marla Fitzjones
Sue and John Haylock Jo Finn Maisie and Megan
Louise Anna Ella Jamie Aedan & Beanie Millais.

The Stormrider Guide Europe

Contents

INTRODUCTION 8
The Creation of Wind	10
Creation of Swell and Surf	12
Tides	14
Swell Forecasting	16
The Ocean Environment	20

ICELAND & SCANDINAVIA 26
The Surf	28
The Ocean Environment	32
Travel Information	36
Rekjanes Peninsula, Iceland	38
Norway	40
Jæren	42
Sweden – West	44
Sweden – East	46

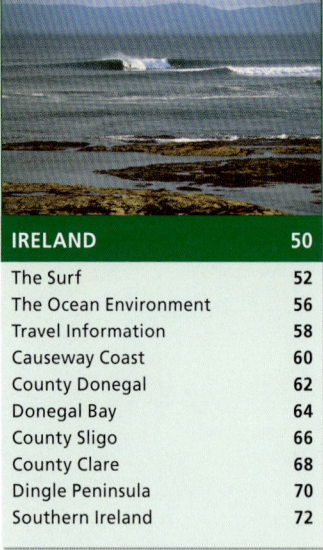

IRELAND 50
The Surf	52
The Ocean Environment	56
Travel Information	58
Causeway Coast	60
County Donegal	62
Donegal Bay	64
County Sligo	66
County Clare	68
Dingle Peninsula	70
Southern Ireland	72

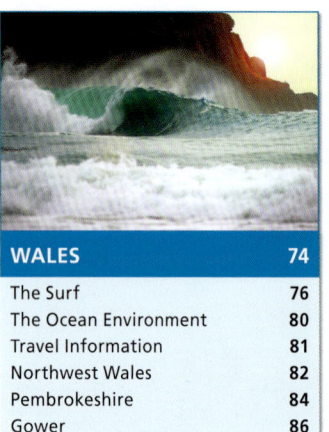

WALES 74
The Surf	76
The Ocean Environment	80
Travel Information	81
Northwest Wales	82
Pembrokeshire	84
Gower	86
Glamorgan	88

ENGLAND 92
The Surf	94
The Ocean Environment	98
Travel Information	100
North Devon	102
North Cornwall	104
Newquay	106
West Cornwal	108
South Cornwall & Devon	110
The Channel Islands	112
Southern England – West	114
Sothern England – East	116
East Anglia	118
Yorkshire	120
Northeast England	122

SCOTLAND 124
The Surf	126
The Ocean Environment	130
Travel Information	131
Southeast Scotland	132
Moray Firth	134
Caithness – East	136
Caithness – West	138
Sutherland	140
Outer Hebrides	142
The West Coast	144

AZORES 148
The Surf	150
The Ocean Environment	154
Travel Information	156
Sao Miguel – North	158
Sao Miguel – South	160
Terceira	162
Sao Jorge	164

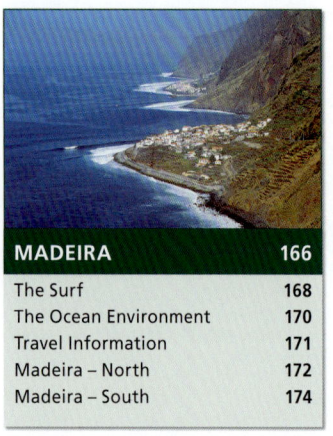

MADEIRA 166
The Surf	168
The Ocean Environment	170
Travel Information	171
Madeira – North	172
Madeira – South	174

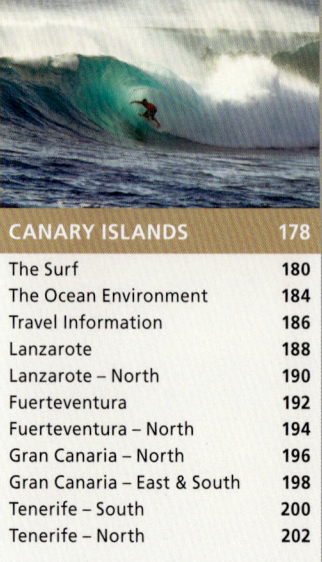

CANARY ISLANDS 178
The Surf	180
The Ocean Environment	184
Travel Information	186
Lanzarote	188
Lanzarote – North	190
Fuerteventura	192
Fuerteventura – North	194
Gran Canaria – North	196
Gran Canaria – East & South	198
Tenerife – South	200
Tenerife – North	202

AZORES Ponta Delgada

CONTENTS 7

Introduction

Sprinkled over the vast North Atlantic from the arctic north to the sub-tropical south, the Atlantic Islands offer an unrivalled diversity of surf. With angry ocean on all sides, these wonders of plate tectonics and volcanic activity possess all the attributes to produce waves of power and consequence. Even the continental shelf surrounding the British Isles and Scandinavia does little to restrain the Atlantic swell trains that regularly rattle through. Heightened environmental awareness is the catalyst for change as battle lines are drawn on both industrialised North Sea shores and over-developed tourist beaches in the Canaries. A new breed of local surfer is pushing the frontiers, unafraid of thick rubber, thick tubes and attacking the waves on the fringe of the European experience.

Les îles de l'océan Nord Atlantique se dispersent de l'Arctique jusqu'au Sahara, offrant une diversité des plus alléchantes pour le surf. Bordées de tous côtés par l'océan, ces îles issues des activités tectoniques et volcaniques possèdent en effet tous les attributs pour produire des vagues consistantes et puissantes. La présence d'un plateau continental autour des îles Anglaises et de la Scandinavie n'atténue que guère les fréquents trains de houles qui s'y présentent. Face à une tension croissante tant sur les plages surexploitées des Canaries que sur les rivages industrialisés de la mer du Nord, seule une meilleure prise de conscience des enjeux environnementaux semble à même d'initier un réel changement. Une nouvelle race de surfer s'attache à repousser les frontières du surf , sans crainte des tubes caverneux ni des combis épaisses, jusque dans les derniers recoins de l'Europe.

NORTH ATLANTIC OCEAN

The Creation of Wind

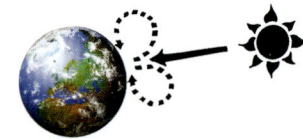

The earth's weather is a complex system designed to redistribute the heat energy that the sun delivers. The sun's rays strike the equatorial regions with more concentration, causing the surrounding air to be heated. This lighter, hot air rises in updrafts, then travels towards the poles, high in the atmosphere. When it cools, the air sinks down to sea level and returns towards the equator, replacing the warm air and completing the heat exchange process. These parcels of air are measured by barometric pressure whereby falling air increases sea-level pressure resulting in a high pressure and rising air decreases the sea-level pressure so it is called a low pressure. The air in a high pressure is attracted to areas of low pressure and rushes towards it, creating winds. The rotation of the earth deflects the wind from taking a direct route between a high and a low pressure, a phenomenon known as the Coriolis force. In the northern hemisphere, this causes the air to spin clockwise around a high pressure and anti-clockwise around a low pressure. The winds spin in the opposite direction in the southern hemisphere and these rotations are mirrored by the ocean currents. The Coriolis effect is also responsible for bending any wind (or pressure system) in the northern hemisphere to the right of its direction of travel. This right turn will be regardless of which way it is flowing between the equator and the poles and will therefore be a left arc for winds south of the equator. This produces the NE and SE trade winds that blow towards the equator from each hemisphere and also angles the mid-latitude westerlies from the NW and SW respectively. Besides these two dominant bands of circulating winds, there are polar cells at the extremities of the planet and doldrums directly over the equator.

A low pressure or depression will form when a small perturbation in pressure and temperature exists. The warm, lighter air slides over the top of the cold, denser air. If conditions are right this will lead to a self-perpetuating vortex. These mid-latitude systems become more energetic in the winter when the temperature difference between the equator and the poles increases. A primary influence on the west to east movements of these weather systems is the flow of air in the upper atmosphere called the jet stream. The jet stream moves at much higher speeds than the surface air and dictates the speed, intensity and trajectory of surface weather systems.

The two polar jet streams meander gently from north to south. Beneath them large frontal systems form along the boundary between polar and tropical air masses.

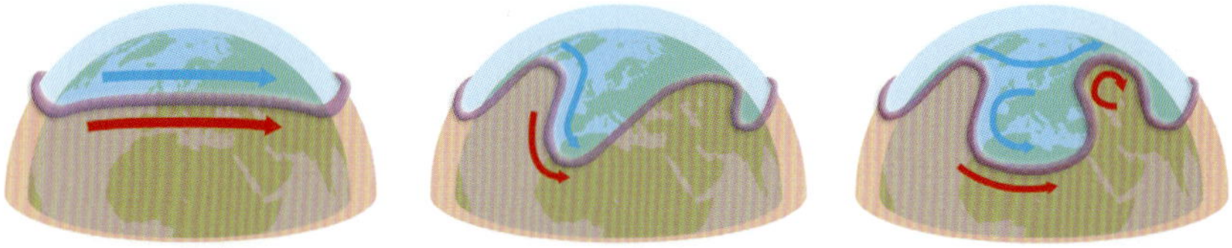

High level jet stream | Meandering waves called Rossby waves | Meanders produce rotating frontal weather systems

A jet stream that takes a polar heading will create surface low pressures that deepen, while a jet leading towards the equator will cause the low to fill and fizzle out.

The most violent of all low pressures are formed over warm, tropical oceans when huge differences in temperature get a storm spinning extremely fast. Massive amounts of water vapour are drawn up into the vortex of these destructive tropical storms that are known by different names around the world. Hurricane is used in the Atlantic and north-eastern Pacific, typhoon is the word for the north-western Pacific and cyclone is favoured in the south-western Pacific and Indian Ocean.

There would be no surf without surface winds, which follow the patterns of the upper atmosphere jet stream.

Thurso East

AL MACKINNON

Europe's Oceans and Seas

The Atlantic Ocean   82,000,000km²
The Atlantic is the world's second largest ocean with 22% of the global sea area, but it's only half the size of the Pacific. Bisected by the equator, the greatest distance from east to west in the North Atlantic is Morocco to Florida – 7,200km and 9,600km from Guinea to Brazil in the South Atlantic. The average depth is 3,660m and the deepest point of 8,648m is in the Puerto Rico Trench.

The North Atlantic is the windiest and roughest ocean with strong winter westerlies of over 55kmh (35mph) generating a band of seas greater than 5m (15ft) between Nova Scotia and the UK. There is significant seasonal variation with much milder conditions occurring in summer. The NE trade winds blowing from the sub-tropical highs (around 30°N) towards the equator are sustained throughout the year but are weaker than those in the North Pacific. Overall, the Atlantic trades are the weakest of all oceans. The strongest swells occur in winter and spring, produced by the westerly winds in the 30° to 60° zone, sending the biggest waves to the eastern shore of the basin in Europe.

L'Océan Atlantique est le second plus grand océan du monde, avec 22% de la surface des mers et océans de la planète, mais il est deux fois moins grand que le Pacifique. Il est séparé en deux par l'Equateur, la plus grande largeur d'Est en Ouest dans l'Atlantique Nord va du Maroc à la Floride avec 7200km ; dans l' Atlantique Sud la plus grande largeur est de 9600km de la Guinée jusqu'au Brésil. La profondeur moyenne est de 3660m avec un maximum de 8648m dans la fosse de Puerto Rico.

C'est le plus venté et le plus agité des océans, avec en hiver des vents forts d'O de plus de 55km/h et toute une zone avec des creux de plus de 5m entre la Nouvelle-Écosse et le Royaume-Uni. Les variations saisonnières sont bien marquées avec un été beaucoup plus doux. Les alizés de NE soufflent tout au long de l'année vers l'Equateur depuis les hautes pressions subtropicales situées vers 30°N, mais ne sont pas aussi forts que dans le Pacifique Nord ; ils sont globalement plus faibles que sur les autres océans. Les plus grosses houles se manifestent en hiver et au printemps, générées par les vents d'O entre 30°et 60° de latitude N ; on aura les plus grosses vagues du côté E du bassin océanique, c'est-à-dire en Europe.

The North Sea   750,000km²
Sitting on the continental shelf in the NW corner of Europe, the North Sea is a relatively shallow body of water with an average depth of 95m and a maximum depth of 700m off Norway. It represents a tiny 0.2% of the water surface of the earth. It is open to the Atlantic in the north and via the English Channel and connects to the Baltic Sea via the Kattegat. North Atlantic weather systems bring predominantly westerly winds and some NW-N groundswell but windswells are more common, especially in the summer months.

Située sur le plateau continental au NO de l'Europe, la Mer du Nord est une masse d'eau relativement peu profonde : 95m en moyenne et un maximum de 700m au large de la Norvège. Elle ne représente que 0.2% des eaux de surface de la Terre. Reliée à l'Atlantique par le N et par la Manche, elle rejoint aussi la Mer Baltique via la Kattegat. Les dépressions sur l'Atlantique Nord entraînent un régime dominant de vents d'O avec quelques houles de fond de N-NO mais les houles de vent sont les plus fréquentes, surtout en été.

The Mediterranean Sea   2,505,000km²
This is the world's largest enclosed sea, measuring approximately 3,900km long from west to east with a maximum width of 1,600km from north to south. The 'Med' is deep, plumbing 5,267m in the Ionian Sea and hits an average depth of 1,500m. This 'inland ocean' is subdivided into many (25) smaller seas and gulfs and is fed by the Atlantic through the narrow Straits of Gibraltar, 14km wide, which strangle tidal movement in the Med to almost nothing. Most weather systems are spawned in the Mediterranean Sea but are directly affected by the passing of the mid-latitude Atlantic depressions to the north and west. Winds can be strong and come from a variety of directions with no overriding directional trend, resulting in windswells being the dominant swell type.

C'est la plus grande mer fermée de la planète, mesurant approximativement 3 900km de long d'E en O avec une largeur maximum de 1600km du N au S. C'est une mer profonde, atteignant 5 267m dans la Mer Ionienne avec une moyenne de 1500m de profondeur. Ce véritable 'océan continental' est divisé en de nombreuses petites mers(25) et golfes, avec un débouché sur l'Atlantique par le Détroit de Gibraltar, qui ne fait que 14km de large, ce qui empêche quasiment tout mouvement de marée en Méditerranée. La plupart des systèmes dépressionnaires naissent au-dessus de la Méditerranée mais ils sont directement affectés par le passage des dépressions des latitudes moyennes sur l'Atlantique au N et à l'O. Les vents peuvent y être forts et de directions variées sans prédominance marquée, ce qui fait que l'on a le plus souvent des houles courtes de vent.

THE CREATION OF WIND

Land and sea breezes are a small scale version of the global convection currents governed by heat. During the day, the land quickly heats up and hot air starts rising. This brings in cool air from the sea in the form of the afternoon onshore sea breeze. At night when the land cools, the flow is reversed and the offshores blow. These are the forces that drive the monsoon, which is basically a powerful land or sea breeze depending on the season.

Le temps sur notre planète est un système complexe destiné à redistribuer la chaleur reçue par le Soleil. Ses rayons frappent les régions équatoriales de façon plus forte, et réchauffent l'air environnant. Cet air plus chaud et plus léger va ensuite monter sous forme de courants ascendants pour rejoindre les régions polaires à une grande altitude. Se refroidissant, il redescend jusqu'au niveau de la mer et retourne vers l'Equateur pour remplacer l'air chaud ascendant, terminant ainsi le cycle de régulation thermique. Ces masses d'air sont mesurées par la pression barométrique : l'air descendant augmente la pression au niveau de la surface de la mer (anticyclone) tandis que l'air ascendant entraîne une chute de la pression (dépression).

L'air des hautes pressions est attiré vers les zones de basses pressions : c'est le vent. La rotation de la Terre fait qu'au lieu d'aller de l'anticyclone vers la dépression en ligne droite, le vent va être dévié. On appelle ce phénomène la force de Coriolis, qui fait tourner le vent dans le sens des aiguilles d'une montre autour d'un anticyclone dans l'hémisphère Nord, et dans le sens inverse autour d'une dépression. C'est le contraire dans l'hémisphère Sud. Les courants marins suivent également le sens de ces rotations. La force de Coriolis affecte également n'importe quel vent ou système de pressions, en le faisant dévier vers la droite de sa trajectoire.

Cette déviation vers la droite est observée quelle que soit le sens de déplacement entre l'Equateur et les pôles ; elle s'effectue vers la gauche dans l'hémisphère Sud. Cela produit donc des vents de NE et SE pour les alizés soufflant vers l'Equateur depuis chaque hémisphère, tandis quem les vents d'O aux latitudes moyennes sont aussi déviés vers le NO et le SO respectivement. En dehors de ces deux zones de vents circulaires dominants, on trouve des cellules de vent aux pôles et des zones sans vent juste au-dessus de l'Equateur.

Une dépression va se former lorsque la pression et la température subissent de petites perturbations. L'air plus chaud et plus léger va monter au-dessus de l'air plus froid et plus dense. Si les conditions sont réunies, un tourbillon va se former et s'auto-entretenir. Ces dépressions aux latitudes moyennes se renforcent en hiver à cause de la plus grande différence de température entre les pôles et l'Equateur. L'influence majeure sur le déplacement d'E en O de ces systèmes dépressionnaires est à chercher dans le flux d'air dans la haute atmosphère qu'on appelle le courant-jet. Il va à une vitesse bien plus grande que les vents de surface et va déterminer la vitesse, l'intensité et la trajectoire des dépressions au niveau de la mer. S'il est plutôt dirigé vers le pôle, ces dépressions vont avoir tendance à se creuser tandis que s'il est plutôt dirigé vers l'Equateur, celles-ci vont se combler rapidement.

Les dépressions les plus violentes se forment au-dessus des océans chauds tropicaux, où des différences de températures très marquées vont faire tourner les vents très rapidement autour du centre de basse pression. D'énormes quantités de vapeur d'eau sont aspirées dans le vortex de ces tempêtes tropicales dévastatrices, appelées différemment selon l'endroit : ouragan dans l'Atlantique et le Pacifique NE, typhon dans le NO du Pacifique et cyclone dans le SO du Pacifique et l'Océan Indien.

Les brises thermiques de terre et de mer sont une version à échelle réduite des courants de convection régis par la chaleur. Pendant la journée, la terre se réchauffe rapidement et l'air chaud commence à s'élever. De l'air plus froid venu de la mer vient alors le remplacer sous la forme de vents onshore l'après-midi. La nuit quand la terre se refroidit, le système s'inverse et le vent offshore se lève. C'est le même phénomène qui s'applique pour les moussons, qui sont en fait des brises thermiques puissantes, de terre ou de mer selon la saison.

Currents and Upwelling

These vast moving belts of water convey warm water from the equator and return cold water from the poles. Like a big heat exchanger, currents (and winds) keep the earth evenly distributed with warmth. Surface currents are mainly wind driven and can move extremely quickly (from 10km up to 220km per day) while deep ocean currents barely move (1m per day) and work on differences in ocean density and salinity. Open ocean, wind driven surface currents form large round circulation patterns known as gyres. As with the wind, they circulate in a clockwise direction in the northern hemisphere and anti-clockwise in the south. While the wind is the major motivating force, the currents do not follow the exact same path, because the Coriolis effect steps in to alter the current's course. Northern hemisphere currents will swing to the right (clockwise) of the dominant wind direction, while it's left and anti-clockwise south of the equator. Wherever there is a cold current heading back to the equator combined with trade winds blowing away from the land, the phenomenon of upwelling occurs. Warmer surface water is driven offshore and colder water rises up from depth to replace it. This colder water is usually rich in biological species, which is fortunate because these areas of upwelling are almost exclusively situated next to deserts.

Europe's Winds and Currents

Wind Types

Westerlies blow in the mid-latitudes (30° to 60°) and produce the groundswells. The rotation of the earth causes them to blow more NW in the northern hemisphere and more SW in the southern hemisphere.

Les vents d'Ouest soufflent au niveau des latitudes moyennes (entre 30° et 60°) en générant des houles de fond. La rotation de la terre les fait dévier vers le NO dans l'hémisphère Nord et vers le SO dans l'hémisphère Sud.

East Trades blow in the sub-tropical latitudes (5° to 30°) and produce constant small windswell. They tend to blow more NE in the northern hemisphere and more SE in the southern hemisphere.

Les alizés soufflent au niveau des latitudes subtropicales (entre 5° et 30°) et créent constamment de la houle de vent. La rotation de la terre les fait dévier vers le NE dans l'hémisphère Nord et le SE dans l'hémisphère Sud.

Currents

- Warm Current
- Cold Current
- Warm Local Current
- Cold Local Current
- Area of upwelling

De grandes zones de courants font circuler l'eau chaude depuis l'Equateur et rapatrie l'eau froide des pôles. Agissant comme un grand régulateur thermique, les courants (et les vents) répartissent la chaleur reçue sur la Terre. Les courants de surface sont principalement régis par le vent et vont très vite (de 10km à 220km par jour) alors que les courants de profondeur bougent à peine (1m par jour) et dépendent des différences de densité et de salinité de l'eau. Les courants de surface au large forment de grands cercles appelés gyres. Comme pour le vent, ils circulent dans le sens inverse des aiguilles d'une montre dans l'hémisphère N et inversement dans l'hémisphère S. Si le vent est leur moteur principal, les courants ne suivent pas exactement la même trajectoire à cause de la force de Coriolis. Les courants sont déviés vers la droite de la direction du vent dominant dans le sens inverse des aiguilles d'une montre dans l'hémisphère N et inversement dans l'hémisphère S. Le phénomène d'upwelling se produit là où on trouve un courant froid qui revient vers l'Equateur avec des alizés soufflant vers le large d'une côte. L'eau chaude est poussée vers le large tandis que l'eau froide du fond vient la remplacer, généralement très riche en vie marine, ce qui est une chance pour ces côtes qui sont presque toujours désertiques.

Wind strength measured with the Beaufort scale				
Force	Strength	km/h Speed	mph	Land Actions
F0	calm	0-1.5	0-1	Smoke rises vertically
F1	light air	1.6-6.3	1-3	Smoke drifts slowly
F2	light breeze	6.4-11	4-7	Wind felt on face; leaves rustle
F3	gentle breeze	12-19	8-12	Twigs move; light flags unfurl
F4	moderate breeze	20-29	13-18	Wind moves dust and paper; twigs move
F5	fresh breeze	30-39	19-24	Small trees sway; wavelets on inland waters
F6	strong breeze	40-50	25-31	Large branches move; whistling in telegraph lines
F7	near gale	51-61	32-38	Whole trees sway; difficult to walk against wind
F8	gale	62-74	39-46	Twigs break off trees; very difficult to walk
F9	strong gale	75-87	47-54	Roof tiles blown down
F10	storm	88-101	55-63	Trees uprooted; considerable damage to buildings
F11	violent storm	102-117	64-73	Widespread damage to buildings
F12	hurricane	118+	74+	Devastating damage

The Stormrider Guide Europe

The Creation of Swell

The main creator of rideable waves is wind blowing over the surface of the water. The wind comes in different strengths and goes by different names but essentially, it always has the same affect on wave creation. Wind blows across the surface of the globe from the four points of the compass and everything in between, but it also changes direction in the vertical plane, exerting a downward pressure on the surface of the sea. At first, this produces ripples on a calm surface, which are then easier for the wind to get a grip on and increase their size. This two-part process starts with the ripples or capillary waves, which are still small enough to be pulled back down by surface tension. As the ripples grow, small disturbances of rotating air form between the ripples adding more height to the waves, which in turn creates more uniform pockets of turbulence between the quickly growing waves. Surface tension is no longer strong enough to restore the rippling disturbance and gravity now attempts to push the waves back down. This self-perpetuating cycle increases wave height exponentially until gravity limits further growth and the wave reaches saturation point. The wave height can also be limited by white-capping, where storm force winds literally blow the tops off the cresting waves. The main factors that determine the size of the waves will be the strength and duration of the wind plus the fetch, meaning the distance over which the wind blows.

The Peak, Donegal Bay — ROGER SHARP

Le principal facteur pour avoir des vagues surfables est l' action du vent sur une étendue d'eau. Il y a toutes sortes de vents avec autant de noms différents, mais tous ont fondamentalement le même effet sur la création des vagues. Le vent souffle de toutes les directions possibles à la surface de la Terre, mais il peut aussi changer de direction sur le plan vertical, en exerçant une force vers le bas sur la mer. Cela produit au début de petites rides sur une surface calme, qui vont ensuite offrir plus de prise au vent, ce qui va faire augmenter leur taille. Ce processus comporte deux phases et commence par ces vaguelettes ou vagues capillaires, qui sont encore assez petites pour être retenues par la tension capillaire de l'eau. Alors que les vaguelettes grossissent, des petits tourbillons d'air vont se former entre celles-ci, contribuant à la croissance des vagues, ce qui en retour donne de plus grandes poches de turbulence entre les vagues. La tension capillaire n'est alors plus assez forte pour empêcher ces perturbations et la gravité essaie maintenant de faire redescendre les vagues. Ce cycle s'entretient de lui-même et augmente la taille des vagues de façon exponentielle jusqu'à ce que la gravité empêche d'aller plus loin et que la taille des vagues atteigne un seuil de saturation. Celle-ci peut également être limitée par le moutonnement, car par forte tempête le sommet des vagues peut être littéralement arraché par le vent. Les principaux facteurs qui déterminent la taille des vagues sont la force, la durée du vent, et le fetch, qui est la distance sur laquelle s'exerce le vent.

Starting as capillary ripples, waves will continue to grow as long as the wind keeps blowing, until gravity causes saturation point to be reached.

Swell Generation

Groundswell

Groundswell is defined as swell which has left the generating area and is propagating on its own, or "freewheeling". Produced by mid-latitude depressions between 30° and 60°. These low pressures travel from the west to the east so therefore send out more W swells than E. Waves are not affected by the Coriolis force, as they are just travelling energy, not material. Waves travel in great circular routes around the globe. Groundswells are the most consistent, powerful and sizeable of the ocean swells and are capable of travelling vast distances.

La houle de fond est une houle qui a quitté la zone qui l'a générée et qui se propage d'elle-même par gravité. Elle est produite par les dépressions aux latitudes moyennes entre 30 et 60 degrés. Ces dépressions se déplacent d'E en O et par conséquent génèrent plus de houle vers l'O et que vers l'E. Les vagues ne sont pas affectées par la force de Coriolis, car ce n'est que de l'énergie qui se déplace et non pas de la matière. Elles voyagent en formant des grands cercles concentriques tout autour de la planète. Les houles de fond sont les plus fréquentes, les plus puissantes et les plus hautes et peuvent se propager sur de très longues distances.

Windswell

Also called windsea, this type of swell still has the wind transferring energy from atmosphere to ocean, hopefully with enough fetch and duration to create rideable waves. Windswell is most prevalent where the east trades blow and its direction is totally governed by the wind. Most of the surf produced in the North Sea, Baltic and Mediterranean is courtesy of windswells, which are usually short lived, short period and disorganised, with little in the way of discernable swell lines.

La houle de vent, appelée aussi mer du vent, ce type de houle se rencontre dans la zone de transfert d'énergie atmosphère-océan, et donnera des vagues surfables s'il y a assez de fetch et que le vent souffle assez longtemps. Cette houle est présente dans les régions où souffflent les alizés, sa direction dépendant entièrement de celle du vent. La plupart des vagues rencontrées dans la mer du Nord, la Baltique et la Méditerranée sont de ce type, elles sont mal organisées et durent en général peu longtemps avec une période courte, les lignes étant mal définies.

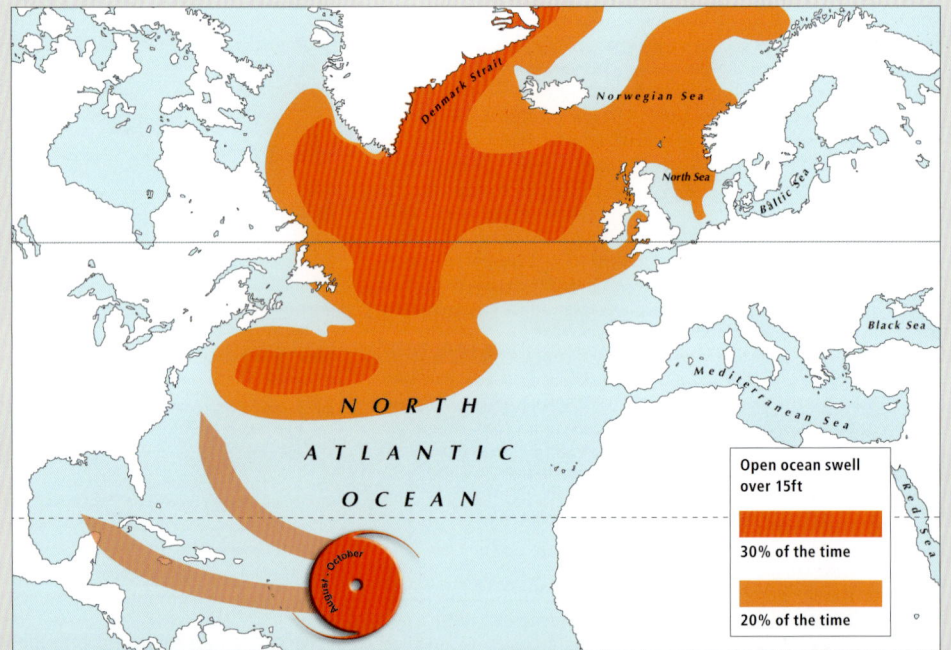

Open ocean swell over 15ft
- 30% of the time
- 20% of the time

Tropical Storm Swell

Hurricane, cyclone or typhoon swells are technically groundswells, born in sub-tropical latitudes (10° to 30°) by depressions often travelling from east to west. This produces more E swells than W but any swell direction is possible. Tropical storms only form at certain times of the year when the temperature contrasts between air and sea are at a maximum. These unpredictable, seasonal swells can produce a significant amount of sizeable waves as the storms can be slow moving. Hurricanes, cyclones and typhoons are given people's names from pre-determined alphabetical lists that alternate between male and female. Hurricanes are common off the east coast of North America, sending long-range swells to Europe.

Houle de cyclon – Ouragans, typhons et cyclones sont techniquement des houles de fond qui naissent aux latitudes subtropicales (entre 10° et 30°) grâce à des dépressions se déplaçant souvent d'E en O. Cela donne plus de houle d'E que d'O, mais toutes les directions restent possibles. Les dépressions tropicales ne se forment que pendant une partie de l'année lorsque le contraste thermique entre l'air et l'eau est à son maximum. Ces houles imprévisibles et saisonnières peuvent représenter une source importante de bonnes vagues lorsque les dépressions se déplacent lentement. Les cyclones ont chacun un nom donné selon un ordre alphabétique prédéterminé en alternant les prénoms féminins et masculins. Ils sont fréquents sur la côte E de l'Amérique du Nord et envoient de la houle très loin jusqu'en Europe.

Propagation, Dispersion and Grouping

Once the wind has done its job and the waves begin to travel or propagate away from the source, they organise themselves into lines of swell. As the swell fans out, the waves lose some height, which happens at a set rate. This is called circumferential dispersion, and the further a swell travels, the more this process will cause it to spread out. The width it spreads out is directly proportional to the distance it has travelled. For every doubling of the propagation distance, the height reduces by about one-third, which doesn't include other height reducing factors like white-capping and opposing winds in the propagation path.

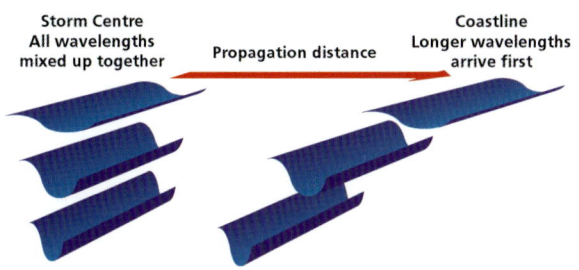

When swells travel away from the storm those with a longer wavelength travel faster and overtake shorter wavelength swells.

Radial dispersion is the term used to describe how swell cleans itself up into the orderly lines that surfers love to see hitting their local beach. This revolves around wave speed, which is governed by how far apart each wave is, known as wavelength. The longer the distance between two crests, the faster the waves will travel across the open ocean. When the swell is first created, many different wavelengths will be mixed in together, producing messy, disorganised waves. As the swell starts to propagate away, the faster waves with the longer wavelengths will progressively overtake the slower, shorter wavelength swells. Given enough time and distance, the faster swells will hit the coast first, bringing the clean, well-spaced corduroy lines that produce quality surf. The shorter wavelength swells will arrive later with less organisation and power, and some of the weaker, choppy waves won't even make it at all. Differences in wavelength are also responsible for the creation of sets. Technically referred to as wave grouping, sets are the result of two different swells travelling in the same direction and merging together. When the peaks of two different wave-trains coincide, a larger wave will result. However, when the peak of one wave-train coincides with the trough of another, a cancelling out effect occurs, resulting in the dreaded lulls at the beach. There are other complicated influencing factors and most non-surfing oceanographers are theoretically dismissive of wave grouping, indicating that further research is necessary to understand sets.

Une fois que le vent a fait son travail et que les vagues commencent à se propager en dehors de leur zone de création, elles vont s'organiser en formant des lignes de houle. Plus elles s'éloignent et plus elles perdent en taille, à un rythme prédéterminé. On appelle ceci la dispersion concentrique. La zone de dispersion de la houle est directement proportionnelle à la distance depuis le départ de celle-ci. A chaque fois que cette distance double, la taille se trouve réduite d'un tiers. Il faut également tenir compte d'autres facteurs diminuant la taille des vagues, comme le moutonnement au large ou les vents contraires.

La dispersion radiale est le terme usité pour décrire la façon dont la houle va s'ordonner pour donner les vagues propres que les surfers affectionnent. Tout dépend de la vitesse de la houle, qui est en relation avec la distance qui sépare chaque vague, appelée longueur d'onde. Plus celle-ci est grande, plus les vagues vont se propager vite au large. Pendant la phase de création de la houle, plusieurs longueurs d'onde différentes s'entrecroisent, ce qui donne une mer hachée. S'il y a suffisamment de distance et de temps de propagation, les houles les plus longues et les plus rapides vont donc aborder les côtes en premier, donnant du surf de qualité avec des lignes propres et bien espacées. Les vagues aux longueurs d'onde plus courtes vont arriver plus tard, moins ordonnées et moins puissantes, tandis que les vagues les plus faibles n'arriveront même pas à rejoindre la côte. Pendant la phase de propagation, les vagues avec la plus grande longueur d'onde vont alors progressivement doubler les autres. Les différences de longueur d'onde sont aussi à l'origine de l'existence de séries de vagues. Ce qu'on appelle scientifiquement le groupement de vagues est le résultat de deux houles voyageant dans la même direction et qui se superposent. Quand le sommet d'un train de houle coïncide avec le creux d'un autre, il se produit un effet d'annulation qui aplatit les vagues : ce sont les moments de calme que l'on ressent quand on surfe. Il y a d'autres facteurs complexes qui rentrent en jeu et la plupart des océanographes qui ne surfent pas n'ont pas encore établi de théorie valable pour expliquer les groupes de vagues, indiquant qu'il faut continuer à faire des recherches pour comprendre la formation des séries.

The Creation of Surf

Speed, Shoaling and Refraction

Wavelengths are also a major factor in determining the speed of waves. A straightforward equation is used for the velocity of deep water waves. Speed is equal to the wavelength divided by the period – the time it takes for two waves to pass a fixed point. This means that a well spaced, long period, big swell will travel at up to 40kmh (25mph).

As waves approach the coast and come in contact with the sea floor, they slow down, but only lose a little bit of energy to friction. The excess speed or velocity energy is channelled into making the waves higher, which happens when they start to feel the bottom at depths around one half of their wavelength. Unlike open ocean swell, the shallower the water, the slower a wave will travel, squashing together and forcing the wavelength to shorten, as the period must remain constant throughout the swell. Similar to traffic approaching a bottleneck, this slowing and bunching is termed shoaling, it increases wave height and the effect is more pronounced the steeper the shelf. If a section of one swell starts to feel the bottom while an adjacent section does not, then it will start to refract (bend) the swell. Depending on the swell direction, refraction will bend the swell one of two ways. If an obstacle (reef) is situated next to deep water, and a swell hits it straight on, then the part of the swell that hits the reef will slow down while the rest of the swell line will maintain speed. This faster travelling section will start to bend in towards the reef, resulting in concave refraction. The energy gets concentrated towards the peak, making the wave bigger, more sucky and bowly, but it often makes the wave shorter or far smaller on the inside. Convex refraction describes what happens at many classic pointbreaks, especially if they are at right angles to the prevailing swell direction. The swell lines squash together at one end as they slow down and break, whilst the other end keeps going faster resulting in a fanned-out appearance. Convex refraction spreads the wave energy over a wider area, so power and size will be less than in a concave set-up but the wave will be a long, walled-up type ride and sometimes even get bigger down the line.

The effect of shallowing water

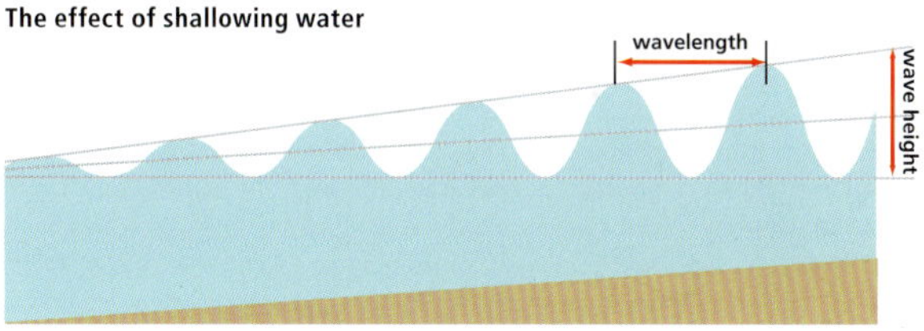

As waves propogate into shallow water they slow down, the wavelength is shortened and the wave height rises.

La longueur d'onde est le facteur principal déterminant la vitesse des vagues. Une équation simple permet de la calculer en eaux profondes : elle est égale à la longueur d'onde divisée par la période (temps mis entre une vague et la suivante). Une grosse houle longue bien espacée va par exemple se déplacer à une vitesse allant jusqu'à 40kmh.

Lorsque les vagues approchent de la côte, elles commencent à ressentir le fond et vont ralentir, mais ne perdent que relativement peu de leur énergie à cause du frottement sur le fond. Cette énergie horizontale va se transformer progressivement pour faire augmenter la taille des vagues, lorsque celles-ci arrivent dans des profondeurs équivalant à la moitié de leur longueur d'onde. Moins il y a de fond, plus la vague ralentit, mais comme pour une même houle la période reste constante, les lignes sont forcées de se resserrer et la longueur d'onde se réduit d'autant. C'est la phase d'atterrissage de la houle, caractérisée par un ralentissement et un gonflement, un peu comme le trafic routier à l'approche d'un goulot d'étranglement. Son ampleur dépend de la pente du relief sous-marin. Si une partie de la houle commence à ressentir le fond alors qu'une autre adjacente ne le ressent pas, la houle va s'incurver : c'est la réfraction. Selon la direction de la houle, elle va s'effectuer dans un sens ou dans l'autre. Si un obstacle (un haut-fond) se trouve à côté d'une zone d'eau profonde, les lignes de houle vient frapper cet obstacle, la partie de la vague heurtant l'obstacle va ralentir tandis que l'autre va continuer à progresser en conservant sa vitesse. Cette partie va petit à petit s'aligner sur le reef en tournant : c'est la réfraction concave. L'énergie est concentrée sur le pic, faisant grossir la vague, en aspirant de l'eau devant et en faisant un bowl, la vague étant souvent plus courte et beaucoup plus petite à l'inside. La réfraction convexe est ce qui se passe sur de nombreux pointbreaks de qualité, surtout si la pointe est à angle droit par rapport à la direction de la houle. Les lignes de houle se resserrent et ralentissent à l'endroit où les vagues déferlent, tandis que l'épaule continue à avancer plus vite, comme un éventail. L'énergie de la vague est dispersée sur une plus grande zone donc c'est souvent moins gros et moins puissant que pour la réfraction concave, mais on aura de longs murs bien redressés qui peuvent parfois prendre de la taille au fur et à mesure.

The Stormrider Guide Europe

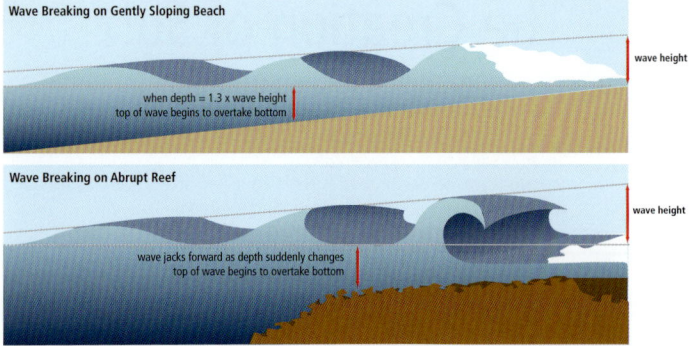

Breaking Waves and Bathymetry

Waves will break when the bottom part of the wave is slowed down so much that the top of the wave overtakes it and spills forward. A simple equation is used, stating that a wave will break in water at a depth of 1.3 times the wave height. This equation can be affected by other factors such as wind, swell type and beach slope. An offshore wind will hold up and delay the top of the wave from overtaking the bottom, resulting in the wave breaking in shallower water. Onshore winds have the opposite effect and can push the waves over before they reach the critical depth. Different types of swell may break in different depths of water. Fast, lined-up groundswell will get to shallower water before breaking while short wavelength, choppy windswell is more likely to crumble in deeper water. A gently sloping beach will cause waves to break prematurely while a steep slope makes them overshoot their normal breaking depth. Combining all these factors, a small, onshore, windswell wave, on a flat beach would break in very deep water, while a large groundswell in an offshore wind, on a steep reef would break in very shallow water.

Bathymetry refers to sea floor features like reefs and points (that are part of the refraction process). Two other important bathymetric features from a surfer's point of view are beaches and rivermouths. Beachbreaks need a certain shape of sandbar to provide a good forum for rideable waves. If the sand under the waves was totally flat and featureless, then when swell arrived it would almost certainly close-out. An ideal sandbar formation will be vaguely triangular with slightly deeper water on either side of the bar. This is formed when a wave breaks on a bar and starts pushing water towards the beach, picking up sand along the way. The water starts to get pushed sideways until it loses forward momentum and looks for a way back out to sea. This is where rips and currents form, aiding the circulation of water and sand. The rip gouges out a handy paddling channel and deposits more sand out towards the peak for more swell to focus upon. Rivermouths work on the same principle whereby sand is constantly deposited at the sandbar, and are far more reliable for well-shaped bathymetry.

Une vague va se mettre à déferler lorsque le bas de la vague est tellement freiné que le haut continue sa course vers l'avant et bascule. On utilise une équation simple : une vague va déferler lorsqu'elle atteint une profondeur égale à 1.3 fois sa hauteur. D'autres facteurs peuvent perturber cette théorie, comme le vent, le type de houle et la déclivité de la plage. Un vent offshore va retenir le haut de la vague qui va casser avec du retard, donc dans une eau moins profonde. Le vent onshore produit l'effet inverse et peut faire déferler les vagues avant le fameux seuil de profondeur. Le type de la houle influe aussi sur la profondeur de déferlement : une houle de fond bien alignée cassera dans moins de fond qu'une houle courte de vent, qui aura à déferler mollement plus au large. Une plage inclinée en pente douce fera casser les vagues prématurément, tandis qu'un fond remontant de façon abrupte les fera casser au dernier moment. En combinant tous ces facteurs, on peut dire qu'une petite vague de vent onshore sur une plage plate cassera dans beaucoup d'eau, tandis qu'une houle de fond par vent offshore remontant sur un reef abrupt cassera dans très peu de fond. La bathymétrie regroupe tout ce qui concerne la configuration des fonds sous-marins, comme les reefs et les pointes (qui font partie du processus de réfraction). De ce point de vue, les plages et les embouchures de rivière sont importantes aux yeux des surfers. Les beachbreaks demandent de bons bancs de sable pour avoir de bonnes vagues pour le surf. Si le sable était complètement plat et homogène, on aurait certainement que des close-out… Un banc de sable idéal serait de forme vaguement triangulaire, avec juste un peu plus de profondeur de chaque côté. De tels bancs se forment sous l'action des vagues, qui en déferlant ramènent de l'eau et du sable vers le bord. L'eau commence à être repoussée de côté jusqu'à ce qu'elle perde de la vitesse et soit contrainte à retrouver une sortie pour rejoindre le large. C'est ce qui forme les courants, qui permettent la circulation de l'eau et du sable. Ils forment des passes utiles pour les surfers et déposent du sable au pic, où viendront se concentrer d'autres vagues à leur tour. Les embouchures fonctionnent selon le même principe car le sable est constamment redéposé sur le banc, et cette configuration est beaucoup plus stable.

A gently sloping beach will usually create mushy, crumbling type waves that break in water deeper than the optimum depth of 1.3 x wave height.

A steep slope or reef will form hollow, pitching waves in shallower water.

The moon and sun exert gravitational forces on the earth, forming a high tide bulge in the ocean that every point on earth must pass at least once every 24hr rotation.

Tides

Tides are the result of the moon's gravitational force producing a bulge in the sea, directly in line with the moon's position. An equal bulge forms on the opposite side of the earth to balance the planet out during orbit. The two bulges are the high tides and the areas in between are the low tides. The earth spins on its axis and every point on the ocean's surface will experience at least one of these bulges every day. Throughout the time it takes for the earth and moon to go round each other (a lunar month), the moon has four phases: opposition, quadrature, conjunction and quadrature (again). The sun has a smaller gravitational pull on the oceans, which also produces bulges. So when the sun and the moon are lined up (in opposition or conjunction), their bulges are added together, making the tides bigger, known as spring tides. When the sun is at an angle of 90° to the moon (quadrature), they create bulges at right angles to each other. The water is evened out over the earth's oceans, producing neap tides.

Les marées sont le résultat de la force d'attraction de la Lune, qui crée un renflement sur la mer directement dans son axe, ainsi que du côté opposé pour maintenir l'équilibre de la Terre dans sa rotation. Ces zones correspondent aux marées hautes tandis que celles qui en sont le plus éloignées correspondent aux marées basses. La Terre tourne autour de son axe donc tous les points à la surface des océans vont subir l'influence des marées au moins une fois par jour. Pendant le temps que met la Lune pour tourner autour de la Terre (le mois lunaire), la Lune a quatre phases : opposition, quadrature, conjonction et quadrature (de nouveau). Le Soleil exerce une force d'attraction moindre sur les océans, mais lorsqu'il est aligné avec la Lune (opposition ou conjonction) les forces s'ajoutent pour créer de fortes marées, qu'on appelle vives eaux. Quand le Soleil fait un angle de 90° avec la Lune (quadrature), les deux astres produisent des effets sur la mer à angle droit par rapport à eux. La surface des océans est alors aplanie, ce sont les mortes eaux.

Tidal Range

Depending on latitude and underwater topography, tidal ranges (heights) vary massively from one region to another. Most seas have minimum tides whereas places like the funnel shaped Severn Estuary has the largest tidal range in Europe with a maximum range of 15.9m. Micro-tidal range means that spring tides never exceed 2m. Even this small amplitude will affect most spots, especially shallow reefs, but the tide won't be the key factor. Under 1m the effect will be insignificant and between 1-2m, some sensitive spots won't work on all tides. For meso-tidal range, spring tides will oscillate between 2.3m and 4.3m, meaning a tide table is essential. Many tide sensitive spots will only work for about one third of the tide (low, mid or high). A good deal of the European coast experiences macro-tidal ranges over 4.6m for spring tides including Great Britain and France (where tidal bores occur in rivers and are regularly surfed). These large tide heights result in extremely unstable surf conditions, where tide will be the main priority, rather than the swell and wind.

Elle varie énormément d'une région à l'autre en fonction de la latitude et de la configuration des fonds. La plupart des mers ont de faibles marées, tandis que certains endroits comme l'estuaire de la Severn, en forme d'entonnoir, a le record d'amplitude de marée en Europe avec 15.90m. Les régions avec des micro-marées ont des amplitudes

La Santa Izquierda, Lanzarote

TIDES

Springs Conjunction

Springs Opposition

Neaps Quadrature

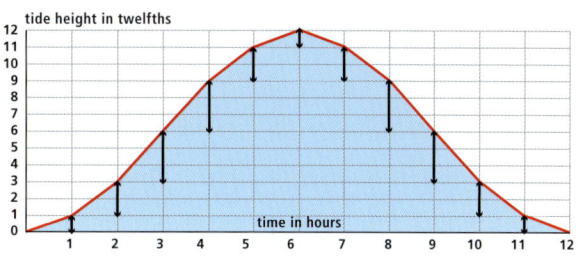

The third and fourth hours each move three twelfths of the tide height, whereas the first and last hours only move one twelfths.

Tidal Types
Because of the earth's rotation, different latitudes and uneven underwater topography, there are four types of tides. Semi-diurnal 'even' applies to all Atlantic Europe and is the most commonly occurring, with two high tides and two low tides every day that are of the same range. Semi-diurnal 'odd' also has two tides but the daily range is different. Diurnal refers to areas that only have one tide per day, a feature of some Mediterranean coastlines. Mixed tide describes those tropical latitudes where some days have two tides and some days only one.

A cause de la rotation terrestre, des différentes latitudes et de la configuration irrégulière des fonds, il existe quatre types de marées. Le type semi-diurne régulier s'applique partout sur les côtes atlantiques en Europe, c'est le type le plus répandu, avec deux marées hautes et deux marées basses par jour de même amplitude. Le type semi-diurne irrégulier comporte aussi deux marées mais leur amplitude est différente. Le type diurne se réfère aux zones avec une seule marée par jour, comme sur certaines côtes méditerranéennes. Les marées mixtes existent sous les tropiques avec certains jours deux marées et d'autres une seule.

Left – **Larger tides (spring tides) occur when the gravitational pull of the moon and the sun are combined in line. Smaller tides (neap tides) happen when the sun and the moon are at right angles to the earth evening out the bulge.**

inférieures à 2m par vives eaux. De si faibles variations ont quand même une influence sur la plupart des spots, surtout les reefs qui ont peu d'eau, mais la marée ne sera pas le facteur prépondérant. En-dessous d'un mètre l'influence est assez négligeable et entre 1 et 2m certains spots sensibles ne marcheront plus à toutes les marées. Les marées d'amplitude moyenne oscillent entre 2.3m et 4.3m, un calendrier des marées est alors indispensable. De nombreux spots sensibles ne marcheront qu'environ pendant un tiers de la marée (basse, mi-marée ou haute). Une bonne partie des côtes européennes ont des fortes marées de plus de 4.6m par vives eaux comme en France ou en Grande-Bretagne (où les mascarets dans les rivières sont surfés fréquemment). Ces grandes marées donne des conditions de surf extrêmement instables, où l'état de la marée est le facteur-clé, devant le vent ou la houle.

Tide Cycle
A tide cycle is made of outgoing (ebb) and incoming (flow). Because the moon phase is 24hr50min, the average length of a tide is 12hr25min. High and low tide times move forward every day and the tide increases and decreases in increments of twelfths. 50% of the tide height changes during the third and fourth hours. The graph shows a semi-diurnal type, from low tide to high tide and back down over twelve hours.

Le cycle des maréesLe cycle des marées alterne entre le montant (jusant) et descendant (reflux). Comme une journée lunaire est de 24hr50mn, la durée moyenne d'une marée est de 12hr25mn. Les horaires des marées sont décalés un peu plus tard tous les jours et la marée monte et descend par paliers suivant une règle de douzièmes. Elle prend 50% de sa hauteur entre la 3e et la 4e heure. Le graphique ci-dessous montre un système semi-diurne, de la marée basse à la marée haute et inversement pendant 12 heures.

European Tides

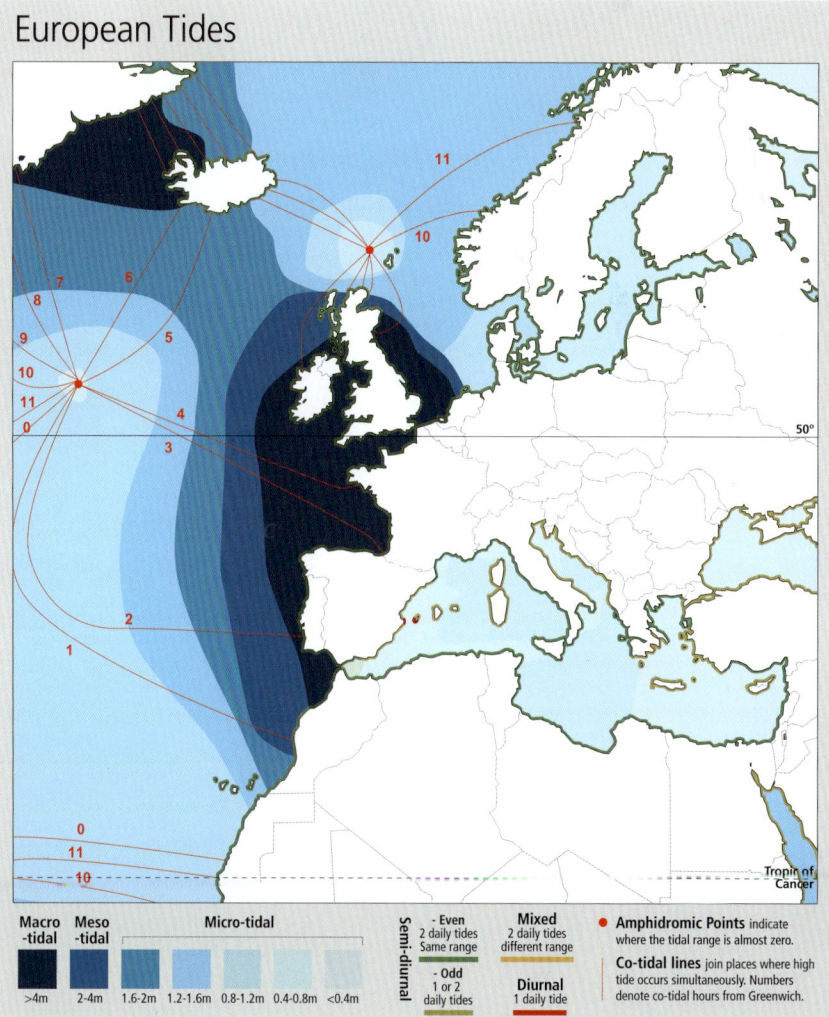

The Stormrider Guide Europe

Swell Forecasting

Modern swell forecasting has changed radically from the days of checking the newspaper for the surface pressure map and trying to decipher the twisting mass of isobars. High-speed broadband internet connections instantly access an abundance of surf-related forecasting sites, offering a range of wave and wind models based on the Wavewatch III from NOAA (National Oceanographic and Atmospheric Administration). Constantly updated maps show wave height, direction and period along with wind speed and direction, even predicting these most crucial surfing elements up to seven days ahead. If that's not enough there are hundreds of surf cameras, pointing at an ever increasing number of line-ups, beaming up images to thousands of websurfers, looking for the best waves. If that seems too difficult, then there's the option of real-time, eyewitness reports from somebody on the beach, relayed to your mobile phone via text or email, just to make sure you don't miss a wave. This technological torrent of information has all but rendered the fundamental skill of reading a weather map obsolete, however all forecasting services relate back directly to these basic charts for much of the formative information.

The lines on a weather map (surface pressure chart) are called isobars and join together areas that have the same air pressure at sea level. This pressure is a measurement of the weight of air being exerted on the surface of the planet. Measured by a barometer and expressed in hectopascals (hPa) or millibars (mb; 1hPa = 1mb), the average sea level pressure is 1013mb or roughly equal to the weight of an elephant spread over a small coffee table. The steeper the pressure gradient (the change in pressure over a certain distance) and the closer the isobars are together, the stronger the winds will be. This results in larger swell, which radiates out in the direction that the isobars are running. Straighter isobars will increase the fetch or time the swell has to build from one direction, while tighter curves are more prone to changes in swell direction. Once a swell has propagated away from the influence of a low pressure system it will follow a great-circle route over the ocean. The duration of a swell is dependant on how long a particular swell window is exposed to a low pressure system. Lows tend to move far quicker than high pressure systems and the swells they generate can travel at up to 40km/h.

Les prévisions de houle actuelles n'ont rien à voir avec celles que l'on faisait en essayant de déchiffrer les cartes météo du journal et les ondulations des lignes d' isobares. Les connexions internet haut-débit font que l'on peut avoir maintenant accès instantanément à un large choix de site de prévisions pour le surf, avec des cartes de vents et de houle tirées de Wavewatch III de NOAA (National Oceanographic and Atmospheric Administration). Ces modèles constamment mis à jour montrent la taille, la direction et la période de la houle, ainsi que la force et la direction du vent, les prévisions concernant ces données essentielles pour le surf allant jusqu'à sept jours. Si ça ne suffisait pas, il y a aussi des centaines de webcams qui filment un nombre

Forecasting Resources

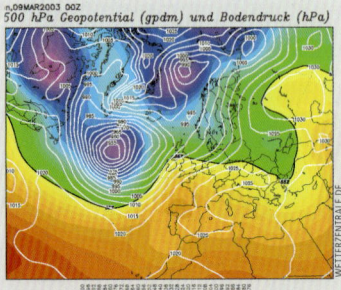
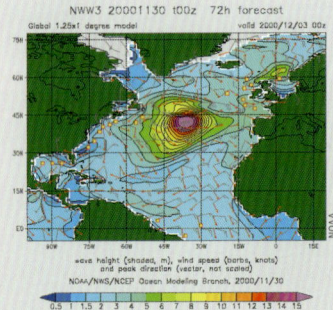
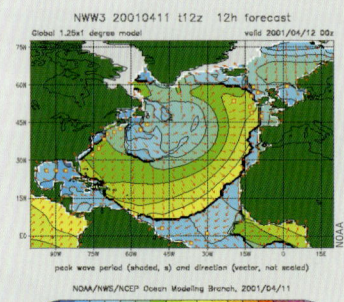
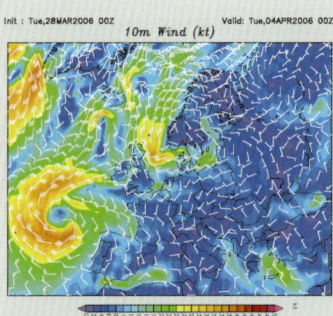

Surface Pressure Charts
On the northern hemisphere chart shown, the white lines are surface isobars, which the wind follows in an anticlockwise direction around a low pressure and clockwise around a high. The numbers on the isobars represent surface air pressure in millibars. Wind strength depends upon not only pressure gradient (distance between isobars) but also latitude. As a result, the same low will be stronger if it is nearer the equator. Colour contours indicate differences in upper-level air pressure and the black line gives the approximate position of the jet stream. Patterns indicating more zonal (west-east) rather than meridional (north-south) flows, generally mean stronger and more frequent formation of surface lows.

Sur cette carte de l'hémisphère Nord, les lignes en blanc représentent les isobares, dont le vent suit les contours, dans le sens inverse des aiguilles d'une montre dans une dépression, et inversement dans un anticyclone. Les chiffres associés à chaque isobare représentent la pression de surface en millibars. La force du vent dépend non seulement du gradient de pression (la distance entre les isobares) mais aussi de la latitude. Ainsi, à taille égale plus une dépression est proche de l'équateur plus elle sera forte. Les différences de pression selon l'altitude sont données par des couleurs, avec une ligne en noir indiquant la position approximative du courant-jet. Une orientation générale du flux d'Ouest en Est plutôt que Nord-Sud signifie habituellement que les dépressions seront plus fortes et plus fréquentes.Wave-height charts.

Wave-height Charts
Wave-height charts give colour contours of predicted significant wave height (a statistical measure designed to correspond with what an 'experienced observer' would see) for a particular instant in the future. Swell can be 'tracked' as it propagates away from areas of strong winds. The red arrows show the dominant direction of the waves. The contours are created by interpolating data generated by the NOAA WaveWatch III – a computer programme that predicts wave characteristics from wind inputs at thousands of points on the ocean surface. This is the basis of all surf forecasting tools and is perfect for checking the swell over the next few days.

Ces cartes montrent grâce à des zones de couleurs différentes la hauteur de houle significative prévue à un instant donné (calculée à partir de statistiques pour correspondre à ce que verrait « un observateur expérimenté »). On peut y suivre la propagation de la houle depuis la zone de vents forts où elle s'est formée. Les flèches en rouge montrent la direction principale des vagues. Les zones correspondant aux différentes hauteurs de houle sont établies à partir des données de NOAA WaveWatch III, un modèle numérique qui décrit les caractéristiques des vagues prévues en analysant celles du vent, recueillies sur des milliers de points à la surface de la planète. C'est la base commune de toutes les prévisions de houle pour le surf, et l'outil idéal pour checker la houle prévue pour les jours suivants.

Wave-period Charts
Wave-period charts show contours of the predicted dominant period. Period is the time between the passing of one wave and the next. As the swell propagates away from its generation area, the longer period part, consisting of the cleanest, most powerful waves, progressively out-paces the rest. The charts clearly show the progression of a swell with its long-period components leading the pack. The arrival of the front of the swell (the thick black line) at the coast would be experienced as a sharp increase in period. The dominant direction is also shown by the arrows. An important resource for big-wave and reef/pointbreak surfers.

Ces cartes montrent les zones correspondant aux différentes périodes principales de la houle. La période est le temps mesuré entre le passage d'une vague et la suivante. Une fois que la houle s'est propagée en dehors de sa zone de formation, les vagues qui ont la plus grande période, qui sont par ailleurs celles qui sont les plus rangées et les plus puissantes, vont progressivement doubler les autres. Les modèles montrent clairement la progression du swell avec en ligne de front les vagues qui ont la plus grande période. L'arrivée des premières vagues de la nouvelle houle (surlignée en noir) se traduit sur la côte par une augmentation significative de la période des vagues. La direction dominante est aussi indiquée par des flèches. C'est une donnée essentielle pour les reefs et les pointbreaks ou pour ceux qui veulent surfer du gros.

Wind Charts
Wind charts show colour contours of predicted wind strength at a short height (typically 10m) from the ground, interpolated from a large number of points over the ocean. Arrows indicating direction are also shown for a smaller number of points and can be different sizes or show barbs to help indicate strength. These charts are useful to accurately predict the local wind on the coast and to see the wind patterns in the storm centres themselves. A strong low pressure, for example, will show up as a comma-shaped swirl in the wind-speed colour contours.

Les cartes de vent décrivent des zones de vent prévues à une faible altitude (10m normalement) à l'aide de couleurs différentes, calculées à partir des données recueillies sur un grand nombre de points à la surface de l'océan. Des flèches indiquent la direction du vent à certains endroits, elles peuvent être d'une taille différente ou avoir des barbes pour en montrer la force. Ces modèles servent à prévoir précisément le vent local sur la côte, et voir comment se comporte le vent au centre-même des tempêtes. Une forte dépression par exemple va se traduire sur la carte par une forme de croissant qui va en s'élargissant au milieu des différentes zones de vents.

SWELL FORECASTING

sans cesse croissant de spots, envoyant leurs images à des milliers de websurfers à la recherche des meilleures vagues. Si tout ça vous semble trop compliqué, vous avez aussi la possibilité de recevoir des infos via email ou sur votre portable par quelqu'un qui fait un report en direct sur la plage, pour être sûr de ne rien louper. Ce flot continu d'informations issu de la technologie a remplacé l'interprétation des cartes météo qui est devenue quasiment obsolète, mais qui reste néanmoins utile dans tous les modèles de prévisions car ils y font directement référence dans la plupart des explications.

Les lignes sur une carte météo (carte isobarique au niveau de la mer) sont appelées isobares, elles représentent tous les points qui ont la même pression. La pression mesure le poids de l'air exercé vers la surface de la Terre. Elle se mesure à l'aide d'un baromètre en hectopascals (hPa) ou millibars (mb; 1hPa = 1mb), la pression moyenne à la surface de la Terre étant de 1013 mb, ce qui pour se faire une idée représente le poids d'un éléphant réparti sur la surface d'une petite table. Plus le gradient de pression (la variation de la pression d'un endroit à l'autre) est élevé, plus les isobares seront resserrés, et plus le vent soufflera fort. La houle qui en résulte sera d'autant plus grosse et va alors rayonner sur à partir des points qui ont la même pression. Ces isobares plus rectilignes sont synonymes de fetch plus important, c'est-à-dire que le vent va s'exercer dans la même direction sur une plus grande distance, alors que des isobares plus incurvés signifient que la houle va subir des changements de direction. Une fois que la houle s'est propagée en dehors de la zone de basse pression, elle va continuer à s'éloigner en cercles concentriques sur l'océan. La durée pendant laquelle on reçoit de la houle dépend de la durée pendant laquelle un système dépressionnaire va avoir une action sur une zone d'exposition à la houle. Les dépressions ont tendance à se déplacer beaucoup plus vite que les anticyclones et les houles qu'elles génèrent peuvent aller jusqu'à 40km/h.

The North Atlantic

The surf in the eastern North Atlantic depends upon low pressure systems that form off the east coast of North America and track in a roughly easterly direction towards Europe. The westerly winds on the southern flanks of these lows generate swells that propagate towards Europe and North Africa.

In **winter**, a **fluid jet stream** (winds at altitudes of 5-10km) produces a procession of deep, surface low pressure systems that can produce epic surf on many European coastlines. Clean, long period swells will march westwards and southwards towards the Iberian Peninsula, Biscay and beyond to the Canaries and Morocco. Due to distance from the low pressure, these swells are often met with clear skies and offshore winds. Meanwhile in the British Isles and northern areas of Europe, out-of-control conditions on exposed coasts usually accompany the storm as it makes landfall. Winds can then swing to offshore for a brief period of good surf, depending on coastal orientation. A **split jet stream** occurs when a large high pressure (or blocking anticyclone) sits in the mid North Atlantic, hindering the formation of deep low pressures and reducing wave heights. In summer, the North Atlantic is noticeably less energetic than in winter, with small but consistent surf. Fully exposed areas such as western Ireland and Galicia probably offer the best options as the lows take a more northerly trajectory. In late **summer** and early autumn, surprisingly large swells can appear from ex-hurricanes that spin up just north of the Azores (a lot further south than normal). These swells can produce classic surf for the southwest-facing parts of the European coast.

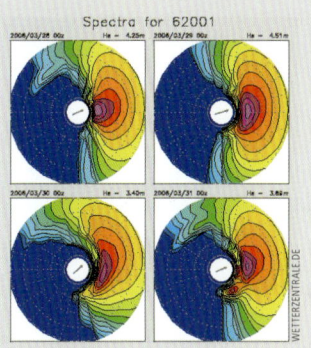
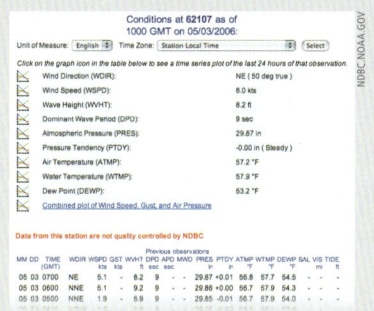
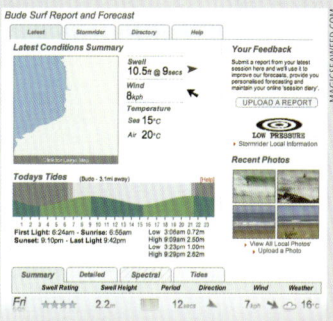
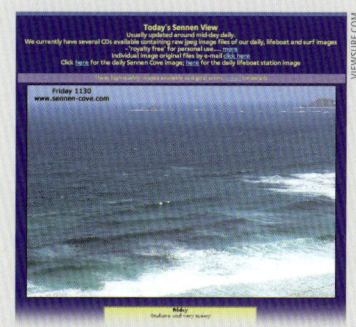

Directional Spectra

The directional spectrum is a tool used to visualise the distribution of wave energy over all directions and over a range of wave periods for a specific point on the ocean surface. The plots show colour contours of wave energy, against period (distance from the edge of the plot) and direction (position around the plot). The swell quality depends on how spread out the energy is in period and direction, readily visible on the plots. The more spread out the lower the quality. Directional spectra predictions from the WaveWatch III model are for points that coincide with real buoys (see Buoy Reports). Useful for predicting fickle breaks that require particular direction and/or period.

Le spectre de direction est utilisé pour rendre compte de la distribution de l'énergie créée par les vagues en fonction de leur direction et de leur période à un point donné à la surface de l'océan. Les couleurs à l'intérieur du cercle montrent les différentes zones d'énergie créées par les vagues, compte tenu de la période (distance par rapport au bord du cercle) et de la direction (position sur le cercle). La qualité d'un swell est donc directement visible sur ce modèle, selon le degré d'ouverture en période et en direction : plus le spectre est étendu, moins bonne est la qualité de la houle. Les prévisions de spectres de direction issus des modèles de WaveWatch III sont calculés pour des points qui coïncident avec des vraies bouées (voir plus bas). Utile pour prévoir les conditions sur les spots capricieux qui demandent une direction et une période bien spécifique.

Buoy Reports

The wavebuoys moored around the coasts of Europe take all or some of the following measurements; wave height, wave period, wave direction, wind speed, wind direction, air and water temps, dewpoint, barometric pressure and tendency, visibility and tide. The data is real, not a forecast and available on the internet within one or two hours, showing the last measurements for the last 24hrs. They are useful for comparing the arrival of a swell in real time with that predicted, or for measuring up several different spots. Unfortunately, many don't give average wave direction for help in working out the best swell angle for any particular break.

Les bouées mouillées le long des côtes européennes enregistrent tout ou partie des données suivantes : taille de la houle, période, direction de la houle et du vent, force du vent, température de l'eau et de l'air, point de rosée, pression atmosphérique et tendance, visibilité et état de la marée. Ces données sont relevées (ce ne sont pas des prévisions), elles sont disponibles sur internet à une ou deux heures de décalage et montrent les mesures effectuées pendant les dernières 24h. Elles sont utiles pour comparer l'arrivée d'une houle en temps réel par rapport aux prévisions, ou pour voir quel spot va marcher le mieux. Malheureusement, beaucoup ne donnent pas la direction générale de la houle pour pouvoir ensuite savoir quel est le meilleur angle pour un spot donné.

Location-specific Forecasts

The predictions of wave height, period and direction that the WaveWatch III model produces, at all its thousands of grid points, are available in 'raw-data' format. Thanks to some ingenious programming, these data (together with wind-forecast data from an atmospheric model called the GFS) have been put into easy-to-read location-specific forecasts. These are very easy to use, quick and extremely useful for checking the prediction at a point on the ocean near your local beach. Some even give 'star-ratings' for surfing, based on the swell height, period, direction and wind conditions.

Ces prévisions sont établies à partir du modèle WaveWatch III et donnent pour des milliers d'endroits différents très précis la taille de la houle, sa période et sa direction. Elles sont disponibles dans un format assez brut, mais grâce à des programmes astucieux, ces données ont été transformées (en même temps que celles d'un modèle de prévision de vent appelé GFS) pour proposer des tableaux faciles à lire valables pour des endroits bien déterminés. C'est très facile à utiliser, rapide et extrêmement utile pour checker les conditions sur le spot le plus près de chez vous. Certains donnent même un système d'appréciation pour la qualité du surf avec des étoiles, en fonction de la taille, la période et la direction de la houle, ainsi que des conditions de vent locales.

Webcam

The most effective real-time surfing resource is undoubtedly the webcam. These 'big brother' spycams are bolted to poles, buildings and lifeguard towers around the world and deliver highly variable quality of image. Some only offer a snapshot of the conditions, which are usually updated every hour and they don't always point at the best waves. Improved technology has brought video loops and in some cases the ability to control the pan and zoom of the webcam. One of the most reliable surf forecasting tools, because the camera never lies, although squinting through a dirty, rain lashed or salt encrusted lens can be frustrating and night-time viewing is also a problem.

Les prévisions sont très bien pour organiser à l'avance ses sessions de surf, mais rien ne remplace la vision du spot en direct grâce à la webcam. Ces caméras-espion à la "Big Brother" sont montées sur des mâts, des immeubles ou des postes de surveillance de baignade partout dans le monde, avec une qualité d'image très variable. Certaines ne prennent qu'une image du spot toutes les heures et elles ne sont pas toujours pointées vers l'endroit où il y a les meilleures vagues. Les plus perfectionnées font une animation vidéo en boucle des images reçues, et on peut diriger et zoomer à distance sur quelques unes d'entre elles. C'est un des outils les plus fiables pour prévoir sa session, car la caméra ne peut pas mentir, bien qu'il soit parfois un peu frustrant à la longue de lorgner à travers un objectif sale, avec des gouttes d'eau de pluie ou du sel incrusté dessus, et bien sûr on ne peut pas voir le spot de nuit.

The Stormrider Guide Europe

INTRODUCTION

Dans la partie orientale de l'Atlantique Nord, les vagues dépendent des dépressions qui se forment au large de la côte Est des Etats-Unis pour suivre globalement une trajectoire vers l'E et vers l'Europe. Les vents d'O associés au quadrant S de ces systèmes dépressionnaires génèrent des houles qui se propagent vers l'Europe et l'Afrique du Nord.

En **hiver, le courant-jet** (vents situés à une altitude de 5 à 10 km) est continu et crée à la surface de la mer une succession de dépressions assez marquées qui peuvent donner d'excellentes vagues sur les côtes européennes, avec des houles longues et ordonnées qui vont se diriger vers l'O et le S jusqu'à la Péninsule Ibérique, le Golfe de Biscaye et le Maroc. Comme les dépressions sont relativement éloignées, ces houles arrivent souvent alors que le vent local est offshore et le ciel dégagé. Pendant ce temps, les conditions sont d'habitude très mauvaises sur les côtes exposées des Iles Britanniques

et les Pays de la Mer du Nord, régions sur lesquelles passent les dépressions. Les vents peuvent ensuite passer offshore en donnant un créneau assez court avec du bon surf en fonction de l'orientation de la côte. **Le courant-jet devient discontinu** lorsqu' un vaste anticyclone se positionne sur le milieu de l'Atlantique Nord, bloquant ainsi la formation des dépressions assez creuses pour envoyer de fortes houles. En **été**, l'Atlantique Nord est beaucoup moins actif, les vagues sont donc plus petites, mais néanmoins assez fréquentes. Les régions plus exposées comme la côte O de l'Irlande ou de la Galice sont à ce moment de meilleures options, car en été les dépressions passent plus au N. A la fin de l'été et au début de l'automne, on peut avoir des houles impressionnantes grâce à des restes de cyclones qui continuent à tourner juste au N des Açores (beaucoup plus au N que la normale). Ces houles peuvent donner de très bonnes vagues en Europe sur les côtes exposées SO.

For explanations of Surface Pressure Charts and Wave-height Charts shown below see p16.

Forecasting Examples

Day One

Winter Fluid Jet Stream

Here, the upper air flow over the North Atlantic is very healthy, with a strongly west-east orientation and large areas of low pressure reaching into the upper atmosphere. There is relatively high pressure over the European continent. A deep surface low is forming SE of Newfoundland, on the periphery of an upper-level cell of low pressure (purple).

On voit ici que la circulation des hautes couches de l'atmosphère au-dessus de l'Atlantique Nord est très active, avec une orientation Ouest-Est très marquée et de vastes zones de basses pressions rejoignant les couches d'air supérieures. Une grosse dépression se creuse en surface au SE de Terre-Neuve, à la périphérie d'une cellule dépressionnaire d'altitude (en violet).

Day Two

The system has moved slightly NW, deepened to 955mb, and is being reinforced by the corresponding low pressure in the upper atmosphere. A substantial fetch is developing on the SW flank of the system, with hurricane-strength NW winds pointing directly towards the European continent, over which high pressure remains. Conditions are getting windy in the British Isles.

La dépression s'est légèrement déplacée vers le NO, s'est creusée à 955 mb, et se trouve renforcée par la dépression correspondante en altitude. Un fetch important est en train de se constituer sur le flanc SO de la dépression, avec des vents de force cyclonique de NO directement dirigés vers l'Europe, où stagne un anticyclone. Il commence à y avoir pas mal de vent sur les Iles Britanniques.

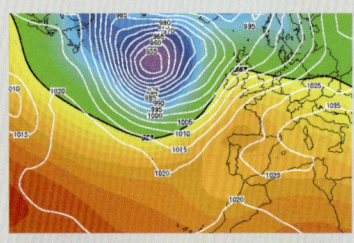
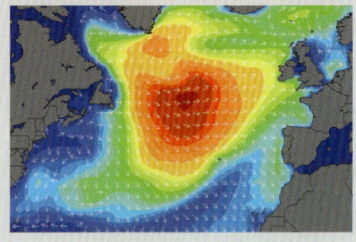

Split Jet Stream

The upper air stream over the North Atlantic has a lot of north to south movement in it, resulting in a strong high-pressure system wedged between two areas of lower pressure. An anomalous low-pressure area appears in the upper atmosphere, which spawns a surface low just north of the Azores. The North Sea is receiving a good N swell and light winds.

La circulation des hautes couches atmosphériques au-dessus de l'Atlantique Nord est perturbée par de nombreuses fluctuations Nord-Sud au lieu de se déplacer régulièrement d'Ouest en Est, ce qui entraîne la formation d'un puissant anticyclone coincé entre deux zones dépressionnaires. Une anomalie apparaît sous la forme d'une zone de basse pression en altitude, qui va créer une dépression en surface juste au N des Açores. La Mer du Nord reçoit un swell conséquent de N avec des vents faibles.

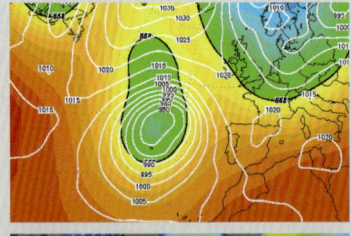
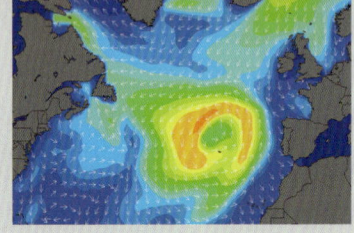

The system deepens and drifts N-NE. Due to the Coriolis force, low-pressure systems this far south tend to produce stronger winds than equivalent systems further north. Portugal and the Azores are already being blasted by gales and large, stormy surf.

La dépression se creuse et se décale vers le N-NE. A cause de la force de Coriolis, les dépressions qui se trouvent à une telle latitude Sud vont produire des vents plus forts que leur équivalent plus au Nord. Le Portugal et les Açores sont déjà assaillis par des coups de vent et un gros swell de tempête.

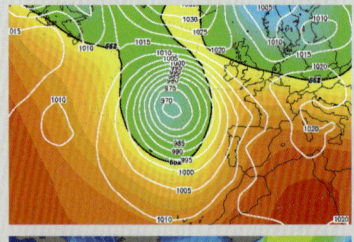
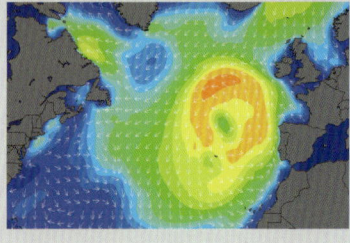

Summer

The jet stream is very weak, but a cell of relatively low pressure appears in the upper air stream, encouraging the formation of a surface low just west of Ireland. High pressure and light winds persist over the European continent.

Le courant-jet est très affaibli, mais une cellule de relatives basses pressions apparaît dans les hautes couches de l'atmosphère, entraînant la formation d'une dépression de surface juste à l'O de l'Irlande. Le continent européen continue à bénéficier de hautes pressions et de vents faibles.

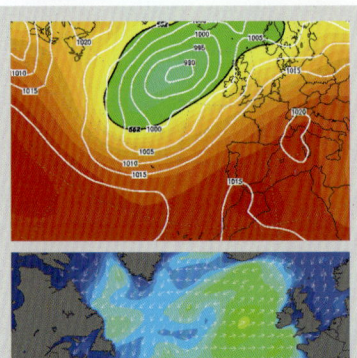

The low deepens a respectable 15mb in 24 hours and begins to be steered north-westwards by the intense high pressure to the east. Strong winds around the periphery of the low are beginning to generate swell.

La dépression se creuse au rythme respectable de 15 mb en 24 heures, et commence à être déviée vers le NO par un anticyclone imposant situé à l'E. Une zone de vents forts à la périphérie de la dépression commence déjà à créer de la houle.

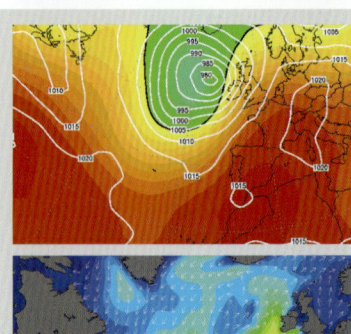

The Stormrider Guide Europe

SWELL FORECASTING

The North Sea

The North Sea has a narrow, long distance groundswell window and instead relies on short fetch windswell for much of its wave action. These swells can appear from almost any direction, but are usually accompanied by the onshore winds that created them. When winter storms cross Britain, the SW winds continue into the North Sea to whip up swell for Denmark, Germany, the Netherlands and Belgium, while British surfers hope for the rare NE-SE winds to send a short swell. Summers are often flat, but autumn lows that track between Iceland and Scotland, first send westerly swells to Norway, then hopefully stall off the Scandinavian coast, pushing NW-N swells down to the North Sea Nations. A blocking anticyclone will send more low pressure systems up north, so when the Atlantic is suffering from small swells, the North Sea is often pumping.

La Mer du Nord n'a qu'une zone d'exposition réduite pour recevoir des houles longues, les vagues étant en général produites par des houles courtes de vent. Ces houles peuvent venir de quasiment n'importe quelle direction, mais elles arrivent en général en même temps que le vent onshore qui les a créées. Lorsque les tempêtes d'hiver passent sur l'Angleterre, les vents d'O reprennent leur action sur la Mer du Nord pour envoyer des vagues sur le Danemark, l'Allemagne, les Pays-Bas et la Belgique. Pendant ce temps, les surfers anglais de la côte E espèrent recevoir une de ces rares houles courtes produites par des vents de secteur SE à NE. C'est souvent flat l'été, mais les dépressions d'automne qui passent entre l'Islande et l'Ecosse envoient de la houle d'abord sur la Norvège, et avec un peu de chance stagneront un peu au large des côtes scandinaves pour créer de la houle pour les Pays de la Mer du Nord. Un anticyclone bloqué sur l'Atlantique fera passer les dépressions plus au N, par conséquent c'est souvent lorsqu'il n'y a que de petites houles sur l'Atlantique que les spots de la Mer du Nord sont en train de bien marcher.

Day Three

The low drifts north and begins to fill a little and the fetch is reducing in length. The wave-height chart shows a monstrous swell heading for most of western Europe. Huge, flawless surf is imminent for northern Spain, Portugal, Morocco and the Atlantic islands. Massive but windy in northern areas. Strong SW swell and winds for Germany and Denmark.

La dépression se décale vers le N et commence à se combler un peu, tandis que l'étendue du fetch se réduit. La carte de houle montre un swell monstrueux se dirigeant vers pratiquement toute l'Europe. On attend des vagues énormes et très bien rangées sur la côte N de l'Espagne, le Portugal, le Maroc et les Iles de l'Atlantique. Du swell costaud plus au N également, mais avec du vent. Houle et vents forts de SO en Allemagne et au Danemark.

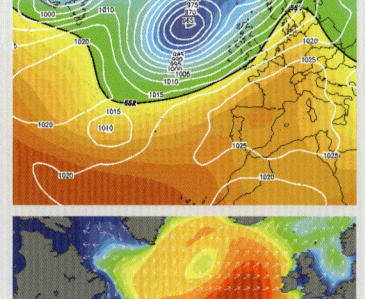

Day Four

The system suddenly moves NW and fills up. The swell will continue to pump for a few days, but a large blocking anticyclone is now threatening to dominate the Atlantic.

Le système dépressionnaire se déplace brutalement vers le NO en se comblant. Le swell continue d'arriver en masse pendant quelques jours, mais un gros anticyclone menace désormais de s'installer sur l'Atlantique.

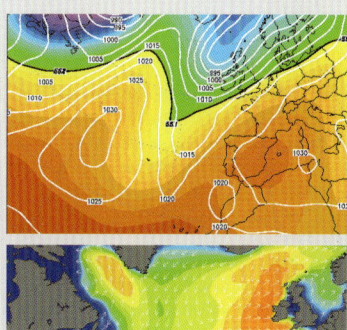
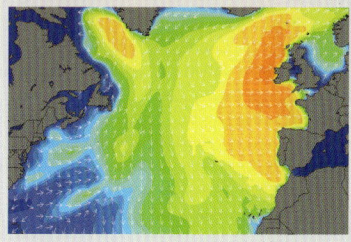

The low continues to move slowly NE and fills a little. Most places receiving surf are also getting fairly strong W or SW winds, apart from the Canaries or southern Morocco. Notice from the wave-height chart that northern Spain is practically flat. Also note the large swell propagating from east to west, generated by the northern flank of the low.

La dépression continue lentement sa trajectoire vers le NE et se comblant légèrement. La plupart des spots qui reçoivent cette houle ont aussi des vents assez soutenus d'O ou NO, mis à part peut-être le Sud du Maroc et les Canaries. On peut remarquer sur la carte de houle que la côte N de l'Espagne est pratiquement flat. On voit aussi qu'une grosse houle se propage d'Est en Ouest depuis le quadrant N de la dépression.

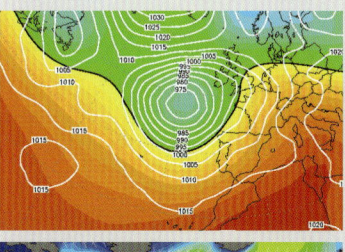
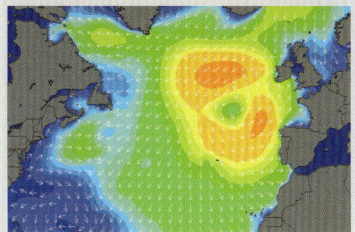

The low is now quickly filling, with the eye expanding and drifting over southern Ireland and Cornwall. Here, clean conditions may occur before the swell rapidly disappears. Good surf will continue to pump into the Canary Islands and Morocco for the next couple of days.

La dépression se comble rapidement désormais, avec un centre en expansion se déplaçant au-dessus de l'Irlande et de la Cournouaille, où on pourra avoir des conditions assez propres avant que la houle ne disparaisse rapidement. On aura du bon surf pendant encore quelques jours au Maroc et aux Canaries.

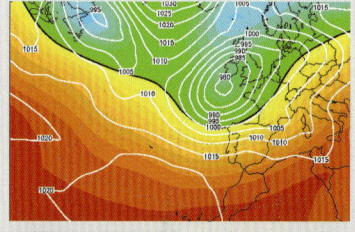
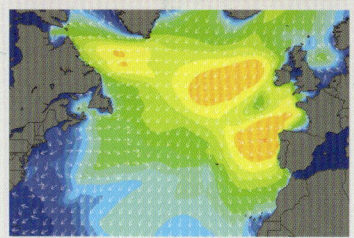

The system maintains its central pressure of 980mb but moves quickly northwards. The largest swell is NW of Scotland, travelling in a NE direction. The fetch on the SE flank of the low has followed its own swell, which tends to greatly enhance the wave height. Good swell also reaches Galicia and northern Portugal. The waves are larger but windier in Cornwall and Ireland.

Le système dépressionnaire garde une pression de 980 mb en son centre mais se déplace rapidement vers le N. Les plus grosses houles sont situées au NO de l'Ecosse, et se dirigent vers le NE. Le fetch des flanc SE de la dépression a accompagné sa propre houle, ce qui a pour effet de continuer à accroître significativement la hauteur de celle-ci. Une houle consistante atteint les côtes de Galice et le Nord du Portugal. Les vagues seront plus grosses mais plus ventées en Cournouaille et en Irlande.

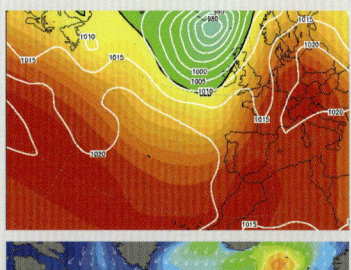

The low continues to move north and begins to fill. Conditions start to clean up in Ireland and Cornwall, but the waves will drop off fast. A local pressure gradient over Galicia and Portugal means the onset of N-NE trades. SW swell will hit Norway but not the North Sea Nations.

La dépression continue sa trajectoire vers le N et commence à se combler. Les conditions commencent à s'améliorer en Cournouaille et en Irlande, mais les vagues vont avoir tendance à diminuer rapidement. Un gradient de pression local au-dessus de la Galice et du Portugal signifie que le vent de N-NE va se lever. Une houle de SO va arriver en Norvège mais les Pays de la Mer du Nord n'en bénéficieront pas.

The Stormrider Guide Europe

The Ocean Environment

The earth's defining feature is water and the ocean environment is the single largest factor in the planet's ecosystem. With over 100,000kms of coastline, Europe presents vast opportunities for surfers to interact with the oceans and seas. Many natural and human factors affect the ocean environment, altering conditions in the coastal zone and ultimately shaping the surfing experience. The central subjects that crucially influence the quality of surfing in the ocean environment include pollution, erosion, access and hazards. The ensuing chapters investigate the burning issues in these four categories and illuminate current trouble spots where heightened environmental awareness is necessary.

L'eau est un élément prépondérant sur la Terre et les océans jouent un rôle capital pour tout l'écosystème. Avec plus de 100 000 km de côtes, l'Europe offre un immense terrain de jeu pour les surfers. Mais de nombreux facteurs naturels et humains interviennent dans l'environnement marin, modifiant les zones côtières et redéfinissant en fait notre approche du surf. La pollution, l'érosion des côtes, l'accès et les différents dangers sont autant de sujets qui influencent de façon cruciale la qualité du surf. Les chapitres qui suivent traitent de ces quatre points très importants en s'attardant sur les spots qui présentent actuellement des problèmes particuliers au niveau environnement.

Pollution

Defines a wide range of harmful or poisonous substances introduced into an environment. Mankind dumps millions of gallons of effluent into the sea every day and yet expects the sea to continue to provide millions of tons of safe, edible food for harvest. Highly toxic industrial waste, heavy metals and radioactive byproducts of the nuclear age are being deposited in the oceans at the same time as growing numbers of people are regularly entering the sea for recreation purposes. Cities concentrate and add pollution as vast areas of concrete are washed down by rain but the sea picks up the cleaning bill. Inland impurities are carried to the coast via aquatic arteries, which are choked and hardened on a centuries old diet of sewage and fertilizer. These pollution problems are all surmountable with modern treatment technologies and all that is required to effect change is money.

On définit la pollution par l'ensemble des substances dangereuses ou toxiques introduites dans un environnement donné. L'humanité déverse des millions de litres d'effluents toxiques dans la mer tout en espérant qu'elle continuera à produire des millions de tonnes de nourriture sans danger pour la consommation. Métaux lourds, déchets industriels hautement toxiques et résidus radioactifs de l'ère nucléaire sont autant de déchets rejetés au fond des océans au moment même où de plus en plus de gens se rendent au bord de la mer pour leurs loisirs. Les villes concentrent la pollution, qui s'accumule sur de grandes surfaces bitumées pour être ensuite lavées par les pluies, mais c'est toujours à la mer qu'il revient de payer la facture de nettoyage. La pollution venant de l'intérieur des terres est transportée jusqu'à la mer par les rivières, qui sont asphyxiées et engorgées par des siècles de rejets d'eaux usées et d'engrais. Ces problèmes de pollution sont surmontables avec les technologies modernes de retraitement ; il faut juste de l'argent pour les mettre en place.

Erosion

Paradoxically, large amounts of money have been spent in a vain attempt to halt the oceans' inexorable march inland, by construction of sea defences. Erosion is unavoidable, driven by the primeval forces that have shaped the continents and is an integral part of nature. Resisting such powerful forces usually focuses the erosional process on adjacent coastlines and often increases damage whenever seawalls, jetties, breakwalls and harbours are constructed. Beaches mean tourism dollars so when the sea scours away the sand, millions of euros are spent replenishing the beach with whatever can be mined or pumped from nearby sources. While both hard structures and beach replenishment are not the natural answer, these methods can result in improved surfing conditions, although sometimes they destroy existing waves.

De façon paradoxale, d'importantes sommes d'argent ont été dépensées en vain pour stopper la marche inexorable de l'océan vers l'intérieur, en construisant des protections artificielles. L'érosion est inévitable, elle résulte des forces brutes qui ont forgé les continents et fait partie intégrante de la nature. En s'opposant à de telles forces on va généralement au-devant de nouveaux problèmes, car l'action de l'érosion se porte alors sur les portions de côtes situées aux alentours, et ce à chaque fois que l'on construit ports, digues, jetées ou brise-lames. Les plages représentent de l'argent pour le tourisme, et lorsque la mer emporte le sable ce sont des millions qu'il faut dépenser pour réensabler la plage avec tout ce qui peut être extrait ou pompé dans les parages. Bien que les structures en dur ou le réengraissement des plages ne constituent pas une bonne solution, ces méthodes peuvent parfois créer de bons spots – mais elles peuvent aussi les détruire.

Where does it come from?
1. Atmospheric pollutants including heavy metals and hydrocarbons
2. Traffic exhausts
3. Agricultural fertilizers and pesticides
4. Sewage effluent
5. Primary treatment ocean outfall
6. Stormwater and urban runoff
7. Industrial waste
8. Oil spills
9. Ship waste and plastic
10. Ballast water
11. Oil-rig waste
12. Lost or dumped vessels, their cargoes and their power plants
13. Dumped nuclear and industrial waste

Halting erosion is often undertaken just to protect private property. Creating this swimming pool resulted in the partial destruction of one of the finest waves on Madeira's north coast.

Ponta Delgada, Madeira

THE OCEAN ENVIRONMENT

Lago do Linho, São Jorge

To access this wave requires an hour hike, then a dance across slippery, urchin-infested rocks, before taking on the strong current and powerful waves.

Access

Access issues often take a back seat on the environmental frontline, but are arguably the most crucial. Without access to the ocean environment, there is no interaction and therefore no surfing. Once again, financial gain is often at the heart of the matter as individuals, corporations and governments annexe coastal land resources and endeavour to restrict access or promote exclusivity. Military land remains off limits, as does much private coastal property, but right of way to the ocean is enshrined in many European country's constitutions. Sea cliffs, mud flats, and wildlife refuges also play a bit part in the access story, along with beach ordinances that only allow surfing in designated areas.

Les problèmes concernant l'accès aux spots sont généralement relégués au second plan, mais ils sont sans doute les plus importants. Sans accès à la mer, pas de surf. Encore une fois, l'argent est au cœur du problème, les particuliers, entreprises ou organismes d'Etat annexent sans vergogne les terrains sur le littoral en faisant tout pour en restreindre l'accès ou en réclamer l'exclusivité. Les terrains militaires restent inaccessibles, tout comme la majorité des propriétés privées sur la côte, mais pourtant la législation actuelle et le droit de passage jusqu'à l'océan figure souvent quelque part dans la Constitution des pays européens. Les falaises, les zones de marais et les réserves naturelles sont des éléments à prendre en compte quant on veut accéder aux spots, sans oublier les zones réglementées pour le surf à certains endroits.

Hazards

Hazards come in many shapes and guises, encompassing a healthy number of natural examples that are elements of or exist in the ocean environment. Sharks, jellyfish, rip currents, extreme cold, sunburn, shallow reefs, motorised traffic and other ocean-users are all on the list. Research shows that natural elements like dangerous sea creatures are not the biggest threat to surfers. In fact, man-made perils such as the humble surfboard are far more likely to inflict injury.

Les dangers peuvent recouvrir de nombreux aspects, en se présentant sous la forme des nombreux éléments naturels qui forment tout ou partie de ce qui peut exister dans l'océan. Requins, méduses, courants, froid extrême, coups de soleil, reefs à fleur d'eau, engins motorisés et autres pratiquants de sports nautiques font partie de la liste. Suivant une tendance générale, les risques naturels comme certains animaux marins dangereux ne représentent pas la plus grande menace pour les surfers, les dangers causés par les hommes comme une simple planche de surf étant nettement plus susceptibles de faire des dégâts.

Localism

The transient, fleeting nature of ocean waves and the deeply personal experience of wave riding cultivates a highly selfish pursuit. Violent clashes have been observed for over three decades and as the advent of modern surf forecasting technology puts more people in the right place at the right time, confrontation is set to increase. Localism should be increasing as the numbers bobbing up and down in European line-ups has skyrocketed in recent years. Surfing has a new mainstream image that's being exploited by media and advertisers as it sheds it niche, waster vibe of decades past. However, many emerging surf cultures are showing tolerance, with few acts of violence and verbal abuse that characterise the line-ups of some established surf nations. Pockets of toxic, localised sentiment do exist in a few countries, but Europe fares well in this department compared to the rest of world.

Respect should be shown to locals who tend to catch the better waves through knowledge, experience, superior positioning and hopefully patience, but that respect should be returned to those quietly waiting their turn for a wave. Occasionally, overcrowding reduces localism by bringing anonymity to the line-up and too many targets for the selfish individuals who believe they deserve more waves than the next surfer. The hypocrisy of localism is best illuminated when perpetrators practice their aggressive attitudes whilst surfing locations miles or even time zones away from their local beach. Claiming ownership over the ephemeral resource of ocean waves is misguided at best and the responsibility lies with the individual to not just take but to give something back. Try calling a fellow surfer who has been waiting longer than you into a set wave. Smile, share the stoke and enjoy the rewards of this amazing ocean environment.

La nature éphémère et aléatoire de l'océan combinée à celle fondamentalement personnelle du surf a tendance à développer une approche très égoïste. De violentes altercations se sont produites au cours des trois dernières décennies et avec le développement des techniques modernes de prévisions qui amènent toujours plus de monde au même endroit au même moment, les probabilités de confrontations vont aller croissant. Le localisme devrait s'accroître en Europe vu que le nombre de personnes faisant le bouchon au line-up est monté en flèche ces dernières années. Le surf n'a plus cette connotation de sport de marginal comme durant les décennies précédentes, c'est désormais un sport reconnu dont l'image est exploitée par les médias et la publicité. Mais dans de nombreux pays où le surf vient d'apparaître, la tolérance est de mise, avec peu d'actes de violence ou d'agressions verbales, qui caractérisent si souvent les pays où le surf est établi depuis longtemps. Si des poches de localisme subsistent avec des attitudes négatives dans certains pays, l'Europe n'est pas trop touchée comparée au reste du monde.

Il faut respecter les locaux qui ont tendance à attraper les meilleures vagues grâce à leur connaissance du spot, leur expérience, un meilleur placement et de la patience – il faut l'espérer, mais ce respect doit être rendu à ceux qui attendent tranquillement leur tour pour prendre une vague. De temps en temps, la foule au line-up peut faire diminuer le localisme car il y a soudain trop de cibles anonymes pour certains égoïstes qui pensent qu'ils méritent plus de vagues que les autres. L'hypocrisie du localisme est vraiment démontrée quand on voit des surfers avoir une attitude agressive sur des spots éloignés, situés parfois à plusieurs fuseaux horaires de chez eux. Vouloir s'approprier les choses éphémères de l'océan est une attitude venant au mieux d'une erreur de jugement ; ce qui est en cause c'est souvent la responsabilité personnelle de vouloir tout prendre sans rien donner en retour. Essayez de laisser partir un autre surfer qui a attendu plus longtemps que vous sur une vague de set, souriez, partagez ce moment et profitez de ce que peut vous offrir l'océan.

The Stormrider Guide Europe

Surfers Against Sewage

SAS sprang into life in 1990 to help combat and raise awareness about the amounts of untreated sewage that was being pumped into the seas around the UK. Surfers were getting sick and the Government and water companies were uninterested in what a small number of young people who probably didn't vote had to say about their cheap dumping ground. Founded and led by Chris Hines, initial campaign strategies centered on delivering the facts via colourful, high-impact demonstrations that would be attractive to the media for coverage in the mainstream press. Donning wetsuits and gas masks, surfers marched on Parliament in London, crashed replica container ships into government departments, sat on untreated toilets on Brighton beach, paddled down rivers beside the EU Parliament, and lobbied water companies with direct action at dozens of locations around the UK. 17 years later and now 8000 members strong, this non-profit organisation has achieved notable success in helping to improve the water quality for all ocean users. Victories include seeing European wastewater treatment legislation passed that requires the larger seaside resorts around the UK to treat sewage to at least secondary level. Those with designated bathing waters have benefited further from tertiary level – the highest level of treatment available and capable of killing the bacteria and viruses found in sewage. More recently in 2006, after numerous actions and lobbies in London, Brussels, Luxembourg and Strasbourg, SAS helped secure a new EU Bathing Water Directive that starts being implemented in 2008. Beaches will soon have to meet tighter water-quality tests if they are to pass the new, safer bathing standards. Up to date, real-time information on water quality will soon be available so bathers can make informed decisions on whether it's safe to hit the water. This presents a vast improvement on the old system where week-old data could be displayed declaring a beach safe for swimming, when in fact it hadn't been tested since the last rains, which may have brought polluted wastewater to the line-up. On the down side, the EU bathing water directive stopped short of specifically protecting "recreational water users" who use the ocean during the winter months and UK legislation continues to allow profit-hungry water companies to open the bypass valves when it rains to dump huge volumes of raw sewage into the sea from October to April. It might even allow companies to soon switch off their tertiary treatment (i.e. UV disinfection) to save some money when people (supposedly) aren't using the sea.

Beyond the legislative articles and celebrating EU agreement on complex issues such as bathing water, SAS is increasingly concerned about the latest and greatest threat to the future of clean seas. Climate change is now an accepted fact yet no government or water company is prepared for the problems our sewerage infrastructure faces. The main issue is rainfall, which is set to rise, especially in the winter, when arguably our surf climate is at its best. Current sewage treatment works struggle to treat sewage during and after heavy rainfall. With sewage (domestic, municipal and industrial liquid waste via toilets, baths, showers, sinks) and stormwater (from precipitation via roof gutters, street gutters, all surface runoff) combined, capacity at the works is soon exceeded and so a mixture of untreated sewage and stormwater is released without treatment into watercourses, many of which discharge into surf breaks. This leads to short-term pollution incidents that often go unreported, untested and unassociated with the surfer suffering from gastroenteritis the next day. Whereas pollution incidents used to be caused by a lack of proper sewerage infrastructure, it's now a case of the treatment works being swamped until they overflow, as the incoming sewage and wastewater soup exceeds capacity. The contrasts between surfing in the summer and the winter will widen, as summer in the UK is expected to be drier and warmer so sewage treatment works should experience fewer problems. With water testing from May to September and more up to date information on water quality due to be provided at beaches, illnesses contracted in the surf should decrease. However, from October to April when the water-quality testing stops, the public information stops and heavier rainfall starts, sewage treatment works will increasingly use storm-sewer overflows to discharge untreated sewage into the impact zone. Bad news for the bulk of Britain's surfers who are usually out there when the winter swells roll in. Besides the sewerage infrastructure problems, wetter weather also brings more flooding events and therefore the mobilisation of more urban and agricultural pollutants into the marine environment.

DAMIEN POULLENOT

The new EU Bathing Water Directive is meant to protect recreational water users but the legislation is not enforced during the best surfing months from October to April.

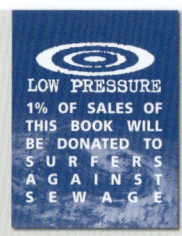

LOW PRESSURE
1% OF SALES OF THIS BOOK WILL BE DONATED TO S U R F E R S A G A I N S T S E W A G E

SAS is also making significant headway in other campaign areas including helping to secure prosecutions on shipping companies that pollute the Atlantic seaboard through illegal dumping, ballast-tank flushing and loss of cargo. Beach cleaning initiatives such as Return to Offender and No Butts on the Beach, are a direct-action response to research that shows a staggering 1,987 pieces of litter are found on every kilometre of beach in the UK (Marine Conservation Society data). They are also challenging consumers and manufacturers to stop discharging a cocktail of toxic chemical ingredients that bypass our sewage treatment works and supporting greener cleaning products. Finally SAS are supporting safer, renewable-energy options to nuclear power that won't deposit harmful radioactive particles indiscriminately onto our beaches. SAS will campaign, lobby, educate and fight for surfers' rights to clean seas, while relying on the continued support of the dedicated membership.

Née en 1990, l'association environnementale Surfers Against Sewage (SAS) a pour mission d'informer et de lutter contre les rejets en mer d'eaux polluées et non traitées aux abords du Royaume-Uni. L'attention portée par le Gouvernement et les diverses compagnies des eaux à l'égard des surfers victimes de cette pollution était auparavant inexistante. Orchestrées par Chris Hines, les premières campagnes se sont attachées à dénoncer des faits et constats via des manifestations à fort impact et donc à même d'intéresser les médias. Vêtus de combinaisons et masques à gaz, les surfers ont par exemple défilé devant le Parlement à Londres, encastré des répliques de cargos dans les bâtiments du gouvernement, cagué sur des toilettes non canalisées au beau milieu de la plage de Brighton, ramé sur la rivière au pied du Parlement Européen ou encore attaqué par de multiples actions les diverses compagnies des eaux. Dix sept ans plus tard et forte de 8000 membres, cette organisation non gouvernementale a déjà partiellement gagné son combat en initiant des progrès notoires. Parmi les victoires de SAS, une modification majeure de la législation Européenne sur le traitement des eaux usées. Cette dernière oblige maintenant les plus gros hôtels des côtes du Royaume-Uni à un double traitement des eaux usées, et ceux qui disposent de zones de baignade se sont même vu contraint d'effectuer un 3ème traitement, capable d'éliminer entièrement les bactéries et virus présents dans les eaux usées. Plus récemment en 2006, suite à de nombreuses actions menées à Londres, Bruxelles, Strasbourg et au Luxembourg, SAS a supervisé l'élaboration d'une nouvelle directive Européenne sur les eaux de baignades qui entrera en application en 2008. Les plages devront dorénavant répondre à des critères de qualité devenus plus sévères. Des informations en temps réel sur la qualité de l'eau seront prochainement consultables par les baigneurs, alors plus à même d'estimer le risque réel de contamination. Cela constitue une amélioration majeure, puisque auparavant on affichait des résultats de tests hebdomadaires qui pouvaient déclarer des eaux aptes à la baignade sans même tenir compte des récentes pluies, pourtant sources majeures de pollution. Si ce point constitue un avancement, cette même directive ne prévoit pas pour autant la protection des usagers de la mer durant les mois d'hiver. Ainsi la législation du Royaume-Uni continue à tolérer les ouvertures de vannes sauvages opérées par les compagnies des eaux en périodes de pluie. Des volumes importants d'eaux pourtant polluées mais non traitées sont alors déversés allègrement dans la mer d'Octobre à Avril. L'optimisation des profits prenant le dessus sur la raison. Pire encore, l'arrêt des traitements de 3ème degré (désinfection par UV) sera peut-être autorisé pour faire des économies dans des périodes où l'on suppose que personne ne se baigne.

Au-delà des articles législatifs et autres accords Européens sur des sujets délicats tels que les eaux de baignade, SAS est de plus en plus concernée par un enjeu récent mais majeur, qui menace sérieusement l'avenir de nos océans : les changements climatiques. C'est désormais un fait constaté et accepté, pour autant aucun gouvernement ou collectivité ne se prépare pour faire face aux problèmes que vont rencontrer nos infrastructures de traitement des eaux. La pluviométrie représente la principale menace, vu qu'elle est amenée à augmenter nettement surtout en hiver, c'est-à-dire durant la saison la plus favorable au surf. Nos infrastructures de traitement actuelles luttent déjà péniblement durant et après une forte pluie. En effet le volume combiné des eaux polluées (rejets domestiques, municipaux et industriels via les toilettes, bains, douches, éviers…) et des eaux de pluie (gouttières, caniveaux…) excède régulièrement notre capacité de traitement. C'est ainsi que des eaux polluées et non traitées sont reversées dans des cours d'eau, qui bien souvent se jettent dans les mers et océans à proximité des spots. Cela crée des pollutions temporaires, rarement constatées ni mesurées par les autorités, mais qui trop souvent donnent une bonne gastro aux surfers. Si ces incidents se produisaient auparavant à cause d'un manque d'infrastructures de traitement, ils ont désormais lieu suite aux débordements ponctuels de ces dernières. Au Royaume-Uni les étés sont plutôt chauds et secs, donc les problèmes de pollution ponctuelle quasi inexistants. Mais lorsque on surf en hiver, c'est une autre histoire. On effectue de nombreux tests de qualité des eaux entre Mai et Octobre, le public est également mieux informé sur les plages, et de ce fait le risque de contracter une maladie en surfant est diminué. Mais à partir d'Octobre, les précipitations augmentent et les débordements deviennent plus fréquents, malgré cela les tests de qualité de l'eau sont arrêtés ! Dommage pour les surfers chevronnés qui fréquentent les lineups durant les swells hivernaux. Parallèlement à toutes ces failles dans le traitement des eaux, une autre problématique se pose : du fait d'un climat plus humide les inondations sont plus fréquentes, elles drainent avec elles diverses pollutions agricoles et urbaines jusque dans nos océans.

Les efforts de l'association SAS concernent également d'autres domaines importants. Par exemple, elle fait pression pour durcir la législation vis-à-vis des bateaux qui polluent l'Atlantique via des dégazages sauvages, des abandons en mer de déchets ou encore des containers qui tombent à l'eau. Des nettoyages de plage sont organisés, comme Return to Offender et No Butts on the Beach, en réponse directe à l'étude du Conservatoire Maritime ayant dévoilé la présence d'en moyenne 1987 détritus par kilomètre de plage au Royaume-Uni. D'autres campagnes visent à inciter tant les industriels que les consommateurs à préférer les détergents dits « écologiques » à leur homologues chimiques. Egalement, SAS supporte les énergies renouvelables plus propres et plus sures que le nucléaire, dont les particules radioactives finissent sur les plages. Faire entendre la voix des surfers au nom de tous les citoyens responsables, voici la mission de SAS !

TIM NUNN
NOT ONLY ARE YOU CATCHING WAVES.
Viruses such as Hepatitis A can survive for up to 100 days in sea water.
Join the SAS 'Clean Water' campaign today 0845 4583001 www.sas.org.uk
surfers against sewage

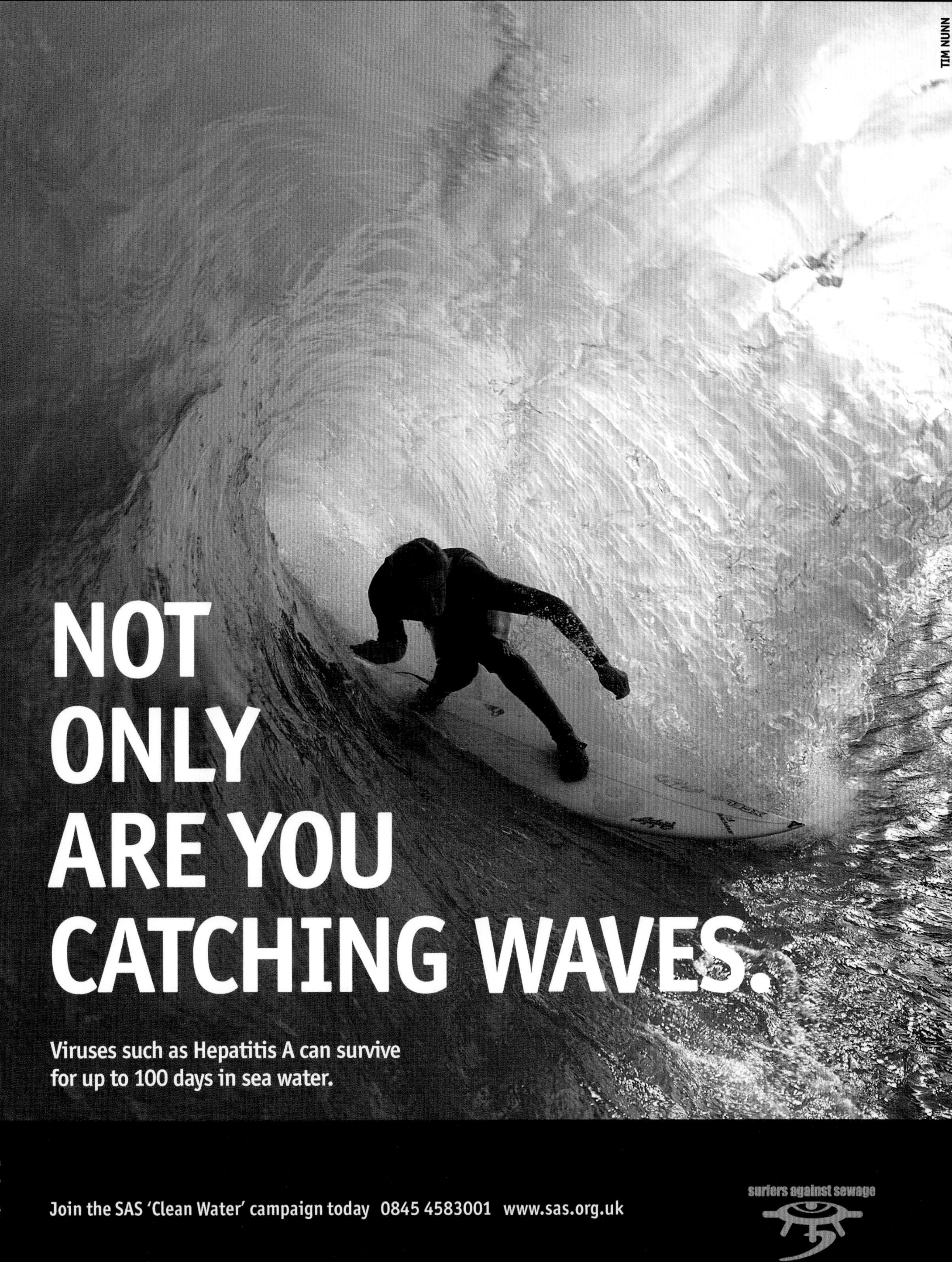

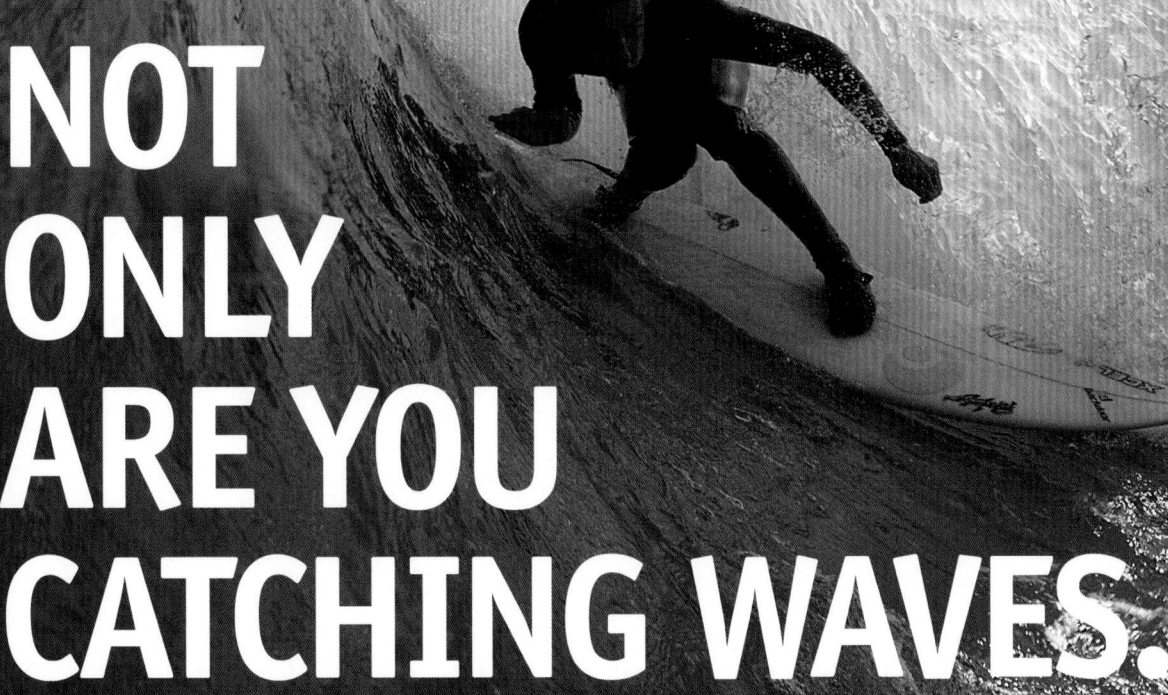

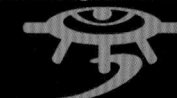

Iceland & Scandinavia

Few European surf destinations can claim to be frontiers and none come on the huge scale that Iceland and Scandinavia represent. Iceland sits mid-North Atlantic, soaking up swells from all directions. Norway has more west-facing coast than any other European country while Sweden gets waves from both the North Sea and the Baltic. Protected beaches, long pointbreaks or heavy slabs of volcanic reef are all on offer and twisting coastlines provide shelter from the malevolent arctic winds and swells. Freezing temperatures, strong winds, snowstorms and lack of daylight all add to the unique experience that Iceland and Scandinavia offers to those willing to take a walk on the wild side.

Peu de destinations surf en Europe peuvent se vanter d'être encore aussi méconnues, et encore moins à une telle échelle. Du fait de sa localisation au coeur de l'Atlantique Nord, l'Islande reçoit des swells de toutes les directions. La Norvège est le pays d'Europe qui possède le plus grand littoral exposé à l'Ouest, tandis que la Suède reçoit des houles venant à la fois de la mer du Nord et de la Baltique. Des plages protégées, de long pointbreaks et de grosses dalles de reef volcanique comptent parmi les atouts de ces destinations surf. Aussi les côtes sont fortement découpées, offrant ainsi de bons abris contre les vents et swells arctiques malveillants. En ajoutant à ceci des températures glaciales, des vents violents, des tempêtes de neige ou encore le manque de lumière, vous obtenez un cocktail étrange qui fait du surf en Islande et Scandinavie une expérience unique pour ceux qui la tentent.

YASSINE OUHILAL

Fins free zing at Unstad Left, Lofoten, the wrong side of the Arctic Circle.

The Stormrider Guide Europe

ICELAND & SCANDINAVIA

The Surf

Iceland

With 4970kms of coastline to explore, Iceland presents a rare opportunity to surf virgin territory, yet most Icelandic surfers only ride around the Reykjanes peninsula, close to Reykjavík in the southwest. Low-pressure systems spawned in Baffin Bay, wind-up south of Greenland, before sending groundswells slamming into the Reykjanes Peninsula, the first stop on the transatlantic swell highway. These swells can be giant and very powerful, building suddenly and they are often accompanied by raw winds and stormy conditions. The Reykjanes Peninsula is covered in old lava flows, so most of the waves break over volcanic reef or basalt rocks, sharp substances that take their toll on booties (and bodies). One exception is the black-sand beach at Sandvík, providing a rare beginners' spot, but it can often equal the ferocity of the reefbreaks when it's overhead. Thorli is another popular choice with a defined paddling channel and attracts the Reykjavík regulars to the south coast in N winds. The Snaefellsness peninsula to the northwest of Reykjavík also picks up plenty of swell from the S-W with more beachbreak than the Reykjanes but mainly 4WD access trails and few documented, bona fide surf spots. Vík is the southernmost point on the island and attracts any hint of swell down a submarine canyon onto quality black sandbanks. Beyond is a wilderness of waves. Tides exceed 5m and there are only a few spots that can handle all tide heights. Even the sole beachbreak at Sandvík struggles to break at high tide.

Winter is the most consistent swell season with excellent waves regularly hitting all sides of the Reykjanes. The problem in mid winter is getting the right conditions to conspire in the very short span of daylight. Strong winds, chilling temperatures, snowstorms and large tidal fluctuations are just some of the variables. September to November can be good months, with manageable air and water temperatures, and frequent low pressures. May-August sees plenty of summer flat spells in the southwest and could be a good time to explore the east and the north coasts for arctic windswells. It's impossible to talk about surfing in Iceland without talking rubber. Water temps bottom out around 3-4°C requiring seriously thick 6mm rubber and 7mm boots and gloves. Late summer water can hit 12°C so a 4/3 and no gloves is do-able, but remember the windchill factor can have a big effect and the constant winds can often gust up to 100km/h.

Avec 4970 km de côtes à explorer, l'Islande offre l'opportunité de surfer des territoires vierges, et ce d'autant plus que la majorité des surfers nationaux se concentre autour de Reykjavík, au Sud-Ouest. Les systèmes dépressionnaires se forment dans la baie de Baffin, puis se renforcent au Sud du Groenland avant d'envoyer de bons swells direction la péninsule de Reykjanes, premier arrêt sur l'autoroute des houles transatlantiques. Ces dernières peuvent être aussi puissantes que soudaines, et sont souvent accompagnées de vents violents et de conditions météo exécrables. La péninsule de Reykjanes étant de formation volcanique, la plupart des vagues déferlent sur des fonds basaltiques ou autres roches suffisamment saillantes pour que vos chaussons s'en souviennent. Une exception toutefois: la plage de sable noir à Sandvík qui constitue un spot précieux pour les débutants, bien que les vagues puissent y être aussi puissantes que leurs voisines de reef lorsque ça rentre sérieux. Thorli et son canal défini pour ramer au pic est également un spot convoité, qui attire les locaux sur la côte Sud lorsque le vent souffle du Nord. La péninsule de Snaefellness, au NO de Reykjavík, reçoit également bien les swells de S et d'O tout en offrant plus de beachbreaks qu'ailleurs. Mais les accès nécessitent bien souvent un 4x4, et les infos relatives à ces bons spots sont rares voire inexistantes. Enfin Vík est le point le plus au Sud de l'île, qui reçoit les moindres soupçons de swell sur des bancs de sable noir de grande qualité. Le marnage est supérieur à 5m, et peu de spots peuvent fonctionner à toutes marées. Même l'unique beachbreak de Sandvík peine à déferler quand c'est plein haut.

L'hiver est la saison dotée des meilleurs swells, avec d'excellentes vagues touchant régulièrement la péninsule de Reykjanes de tous côtés. La difficulté au milieu de l'hiver consiste à accorder les bonnes conditions de surf avec le peu de temps où il fait jour. Il faut effectivement tenir compte de nombreux facteurs: vents forts, températures atroces, tempêtes de neige ou encore marées conséquentes. Septembre à Novembre constituent de bons mois, avec des températures d'air et d'eau encore tolérables et

Reykjavik

SURF STATISTICS	J/F	M/A	M/J	J/A	S/O	N/D
Dominant swell	W-SE	W-SE	NW-S	NW-S	W-SE	W-SE
Swell size (ft)	8	6-7	5	4	6	7
Consistency (%)	10	70	60	50	70	60
Dominant wind	NE-SE	NE-SE	NE-SE	W-N	NE-SE	NE-SE
Average force	F5-F6	F5	F4	F3-F4	F4-F5	F5
Consistency (%)	45	46	42	41	44	45
Water temp.(°C)	5	7	8	11	9	8
Wetsuit						

Thorli — *photo: Georg Hilmarsson*

Sandvík — *photo: Brian Nevins*

Middle – **Thorli is a short drive from Reykjavík and has a proper paddling channel, which is a big plus in 3°C water.**

Bottom – **The only beachbreak close to Reykjavik and suitable for beginners is big on power and ice-cream headaches.**

The Stormrider Guide Europe

Icelandic Surf Culture

History

Surfing is a very young sport in Iceland and despite the fact that American army troops got into it earlier on the Reykjanes Peninsula in the '80s, it wasn't until the early '90s that local Icelanders started surfing. By the turn of the century there was a solid crew of 10 Icelanders surfing regularly and that crew is still very active today and increasing. The population only grows slowly because it is difficult to learn in the heavy conditions and the only beachbreak on the Reykjanes can get challenging even for experienced surfers. Many of the existing crew have learned to surf at lower latitudes and higher temperatures, then returned with boards and wetsuits suitable for Iceland's conditions.

Icelandic surfing has been the subject of plenty of media coverage in the last two years with international surfing magazines and independent surf film-makers taking numerous trips to showcase the incredible landscape and hopefully the surf. The non-surfing Icelandic public is a bit more aware of surfing now and the classic comment, "you're gonna die" is fading away. These fears probably owe much to Iceland's long seafaring traditions and strong fishing capabilities, which have shaped the country into what it is today. Iceland's maritime history is littered with stories of fishing boats foundering while trying to get back into harbours in giant swells, cultivating a huge respect for the ocean throughout the population.

Surf culture, Icelandic style is hard to pinpoint, since hanging out at the beach after a surf and chilling with the crew while downing a cold one doesn't happen here. The locals are friendly and helpful, since crowding will probably never be a real issue. Equipment is hard to come by as there are no real surf shops selling hardware and if there were, prices would be very expensive.

Les fonds volcaniques des spots de reef de Reykjanes sont particulièrement agressifs, tant pour vous que votre matos. Le temps peut changer rapidement, et i lN'est pas rare qu'il se forme rapidement des brouillards épais. Le temps d'apparition faible du soleil et les grandes amplitudes de marées peuvent empêcher de surfer en hiver, et les courants peuvent s'avérer aussi rapides et puissants qu'à Hawaii.

La scène surf islandaise a récemment fait l'objet d'une couverture média importante, notamment via la presse surf internationale et les œuvres de réalisateurs qui ont permis de mettre en avant tant l'énorme potentiel que les paysages magnifiques de ce pays. La population du pays s'est un peu familiarisée à voir des surfers, qui désormais sont moins considérés comme des extraterrestres. L'Islande est avant tout une terre de marins, dont les traditions sont étroitement en lien avec l'univers maritime. Nombreuses sont les histoires de navires de pêche en perdition dans des tempêtes géantes, qui contribuent à perpétuer un respect certain pour l'océan.

Il est difficile de cerner la culture surf dans ce pays, où il n'est pas coutume de se descendre une petite binouze sur la plage après la session. Les locaux sont sympathiques et ouverts, peut être du fait du risque réduit de voir un jour leurs spots envahis. IL est difficile de se procurer du matos dans la mesure où il n'y a pas de vrai surf shop, et où les semblants de boutiques pratiquent des prix prohibitifs.

Iceland, living up to its name. The local surf population is only growing slowly because beginner spots are virtually non-existent.

des passages de dépressions régulières. De mai à août ce sera plutôt flat au S-O, c'est donc une bonne période pour explorer le littoral à l'E et au N qui bénéficient de swells générés par le vent arctique. Enfin, il est impossible de parler de surf en Islande sans se poser de question d'ordre "néoprène". En hiver l'eau oscille autour de 3 ou 4 °C, ce qui requiert une armure de 6mm et des gants/chaussons de 7mm. L'été c'est le paradis, puisque l'eau peut atteindre 12°C! Une 4/3 avec des chaussons sera suffisante, mais pensez toujours à l'effet du vent, qui par sa constance et sa force (souvent jusqu'à 100 km/h) vous fera vite douter des températures annoncées.

Unstad Left

Norway

Norway stretches down the western flank of the Scandinavian peninsula, punctured by fjords and dotted with islands. This translates to a staggering 83,000kms of coastline, bordering four major seas including the Barents, Norwegian, North and the Skagerrak. Low-pressure systems usually track from the SW to NE bringing first SW and W swells then hopefully the more lined up NW swells that get many of the best breaks firing. The key surf area in Norway is centred close to Stavanger, in a lowland district called Jæren. It's not the most consistent surf area in Norway but, unlike the rest of the steep coastline, long sandy beaches and granite or boulder reefs provide numerous spots, all within an hours drive of Stavanger. Breaks like the point at Sele and the consistent summer beachies at Bore are now regularly crowded, but a study of local maps and a friendly dialogue with the locals can uncover many other easy access possibilities in the area. Further north, the Stad-landet Peninsula and Molde are frequented by Oslo surfers, looking for powerful peaks over both rock and sand in NW swells. Lofoten has received lots of media coverage thanks to its novelty value as a surf location inside the Arctic Circle. There's more than one class set-up but the lefts and rights of Unstad are the focus of all the attention. Kvalnes, Eggum and Utakleiv are more breaks on Vestvågøy, beyond which is a journey into the unknown, with difficult access to many west coast possibilities. North of Lofoten the swell window decreases while the water temperature and cliffs line the north coast. The Barents Sea receives regular, short-lived swells from the N and NE with plenty of quality boulder reef and beach setups yet to be ridden all the way round to the Russian border. However the lack of any Gulf Stream influence on these east-facing coasts means serious wetsuits are necessary to negotiate the 3-4°C water.

Svalbard allegedly has some decent spots that have been surfed by Norwegian locals, but only in the summer when the sea is not frozen. A boat is essential to access the surf, but navigating the treacherous waters and spotting rideable surf from behind are just some of the challenges in this newly opened wilderness. The general rule of thumb dictates that in south and eastern areas, consistency decreases, while heading north as far as Lofoten will see a considerable increase in the amount of regular surf. Tides range from only a few inches in Stavanger, to almost 3m around Lofoten, which is famous for maelstrom whirlpools.

The best time to go to **Southern Norway** is the *autumn until spring*, with the best months being December and January. For **Lofoten** and further north the lack of daylight and cold weather makes it hardly worthwhile considering in the November to March timeframe. Best months are ***April, May and August, September***. Some serious snowboarding usually takes place around Lofoten during Easter each year, called the Arctic Challenge. Many of the proffesional snowboarders will also charge the waves if it's on, including the Norwegian legend, Terje Haakonsen.

Lofoten

SURF STATISTICS	J/F	M/A	M/J	J/A	S/O	N/D
Dominant swell	SW-N	SW-N	SW-N	SW-N	SW-N	SW-N
Swell size (ft)	5-6	4-5	3-4	3	4-5	5-6
Consistency (%)	0	10	40	60	30	10
Dominant wind	S-SW	S-SW	N-NE	N-NE	S-SW	SE-SW
Average force	F5	F5	F4	F4	F4-F5	F5
Consistency (%)	34	34	39	41	31	53
Water temp.(°C)	5	6	7	10	9	7
Wetsuit						

Cliff protection from Arctic winds can be the difference between junk and jewels.

ICELAND & SCANDINAVIA

Kvassheim

Caractérisée par ses innombrables fjords et îles, la Norvège constitue le flanc Ouest de la péninsule Scandinave. Son littoral pour le moins haché représente 83,000kms de côtes, réparties sur 4 entités maritimes: les mers de Barents, de Norvège et du Nord, ainsi que le détroit de Skagerrak. Habituellement, les dépressions se déplace du SO au NE, offrant dans un premier temps des houles de SO et O, suivies des précieuses houles de NO à même de mettre le feu à grand nombre de spots. La principale zone de surf se trouve vers Stavanger, dans le district de Jæren. Ce n'est pas l'endroit qui reçoit le plus de houle, mais le littoral habituellement ciselé laisse ici place à de longues plages et nombreux reefs de granite/roches. Beaucoup de spots donc, et à proximité relative de la ville. Le point à Sele ou le bon beachbreak estival de Bore sont désormais des spots bien fréquentés, mais une bonne carte et la rencontre avec les locaux vous permettront de découvrir d'autres options. Plus au N et par swell de NO, on retrouve les surfers d'Oslo sur les puissantes vagues de la péninsule de Stad-Landet et de Molde. Les îles Lofoten, dont on a beaucoup entendu parler dans les médias surf, constituent une superbe destination surf dans le cercle arctique. Il faut dire que le choix des spots est large, même si l'on ne parle généralement que des droites et gauches d'Unstad. Kvalnes, Eggum et Utakleiv sont d'autres bons spots sur Vestvågøy, mais à l'accès plus difficile. Au N des Lofoten, la fenêtre de houle se réduit tout comme la température, et les falaises reprennent le dessus. La mer de Barents reçoit régulièrement des houles de courte durée de N et NE, qui éveillent les nombreux reefs et plages qui s'étendent jusqu'à la frontière russe. Pas de Gulf Stream ici, il faut donc être bien équipé pour affronter une eau à 3-4°C.

Svalbard possède également quelques bons spots surfés par les locaux en été lorsque la glace fait place à l'eau ! L'accès ne peut se faire que par bateau, et la complexité du littoral ne fait que compliquer le repérage de vagues dans cet espace aussi sauvage qu'étendu. D'une manière générale on dit que la consistance du surf décroît dans les zones au Sud et à l'Est, mais augmente nettement en allant au Nord jusqu'aux Lofoten. L'amplitude des marées va de quelques dizaines de centimètres à Stavanger à près de 3m aux Lofoten, fameuses pour leurs maelstroms.

La meilleure période pour se rendre au **S des Lofoten** va de *l'automne au printemps*, les meilleurs mois étant décembre et janvier. Pour les **Lofoten** et zones plus au N, c'est quasiment impossible de novembre à mars à cause des jours très courts et du froid. En revanche les Lofoten accueillent chaque année vers Pâques du snowboard avec l'Arctic Challenge. S'il y a de la houle les riders en profitent souvent pour descendre charger quelques vagues, le snowboarder de légende Terje Haakonsen en tête.

Stavanger						
SURF STATISTICS	J/F	M/A	M/J	J/A	S/O	N/D
Dominant swell	SW-NW	SW-NW	SW-NW	SW-NW	SW-NW	SW-NW
Swell size (ft)	5-6	5	3	3-4	4-5	5-6
Consistency (%)	70	50	40	50	60	70
Dominant wind	SW-NW	SW-NW	SW-NW	SW-NW	SW-NW	SW-NW
Average force	F5	F4-F5	F4	F4-F5	F5	F5
Consistency (%)	45	44	49	53	49	46
Water temp.(°C)	5	5	10	15	13	8
Wetsuit						

One of the best waves in the Stavanger area with 100m rides, but surfing is banned when the migrating birds are in residence during the winter surf months.

Sweden

Sweden has an extensive coastline bordering four distinct bodies of water – the Skagerrak, the Kattegat, the Baltic Sea and the Gulf of Bothnia. Windswell arrives with the low-pressure systems that generally move in from the southwest and winds will turn N as they pass, giving a short window of cleaner conditions. Strong N winds will bring surf to both coasts and Baltic systems will produce some E swells for southern Sweden and the islands.

The Skagerrak borders the west-facing coastline looking out on the North Sea and is the only stretch of coast in Sweden that receives some sort of North Sea groundswell. Northwest of Göteborg hides a few quality secret spots, kept hush-hush by the locals. The coastline is actually an archipelago of islands and very difficult to get around, so without some local guidance, it is almost impossible to find anything. Check Öckerö and also the island of Rörö just off Göteborg in strong SW-NW winds but beware of rocks and strong currents. The islands off Strömstad like Nord-Koster also hold potential in SW-W swells.

Between the Danish peninsula and the southwest coast of Sweden lies the Kattegat, a shallow body of water that connects to the Baltic Sea. This area relies on very short-fetch windswell from the SW to NW. Strong onshores are a necessary evil for Swedish waves and if the wind swings offshore, the swell will drop rapidly. Cross-shore or a bit of cliff or jetty protection is the most likely scenario for cleaner conditions because those occasional perfect days only come round once or twice a year. South of Göteborg the scene is concentrated around Asa but it's the wind and kite surfers who will get the most water time. Malmö surfers can choose the Kattegat or the Skåne area of the Baltic around Vík.

The Baltic Sea and the Gulf of Bothnia wash Sweden's east coast, bringing some surprisingly large waves to the southern regions and the islands of Gotland and Öland. Gotland could have its own surf map considering the amount of beaches and reefs that catch windswell from all directions.

Norwegian Surf Culture

History

The first surfers appeared in the line-up in 1982 in the Jæren region. These early rides were made by local pioneers Roar Berge and Per Ståle Grude, and were soon followed by local legend Tore Skjæveland. Oil company expats, mainly from the US, imported the boards and joined the locals from the outset, led by Californian John Stoudt, who married a local girl and still surfs all over Jæren whenever the waves are on!

The first attempts were all centred at Bore beach. Obtaining basic equipment was a big hurdle. It was another decade before Jan Roger Gaare opened Surfsenstrum in Stavanger, later taken over by Jørgen Michaelsen, to cater to the small group of local surfers who had been making do with what windsurf shops had to offer. This core of dedicated, cold-water surfers did their fair share of travelling to escape the clumsy 5mm suits, boots, gloves and hoods. As the snowboarding culture grew rapidly and Terje Haakonsen ruled the world, his branching out into surfing drew a lot of attention from the groms and soon crowds were appearing in Jæren and the spots close to Oslo. One of the first Flowriders was installed at Sommerland, Bø, providing a training ground for some of the pros and a bit of bodyboard fun for the masses. It is rarely cranked up to full speed, requires skills few regular surfers possess and usually ends up bruising bodies and egos. These days there are more people learning to surf every summer as surf schools and better wetsuits make the southern Norway beaches more accessible and even up in Lofoten there is a surf camp/school that is busy in summer and actually stocks a bit of equipment. Surf shops have sprung up in Oslo, Bergen, Hoddevík and there's about four in Stavanger these days. The longer established windsurfers and new school kiteboarders are regulars in the line-up where getting run over is a growing possibility.

Localism is more a matter of policing the line-up for those out of their depth and causing some danger to other surfers, particularly at Reve Havn. Otherwise the experienced locals are happy to share with able visitors, provided they follow the rules. Don't expect an easy ride and all the set waves – the standard is rapidly improving and the old boys can snake with the best of them, especially on home turf.

Exploratory surf trip somewhere north of Lofoten, deep inside the Arctic Circle.

Les premiers surfers ont fait leur apparition en 1982 dans la région de Jæren. Parmi eux il y avait les pionniers locaux Roar Berge et Per Ståle Grude, suivis peu après par la légende locale Tore Skjæveland. L'industrie pétrolière a drainé ici de nombreux expats, principalement des américains qui ont importé des boards pour se joindre aux locaux. A leur tête se trouvait le californien John Stoudt, qui s'est marié à une locale et que l'on retrouve toujours sur les spots de Jæren dès qu'il y a des vagues!

Les premières tentatives ont eu lieu sur la plage de Bore. Mais à l'époque c'était la lutte pour trouver du matériel. Il aura fallu une décennie pour que Jan Roger Gaare ouvre le Surfsenstrum à Stavanger, par la suite repris par Jørgen Michaelsen, offrant une alternative pour le petit groupe de surfers autrefois obligés de se satisfaire de l'offre des magasins de windsurf. Ce noyau dur de surfers aussi motivés que pas frileux ont ensuite largement voyagé sur des destinations ne nécessitant pas une combi de 5mm, des chaussons, des gants et une cagoule! La culture snowboard s'est ensuite étendue, et les apparitions en surf de Terje Haakonsen ont attiré l'attention des jeunes. Conséquence: les spots autour de Jæren et des environs d'Oslo ont commencé à se remplir rapidement! L'un des tous premiers Flowrider a été installé à Sommerland, Bø, permettant à quelques pros de s'entraîner et à un public plus large de s'essayer au bodyboard. Mais le bouton de puissance n'est rarement à fond, il faut déjà un sacré niveau pour ne pas être ridicule et ça laisse souvent des traces tant sur les riders que dans leur ego. La présence d'écoles et l'amélioration des néoprènes facilitent l'apprentissage, surtout sur les plages du Sud. Et il existe même un surf camp dans les Lofoten, plutôt bien équipé. Pour les surfshops ça se passe à Oslo, Bergen, Hoddevík et surtout Stavanger où l'on en trouve 4. Autre particularité: les lineups norvégiens accueillent dorénavant les kitesurfers, venus rejoindre leurs collègues windsurfers.

The Stormrider Guide Europe

Swedish Surf Culture

History

Janne Ekstedt was one of the first people to surf in Sweden at Torö during the mid '80s. He also started the SSA (Swedish Surfing Association) that runs regional to national competitions and sends a Swedish team to international events as well. Torö, located 70km from Stockholm and Åsa just south of Göteborg are the surf epicentres of Sweden, attracting large crowds and providing the contest venues for national and club competitions. It is not unknown for 80 surfers to hit the line-up at Torö when conditions are good, and strong cross-shore winds mean surfers are always sharing the waves with the wind and kite crew. Many Swedish surfers learn to surf in Australia, California or Hawaii when they travel around the world after finishing senior high school. The mainstream population have been blind to the country's surf possibilities, but awareness is increasing, helped along by online surfing communities like Kallsupen.com, Nordsurf.com and Surfsverige.se, who supply solid information (in Swedish only) about where to surf, what equipment to use, etc. Estimates suggest that there are around 1000 surfers who actually surf in Sweden regularly plus plenty of people who only surf abroad. Surf shops are located around Stockholm, Varberg, Gävle, Malmö and Göteborg, stocking hardware and fashion, but like most things in Scandinavia, are very expensive. Despite crowds, localism is not a major issue as the best surfers will get the best waves and happily co-exist with the beginner/improvers who don't always know the drop-in rules. Locals protect secret spots in the Skagerrak, but most Swedish surfers are just stoked to be surfing and welcome travellers to a country that is a great place to visit and maybe get a surf, rather than a place for a surf visit.

L'histoire commence au milieu des années 80 avec Janne Ekstedt, l'un des tous premiers à surfer Torö. Il est également à l'initiative de la SSA (Association Suédoise de Surf), en charge des compétitions régionales et nationales ainsi que du team suédois qui est envoyé sur des évènements internationaux. Les épicentres du surf en Suède se trouvent à Torö (à 80km de Stockholm) ainsi qu'à Åsa (au Sud de Goteborg) : ces zones attirent de nombreux surfers, on y trouve des clubs et les compétitions majeures y sont organisées. A Torö lorsque les conditions sont bonnes, il n'est pas rare de voir jusqu'à 80 personnes au line-up, auxquelles s'ajoutent les kitesurfers et windsufers venus profiter des forts vents cross-shore. De nombreux Suédois apprennent le surf en Australie, en Californie ou à Hawaii lors du "traditionnel" tour du monde une fois les études bouclées. Si le surf a longtemps été ignoré en Suède, on prend de plus en plus conscience du potentiel offert notamment grâce aux sites communautaires comme Kallsupen.com, Nordsurf.com ou Surfsverige.se , qui fournissent (en suédois) des infos sur les spots, le matos, etc. La population surf nationale se composerait d'un millier de personnes, plus celles qui ne surfent qu'occasionnellement à l'étranger. Les surfshops se trouvent à Stockholm, Varberg, Gävle, Malmö et Gothenburg. Mais comme le reste, c'est cher ! Malgré que les spots soient largement fréquentés, le localisme n'est pas un problème notoire. Les meilleurs chopent toutes les vagues, et la cohabitation se fait bien avec les débutants. Quelques spots (Skagerrak) sont tout de même bien gardés par les locaux, mais les surfers suédois sont tellement content de pouvoir surfer qu'ils accueillent avec plaisir les voyageurs. On ne vient pas ici que pour le surf, mais pour visiter et éventuellement surfer un peu si les conditions sont présentes.

A new generation of Swedish surfers are learning to surf in warmer climates, when travelling after leaving school.

N and NE winds will bring cold conditions so it is the infrequent summer SE to SW conditions that supply tolerable temperatures. These S swells are needed for Toro to break, attracting big crowds from Stockholm, only 70kms away. North into the Gulf of Bothnia with its considerable north-south fetch, there is potential for exploration, between the N swell spot of Sikhjalma and the icy waters of Lillsnack Point, Skellefteå, 600kms north. Known spots include east-facing beach at Smitingen, Härnösand, south-facing beachbreaks at Salusand near Örnsköldsvík and both sides of the peninsula at Skeleftehamn. Summer and autumn only as ice forms during winter/spring; take a 5/4mm suit.

Sweden is very inconsistent with probably only 75 small, windy but rideable days a year between both coasts. **September to November** is the best time of the year. Summer (June-August) is usually flat but will see the water temperature average between 15-20°C then falling to about 10°C by the end of October, before sinking to 4°C by December. There it stays, unless the ice moves in, until April when temperatures slowly start to climb. Tides are minimal on the west coast and non-existent in the Baltic.

Asa

La Suède possède des côtes très étendues, réparties sur 4 entités maritimes distinctes: le détroit de Skagerrak et le Cattégat, la mer Baltique et le Golfe de Bothnia. Les swells de vent sont générés par le passage de dépressions, généralement au Sud-Ouest, ayant pour conséquence de faire tourner le vent au N. Ces forts vents de N génèrent des vagues sur les 2 côtes, offrant ainsi des créneaux météo certes courts mais favorables au surf. La Baltique quant à elle produit des swells d'E qui viennent arroser la côte S ainsi que les îles.

Le détroit de Skagerrak fait frontière avec une côte orientée Ouest, c'est l'unique zone côtière à même de recevoir une houle en provenance de la mer du Nord. La zone au NO de Goteborg abrite quelques secret spots de qualité que les locaux se gardent bien de dévoiler. Ici la côte est en fait un archipel d'îles, et il est quasiment impossible de trouver des vagues intéressantes sans un bon guide local. Par fort vent de SO-NO, faîtes un tour sur les îles Öckerö et Rörö mais prudence aux rochers et courants forts. Avec une houle de secteur SO-O, allez faire un tour sur les îles au large de Stromstad comme Nord-Koster par exemple.

Entre la péninsule du Danemark et le SO de la côte suédoise se trouve le Cattégat, une étendue maritime peu profonde et connectée avec la mer Baltique. Il s'y produit un fetch allant du SO au NO. C'est donc seulement par forts vents onshore que l'on trouve des vagues dans cette zone. Lorsque le vent tourne offshore les vagues disparaissent très vite. Le meilleur scénario pour des conditions plus calme consiste à trouver une côte cross-shore, ou encore mieux l'abris d'une pointe ou d'une jetée. Les jours parfaits se comptent sur les doigts d'une demi main ! Au Sud de Goteborg l'action se passe vers Asa, surtout pour les windsurfers et kitesurfers. Les surfers de Malmo opteront pour le Kattegat ou le Skane dans les environs de Vík.

La mer Baltique et le Golfe de Bothnia touchent la côte Est de la Suède, apportant quelques vagues étonnamment grosses sur les régions au S ainsi que les îles de Gotland et Oland. A Gotland, une carte des spots serait justifiée vu le nombre et la diversité des spots. Les vents de N et NE apporteront une grande fraîcheur, il est donc préférable d'attendre les plus rares vents estivaux de SE à SO pour des températures plus tolérables. Le spot de Toro ne fonctionne d'ailleurs que par houle de S, qui attire en masse les surfers de Stockholm (à 70km). Le Golfe de Bothnia est idéalement configuré pour des fetchs sur l'axe N/S. Les possibilités d'exploration s'étendent de Sikhjalma (spot pour houle de N) aux eaux glacées de Lillsnack Point à Skellefteå, 600kms plus haut. Parmi les spots connus se trouvent les plages orientées E à Smitingen & Harnosand, les beachbreaks orientés S à Salusand vers Ornskoldsvík ainsi que les 2 cotés de la péninsule de Skeleftehamn. Prévoyez une combi 5/4 en été et automne, le reste du temps la glace se forme il faut oublier le surf.

Avec une moyenne de seulement 75 jours ventés mais surfables, la Suède n'est pas une terre de surf privilégiée. La meilleure période s'étende *Septembre à Novembre*. C'est généralement calme plat de Juin à Août, dommage la température de l'eau oscille entre 15 et 20°C. Elle retombe à 10°C environ fin Octobre, pour finalement s'effondrer jusqu'à 4°C en Décembre. Il faut être patient pour voir le thermomètre remonter péniblement à partir d'Avril. Les marées sont minimes sur la côte O, et inexistantes dans la Baltique.

Torö

Stockholm

SURF STATISTICS	J/F	M/A	M/J	J/A	S/O	N/D
Dominant swell	SW-NW	SE-SW	NE-SW	SW-NW	SW-NW	SW-NW
Swell size (ft)	2	1	0-1	1-2	2	2-3
Consistency (%)	20	10	10	20	30	40
Dominant wind	SW-NW	SE-SW	NE+SW	SW-NW	SW-NW	SW-NW
Average force	F4-F5	F4	F3-F4	F4	F4	F5
Consistency (%)	51	39	34	52	45	52
Water temp. (°C)	2	3	10	16	13	6
Wetsuit						

Middle – Asa is the centre of the surf scene around Goteborg, where sharing with wind and kite surfers is guaranteed most days.

Bottom – With no tides in the Baltic, the reefs are predictable all day.

The Ocean Environment

Pollution

Iceland's primordial landscape of volcanoes, lava fields, glaciers and geysers has been the foundation for an ever-growing tourist industry. Iceland is known for being a very clean, unspoilt country with a low population density, yet the sewage system for most of Reykjavík works on primary/secondary treatment before dumping the liquid waste into the sea via 4-8.5km long outfall pipes. Heavy rain can overburden the sewage infrastructure, which includes some stormwater management, but it is all septic systems in rural areas. By and large, water quality is top notch except where factories and the huge aluminium plants are sited on the coast. Thorli is the most obvious example where unidentified foam blights the line-up, thought to be emanating from the fish-processing factory.

Generally speaking, water quality is very good at most surf spots, especially those further north. Eutrophication has always been a big issue for the nations bordering the North Sea and **Norway** has been working on upgrading sewage treatment plant technology to remove more nutrients. Both land and sea areas in Norway have received radioactive pollution in the form of fallout from atmospheric nuclear testing in the 1950s and 1960s, deposition from the Chernobyl disaster in 1986 and discharges from reprocessing plants in the UK (Sellafield) and France. Stavanger reinvented itself from being a fishing/ship-building town into an international oil industry city when oil was discovered in the offshore area. There is a busy shipping lane along the coastline of Norway and this constitutes a constant threat for acute oil pollution, due to the heavy weather, collision, grounding and other scenarios. There are oil spots on the beaches due to anthropogenic discharges of oil i.e. by illegal ballast tank flushing.

Good water quality is achieved through **Sweden**'s impressive infrastructure of 2000 wastewater treatment plants that chemically and biologically treat sewage to tertiary level. Sewage sludge is reused where possible and never discharged into the sea. The reduction of heavy metal contaminants from the system has been achieved by tightening laws and increasing public awareness of what not to put down the toilet. Two treatment plants in Kristianstad convert both sewage and compost waste into biogas that is used to fuel 22 city buses, 200 cars, most taxis and several municipal trucks. They also run treated effluent through heat pumps to provide heat and hot water to 80,000 apartments. The Baltic Sea experiences large toxic algal blooms from excessive loading of nitrogen and phosphorus, largely caused by agricultural runoff and wastewater dumping. This eutrophication often occurs during July and August, when the relatively high water temperatures and low salinity compound the problem. The resulting low oxygen levels are bad for many species, but surfers are rarely at risk because summers are generally flat.

Si l'**Islande** constitue une destination touristique au succès toujours grandissant, c'est en grande partie grâce à ses paysages volcaniques, ses champs de lave et ses geysers. Le pays est reconnu comme étant particulièrement propre et protégé, à l'exemple du traitement des eaux usées de Reykjavík : après plusieurs traitement, les rejets se font dans la mer via des conduites éloignées de 4 à 8,5 km de la côte. Aussi, une gestion des eaux de pluies est en place dans les centres urbains, et les habitats en milieux ruraux sont tous équipés de fosses septiques. De tout cela résulte une eau de grande qualité, sauf à proximité des usines et fabriques d'aluminium se trouvant sur la côte. A Thorli vous pourrez voir des morceaux de mousse au flotter lineup, très probablement dus à l'usine de traitement des poissons.

De manière générale la qualité de l'eau est très bonne, et d'autant plus pour les régions au Nord. Si l'eutrophisation a toujours été un problème pour les pays bordant la mer du Nord, il faut noter que la **Norvège** a fait d'importants efforts dans ce sens en développant des stations d'épuration plus efficaces. Que ce soit dans les terres ou sur les côtes, la Norvège a eu son lot de pollution radioactive : retombées atmosphériques suite aux essais des années 50 et 60, contamination suite au drame de Tchernobyl en 1986, rejets des usines de retraitement anglaises (Sellafield) et françaises. Lorsque des gisements de pétrole ont été découverts au large des côtes, la ville de Stavanger a délaissé ses activités de pêche et ses chantiers navals pour devenir une ville industrielle pétrolière internationale. Entre le trafic maritime important, les risques de collision, les tempêtes et les dégazages sauvages en mer, les risques et sources de pollution sont maintenant bien supérieurs.

La qualité de l'eau est bonne grâce à l'ampleur du dispositif de retraitement des eaux. Près de 2000 infrastructures traitent de façon poussée (chimiquement et biologiquement) les eaux usées. La matière récupérée est utilisée dans la mesure du possible, et jamais jetée à la mer. Le renforcement de lois environnementales ainsi qu'une communication avec la population a permis de réduire sensiblement les rejets de métaux lourds nocifs. A Kristianstad, deux usines de retraitement convertissent les déchets organique (compost) et issus du traitement des eaux en gas. Ce dernier est ensuite utilisé pour alimenter 22 bus urbains, 200 voitures, la majorité des taxis ainsi que quelques camions de la municipalité. Les eaux traitées sont également réutilisées par des centrales thermiques pour chauffer et alimenter en eau chaude près de 80000 appartements. En Baltique, les rejets issus de l'agriculture favorisent la prolifération d'algues toxiques. Cela se produit principalement en été, lorsque la mer se réchauffe et la salinité est moindre, favorisant ainsi le développement de ces algues préjudiciables à de nombreuses espèces. Par grand risque pour les surfers, car en été c'est flat.

Erosion

While **Iceland** suffers from some severe soil erosion, a good deal of the south coast is termed sandy desert with lots of glacial-transported deposits and ash providing some material for the black-sand beachbreaks of Vík.

Vík, Iceland

Scandinavia has state of the art sewage infrastructure and generally clean seas, while Iceland is less advanced but still has good water quality except where aluminium and fish factories discharge near surf breaks. Beyond the Reykjanes peninsula lies a surfing frontier, but access can be tricky without a proper 4WD.

THE OCEAN ENVIRONMENT

Mölle

Large hydroelectric dams have been built to generate electricity for the numerous aluminium extraction and processing industries in Iceland, annually producing more than 900kg of metal per capita. Iceland has become the world leader in energy consumption, and power-intensive industry utilises more than two thirds of all electricity produced in the country. Resistance to government plans to build more power plants is led by The Stop Group, with high profile support from Björk, Damon Albarn and Damien Rice. Erosion is not a problem on the basalt and lava fringes of the Reykjanes Peninsula, one of the Earth's great geological wonders, where the tectonic plates of Eurasia and North America split and visitors can, quite literally, stand astride two continents. Earthquakes are a possibility and active volcanoes, like Hekla, are testimony to the island's potential explosiveness.

Norway was shaped by massive glaciers, which gouged out the famous fjords and scoured the metamorphic rock of virtually all the arable soil. Ancient and extremely hard, these crystalline deposits are not easily eroded, so the bulk of the coastline is relatively unaffected. However, the low-lying areas of Jæren in Rogaland, with its long sandy beaches, sand dunes and marshlands is prime real estate for erosion, which was a major issue during the late '80s to early '90s. Despite granite boulders and cobbles to help hold the sand, waves like Foglingane have disappeared, reinforcing claims that severe coastal erosion will be a growing problem as rising sea levels and a reduction in sea ice allow higher waves and storm surges to reach the shore, particularly on northern shores. Norway prefers a "soft engineering" strategy allied to retreat, but vested business interests will ensure harbour infrastructure will be maintained.

Sweden is bigger than California with a much longer coastline (13,567km) thanks to all the islands that lie offshore. Luckily, over half the coastline is hard, plutonic rock, but erosion still occurs as the 44% of remaining coast is either beach or mud. Problem spots are the south coast of Gotland, southern Skåne and the sandy beaches around Halmstad. Only 85kms of coast are armoured and 80kms continue to erode despite protection, while up in the Gulf of Bothnia, the whole coastline is accreting (growing) from river sediment reaching the sea.

L'**Islande** souffre d'une érosion importante du sol, qui toutefois est bénéfique pour le Sud : les dépôts et cendres transportés par la glace alimentent en effet les plages de sable noir de Vik. D'importantes installations hydroélectriques ont été mise en place pour assumer la consommation en électricité des industries d'extraction et de traitement de l'aluminium, qui produisent l'équivalent de 900kg de métal par habitant. Le pays est aussi le plus grand consommateur d'électricité au monde, les industries nationales consommant à elles seules plus des deux tiers de l'électricité produite. Le "Stop Group", soutenu par diverses personnalités comme Björk, Damon Albarn ou encore Damien Rice, s'oppose férocement aux plans de développement du nucléaire instaurés par le gouvernement. La péninsule de Reykjanes ne souffre en revanche pas de l'érosion. Ses sols de basalte et de lave représente une curiosité géologique de taille, puisque les plaques tectoniques d'Eurasie et d'Amérique du Nord s'y rencontrent, permettant aux touristes d'être « à cheval » sur deux continents à la fois. De forts tremblements de terre sont possibles, et les volcans actifs comme l'Hekla font de cette île une destination potentiellement « explosive ».

La **Norvège** a été dessinée par les immenses glaciers qui ont creusé les fameux fjords et décapé les roches métamorphiques de pratiquement tout le sol arable. Les dépôts de cette activité glacière sont aussi durs qu'anciens, et constituent une excellente protection contre l'érosion des côtes. La zone de Jæren (Rogaland) est très proche du niveau de la mer. Avec ses immenses plages de sable, dunes et marécages, elle est particulièrement concernée par l'érosion. Bien que les roches et galets aident à maintenir le sable, des vagues comme Foglingane ont disparu. On imagine facilement qu'avec la fonte des glaces, la montée du niveau de la mer et les tempêtes toujours plus fortes, l'érosion deviendra un problème majeur surtout sur les côtes les plus nordiques. Si la Norvège a opté pour une stratégie de lutte contre l'érosion plutôt passive, il est certain que les infrastructures portuaires existantes seront maintenues.

La **Suède** est plus grande que la Californie, et cumule avec l'aide de ses nombreuses îles 13567km de côtes. Si la majorité de ces côtes se composent de roches limitant fortement l'érosion, les 44% restant sont constituées de sable et de vase. Les zones problématiques se trouvent sur la côte S de Gotland, la partie inférieure de Skane ainsi que les plages sablonneuses de Halmstad. Seuls 85km de littoral sont protégés artificiellement, protection insuffisante puisque l'érosion continue. En revanche le Golfe de Bothnia voit ses côtes s'élever avec l'apport important en sédiments par les rivières (30cm par siècle).

Access

The wild, untamed terrain of **Iceland** can throw up natural barriers to getting to the surf. It may seem easy to get to the coast from the tarmac but sharp rocks, undulating lava flows and soft alluvial sand and mud can trap all but the most adept of 4WDs. Most of the breaks on the Reykjanes are accessible by normal 2WD, but the Snaefellness is more difficult with mountainous terrain and muddy tracks to the beachbreaks on the south-facing coast.

December 2003 came as a shock to the surf population in the Jæren region of **Norway**. Major parts of the coastline were suddenly designated as a bird sanctuary according to the RAMS convention. The targets for the protection order were sea birds spending the winters in nearshore waters and migratory birds during the spring and autumn. Surfing (along with jetskis and windsurfing) was banned between 1st October and 31st March; i.e. almost the whole surfing season. The area includes the two best spots in Jæren and perhaps Norway, Pigsty and Kvassheim. A long list of applications and complaints has been sent to the authorities, without any result. Even an application for exemption to be able to use the two above-mentioned spots was denied, although the area represents less than 0.1% of the protected area! The ban was passed without a public hearing, as the law requires and most of the media coverage and the public sympathise with the surfers. However, nobody wants to get caught in the act … the fines are equivalent of over 1300Euros! The Norwegian Surfing Federation (www.norsurf.com) has maps of the banned area. There are a lot of farm roads leading to the water's edge and hardly any of these are public roads. Only park in public parking places or on public roads.

Sweden's Skagerrak coastline presents major difficulties in getting around the myriad of islands and skerries where both a boat and serious local knowledge would be needed to find some of the waves that are hidden in this region. There are no barriers or laws preventing access to the surf but most pointbreaks are located in Nature Reserves and it's therefore important to respect the rules for such areas. Bird sanctuary nesting sites exist but don't clash with surf spots like in Norway. Sweden is mostly a rural landscape and searching down farmers' private roads is frowned upon but beach access roads are plentiful enough. Summer makes life easier as services open up at the main beaches such as cafes, toilets and showers for the holiday crowds.

Le côté sauvage et préservé de l'**Islande** peut aussi constituer des barrières naturelles en terme d'accès aux spots. Il peut paraître facile de rejoindre la côte depuis une route, mais c'est souvent trompeur et sachez que même un bon 4x4 ne sera pas toujours à la hauteur face à des rochers saillants, des coulées de lave froide ou des alluvions meubles. La majorité des spots de la péninsule de Reykjanes sont accessibles avec un véhicule classique, ce ui n'est pas toujours le cas sur la partie Sud du Snaefellness (terrain montagneux et pistes boueuses).

Top – **Coastal armouring is minimal across Iceland and Scandinavia thanks to tough plutonic/volcanic geology and a soft engineering approach.**

Bottom – **Norwegian surf access is never straightforward with bird sanctuaries, private property or mountain ranges blocking the way to the surf.**

The Stormrider Guide Europe

La population surf de la région de Jæren en la **Norvège** a appris en décembre 2003 la création de sanctuaires pour oiseaux en divers endroits, dans le cadre de la convention RAMS. Cela concerne les oiseaux qui passent l'hiver dans la zone, ainsi que les espèces de passage durant les migrations au printemps et à l'automne. De ce fait le surf, windsurf et jetski y sont interdits du 1er octobre au 31 mars. La zone concernée inclus Pigsty et Kvassheim, qui constituent les meilleurs spots de la région si ce n'est de tout le pays. Les plaintes déposées auprès des autorités n'ont pas permis d'autoriser l'accès ne serait-ce qu'à ces deux spots, qui pourtant représente moins d e0.1% de la zone concernée. L'interdiction a été prononcée sans interroger la population (comme le veut la loi). Cette dernière est pourtant dans sa majorité favorable aux surfers, tout comme les médias. Pas question de ruser, l'amende étant équivalente à 1300Euros! La fédération norvégienne de surf (www.norsurf.com) possède une carte des zones interdites d'accès. Il existe de nombreux accès agricoles privés menant à la côte, mais pensez à vous garer sur les chemins et parkings publics.

Le littoral du Skagerrak en la **Suède** est difficile d'accès. Pour découvrir les vagues cachées au milieu de toutes ces îles, il vous faudra une bonne connaissance de la zone ainsi qu'un bateau. Si aucune loi ou barrière n'empêche l'accès aux spots, la plupart d'entre eux se trouvent dans des réserves naturelles et il y a donc des règles basiques à respecter. Il existe des réserves ornithologiques, mais qui ne se recoupent pas avec les zones de surf comme c'est le cas en Norvège. La Suède est essentiellement rurale, et les chemins d'accès aux plages sont suffisamment nombreux pour ne pas emprunter les voies agricoles. En été les plages s'animent avec la foule, on trouve alors des cafés, toilettes et douches.

Hazards

The sharp volcanic rocks are a feature of **Iceland**'s Reykjanes reefbreaks and are an unforgiving surface for bodies and equipment. Inclement weather can move in swiftly and occasionally bring thick fogs and sea mists. Lack of daylight and big tides can prevent sessions in winter and rip currents can be Hawaiian in speed and power. Anywhere off the beaten track is a long way from help so solo missions are a bad idea. Take extra precautions and let someone know where you intend surfing.

There are no major hazards surfing in **Norway** other than boulders in the line-up and the cold sea temperatures in winter. Orca's occasionally pop up in the north, but as long as there are plenty of fish in the sea, surfers are off the menu.

Swedish waves are generally small and mellow, but the seriously cold water, particularly in the Baltic and Gulf of Bothnia, can be a danger to those that are unused or unprepared for the cold. Rocks and strong currents can be an issue especially around islands. Sweden has 14 species of jellyfish and the west coast gets red jellyfish during the summer that can deliver quite a painful sting.

Daylight is at a premium for much of the winter.

Les fonds volcaniques des spots de reef de Reykjanes de l'**Islande** sont particulièrement agressifs, tant pour vous que votre matos. Le temps peut changer rapidement, et i In'est pas rare qu'il se forme rapidement des brouillards épais. Le temps d'apparition faible du soleil et les grandes amplitudes de marées peuvent empêcher de surfer en hiver, et les courants peuvent s'avérer aussi rapides et puissants qu'à Hawaii.

Excepté la température glaciale de l'eau en hiver et les roches qui parsèment certains lineups, il n'y a pas de danger majeur lorsque l'on surfe en **Norvège**. Il y a bien quelques orques au Nord, mais les surfers ne sont pas sur leur menu vu qu'il y a déjà plein de poisson.

En la **Suède** les vagues étant généralement petites et plutôt molles, le danger vient plutôt de la température de l'eau pour celui qui n'est pas habitué ou mal équipé (surtout en mer Baltique et Golfe de Bothnia). Les rochers et courants concernent plus les zones insulaires. On recense dans les eaux suédoises 14 espèces de méduses, dont notamment sur la côte Ouest en été des méduses rouges provoquant des piqûres vives.

Travel Information

Iceland

Getting There
By Air
All international flights arrive at Keflavík International Airport, 48kms from Reykjavík, with Iceland Express, Iceland Air, BA and SAS maintaining regular scheduled and some seasonal flights. Charter flights are also available from European cities. Air Iceland operates regular scheduled flights from Reykjavík to major domestic airports with bus connections to over 40 towns all over Iceland. Íslandsflug operates scheduled flights to three destinations domestically from Reykjavík and also offers charter flights.

Tous les vols internationaux arrivent à l'aéroport de Keflavík, situé à 48km de la capitale. Iceland Express, Iceland Air, BA ou encore SAS on des plannings de vols réguliers, avec parfois quelques additionnels en saison. Des vols charters existent également avec plusieurs villes européennes. Air Iceland propose de nombreux vols nationaux avec connections en bus sur une quarantaine de villes du pays. La compagnie Islandsflug offre quant à elle 3 vols domestiques réguliers au départ de Reykjavík, plus des charters.

Norway

Getting There
By Air
Gardermoen is the main international airport, 48kms north of Oslo and home for national carriers SAS Braathens and budget marque Norwegian Air. Other low-cost flights, such as Ryanair, use Sandefjord airport Torp, much further south of Oslo, which also lacks the high speed rail link of Gardermoen. Dozens of scheduled carriers including BA, Continental and KLM link Oslo to the world, plus many charter companies offer services.

Gerdermoen est l'aéroport international principal, situé à 48km au Nord d'Oslo. On y trouve les hubs des compagnies nationales SAS Braathens et Norwegian Air. Les compagnies low-cost comme Ryanair desservent l'aéroport Torp à Sandefjord, bien plus au Sud d'Oslo et malheureusement pas connecté à la capitale par le train à grande vitesse. On peut se rendre à Oslo via de nombreuses compagnies : BA, Continental, KLM et de nombreux charters.

By Sea
Colorline do overnight crossings from Newcastle to either Stavanger, Haugesund or Bergen, plus a Copenhagen to Oslo service. DFDS Seaways goes from Newcastle to Kristiansand and is the best choice if you want to go to the southernmost (Lista area) or eastern surf spots (Saltstein). Smyril Line link Bergen with Shetland and on to Aberdeen. Hurtigruten operates sightseeing fjord cruises from Bergen to Kirkenes and further into Russia and the town of Murmansk. Cars can be taken along. Car ferries are crucial to link all the islands and to cross fjords along the west coast. There are many different companies – See www.mrf.no for Molde area and www.hurtigruten.com for the time-saving ferry out to Lofoten.

TRAVEL INFORMATION 35

A different kind of "Flow Rider" from the man-made wave in Bø, Norway.

By Sea
The Faroe Islands' Smyril Line operates a weekly passenger and car ferry service from Bergen in Norway and Hanstholm in Denmark to Lerwick in the Shetland Islands, the Faroe Islands and Seydisfjördur in Iceland.

La société Faroe Islands' Smyril Line propose une liaison maritime hebdomadaire depuis Bergen (Norvège) et Hanstholm (Danemark), desservant les îles Shetland, les îles Faroe et Seydisfjördur.

Visas
US, EU, Australian, NZ and many other nationalities get three months without a visa. South Africans need to get a Schengen visa before travelling.

Les citoyens européens, américains, australiens, néo-zélandais et de nombreuses autres nationalités peuvent séjourner 90 jours sans visa. Pour les Sud-africains, l'obtention préalable d'un visa Schengen est nécessaire.

Getting Around
A rental car is essential for a surf trip to Iceland, even if only surfing the Reykjanes peninsula spots, which are no more than an hour's drive. All these roads are manageable with a normal car but a 4WD will prove to be very helpful if travelling north to the Snaefellsness peninsula or down south to Vík and beyond. It is illegal to go off-road where no road or track exists and headlights must be on at all times, day and night. The general speed limit is 50km/h in urban areas, 80km/h on gravel roads in rural areas, and 90km/h on asphalt roads. The total length of the Ring Road around Iceland (National Highway 1) is 1339km. Most smaller roads are gravel, narrow and usually take much longer than planned. Many mountain roads are only passable in summer – check road conditions before travelling and travel in convoy or leave an itinerary. BSI Travel runs regular bus services to most parts of the country, especially around the Ring Road. Special offers include one to four week unlimited bus travel round the Ring Road or daily tours but getting to the surf will be difficult. Most coaches have bike racks so carrying surfboards should be no problem. Like just about everything in Iceland, rental cars and accommodation are quite expensive although hostels are available and 68 campgrounds are open from June to mid-September. The minimum age for driving a hired car in Iceland is 21 years and 25 years for a 4WD. Half a litre of beer at the pub costs at least 6Euro (500kr). Bring in as much food and alcohol as possible.

Une voiture de location est indispensable pour un surftrip en Islande, et ce même si vous ne prévoyez que d'explorer les spots de la péninsule à 1h seulement de la capitale. Si une voiture ordinaire peut suffire dans ce secteur, il vous faudra en revanche un 4x4 si vous partez du Nord (péninsule du Snaefellsness) ou du Sud (Vík). Il est interdit de s'aventurer en tout terrain si aucune piste n'existe, et vous devez gardez vos feux à tout moment. La vitesse est généralement de 50 en zone urbaine, 80 sur les pistes et 90 sur les routes. La Ring Road (nationale 1) fait le tour du pays en 1339 km. Les réseaux routiers secondaires, souvent en graviers et détériorés, ne permettent pas de rouler vite. Aussi la plupart des routes de montagne ne sont utilisables qu'en été. Pensez à vérifier les conditions avant de partir, et voyagez en convoi ou alors communiquez votre itinéraire à quelqu'un. BSI Travel opère des lignes régulières de bus un peu partout dans le pays, et particulièrement sur la Ring Road. Des offres spéciales (de 1 à 4 semaines) permettent de voyager en bus à volonté, il existe également des pass journaliers. Les racks à vélos devraient vous permettre de loger vos boards sans trop de problèmes. Logement et véhicules de location sont relativement chers, à l'image de la vie en Islande. Toutefois sachez que vous trouverez divers hôtels et 68 campings ouverts de juin à mi-septembre. L'age minimum pour une voiture de location est de 21 ans, et 25 pour un 4x4. Une pinte de bière vous coûtera environ 500 couronnes islandaises, il peut être judicieux d'amener avec vous quelques provisions et alcools.

Currency
The monetary unit in Iceland is the króna (ISK) but the local abbreviation is kr. ATMs can be found outside most banks and in shopping centres.

La devise nationale est la couronne (ISK), dont l'abréviation est kr. Vous trouverez des distributeurs de billets devant la majorité des banques ainsi que dans les centres commerciaux.

Iceland
Tourist Information
www.icetourist.is
www.visiticeland.com
www.tourist.reykjavík.is

Telephone Info
International Country Code: 354
Dial Out Code: 00
Emergencies: 112
International Operator: 1811
International Directory: 1811
Directory Enquiries: 118

Airports
www.keflavíkairport.com
Tel: +354 425 0600/+354 425 0777
www.flugstod.is
Tel: +354 425 0680

Airlines
www.icelandexpress.com
Tel:+354 550 0600
www.icelandair.net
Tel: +354 505 0700
www.ba.com
www.sas.se
www.flugfelag.is (Air Iceland)
Tel: +354 570 3030
www.landsflug.is
Tel: +354 570 8090

Ferries
www.smyril-line.is
Tel: +354 472 1111

Buses
www.bsi.is Tel: +354 562 1011
www.bus.is Tel: +354 540 2700
Road conditions Tel: +354 1777

Colorline propose des liaisons nocturnes depuis Newcastle à destination de Stavanger, Haugesund ou Bergen. La liaison Copenhague/Oslo existe également. DFDS Seaways permet d'aller de Newcastle à Kristinland, ce qui est la meilleure option si vous souhaitez vous rendre sur les spots au Sud (Lista) ou à l'Est (Saltstein). Smyril Line relie Bergen à Shetland et Aberdeen. Pour visiter les fjords en bateau, tournez vous vers Hurtigruten qui propose une liaison de Bergen à Kirkenes, et même des virées vers la Russie ou la ville de Murmansk. Possibilité d'embarquer votre véhicule. Sur la côte Ouest les ferries sont essentiels pour rejoindre les îles et traverser les fjords. Les compagnies ne manquent pas, visitez mrf.no pour Molde et hurtigruten.com pour les Lofoten.

By Train
Sleeper trains operate between Copenhagen and Oslo and a ScanRail pass links to the Sweden and Finland networks. Norwegian State Railways (NSB) operates to all the main surfing hubs of Stavanger, Bergen, Kristiansand and Bodø for Lofoten.

Des trains de nuit circulent entre Copenhague et Oslo, et le pass ScanRail permet des connexions sur les réseaux suédois et finlandais. Norwegian State Railways (NSB) permet de rejoindre les zones de surf de Stavanger, Bergen, Kristiansand et Bodø aux Lofoten.

Visas
While Norway isn't signed up to the EU, it is a Schengen state and 90 day visas issued on arrival are usually a formality for most nationalities.

La Norvège ne faisant pas partie de l'UE mais de l'espace Schengen, l'obtention d'un visa de 90 jours à votre arrivée est généralement une formalité pour la plupart des nationalités.

Getting Around
It would be very difficult to surf in Norway without a car, although the Stavanger and Sandnes area has some bus services. Anywhere else and it is long distance driving between spots, usually involving a ferry or two. To drive from Stavanger to Unstad on Lofoten takes three days by road! The ferry from Bodø to Stamsund saves another 12hrs driving. Flying is an expensive option but so is a rental car costing around 600Euros a week. Petrol is not cheap despite the local North Sea oil wells. Driving in Norway can be spectacular but the coastal routes through the fjords are incredibly twisty and ferries traverse the bigger waterways, slowing down journey times.

Boats and ferries form an essential part of the transport system, especially on the fjord-pocked coast of Norway.

The Stormrider Guide Europe

ICELAND & SCANDINAVIA

Speed limits are low (90/80/50km/h) along with alcohol limits (0.2mg/ml). Speed traps are frequent, on the spot fines are heavy and drink driving is often a jail sentence. Fortunately, alcohol is prohibitively expensive! Eurolines do the international routes or Nor-Way Bussekspress do Oslo - Gothenburg and Stavanger - Hamburg along with the biggest national network of destinations. Board carrying rules vary. Camping in summer is an option and many campsites have log-cabin style accommodation. Freecamping is an option outside of peak summer periods, although it is prohibited in large areas at Jæren where there are nature reserves. The best lodging of the Jæren area is Bore camping (check website at borestrand.no).

Bien que les zones de Stavanger et Sandnes soient desservies par des bus, il semble impossible de faire un surftrip en Norvège sans voiture. Les distances entre les sont importantes, et il est souvent nécessaire de prendre 1 ferry voire 2. Pour aller de Stanvanger

Norway
Tourist Information
www.visitnorway.com

Telephone Info
International Country Code: 47
Dial Out Code: 00
Emergencies: 110 (Fire)
112 (Police)
113 (Ambulance)
International Operator: 1882
International Directory: 1882
Directory Enquiries: 1881

Airports
www.osl.no
Tel: +47 64 81 20 00
firmapost@osl.no
www.avinor.no
Tel: +47 51 65 80 00
stavanger.lufthavn@avinor.no

Airlines
www.scandinavianairlines.com
Tel: +47 915 05400
www.norwegian.no
Tel: +47 21 49 00 15
www.sasbraathens.no
Tel: +47 915 05400

Ferries
www.stenaline.com
Tel: +47 23 17 91 00
www.smyril-line.com
Tel: +47 55 55 59 21
www.dfdsseaways.com
Tel: +47 21 62 13 40
www.hurtigruten.com
Tel: +47 810 30000
www.mrf.no
Tel: +47 71 21 95 00

Buses
www.eurolines.com
www.nbe.no
Tel: +47 815 44 444

Weather Statistics	J/F	M/A	M/J	J/A	S/O	N/D
LOFOTEN Total rainfall	61	51	41	59	101	89
Consistency (days/mth)	15	16	17	18	20	16
Min temp. (°C)	-4	-3	5	11	4	-1
Max temp. (°C)	2	4	12	15	9	3
BERGEN Total rainfall	143	119	105	156	232	208
Consistency (days/mth)	19	17	16	20	22	21
Min temp. (°C)	-1	2	8	12	8	2
Max temp. (°C)	3	7	15	19	13	7
GOTEBORG Total rainfall	43	34	44	85	70	60
Consistency (days/mth)	15	10	12	14	14	16
Min temp. (°C)	-3	0	9	13	8	1
Max temp. (°C)	1	7	18	21	14	5
STOCKHOLM Total rainfall	37	28	40	69	54	51
Consistency (days/mth)	15	10	12	13	14	16
Min temp. (°C)	-5	-1	9	13	7	-1
Max temp. (°C)	-1	6	17	21	12	4

The Stormrider Guide Europe

TRAVEL INFORMATION   37

à Unstad aux Lofoten prévoyez trois jours de route. Le ferry de Bodø à Stamsund vous fera économiser 12h de conduite. Les vols intérieurs sont cher, tout comme une location de voiture (600Euro/semaine). Les carburants sont également chers, et ce malgré la présence de forages en mer du Nord. La conduite en Norvège peut être spectaculaire, mais les routes qui serpentent le long des fjords sont tellement sinueuses que cela prend du temps. Les limitations de vitesse sont plutôt basses (90/80/50 km/h), tout comme le taux d'alcool autorisé (0.1mg/l). Les radars sont chose fréquente, les prunes salées et la conduite en état d'ivresse passible de prison... Eurolines s'occupes des trajets internationaux, et pour le réseau national il faut se tourner vers la compagnie Nor-Way Bussekspress pour par exemple faire Oslo/Gothenburg ou Stavanger/Hamburg. La législation quant aux planches de surf à bord des bus varie. Le camping est une option en été, avec de nombreux sites dédiés. Faire du camping sauvage est chose possible en dehors de la saison estivale, et en dehors des grandes réserves naturelles vers Jæren. Si vous êtes vers Jæren, la meilleure option reste le camping de Bore (www.borestrand.no).

Currency
The monetary unit in Norway is the krone (NOK). ATMs can be found outside most banks and in shopping centres and credit and debit cards are widely accepted.

La monnaie est la couronne norvégienne (NOK). Les cartes bancaires sont largement acceptées, et les automates nombreux devant les banques et dans les centres commerciaux.

Sweden
Getting There
By Air
Major airports include Stockholm's Arlanda, Göteborg's Landvetter and Malmö's Sturup. European budget airlines (Ryanair) also operate but the "Stockholm" airports of Västerås and Skavsta are 100km from the city and linked by bus. Most domestic flights are operated by Skyways or SAS out of Arlanda, as well as FlyMe, Fly Nordic, Directflyg, Malmö Aviation and Gotlandsflyg, but expect to pay heavily for boards.

Les principaux aéroports sont Stockholm Arlanda, Gothenburg Landvetter et Malmö Sturup. La compagnie low-cost Ryanair propose également des vols pour Stockholm, mais les aéroports concernés (Västerås et Skavsta) sont à 100km de la ville, qu'il faut rejoindre en bus. La majorité des vols sont opérés par Skyways ou SAS depuis Arlanda, mais aussi FlyMe, Fly Nordic, Directflyg, Malmo Aviation et Gotlandsflyg. Supplément boards généralement important.

By Sea
There are 9 ferry routes to Sweden from England, Denmark, Norway, Finland, Germany, Estonia and Poland. DFDS do Newcastle to Gothenburg via Kristiansand in Norway. Stena have many of the Danish, German and Polish routes while Scandlines, TT Lines and Kystlink link a range of ports in various countries. There is a fixed link ferry across the Öresund strait to Denmark. Smaller vessels link the northern archipelago (Hönö, Öckerö and Björkö) from Torslanda and the southern archipelago from Saltholmen and Hjuvík near Göteborg. Gotland ferries run from Nynäshamn-Visby and Oscarshamn-Visby. The ferry to Öland is pointless now there is a bridge.

Des ferries se rendent en Suède au départ des pays suivants: Angleterre, Danemark, Norvège, Finlande, Allemagne, Estonie et Pologne. DFDS propose une liaison Newcastle/Gothenburg via Kristiansand en Norvège. Stena propose diverses lignes depuis le Danemark, l'Allemagne et la Pologne, tandis que Scandlines, TT Lines et Kystlink desservent d'autres destinations. Il existe une ligne régulière pour le Danemark via le détroit d'Öresund. Localement, des bateaux plus petits permettent de rejoindre les îles de l'archipel Nord depuis Torslanda (Hönö, Öckerö et Björkö) et l'archipel du Sud depuis Saltholmen et Hjuvík vers Goteborg. Gotland ferries relie également Nynäshamn-Visby et Oscarshamn-Visby. Le ferry pour Oland n'a plus d'intérêt vu qu'il existe un pont !

By Train
The Swedish rail network is fast and efficient but can be more expensive than flying. Operated by six different companies, SJ, Tågkompaniet, BK Tåg, LINX, Connex and Inlandsbanan, tickets can be easily booked through one of the portals like ResPlus (tagplus.com) and www.swedenbooking.com including underground, bus and ferry connections. High-speed X 2000 trains travel at up to 200km/h on all major intercity routes and do allow surfboards in the carriages, space permitting.

Si le réseau ferroviaire national est efficace, le train est souvent plus onéreux que l'avion. La gestion se fait par six compagnies (SJ, Tågkompaniet, BK Tåg, LINX, Connex et Inlandsbanan), mais l'achat de billets est centralisé via le réseau ResPlus (tagplus.com)

et le site www.swedenbooking.com incluant les connexions métro, bus et ferries. S'il y a assez de place, vous pourrez embarquer votre planche à bord des trains à grande vitesse X2000 qui relient les villes majeures.

Visas
A valid EU, US, Canadian, Australian, NZ, SA or any other first world country passport entitles visitors to a three-month stay in Sweden, who has signed up to the Schengen agreement. All other passport holders are advised to check with their Swedish Embassy.

La Suède ayant signé la convention de Shengen, les ressortissants européens, américains, canadiens, australiens, néo-zélandais, sud-africain ainsi que des autres pays "1ère classe" bénéficient de trois mois de séjour. Pour les autres passeport, il est nécessaire de contacter l'ambassade de Suède.

Icy roads are a regular hazard.

Getting Around
A car is essential to get to the surf because there are no spots in the main cities. Sweden is a big country so driving long distances is a given, especially if traversing from the west coast to the Baltic. Arterial roads are good and toll free except for the Öresund Bridge. Speed limits range from 110km/h on main highways, 70km/h on smaller roads, and 50km/h in towns and cities. Lights must be on at all times of day and night. Fuel is expensive, rental cars are expensive and so is alcohol, which is a good thing because the legal limit is 0.2mg/l and punishments are severe. Campervans are available to rent (1000Euros/week) and there are plenty of campsites around the coast, although freecamping is do-able in quiet country areas especially after the summer high season. Winter tyres or chains must be carried between Dec and April but not if the car is registered abroad. Sweden is big on safety with one of the lowest road deaths per capita in the world. Eurolines include 27 destinations in Sweden, while Swebus Express has 300 destinations throughout the country but won't carry boards. There are too many coach companies to list but a consortium called Express Coaches is available through the train portals.

Une voiture est indispensable pour se rendre sur les spots, aucun ne se trouvant à proximité d'une grande ville. N'oubliez pas que c'est un grand pays qui prend du temps à traverser, particulièrement si vous allez de la côte Ouest à la Baltique. Les routes secondaires sont bonnes et gratuites, à l'exception du pont d'Öresund. La vitesse est limitée à 110 km/h sur autoroute, 70 km/h sur les routes ordinaires et 50 km/h dans les villes et villages. De nuit comme de jour vous devez garder vos feux allumés. Le carburant comme les voitures de location sont cher. L'alcool aussi, mais c'est une bonne choses avec un taux fixé à 0.2 mg/ml et des amendes sévères! Eurolines est la principale compagnie européenne, elle propose 27 destinations en Suède. Une fois sur place, Swebus Express vous permet de rejoindre 300 destinations à travers le pays mais vous ne pourrez pas voyager avec votre planche. Il existe trop de compagnies pour toutes les lister, mais elles sont regroupées sous le nom Express Coaches et consultables en gares.

Currency
The Swedish krona (SEK) is the monetary unit used. Major credit cards are widely accepted at banks, hotels, stores, restaurants, taxis, car rental companies, and for air, ship and rail tickets. Most shops and restaurant require identity card while paying with credit card. ATMs can be found outside most banks and in shopping centres.

La couronne suédoise (SEK) est la devise nationale. Les cartes de crédit sont largement acceptées par les banques, hôtels, magasins, taxis, loueurs de voitures et autres transports (avion, bateau, train). Gardez toutefois une pièce d'identité, souvent demandée par les commerçants et restaurateurs. De nombreux automates sont disponibles dans les banques et centres commerciaux.

Sweden
Tourist Information
www.visitsweden.com

Telephone Info
International Country Code: 46
Dial Out Code: 00
Emergencies: 112
International Operator: 020 0018
International Directory: 07977
Directory Enquiries: 07975

Airports
www.lfv.se
Tel: +46 8 7970000

Airlines
www.skyways.se
Tel: +46 771 95 95 00, 0771-95 95 00
www.sas.se
Tel: +46 8 797 4000, 0770 727 727
www.direktflyg.com
Tel: +46 243 444700
www.flyme.com
Tel: +46 (0)770 790 790
www.flynordic.com
Tel: +46 (0)8 585 54 400
www.malmoaviation.se
Tel: +46 771 55 00 10
www.gotlandsflyg.se
Tel: +46 (0)498 22 22 22

Ferries
www.stenaline.com
Tel: 031 704 00 00
www.dfdsseaways.com
Tel: 042 26 60 00
www.scandlines.se
Tel: +46 4106500
www.ttline.com
Tel: +46 (0)410 56188
www.kystlink.com
Tel +46 526 14 000
www.destinationgotland.se
Tel: +46 771 22 33 00

Trains
www.tagplus.com
Tel: +46 498 20 33 80
www.swedenbooking.com
Tel: +46 498 20 33 80

Buses
www.eurolines.com
Tel: +46 31 10 02 40
www.swebusexpress.se
Tel: +46 36 290 80 00
www.tagplus.com
Tel: +46 498 20 33 80
www.swedenbooking.com
Tel: +46 498 20 33 80

The Stormrider Guide Europe

Reykjanes Peninsula

1. Gardur
Gardur is the tip of the Reykjanes peninsula and has two sides that can be surfed, giving some flexibility with the wind. Needs a considerable swell to swing around the corner and get the north-facing reefs working in SW winds. Big outside lefts remain unridden but smaller waves form up in front of the little harbour and are better at higher tides. Kelp and currents. Drive through Gardur and park near the two lighthouses.

Gardur est à l'extrémité de la péninsule de Reykjanes. Il y a un spot de chaque coté, ce qui permet d'adapter en fonction du vent. Il faut un swell conséquent pour activer les reefs orientés N, qui fonctionnent par vent de SO. De bonnes gauches au large ne sont pas surfées, mais des vagues plus petites se forment devant le petit port, surtout à marée haute. Longues algues et du courant. Se rendre à Gardur et stationner vers les deux phares.

2. The Rock
Likened to the Box in Western Australia thanks to the jacking take-off into a square barrel. Short, critical and occasionally sucks dry as tide increases and the break shifts closer to the beach. Super gnarly wave for pro's only – upper size limit is unknown. Needs an overhead swell to start breaking, plus a 9-10 second period so medium consistency only. Drive under two sets of power lines after Hafnir. 4WD needed to park on rock and lava beach.

Vague comparée à The Box (Australie Ouest) pour son take-off rapide et ses tubes carrés! Vague courte et craignos, plus proche de la plage et qui aspire bien quand l'eau monte. Spot sélectif, dont on ne connaît pas la taille maxi possible. Fréquence moyenne car nécessite un gros swell et une période de 9 à 10 secondes. Se rendre vers les lignes électriques après Hafnir, 4x4 nécessaire pour se garer sur la plage de lava.

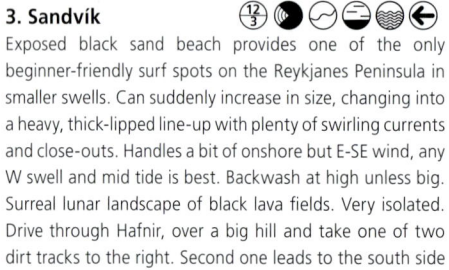

3. Sandvík
Exposed black sand beach provides one of the only beginner-friendly surf spots on the Reykjanes Peninsula in smaller swells. Can suddenly increase in size, changing into a heavy, thick-lipped line-up with plenty of swirling currents and close-outs. Handles a bit of onshore but E-SE wind, any W swell and mid tide is best. Backwash at high unless big. Surreal lunar landscape of black lava fields. Very isolated. Drive through Hafnir, over a big hill and take one of two dirt tracks to the right. Second one leads to the south side and easier access for 2WD but beware the soft sand. Film location for Clint Eastwoods' *Flags of our Fathers*.

Plage de sable noir exposée, l'un des rares spots adapté aux débutants par petit swell. Peut rapidement grossir et devenir une vague épaisse avec du courant et des sections qui ferment. Préférable par houle d'O et à mi-marée, supporte un vent onshore léger. Backwash à marée haute sauf si c'est gros. Paysage lunaire hallucinant et cadre isolé. Traverser Hafnir, passer une montagne et prendre l'une des deux pistes sur la droite. La seconde mène à la partie S et demeure plus facile sans 4x4, mais prenez garde au sable mou. Lieu de tournage du film *Mémoires de nos pères* avec Clint Eastwood.

4. Grindavík
Exposed, swell-magnet reefbreak with racey right walls at all sizes and some lefts. Friendly at 3ft, frightening at 8ft! Maximum size unknown. Heavy water at size with crunching barrels over very shallow low tide reef that gets covered at high. Steep take-offs and bumpy faces unless due N winds. Very high consistency, even in summer, but rarely perfect. Always a lot of water moving, barely submerged rocks and urchins. Finding someone else to surf with can be a problem. Drive straight through town and turn right then three mins west.

Reef particulièrement bien exposé au swell, générant des droites de toutes tailles et des gauches occasionnelles. Facile à 1m, effrayant à 2m50. Taille maxi inconnue à ce jour. Vague imposante et puissante avec des tubes sur un reef peu profond à marée basse, recouvert à marée haute. Take off raide et du clapot sauf si vent de N. Rarement parfaite mais excellente fréquence, même en été. Spot qui brasse bien, agrémenté de rochers et oursins. Il peut être difficile de trouver un partenaire pour surfer. Traverser la ville, puis tourner à droite et 3 min vers l'O.

5. Rolling Stones
Fat rights and lefts over a triangular boulder reef provided swell period is over 10 seconds. Needs size to break on a full tide and can get very shallow on a low tide. Upper size limit is unknown but swell has to be dead SW. Low consistency and solo surfing. Take dirt road south of Grindavík harbour then park and walk over hill.

Droites et gauches sérieuses pour ce reef triangulaire de galets. Nécessite une bonne taille pour déferler à marée haute, mais peut devenir peu profond à marée basse. Swell de SO requis, taille maxi inconnue. La fréquence est faible, tout comme la fréquentation. Prendre la route de terre au S du port de Grindavík, se garer et marcher via la colline.

The Stormrider Guide Europe

6. Ollie's Shipwreck

Long, leg-burning left reefbreak just south of Rolling Stones. Needs a bit of size (upper size limit is unknown) and some W in the swell for it to start working. Rocks and boils in the line-up between shoulder flat spots. Not very consistent and virtually never surfed. The fishermen of Grindavík view this reef as a boat cemetery.

Reef au S de Rolling Stones, offrant une longue gauche. Nécessite un swell d'une certaine taille (limite inconnue) et d'O. Rochers et bouillons au line up. Peu fréquente et jamais surfée. Les pêcheurs de Grindavík perçoivent cette vague comme un cimetière à bateaux.

7. Thorli

Thorli is the most surfed place in Iceland, thanks to its deep paddling channel (no duckdiving!) and ability to handle all swells above chest high. Crumbly cutback corners when small turn into really long, workable walls at size. Rarely perfect, never closes out and 40 second rides are possible, with a few sections that wall up again and again. Crowded in Iceland means there might be other surfers there (rarely!). Beware of strong currents and the unidentified, smelly, frothy stuff that has become known as 'the whale sperm from Thorli'. Source is probably the fish factory that spoils the stunning mountain scenery. Drive straight through Thorlakshofn toward the lighthouse.

Spot le plus surfé d'Islande, grâce au chenal qui en facilite l'accès (pas de canard!) et sa capacité à recevoir tout swell de taille moyenne ou plus. La qualité et la longueur s'améliorent avec de la taille. Rarement parfaite mais ne ferme pas, des sections reforment pour offrir jusqu'à 40 secondes de glisse. En Islande, « fréquenté » signifie qu'il peut y avoir d'autres surfers au pic ! Attention aux courants forts et à la substance odorante et non identifiée (soi-disant du sperme de baleine, l'usine de poisson sur la montagne étant une cause plus probable). Traverser Thorlakshofn jusqu'au phare.

8. Thorli Beach

Long crescent of black sand with consistent peaks appearing on any swell with S in it. Can get big, hollow and heavy with swirling currents and lots of duck-diving. Consistent but rarely worth the effort. Beautiful, isolated location, attracting the odd Icelandic beach bum and his family on good weather days.

Long croissant de sable noir avec des pics consistants par swell de Sud. Peut devenir gros et creux, avec des courants puissants et beaucoup de canards à effectuer. Vagues fréquentes mais rarement à la hauteur de l'effort requis. Spot retiré et magnifique, attirant quelques familles les beaux jours venus.

Norway

Lofoten

1. Unstad Right
World-class pointbreak and possibly the best spot in Norway when it is on. Large open faces with a powerful pocket that hurtles down the line as a throaty barrel in offshore easterlies. Needs a clean, longer period, W swell to fire. Only experts can handle the speed, rocks and currents.

Pointbreak de classe internationale, probablement le meilleur spot du pays quand ça marche. De grande face avec une casquette puissante se transformant en barrel rapide par vent offshore d'E. Nécessite une houle d'O bien propre et de période élevée. Seuls les meilleurs feront face à la vitesse, aux rochers et au courant.

2. Unstad Beach
Beachbreak that suffers a bit of swell shadow compared to the two pointbreaks that flank it. Breaks over sand and some scattered boulders but is fine for beginners and the surf school. All facilities including surf camp, surf shop/school and log cabin campsite. Breathtaking alpine scenery.

Beachbreak moins exposé à la houle que les 2 pointbreaks qui le bordent. Ca déferle sur du sable et quelques roches, tout en étant adapté aux débutant et à l'école du coin. On trouve tout : surf camp, surf shop, surf school et un camping de cabanes en bois. Le paysage escarpé est époustouflant.

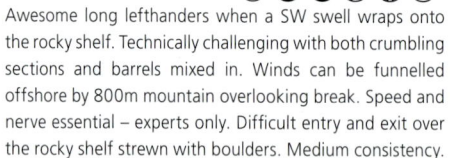

3. Unstad Left
Awesome long lefthanders when a SW swell wraps onto the rocky shelf. Technically challenging with both crumbling sections and barrels mixed in. Winds can be funnelled offshore by 800m mountain overlooking break. Speed and nerve essential – experts only. Difficult entry and exit over the rocky shelf strewn with boulders. Medium consistency.

Le fond rocheux donne naissance à une longue gauche lorsqu'une houle de SO s'enroule jusqu'ici. Vague techniquement difficile avec un mix de sections qui ferment et de sections tubulaires. La montagne de 800m qui surplombe peut canaliser le vent offshore. La vitesse rend cette vague sélective. Mise à l'eau et sortie délicates à cause des rochers, fréquence moyenne.

Southern Norway

4. Hustadvíka
A few hard to find spots near Hustadvíka breaking over rock shelf on NW swells. Mostly short, but hollow, punchy waves benefiting from a deep offshore trench, plus an inconsistent mellow beachbreak. Defined take-off spots and short rides means even a handful of surfers makes a crowd, so locals are a bit protective. Only medium consistency. Near Molde.

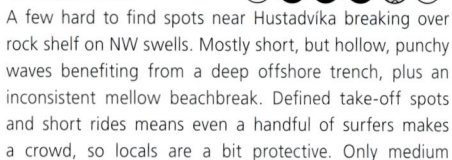

Plusieurs spots pas évident à trouver, près de Hustadvíka. Par houle de NO, le plateau rocheux génère des vagues certes courtes mais généralement creuses et puissantes. Un beachbreak peu consistant et plutôt mou vient compléter le tableau. Le vent offshore est favorable. Avec des pics localisés et des vagues courtes, les locaux sont en masse et un peu sur la défensive. Fréquence moyenne. Proche de Molde.

5. Godøy
A right breaks over boulders into a rocky cove with beachbreaks in the middle and a left at the southern end. Semi-consistent, performance walls, providing decent length rides for intermediates up. Below Alnes lighthouse on isolated island.

Une droite déferle sur un reef vers une anse, qui elle-même abrite des beachbreaks au milieu et une gauche à l'extrémité Sud. Fréquence moyenne mais les vagues offrent de bonnes faces raisonnablement longues. Nickel pour les intermédiaires. Sous le phare d'Alnes, sur l'île isolée.

6. Ervík
Can be a quality beachbreak when the sand lines up and more consistent than the Jæren area. High performance low-tide lips that fatten up through the tide. Be aware of the submerged shipwreck and scattered rocks. There's a burial ground in the vulnerable sand dunes – only use established paths. Further north, Fossarevet is a hollow A-frame reef, working on small N swells.

Beachbreak de qualité lorsque les bancs de sables s'organisent, c'est surtout plus consistant que la zone de Jæren. A marée basse pleins de bonnes lèvres à déchirer, ça ramollit avec la marée montante. Attention à l'épave et aux rochers immergés. Il y a un cimetière dans les dunes, empruntez les sentiers existants. Plus au Nord se trouve Fossarevet, un reef A-frame qui creuse bien par petite houle de N.

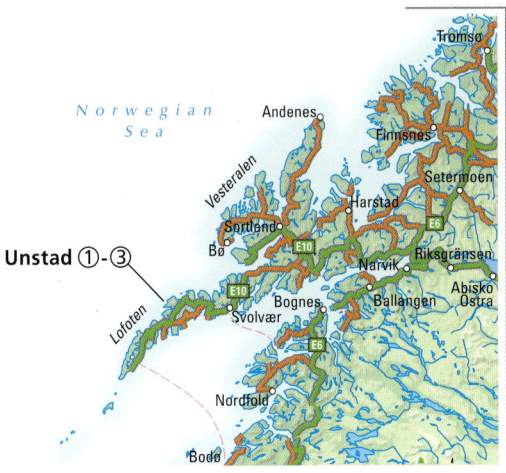

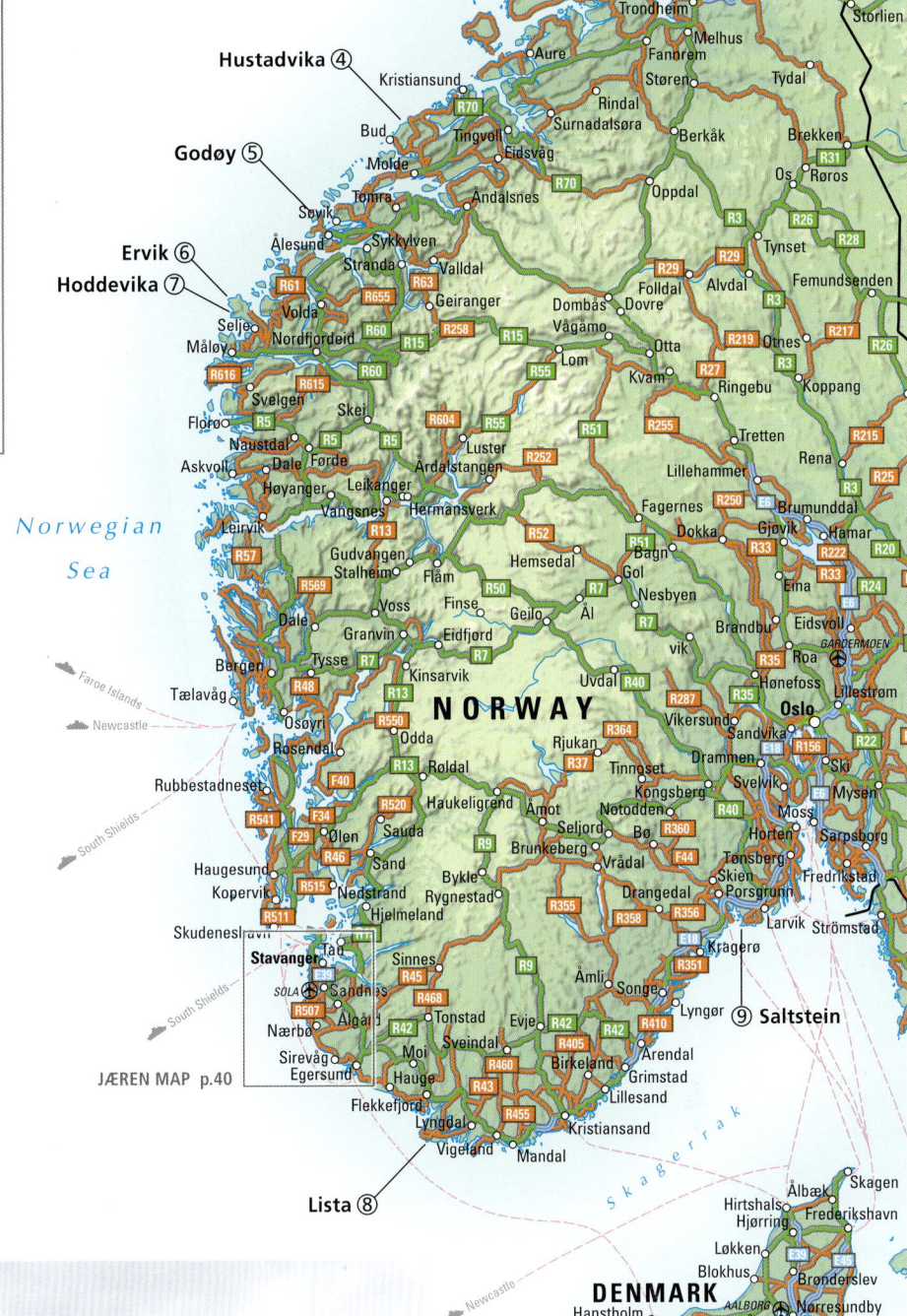

NORWAY

7. Hoddevíka
Stadlandet beachbreak with a more dominant right called Peach, just inside the north end jetty. Works best in SW-W swells and the steep mountains give good wind protection. Highly consistent, although usually smaller than Ervík. All facilities available at nearby surf camp.

Le beachbreak de Stadlandet abrite une droite dominante appelée Peach, juste à l'intérieur de la jetée N. Marche mieux par houle de SO-O, la montagne abrupte offre une bonne protection au vent. Une vague très consistante bien que généralement plus petite qu'Ervík. Surfcamp à proximité bien pratique.

8. Lista
Lista is a low-lying peninsula on the southern tip of Norway similar to the flat Jæren area. Super-wide swell window means a couple of these places can produce decent set-ups given the right wind/swell combination, preferably a SW-W swell and N winds. Bird protection sites in this area prohibit surfing at certain times of the year, similar to Jæren and Saltstein. Consult the local tourist information in Kristiansand for further details.

Lista est une péninsule sans relief à l'extrémité S du pays, similaire à la région de Jæren. Avec le bon combo vent/houle (idéalement vent de N et houle de SO-O), plusieurs spots peuvent envoyer du pâté. La fenêtre de houle est super large. Comme à Jæren et Saltstein, les réserves pour oiseaux restreignent l'accès aux spots à certaines périodes. Plus d'infos auprès de l'OT de Kristiansand.

9. Saltstein
Waves hit the boulder reef from deeper water creating rideable waves in a limited fetch scenario. Occasionally surprises with workable walls but more often onshore and messy. Holds some shape in unfavourable conditions. Not many spots to chose from, so it's often crowded with Oslo surfers. Access via Nevlunghavn.

Les vagues se forment sur un reef de gros galets en pleine eau, creant une vague surfable mais ephemere. Le spot reserve parfois de bonnes surprises, bien que ce soit souvent brouillon car onshore. La vague conserve bien son shape même avec des conditions défavorables. Le choix restreint de spots concentre rapidement les surfers d'Oslo. Accès via Nevlunghavn.

Unstad Left

The Stormrider Guide Europe

Jæren

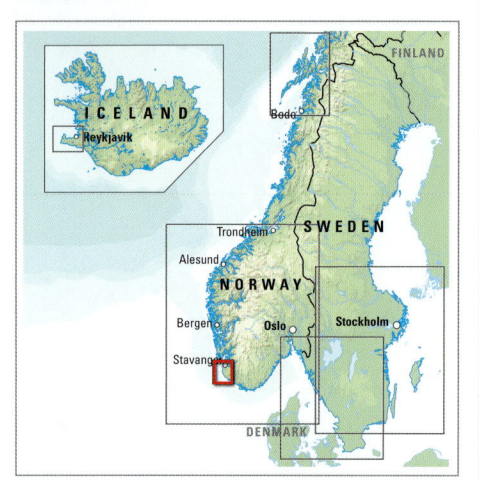

1. Hellstø
Works on W-NW swells and offers a bit of N wind protection. Classic days can hold up nicely and be hollower than Bore if the swell is lining up. Unfortunately this is rare and Bore is always bigger. Consistent, sometimes crowded and pay to park in summer. Good diving/snorkelling at north end – kelp forests and caves, but be aware of the currents.

Spot qui marche par houle de O-NO et un peu protégé du vent de N. Les bons jours, avec une houle propre, ce sera plus creux qu'à Bore. Malheureusement les bons jours sont rares, et Bore toujours supérieur en taille. Ca marche souvent, mais il y a parfois du monde et le parking est payant en été. Belles plongée à l'extrémité N. Des forets d'algues, des grottes et du courant fort.

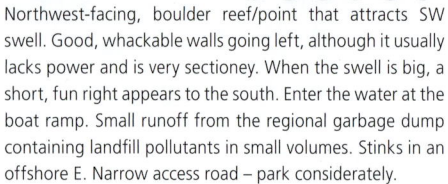

2. Byberg
Northwest-facing, boulder reef/point that attracts SW swell. Good, whackable walls going left, although it usually lacks power and is very sectioney. When the swell is big, a short, fun right appears to the south. Enter the water at the boat ramp. Small runoff from the regional garbage dump containing landfill pollutants in small volumes. Stinks in an offshore E. Narrow access road – park considerately.

A la fois un point et un reef de galets orientés NO et qui attirent bien la houle de SO. De belles gauches à lacérer, bien que ça manque parfois de patate et que ça sectionne fort. Par grosse houle une bonne petite droite se forme au S. Mettez vous à l'eau par la cale. Des eaux polluées peuvent s'échapper de la décharge du coin, et par vent offshore d'E ça fouette sévère ! La route d'accès est petite, garez vous en conséquence.

3. Suppå
Fun, easy left situated on the north side of the bay, so it is often slightly bigger than nearby spots. A rare, powerful right appears in a decent period swell. Only medium consistency and rarely crowded so less chance of being run over by someone, compared to most of the other Jæren spots.

Au N de la baie se trouve une gauche aussi facile qu'amusante, bien souvent un peu plus grosse que les vagues voisines. Par houle longue une droite puissante peut apparaître. Spot peu consistant mais aussi peu fréquenté, vous vous ferez moins taxer que sur d'autres spots de Jæren.

4. Sele
Boulder and sand pointbreak providing fun, unchallenging, short righthanders at the north end of Bore beach. When the rivermouth strips out the sand and a SW swell hits, it can get faster and harder. Always crowded even when it is barely breaking because it is a favourite with beginners and improvers. Medium consistency, no pollution worries from the rivermouth and free car park.

Pointbreak de sable et galets à l'extrémité N de la plage de Bore. Les droites sont courtes, amusantes mais sans grand challenge. Quand une houle de SO rencontre un banc de sable cree par l'embouchure ça devient plus rapide, plus sérieux. Même s'il y a trois fois rien à surfer, le spot est bien chargé car très apprécié des débutants et novices. Fréquence moyenne, rivière non polluée et parking gratos.

5. Bore
Shifty peaks, giving short hollow rides in the chest to head-high range. Closes-out easily but banks are best early autumn after calm summers. Picks up all available swells so Bore is the summer spot when the swell is too small for the boulder breaks. Sometimes crowded despite many peaks. Surf school and campsite with cabins. Old sewer pipe in middle of the beach still visible but the sewage is long gone.

Pics changeants offrant des vagues creuses et courtes entre 1m et 1.50m. Ca a tendance à fermer, mais moins à l'automne lorsque les bancs de sable sont mieux agencés. Toutes les houles rentrent, ce qui fait de Bore un bon spot d'été lorsque les reefs de galets ne fonctionnent pas par manque de taille. Parfois du monde malgré les nombreux pics. Ecole de surf et camping à proximité. Le tuyau d'égout en milieu de plage est heureusement hors service.

6. Steinen
W-NW swell magnet, sand and boulder reef, breaking left plus the occasional right. Numerous other spots heading south, dependent on swell direction and sand formation. Foglingane was an '80s hotspot before storms destroyed the righthand set-up. Older locals wait in hope for its return. Some locals pay a fee to the farmer to use his road down to the spot. Contact Surfsentrum in Stavanger for details.

Ce reef de roches ensablées est un aimant à houles d'O-NO, avec une gauche plus une droite occasionnelle. Suivant la direction de houle et la configuration des bancs, on trouve d'autres spots plus au Sud. Foglingane était un fameux spot des années 80, avant que des tempêtes fassent disparaître la droite. Les anciens du coin espèrent toujours sa reformation. Certains locaux payent le fermier pour emprunter le chemin d'accès au spot. Plus d'infos auprès de Surfsentrum à Stavanger.

The Stormrider Guide Europe

7. Reve Havn

Top quality wave with lots of workable wall and hollow sections. Needs a medium to big NW swell and handles the predominant winter southerly winds. Closes out before double overhead, when a sketchy wave breaks just off the barnacle encrusted harbour wall – experts only. Absolutely always crowded, frequently with surfers out of their depth since the paddle from the harbour is so easy. Last spot before bird sanctuary so Piggy crowd ends up here in winter.

Excellente vague très exploitable et avec des sections bien creuses. Requiert une houle NO moyenne à grosse, tout en tolérant les vents hivernaux dominants de S. Ca ferme avant 3m, quand une vague imprécise déferle vers le mur du port incrusté de coquillages. Experts uniquement. C'est toujours blindé, et les surfers n'ont pas toujours le niveau qu'il faudrait à cause de la rame trop facile depuis le port. Dernier spot avant le sanctuaire d'oiseaux, d'où la foule en hiver.

8. Pigsty/Piggy

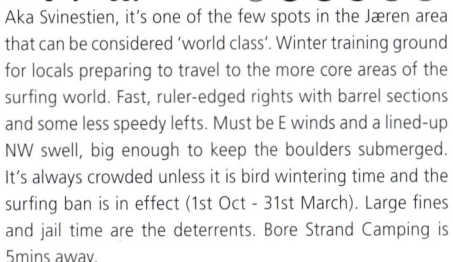

Aka Svinestien, it's one of the few spots in the Jæren area that can be considered 'world class'. Winter training ground for locals preparing to travel to the more core areas of the surfing world. Fast, ruler-edged rights with barrel sections and some less speedy lefts. Must be E winds and a lined-up NW swell, big enough to keep the boulders submerged. It's always crowded unless it is bird wintering time and the surfing ban is in effect (1st Oct - 31st March). Large fines and jail time are the deterrents. Bore Strand Camping is 5mins away.

Aka Svinestien, c'est l'un des rares spots de la zone de Jæren pouvant être considéré comme 'world class'. Les locaux s'y entraînent en hiver avant un trip sur une destination de renom. Les droites sont rapides avec des sections tubulaires, également des gauches plus calmes. Il faut un vent d'E et un swell de NO suffisamment gros pour laisser les rochers immergés. Toujours fréquenté sauf durant la saison des piafs ou le surf est interdit (1er Oct – 31 mars), amende ou prison en cas de non-respect. Le camping de Bore est à 5 minutes.

9. Point Perfect

Slightly misleading name that only applies when clean SW swell sweeps down a long boulder point in the form of slow walls and cutback shoulders. Picks up other swells but doesn't link up and handles a bit of N wind. Sometimes crowded. Car park just before small landing strip.

Nom pas vraiment mérité si ce n'est par houle propre de SO, lorsque déroulent le long des rochers des faces lentes et épaules à cutback. Avec d'autres directions de houle ça ne connecte plus. Tolère un vent de N léger, il y a parfois du monde. Se garer juste avant la petite piste d'avions.

10. Refsnes

Shifting peaks, with similar waves to Bore. Needs a proper sandbar to be any good so late summer is the best bet. Good for beginners because it is never crowded. Park at Point Perfect (Vík Airfield) or near middle of the beach.

Plusieurs pics variables pour des vagues similaires à celles de Bore. Il faut que les bancs de sable soient bien agencés, l'idéal est donc de venir à la fin de l'été. Il n'y a jamais de monde, c'est idéal pour les débutants. Se garer vers Point Perfect (aérodrome de Vík) ou vers le milieu de la plage.

11. Kvassheim

Together with Piggy, Kvassheim is the jewel of the crown on Jæren. Fast, punchy performance walls, especially on the favoured S swells. Once the swell goes north of due W the Rio Grande current hits in, the paddling gets unbearable for most surfers and the shoulder also fades. 100m+ rides at its best so most surfers walk back up the point to save some paddling power. Sadly, the ban on surfing due to its impact on migrating birds applies here as well, despite the birds only stopping for a short period at both ends of the ban period (1st Oct - 31st Mar). Park out on road – shut all gates. Camping at Brusand Beach.

Avec Piggy, c'est l'autre joyau que peut offrir la région de Jæren. Par houle de S les vagues sont puissantes et rapides. Quand la houle est N à O, le courant du Rio Grande se fait fortement ressentir, rendant la rame quasi impossible pour le surfer lambda et la vague de qualité médiocre. N'espérez pas plus de 100m de glisse, c'est pourquoi les surfers remontent à pied pour s'économiser les bras. Le surf est également interdit ici durant la saison des piafs, même si ces derniers ne pointent leurs becs qu'en début et fin de période protégée. Se garer sur la route, et refermer les barrières. Camping à la plage de Brusand.

12. Brusand Beach

A fickle but fun beachbreak that refracts in sizeable NW swells and makes the best of any S swell. It produces the best sandbars around, but the currents are usually stronger than the beaches further north. Mostly short, but powerful waves when it is on. Like all bigger beaches on Jæren, the dunes are vulnerable to erosion so use established paths. Pay to park in the southeast campsite.

Ce beachbreak faiblard mais ludique marche par grosse houle de NO, mais préfère largement le swell de S. On y trouve les meilleurs bancs de sable du coin, avec en contrepartie plus de courant que sur les autres plages plus au Nord. Vagues courtes mais puissantes quand ça rentre. Emprunter les accès délimités pour ne pas amplifier l'érosion des dunes. Parking payant au camping coté SE.

Sweden – West

1. Skagerrak
The only stretch of coast in Sweden that receives some sort of Atlantic/North Sea groundswell. Northwest of Göteborg hides a few quality secret spots, kept hush-hush by the locals. The coastline is actually an archipelago of islands and very difficult to get around. Without some local guidance, it is almost impossible to find anything. Check Hummervík on Öckerö and also the island of Rörö just off Göteborg in strong SW-NW winds and Marstrand to the north. The islands off Stromstad like Nord-Koster also hold potential in SW-W swells.

L'unique section de littoral recevant un mix houle Atlantique et de la mer du Nord. La zone au NO de Goteborg recèle de quelques bons spots gardés secrets par les locaux. La côte est en fait un archipel d'îles à l'accès difficile. Même avec de la volonté, vous ne trouverez rien sans un bon guide. Par fort vent de SO-NO, faites un tour du coté de Hummervík à Öckerö ou encore l'île de Rörö. Egalement Marstrand plus au Nord peut valoir le détour. Par houle de SO-O, le potentiel se concentre sur les îles de Stromstad, comme par exemple Nord-Koster.

2. Åsa – Stenudden
200m long righthander, needs a strong S-SW onshore wind to work. Harbour breakwall provides some wind protection and easy access. Breaks over a rock ledge with enough power to get going on a shorter board. Medium consistency, but when it works it is often crowded. Paddle out from harbour or off jetty. Located 55km south of Göteborg.

Avec un fort vent offshore de S-SO, une longue droite de 200m fonctionne. Les jetées du port protège du vent et facilitent l'accès au spot. La vague déferle sur une dalle rocheuse, avec suffisamment de puissance pour une shortboard. Fréquence moyenne, fréquentation élevée les bons jours. Ramez depuis le port ou la jetée. A 55km au S de Gothenburg.

3. Träslövsläge
Left pointbreak, which is best in a strong S wind. Long rides but slow, crumbly, cutback waves best suited for longboards. Rarely crowded because it rarely breaks. Just south of Varberg.

Point-break gauche meilleur par fort vent de S. Située juste au Sud de Varberg, c'est une vague longue mais plutôt lente et irrégulière, préférable en longboard. Peu de monde vu que ça marche rarement.

The Stormrider Guide Europe

4. Apelvíken

The most famous windsurf location in Sweden, but when the wind dies there can be some rideable waves. Best with S-NW wind – NE is offshore. There are a few other spots in this area, which are much better. Always crowded with wind rigs. Surf shop and school nearby.

Le principal spot de windsurf du pays peut offrir de bonnes vagues lorsque le vent cesse. De préférence par vent léger de S à NO, NE étant offshore. D'autres spots de meilleure qualité dans les environs. Toujours du monde les jours de vent. Surf shop et école à proximité.

5. Glommen

A crumbly righthand pointbreak, best when a NW windswell wraps around the headland. Offshore with a NE but will only break with strong onshores from the W. Attracts a crowd. There are more spots south of Falkenberg at Steninge.

Droite moyenne de point-break qui attire du monde, meilleure par swell de vent de NO. C'est offshore par NE, mais ça ne déferlera que par vent onshore fort d'O. Il y a d'autres spots plus au S de Falkenberg, à Steninge.

6. Mellbystrand

Sloppy peaks along an expansive, curved beach. Works in any onshore wind from SW-NW. Medium consistency and plenty of room to spread any crowds. The Laholmsbukten nature reserve is to the north but the large rivermouth brings some polluted runoff. Located 20km (12mi) south of Halmstad.

A 20km au Sud d'Halmstad, cette grande plage courbée offre de nombreux pics par vent onshore de SO à NO. Fréquence moyenne et peu de monde car beaucoup de place. Si la réserve naturelle de Laholmsbukten n'est pas loin au N, la large embouchure draine tout de même une pollution certaine.

7. Mölle

One of Sweden's better waves, with a long, workable, righthand shoulder. Works on N-NW winds over 12m/sec. The spot is located at the northern entrance to Mölle harbour, with easy access from the pier. Right next to the Vastro Kullabergs nature reserve so water quality should be good. Low consistency and sometimes crowded.

Cette longue droite idéale pour les manœuvres est considérée comme l'une des meilleures vagues du pays. Fonctionne par vents de N-NO supérieurs à 12m/sec. Situé à l'entrée N du port de Mölle, accès facilité par la jetée. La proximité de la réserve naturelle Vastro Kullabergs garantie une eau propre. Faible fréquence, et parfois du monde.

8. Kåseberga

Located about 10km east of Ystad, this is the most southern break in Sweden. Wide swell window, but like all Baltic breaks, needs strong onshore winds to have anything rideable. No crowds or pollution.

Comme tous les spots de la Baltique, il faut un fort vent onshore pour surfer à Kåseberga. A 10km à l'E d'Ystad, c'est la vague la plus suédoise la plus au S du pays. Large fenêtre de houle, pas de foule ni de pollution.

9. Vík

East-facing beachbreak and right point working on any E swell. Better fetch than most Baltic breaks but still very low consistency. Strong currents despite there being no tides. Park in beach access roads before golf course.

Le beachbreak orienté E et la droite fonctionnent tous 2 par houle d'E. Le fetch est plus important que pour d'autres spots de la Baltique, malgré tout la consistance reste limitée. Forts courants bien que pas de marée. Se garer sur les routes d'accès à la plage, avant le golf.

Sweden – East

Öland Island

1. Gronhogen
Near the southwest tip of Öland, this beachbreak picks up SW swells, making it an option when all the other Baltic E swell spots are flat. It can even get clean conditions in SE winds/swells. Best peaks between harbour and campsite.

Lorsque tous les spots de la Baltique orientés E sont flat, ce beachbreak proche de la pointe SO d'Öland est une alternative. Il reçoit en effet la houle de SO, et devient propre par swell de vent de SE. Meilleurs pics entre le port et le camping.

2. Haga Park
Deep in the channel between the mainland and Öland so only a S-SW windswell will get in. Sandstone reef with mainly lefts. Low consistency and some currents. Take Haga Parksvagen to the coast, just north of Mörbylånga.

Spot en recul entre la terre et Oland qui demande une houle de vent de S-SO. Le reef recouvert de sable offre surtout des gauches. Quelques courants, consistance faible. Aller de Haga Parksvagen à la côte, juste au N de Morbylanga.

3. Ängjärnsudden
It's a long drive north from the Öland bridge to the beachbreaks around Böda. Needs SE or a big NE to break and there are some reefs to look out for. Very inconsistent. Currents can sweep around the tip of the island.

Depuis le pont d'Oland, un long trajet au N permet de rejoindre les beachbreaks proches de Boda qui fonctionnent (très occasionnellement) par SE ou grosse houle NE. Egalement quelques reefs à checker. Parfois du courant vers la pointe de l'île.

Gotland Island

4. Tofta
Shapeless west-facing beachbreak that prefers swells from the S-SW, but N can wrap around also. Very inconsistent. The main road goes right past the beach.

Orienté à l'Ouest, ce beachbreak peu probable préfère les houles de S-SO, même si un swell de N peut s'enrouler jusqu'ici. La route principale part à droite passée la plage.

5. Hogklint
Rights and lefts over a rocky bottom. Works on WSW-NNE winds and gets good if the wind exceeds 12m/sec. Rocks make this an intermediate spot. There are many more waves between here and Kappelhamnsvíken, including the NW-facing beach at Irevíken.

Avec des droites et des gauches sur fond rocheux, ce spot pour niveau intermédiaire marche par vents de OSO-NNE de préférence fort. Vous trouverez de nombreuses autres vagues entre ici et Kappelhamnsvíken, dont la plage d'Irevíken orientée NO.

6. Kappelhamnsvíken
Deep, fjord-like bay focuses any N swell into a fast and hollow lefthander. The wind needs to be over 10m/sec and will be cross-off from the NW. Rarely crowded because it rarely breaks. Needs to be waist high to clear the rocks. This area is worth exploring.

Cette baie profonde façon fjord dévoile une gauche rapide et creuse par houle de N. Il faut plus de 35km/h de vent, qui sera cross-off si de NO. Ca marche rarement, donc peu de monde. Marche à partir d'1m. Ca vaut la peine d'explorer les environs.

7. Fåro
Small island with massive swell window and many breaks facing different directions. Aursvíken breaks left in W-N winds, which also produce waves at Ekevíken. Check Sudersandsvíken and Norsta Auren, plus peaks in front of the weird limestone statues called 'raukar'. Free ferry from Farosund. Summer Youth hostel and camping available.

Cette petite île riche en spots est ouverte à toutes les houles ou presque. Par vents d'O à N, choisissez entre la gauche d'Aursvíken ou les vagues d'Ekevíken. Jetez aussi un œil du coté de Sudersandsvíken et Norsta Auren, ainsi qu'aux vagues devant les «raukar», statues zarbies en chaux. Ferry gratuit depuis Farosund. Auberges de jeunesse et campings en été.

8. Torö Stenstrand
Several peaks over a rock reef that has been slowly moving closer to shore and reducing wave heights. Works when the wind comes from the SE-SSW at over 10m/sec, or over 15m/sec from the SW. Powerful waves for the Baltic and capable of handling double-overhead swells. The most surfed wave in Sweden, attracting 50-60 surfers on a good day. About 70kms south of Stockholm. Torö is the annual venue for the national surf competition since 1991.

SWEDEN – EAST

Plusieurs pics pour ce reef qui s'est lentement rapproché du bord, réduisant la taille des vagues. Fonctionne avec au moins 35km/h de vent de SE-SSO, ou 55km/h si orienté SO. Avec 50 à 60 personnes les bons jours, c'est la vague la plus surfée de Suède. Les vagues (jusqu'à 2 fois votre taille) sont très puissantes pour la Baltique. A environ 70km au S de Stockholm, Torö accueille chaque année depuis 1991 la compétition nationale majeure.

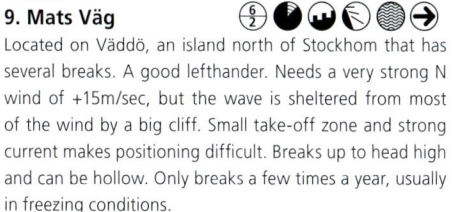

Väddö
9. Mats Väg
Located on Väddö, an island north of Stockhom that has several breaks. A good lefthander. Needs a very strong N wind of +15m/sec, but the wave is sheltered from most of the wind by a big cliff. Small take-off zone and strong current makes positioning difficult. Breaks up to head high and can be hollow. Only breaks a few times a year, usually in freezing conditions.

Cette île au N de Stockholm offre plusieurs vagues, dont la gauche de Mats Väg. Il faut un vent de N très fort, heureusement la vague est bien protégée par une grosse falaise. Dur de bien se placer à cause des courants et de la zone restreinte pour le take-off. Vague parfois creuse qui casse jusqu'à 2m. Ca ne marche que rarement, généralement quand ça caille.

Secret spot — OSKAR LINDHOLM

Gulf of Bothnia
10. Sikhjalma
Righthand pointbreak in beautiful setting that never lives up to its potential. Breaks when wind gets over 12m/sec from the N. Head high is as big as it gets, despite looking like a perfect set-up. It works all year but N wind means cold water even in the summer. South of Gavle.

Point-break dans un cadre magnifique mais dont la droite n'exprime jamais tout son potentiel. Marche par vent de N supérieur à 45km/h. Malgré la configuration du spot, les vagues n'excèderont jamais 2m. Surf toute l'année, même si vent de N = eau froide.

Väddö — PETTER CARLWEITZ

Secret spot — ANDERS INGLESTEN

11. Lillsnäck Point
Decent righthander near Skellefteå, that holds up well in choppy windswell. Needs a very strong NE wind over 15m/sec. Summer only as ice forms during winter/spring; take a 5/4mm suit. Other Gulf of Bothnia spots include south-facing beachbreaks at Salusand near Örnsköldsvík and east-facing beach at Smitingen, Härnösand.

Une droite décente proche de Skellefteå, qui requiert carton de vent de NE (55km/h mini). C'est un spot d'été, la glace se formant de l'hiver au printemps. Prévoyez une bonne combinaison, genre 5/4 mm. Les autres spots du Golfe de Bothnia sont le beachbreak orienté S à Salusand (vers Ornskoldsvik) et la plage orientée E à Smitingen (Harnosand).

The Stormrider Guide Europe

oneilleurope.com

Team O'Neill **CORY LOPEZ**

O'NEILL

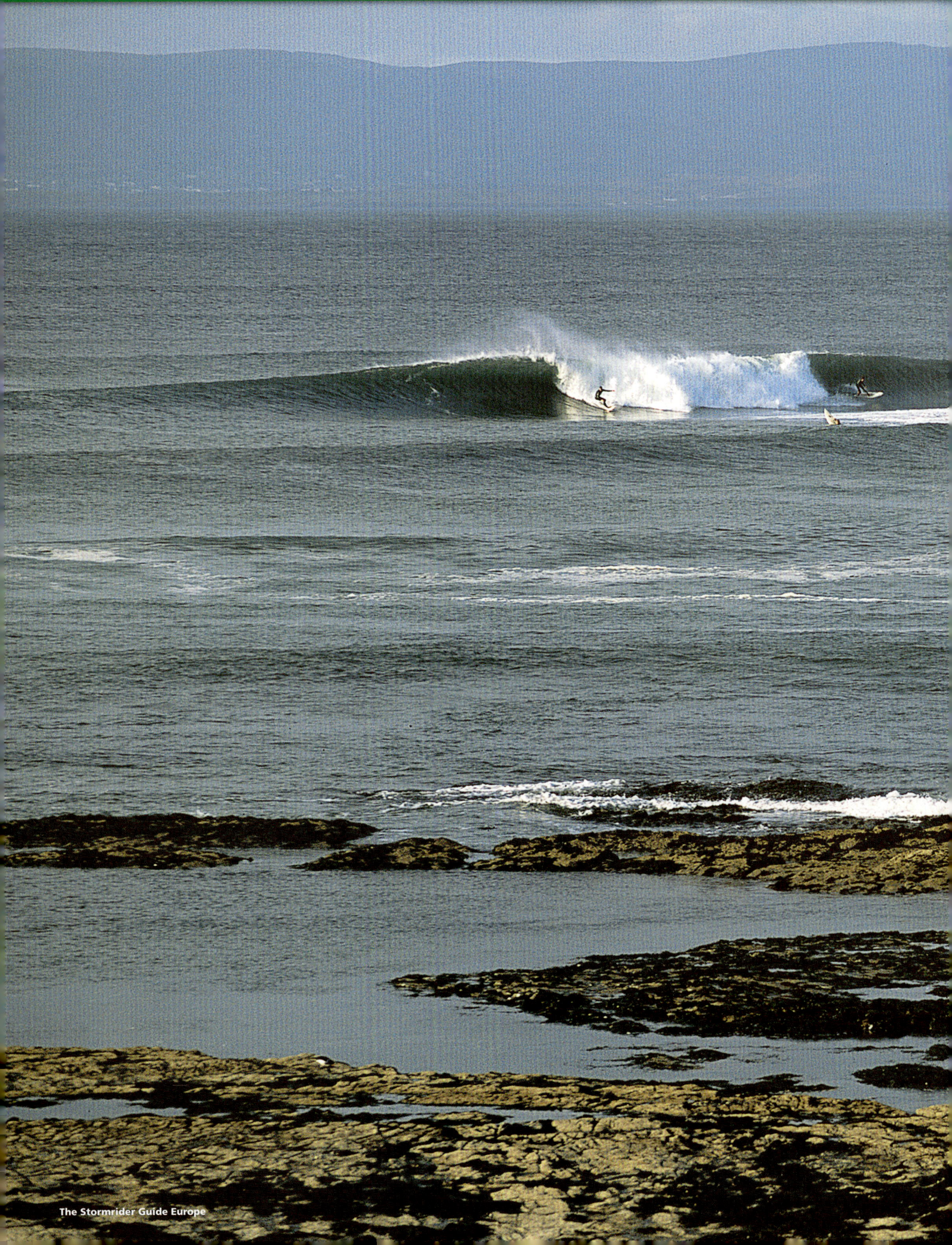

Ireland

Ireland is a cold water surfer's dream. The wild, wave-rich coastline is home to a sublime mix of reefs, points and beaches that make the most of the near constant stream of Atlantic juice. The 'Emerald Isle' is bejewelled with a trove of high quality and even world-class surf spots that need to be surfed to be believed. Marry the superb waves to the relaxed rhythm of life and richness of culture on land and it's no surprise that the land of liquid sunshine and the 'craic' is an increasingly popular surf destination.

L'Irlande est une destination de rêve en eaux froides. Les côtes sont sauvages et regorgent de reefs, pointbreaks et beachbreaks qui marchent très bien avec le flux de houle quasi-constant de l'Atlantique. 'L'Ile d'Emeraude' recèle des trésors fabuleux, avec des spots de classe internationale incroyables. Si vous faîtes la somme entre de très bonnes vagues, un rythme de vie détendu et la richesse culturelle du pays, vous comprendrez pourquoi le pays du soleil liquide et du 'craic' est une destination de plus en plus prisée.

Perfect Peak symmetry, Bundoran.

The Stormrider Guide Europe

IRELAND

The Surf

As the most northwesterly outpost of Europe, Ireland is exposed to every raw groundswell the Atlantic can throw at it. Only the east coast is sheltered from the abundant wave energy that pummels every other point of the compass. Proximity to the storms can mean swells are disorganised and accompanied by strong winds but the contorted coastline usually means somewhere nearby is offshore.

En étant située aux avant-postes de l'Europe, à son extrême nord-ouest, l'Irlande reçoit de plein fouet toutes les houles de fond que l'Océan Atlantique peut créer. Seule la côte est est protégée de ce flux incessant de vagues qui frappe absolument tous les autres secteurs quelle que soit l'exposition. Les zones de tempêtes étant proches, les houles peuvent être hâchées et accompagnées de vents violents, mais la côte est tellement découpée qu'il y a généralement un endroit offshore dans les environs.

The North Coast

The Causeway Coast, in Northern Ireland, is probably the most surfed area of Ireland's 4800 miles of coastline, due to its proximity to the larger east coast population. It's only 26 miles from Ballycastle to Magilligan Head, but this outstanding stretch of natural beauty is home to north-facing, fast, French-style beachbreaks, plus the odd reef, that are offshore in the prevailing south-westerly wind. The scene is centred on Portrush where there is abundant accommodation and vibrant nightlife (including Kelly's, the biggest nightclub in Ireland). Swells need to be from the NW or N although a massive W will wrap in. Malin Head will block SW swell from the big winter lows which crash into the west coast, but in summer the Causeway Coast can pick up swell from the far flung lows spinning way up north. Can work **any time of year**.

Further west lies the polar opposite, the frontier land of **County Donegal**. This sparsely-populated, stunningly rugged area is the most spectacularly scenic part of Ireland and one of the few unspoilt areas left in Europe where exploration and solo surfs are possible. From Europe's highest sea cliffs at Slieve League in the southwest of the county, up through the dramatic Bloody Foreland and round to Malin Head in the north, it's evident the full fury of the Atlantic has carved a deeply indented coastline. Countless headlands, bays and peninsulas hide many treasures: reefs, points and beaches abound. Finding somewhere small enough to surf is a common problem. Bloody Foreland, Magheroaty, Dunfanaghy, Gweebarra and Loughros Beg are some of the spots that are readily surfable. Access can be difficult due to the lack of roads and high cliffs but the potential is unlimited for the adventurous and there are several offshore islands awaiting exploration. **April to November** is a good time, although some protected spots need winter juice to work.

At the southern extreme of the county lies **Donegal Bay**, the spiritual home of Irish surfing and an area blessed with several world-class waves. With the prevalent airflow from the SW and a mainly north-facing aspect, open to most Atlantic swells, the low-lying coastline that passes through Counties Donegal, Leitrim, Sligo and Mayo is a true surfer's paradise. Perfect surf geology shapes triangulated reefs, rivermouth sandbars and assorted beachbreaks, evenly distributed around the bay. Focal points include Rossnowlagh in County Donegal, home to the biggest surf club in Ireland and the legendary Surfers Bar; a virtual surf museum of Irish surf history. Bundoran is a regular international competition venue where the ongoing fight to save The Peak from destruction keeps it under the media spotlight, along with the recent big-wave, tow-in discoveries.

Further west in **County Sligo**, Easkey's consistent limestone reefbreaks are as popular as ever with travelling surfers. Due N swells will get in, unlike the breaks to the east, and provided the wind isn't straight N then somewhere will be sheltered. Donegal Bay is so flexible it can fire at *any time of the year*, while September to November remain prime time.

60	Causeway Coast
62	County Donegal
64	Donegal Bay
66	County Sligo
68	County Clare
70	Dingle Peninsula
72	Southern Ireland

Donegal Bay

SURF STATISTICS	J/F	M/A	M/J	J/A	S/O	N/D
Dominant swell	W-N	W-N	NW-N	NW-N	W-N	W-N
Swell size (ft)	6	5-6	3-4	2-3	4-5	5-6
Consistency (%)	20	50	50	40	70	30
Dominant wind	S-W	S-W	SW-NW	SW-NW	SW-NW	SW-NW
Average force	F5	F4-F5	F4	F4	F4-F5	F5
Consistency (%)	54	44	47	59	51	54
Water temp.(°C)	8	9	12	16	13	10
Wetsuit						

Middle – **Unlike most beachbreaks, White Rocks closes out under headhigh and gets better with size.**

Bottom – **While some Irish secrets are well known these days, there are still many quality options around Bundoran to keep the crowds spread out.**

White Rocks

Bundoran secret

The Stormrider Guide Europe

County Clare secret

La Causeway Coast, en Irlande du Nord, est sans doute la zone la plus surfée des 4 800 miles (7730km) de côtes, à cause de sa proximité avec la côte est qui est la plus peuplée. Il n'y a que 26 miles (42km) de Ballycastle à Magilligan Head, mais cette portion de côte vraiment magnifique recèle des beachbreaks orientés nord, rapides, dans le style de ceux qu'on trouve en France, avec en plus quelques reefs, qui sont offshore avec les vents dominants de sud-ouest. Portrush en est le centre d'activités, avec un grand choix pour l'hébergement et une vie nocturne très animée (dont le Kelly's, le plus grand nightclub d'Irlande). Pour rentrer, la houle doit être orientée nord-ouest ou nord, bien qu'un gros swell d'ouest pourra aussi venir s'y enrouler. La pointe de Malin Head bloque les swells de sud-ouest formés par les grosses dépressions d'hiver qui viennent s'écraser sur la côte ouest, mais en été la Causeway Coast peut capter les houles des larges dépressions qui passent loin au nord. Peut marcher à n'importe quel moment de l'année.

Plus à l'ouest, on trouve complètement à l'opposé un pays du bout du monde, le Donegal. Cette région peu peuplée et incroyablement accidentée est la région la plus spectaculaire d'Irlande et l'un des rares endroits encore intacts en Europe où l'exploration et les sessions seul à l'eau sont encore possibles. De Slieve League dans les comtés du sud-ouest avec les plus hautes falaises côtières d'Europe jusqu'à l'impressionnant Bloody Foreland, en passant par Malin Head au nord, l'Atlantique déchaîné a vraiment sculpté une côte très découpée. D'innombrables promontoires, baies et péninsules cachent leurs trésors : reefs, pointes et plages foisonnent. Souvent le problème est de trouver un spot qui ne sature pas. Bloody Foreland, Magheroaty, Dunfanaghy, Gweebarra et Loughros Beg sont quelques-uns des spots qui valent le détour. L'accès peut être difficile vu qu'il y a peu de routes et de grandes falaises, mais le potentiel est illimité pour les aventuriers, et il reste plusieurs îles au large à explorer. La bonne période est d'**avril à novembre**, bien que certains spots abrités aient besoin de la puissance des houles d'hiver pour marcher.

Donegal Bay se trouve à l'extrême sud du comté. Berceau spirituel du surf irlandais, c'est une région dotée de plusieurs vagues de qualité internationale. Avec un régime de vents dominants de sud-ouest et une côte tournée principalement vers le nord, ouverte à la plupart des houles atlantiques, la côte peu élevée qui passe à travers les comtés de Donegal, Leitrim, Sligo and Mayo est un véritable paradis pour le surf. La nature y a formé des fonds parfaits pour les vagues avec des reefs triangulaires, des vagues d'embouchures de rivières et des beachbreaks variés, répartis régulièrement tout le long de la baie. On retiendra Rossnowlagh dans le comté de Donegal, où se trouve le plus grand surfclub d'Irlande et le légendaire Surfers Bar ; un véritable musée de l'histoire du surf en Irlande. Bundoran accueille régulièrement des compétitions internationales, et la ville continue à faire parler d'elle dans les médias en raison du combat mené pour sauver la vague du Peak ainsi que de la récente découverte de grosses vagues pour le tow-in.

Plus à l'ouest en **comté de Sligo** Easkey et ses reefs consistants de calcaire sont toujours aussi prisés par les surfers en trip. Les swells qui arrivent directement du nord rentrent bien ici, contrairement aux spots plus à l'est, et pourvu que le vent ne soit pas aussi plein nord, il y aura un endroit abrité à surfer quelque part. Il y a tellement de possibilités à Donegal Bay que ça peut bien marcher à n'importe quel moment de l'année, même si la meilleure période reste de septembre à novembre.

The West Coast

Mayo and Galway have been off the radar (and *The Stormrider Guide*) for good reason. This large swathe of coast is predominantly sea cliffs and precipitous escarpments that leave few options for surf. Long driving distances through the heather moss and peat landscape on slow roads are another deterrent, however there are a couple of spots worth checking. The Belmullet peninsula has a low-lying, west-facing coastline with squeaky clean beaches and a few reefs. Heavily exposed to the Atlantic breezes, it is often blown-out. Ireland's biggest island, Achill has some south-facing beachbreaks that are beginner-friendly, while Louisburgh is close to increasingly popular north-facing strands. Galway has a contorted coastline of long-fingered promontories with difficult access to the exposed parts. Clifden is the area most likely to reward dedicated searchers. Similar to Donegal, **summer** is a good call for the exposed beaches but it will take large winter swells to awaken some of the more unlikely locations.

Sandwiched between the more touristy counties of Galway and Kerry, **County Clare** has its own unique attractions. The craggy west facing coast receives ample swell but suffers from onshore winds most of the year and it's only when the wind swings to the elusive E direction that Clare reveals itself as Ireland's other world-class wave destination. It is all reefs and points in the north from the geological curiosity of The Burren, past the towering (214m) Cliffs of Moher to the surf town of Lahinch. A rare sandy beach and a handful of left reefs make Lahinch the county's focal point, where the deep bay can also offer some wind and size protection, producing great waves for beginners and shredders alike. It's the perfect base to explore the area, thanks to ample accommodation and abundant facilities. The road south to Loop Head passes the booming rights at Spanish Point and the only other notable beaches around Doonbeg, where protection from SW winds make them an asset on this exposed coastline. Summer can be prime, especially if a high pressure establishes in the vicinity but unstable weather patterns make Clare hard to call. With a predominantly westerly airflow, driving around looking for wind protection is a given in Clare, which is why many people opt to hang in Lahinch. **August to October** should maximise the likelihood of good waves.

County Kerry, and especially the **Dingle Peninsula**, has some great, but notoriously inconsistent waves. The greatest concentration is around Brandon Bay on the north side, an area popular with surfers and windsurfers and host to regular windsurf competitions. Scoring some of these fickle gems requires exacting swell and wind directions, although being a peninsula, there's always the option of the other side. Inch Reef is a slumbering classic that rarely breaks but is reputedly one of the longest waves in the country, attracting crowds when it's on. Stunning scenery surrounds the Ring of Kerry and beyond where deep estuaries isolate the land and provide much potential for discovery. Be prepared for flat spells or out of control surf, leaving time to explore this fantastic region that still has a real flavour of old Ireland. Kerry should be best from **autumn to spring** when bigger waves light up the more protected spots in the bay and massive swells awaken Inch. However, don't discount summer for the swell magnet reefs and beaches – just pray for kind winds.

Belmullet, County Mayo

Searching around the harder to get to places may reveal line-ups like these.

Mayo et Galway sont quelque peu restés à l'écart (du *Stormrider Guide* notamment) et ce pour de bonnes raisons. Cette grande portion de côte est faite principalement de falaises et d'escarpements abrupts qui réduisent d'autant les chances de trouver des vagues. A cela il faut ajouter les longs trajets en voiture sur des routes qui serpentent à travers la lande de bruyère et de tourbe. Pourtant, certains spots valent le coup d'être checkés. La péninsule de Belmullet est une côte basse tournée vers l'ouest avec des plages propres de sable fin et quelques reefs. Etant très exposée aux brises de l'Atlantique, il y a souvent trop de vent. Achill, la plus grande île d'Irlande, a des plages orientées sud pour les débutants, tandis qu'à Louisburgh on est à côté des plages

IRELAND

orientées nord, qui sont de plus en plus fréquentées. Galway a une côte tortueuse avec des promontoires très allongés et un accès difficile aux endroits exposés à la houle. La région de Clifden a le plus de potentiel pour les surfers qui sont motivés pour chercher des vagues. De la même manière que pour le Donegal, l'été est une bonne option pour les plages exposées, mais il faudra des grosses houles d'hiver pour que d'autres spots plus discrets se mettent à marcher.

Pris en sandwich entre les comtés de Galway et Kerry qui sont plus prisés par les touristes, le **Comté de Clare** possède ses propres atouts. Cette côte escarpée orientée ouest reçoit beaucoup de houle, mais la plupart de l'année c'est onshore, et ce n'est que lorsque le vent se met à tourner à l'est comme par miracle que le County Clare se révèle comme l'autre destination-surf de qualité internationale en Irlande. Reefs et pointes se succèdent dans le nord, de l'étrange formation géologique du Burren, en passant par les immenses falaises de Moher (700m) jusqu'à la ville-surf de Lahinch. Avec une plage de sable remarquable et un assortiment de gauches de reef, Lahinch est le centre du surf dans le County Clare. La baie profonde offre aussi une protection contre le vent et la grosse houle, ce qui donne des vagues aussi bien pour les débutants que pour les très bons surfers. C'est le camp de base idéal pour explorer la région puisqu'on y trouve facilement à se loger et de nombreux services. La route en allant vers le sud vers Loop Head passe devant les droites qui déroulent en grondant à Spanish Point, ainsi que les seules autres plages notables du secteur autour de Doonbeg, où la protection contre les vents de sud-ouest est une véritable bénédiction sur cette côte exposée. L'été peut être la meilleure période, surtout si un anticyclone s'installe dans les environs, mais le temps reste difficile à prévoir dans la County Clare car il est généralement instable. Avec un régime de vents dominants d'ouest, on est obligé de se déplacer en voiture le long de la côte pour trouver un endroit abrité, c'est pourquoi beaucoup préfèrent rester à Lahinch. La période d'**août à octobre** est la plus propice pour avoir de bonnes vagues.

Comté de Kerry et **la péninsule de Dingle** possède de bonnes vagues mais elles sont réputées inconsistantes. Elles sont surtout concentrées autour de Brandon Bay au nord, où on trouve pas mal de surfers et de windsurfers, et où on organise régulièrement des compétitions de wind. Il faut des conditions de vent et de houle exigeantes pour profiter de ces quelques perles capricieuses, bien qu'en étant sur une péninsule on puisse toujours aller checker de l'autre côté. Inch Reef est une vague de grande classe, qui ne casse pas souvent, mais qui est réputée comme une des plus longues vagues du pays, avec du monde à l'eau quand ça marche. Vous trouverez des paysages incroyables sur le Ring of Kerry et aux alentours, où les estuaires profonds qui découpent la côte ont un bon potentiel pour l'exploration. Attendez-vous à des périodes de flat ou de surf qui sature, ce qui laisse du temps pour explorer cette région fantastique qui a encore le vrai parfum de la vieille Irlande. Dingle sera meilleur en *l'automne au printemps* quand les vagues sont plus grosses et rentrent sur les spots à l'intérieur de la baie ou quand Inch se réveille par très gros swell. Mais ne délaissez pas pour autant l'été car il y a des plages et des reefs et qui concentrent la houle – il n'y a plus qu'à prier pour que le vent soit clément.

Lahinch						
SURF STATISTICS	J/F	M/A	M/J	J/A	S/O	N/D
Dominant swell	SW-N	SW-N	W-N	W-N	SW-N	SW-N
Swell size (ft)	6	5-6	3-4	2-3	4-5	5-6
Consistency (%)	40	50	70	70	60	50
Dominant wind	S-W	S-W	SW-NW	SW-NW	SW-NW	SW-NW
Average force	F5	F4-F5	F4	F4	F4-F5	F5
Consistency (%)	54	44	47	59	51	54
Water temp.(°C)	8	9	12	16	13	10
Wetsuit						

South and East Coast

Southern Ireland is predominantly onshore in the normal SW airstream (that also afflicts Wales and SW England), but on the rare days that conditions come together the numerous reefs and beaches can throw up some surprisingly good quality waves. Generally needs big SW swell to work, meaning cold, lonely waves are the norm. More surfers appear closer to the centres of Cork and Tramore, keenly awaiting the convergence of a big SW swell and N winds at breaks like Long Strand and Tramore. These conditions dictate that the south coast mainly fires in the **winter months** when low pressure systems are on a trajectory far enough south to deliver

Southern Ireland is generally overlooked by travelling surfers, which suits the locals just fine. Clean Cork rivermouth left.

Surf Culture

History
Dispensing with political boundaries, the first surfer on the Emerald Isle was probably a customs officer from Britain named Ian Hill, who first rode a paipo (bellyboard) at Spanish Point in 1961. Having seen surfers riding malibus in Bude during the summer of 1963, he finally tracked down Bob Head (Bilbo co-founder) in the famous Mawgan Porth chicken shack and paid £20 for his first board. In April 1964, Hill entered the water at Castlerock in a pair of jeans and a t-shirt. Nobody had told him about wax, so the first session was spent slipping off into the freezing water. A home-made shorty was designed by chalking out his outline on a sheet of neoprene and off he went to surf the west coast from Donegal to Cork without seeing another surfer. Transferred to Plymouth in February 1965, when he returned to Portrush on holiday in '67, Alan Duke and friends had already hit the water. Surfing emerged in the south almost simultaneously. Kevin Cavey spotted a story on surfing in *The Reader's Digest*, which led to early experiments with an adapted skimboard and a more sophisticated craft constructed of marine ply with insulation plastic on the bottom. These prototypes handled so awfully that only kneeboarding was possible, so Cavey soon ordered a balsa kit from English board-maker Tiki, then left for Hawaii and California. He took his beatings at Sunset Beach, before heading to Rincon and Huntington, where friendly locals lent him his first fibreglass board. This experience strengthened his belief that Ireland held loads of potential for surfriding and he returned stoked after a year on the road. The Tiki kit was assembled and ridden at Gyles Quay, Dundalk in May 1965 but Kevin Cavey was already a fibreglass convert and ordered a new board from Doug Wilson of Bilbo at a cost of £33.00. Kevin took a stand at the 1966 Boat Show, which he decorated with Greg Noll Waimea Bay posters, (courtesy of his friend Pat McNulty of *Surfer* magazine) and displayed a 15' safety board from the Red Cross. He met a few surfers like Roger Steadman who had brought fibreglass boards from Newquay.

Spring 1966 found Kevin, his brother Colm, Patrick Kinsella and American Tom Casey off on surfari to Strandhill in Co. Sligo. Next stop was Bundoran where a westerly storm introduced them to the rocks that many surfers have since inspected up close. A little further north they found friendlier surf at Rossnowlagh where they met up with the young groms Brian, Conor, Barry and William Britton. From Rossnowlagh they moved up to Cruit

Lahinch circa 1970 at the Nationals.

Island, Marble Strand and Portrush, hooking up with known correspondent, Desmond 'Bow' Vance. At the same time, a group of youngsters in the Portrush/Portstewart area led by Alan Duke (four times Irish champion) started surfing and began travelling to the west coast where they met up with other surfers. Duke was famous for riding a 6'6" in the 9ft plus era.

The Surf Club of Ireland was founded in 1966 at Bray, County Wicklow. That same year Cavey represented Ireland at the World Surfing Championships in California, crossing boards with Rodney Sumpter and Nat Young before bowing out in the quarter finals. In 1967 the first National Championships were held and naturally Kevin Cavey took the title with Eamon Mathews second and Ted Alexander third. The first Intercounties Championships were held in Rossnowlagh in 1968, where County Down beat County Wicklow in the final. Ironically neither county has featured in a final since. By the end of the '60s members of the Surf Club of Ireland began to form other clubs leaving the Surf Club of Ireland to represent the Dublin area. Five local groups had evolved by early 1970 including the South Coast, in Tramore (now known as the T-Bay Surf Club), the West Coast (Lahinch), the Rossnowlagh (Donegal), the North Shore (Portrush) and the Fastnet (Cork) Surf Clubs. The same year they combined to establish the Irish Surfing Association, which became and remains the governing body of surfing in Ireland. Kevin Cavey and Roger Steadman formed C & S Surfboards, the first Irish board label, featuring the shamrock as its logo.

The national association has hosted the European Amateur Championships on three separate occasions: 1972, 1985 and 1997. Rossnowlagh surfer Grant Robinson has been the most successful Irish surfer at international level taking the European Masters title in France in 1987 and again in Ireland, a decade later. Andy Hill has been the most prolific, already representing all Ireland for 11 years, winning the Irish Championships six times and achieving a personal best result of 32nd in the 1992 World Amateurs in France.

Quiksilver hosted the World Masters Championships in Bundoran in 2001 bringing a host of world champions like Tom Curren, Martin Potter, Tom Carroll, Barton Lynch, Rabbit Bartholemew and Mark Richards together with local legends Grant Robinson and Henry Moore. A World Amateur Championship was planned but after much animated debate, the nations surfers voted against the idea, many feeling that enough was enough and that the spotlight should shift away from the increasingly crowded Irish waters.

Le premier surfer sur l'île d'Emeraude fut probablement un officier des douanes anglais nommé Ian Hill qui, sans se soucier des frontières politiques du pays, surfa pour la première fois un paipo (sorte de bodyboard) à Spanish Point en 1961. Après avoir vu des surfers en malibu à Bude pendant l'été 1963, il finit par trouver Bob Head (co-fondateur de Bilbo) chez Mawgan Porth (au fameux Mawgan Porth chicken shack, une vieille cabane où on shapait et vendait des planches) et paya 20 livres pour sa première planche. En avril 1964, Hill se mit à l'eau à Castlerock en jeans et en T-shirt. Personne ne lui avait dit qu'il fallait de la wax, et il passa sa première session à ne faire que glisser de sa planche dans l'eau gelée. Il se confectionna ensuite un shorty fait maison en traçant les contours à la craie sur un grand morceau de néoprène, et il partit directement surfer la côte Ouest du Donegal à Cork sans apercevoir aucun surfer. Il fut muté à Plymouth en février 1965, et quand il revint en 67 à Portrush en vacances, Alan Duke et ses amis s'étaient déjà mis au surf, activité qui commençait en même temps à démarrer dans le sud. Kevin Cavey remarqua un article sur le surf paru dans *The Readers Digest*, et ce fut le début de nombreuses expérimentations, d'abord en adaptant un skimboard, puis en réalisant un engin plus sophistiqué en contreplaqué marine avec une semelle faite à partir d'un matériau isolant en plastique. Ces prototypes marchaient si mal qu'on ne pouvait faire que du kneeboard avec. Cavey commanda donc peu après un kit de balsa du fabricant de planches anglais Tiki, puis partit pour Hawaii et la Californie. Il se fit bien secouer à Sunset, puis poursuivit par Rincon et Huntington, où des locaux sympas lui prêtèrent une planche en fibre pour la première fois. Ce voyage renforça sa conviction que l'Irlande avait beaucoup de potentiel et il fut

THE SURF

swell. NW swells will hit parts of the Ring Of Kerry but most spots there need a large SW swell. Getting winds from the northern quadrant is crucial for most of the south coast hot spots, but is hard to guarantee while the swell is still around.

The East Coast suffers from a lack of quality and consistency, but once or twice a month, the Irish Sea can benefit from local wind generated waves and southerly groundswells. SE, S and huge SW swells enter St. George's Channel and bend around some of the east coast headlands. Well known east coast spots include White Rock and Killiney plus Bray in the Dublin area which generally works on N wind swells. In County Wicklow, look for Magheramore, Brittas Bay and Greystones in all swell directions, while in Wexford, S swell bends off the pier and creates a nice wave in Courtown. *Winter* is the best time for S swells.

L'Irlande du sud est soumise à un régime de vents dominants de sud-ouest, tout comme le Pays de Galle et le sud-ouest de l'Angleterre, mais quand les rares bonnes conditions sont là, les nombreux reefs et plages peuvent se mettre à produire des vagues d'une qualité surprenante. Il faut en général un gros swell de sud-ouest pour que ça marche, ce qui veut dire vagues froides et isolées en perspective. On trouve plus de surfers du côté de Cork et Tramore, qui attendent avec impatience qu'un gros swell de sud-ouest coïncide avec un vent de nord sur des spots comme Long Strand et Tramore. On comprend alors que la côte sud ne marche bien qu'en *hiver* quand les dépressions sont assez basses en latitude pour générer de la houle sur cette côte. Des houles de nord-ouest vont toucher certains endroits du Ring Of Kerry mais la plupart des spots demandent un gros swell de sud-ouest. Il faut vraiment des vents du secteur nord sur la plupart des bons spots de la côte sud, mais encore faut-il que la houle soit encore là.

Les vagues sur la côte Est manquent de fréquence et de qualité, mais une ou deux fois par mois la mer d'Irlande peut recevoir de la houle de vent générée localement ainsi que des houles plus longues de Sud. Des houles de SE, de S ou bien énormes de SO peuvent rentrer dans le St. George's Channel et venir s'enrouler autour de certaines pointes de la côte E. Les spots les plus connus sont White Rock & Killiney ainsi que Bray dans la région de Dublin qui marchent généralement avec des houles de vent de N. Dans le Comté de Wicklow, il faut checker Magheramore, Brittas Bay et Greystones quelle que soit la direction du swell, et à Wexford, les houles de S s'enroulent autour de la jetée avec une belle vague à Courtown. *L'hiver* est la meilleure période pour recevoir des houles de S.

Britas Bay

Inchydoney rivermouth

This East Coast pot-o-gold is not as rare as some may think, keeping local leprechauns stoked.

content d'y retourner après une année autour du monde. Le kit de Tiki fut assemblé et surfé à Gyles Quay (Dundalk) en mai 1965, mais Kevin Cavey était déjà un adepte de la fibre de verre, il commanda une planche à Doug Wilson de chez Bilbo pour 33 livres. Kevin se prit un stand au salon nautique de 1966 avec comme déco des posters de Greg Noll à Waimea Bay (grâce à son ami Pat McNulty de *Surfer* magazine) et exposa une planche de sauvetage de 15 pieds de la Croix Rouge. Il rencontra des surfers comme Roger Steadman, qui avait apporté des planches en fibre de verre de Newquay.

Pendant l'été 1966, Kevin, son frère Colm, Patrick Kinsella et l'Americain Tom Casey partirent en surfari à Strandhill dans le comté de Sligo. Ils s'arrêtèrent ensuite à Bundoran, où ils firent connaissance avec les rochers pendant une tempête d'O, ce que pas mal de surfers ont fait depuis. Un peu plus loin ils trouvèrent des conditions plus tranquilles à Rossnowlagh où ils rencontrèrent les jeunes Brian, Conor, Barry et William Britton. De Rossnowlagh ils partirent ensuite au N pour Cruit Island, Marble Strand et Portrush, pour voir un correspondant qu'ils connaissaient, Desmond 'Bow' Vance. Au même moment, un groupe de jeunes de la région de Portrush/Portstewart dont le leader était Alan Duke (4 fois champion d'Irlande) commençait à surfer et à explorer la côte Ouest, où ils rencontrèrent d'autres surfers. Duke était connu pour surfer une 6'6" à l'époque des planches de plus de 9 pieds.

Le Surf Club d'Irlande fut créé en 1966 à Bray, dans le County Wicklow. La même année Cavey représenta l'Irlande aux Championnats du Monde de Surf en Californie, se frottant à Rodney Sumpter et Nat Young, avant de se faire sortir en quarts de finale. Les premiers championnats nationaux furent organisés en 1967 et comme prévu Kevin Cavey remporta le titre avec Eamon Mathews second et Ted Alexander troisième. Les premiers championnats inter-comtés eurent lieu à Rossnowlagh en 1968, avec le County Down battant le County Wicklow en finale. Bizarrement aucun de ces pays n'a figuré en finale depuis. Vers la fin des années 60, les membres du Surf Club d'Irlande commencèrent à créer d'autres clubs, laissant le Surf Club d'Irlande représenter la région de Dublin. Cinq clubs fonctionnaient début 1970: le South Coast à Tramore (maintenant appelé le T-Bay Surf Club), le West Coast (Lahinch), le Rossnowlagh (Donegal), le North Shore (Portrush) et le Fastnet (Cork). La même année ils s'associèrent pour former la Irish Surfing Association, qui fut et qui est toujours l'instance dirigeante du surf en Irlande. Kevin Cavey et Roger Steadman créèrent la première marque de planches, C & S Surfboards, avec le trèfle irlandais comme logo.

L'Irlande organisa les Championnats d'Europe Amateur trois fois: en 1972, 1985 et 1997. Grant Robinson, surfer de Rossnowlagh, a été le meilleur surfer au niveau international en remportant les Masters d'Europe en France en 1987, puis en Irlande, dix ans après, en 1997. Andy Hill a été le plus titré en représentant l'Irlande pendant 11 ans et remportant les Championnats l'Irlande six fois avec comme meilleur résultat individuel une place de 32e aux Championnats du Monde Amateur en France en 1992. Quiksilver a organisé les Championnats du Monde Masters à Bundoran en 2001 avec toute une pléiade de champions du monde comme Tom Curren, Martin Potter, Tom Carroll, Barton Lynch, Rabbit et Mark Richards, ainsi que les légendes locales Grant Robinson et Henry Moore. Un Championnat du Monde Amateur fut prévu, mais après maintes discussions les surfers votèrent contre, beaucoup d'entre eux estimant qu'il y en avait déjà eu assez et qu'il ne fallait plus trop attirer l'attention des médias sur l'Irlande où le monde commence à se faire sentir sur les spots.

Today

Surfing is booming in Ireland, numbers in the water are increasing steadily all around the country whilst surf shops and schools are multiplying. (The ISA estimates 5000 surfers, 35 shops and 27 surf schools). Following the European trend, a large proportion of the beginners are female, which should help keep things civil in the water in years to come.

Worldwide exposure from the groundbreaking 1996 film *Litmus*, featuring Joel Fitzgerald charging monstrous Bundoran, and a steady stream of international surf magazine photo trips since then have cemented Ireland in the surfing world's consciousness as a world-class, heavy-water destination. Local and foreign tow-in crews have been pushing the envelope by pioneering some super-heavy bombies like G Spot in Donegal Bay and Eileens in Co. Clare. Exposure to the professional side of surfing has had a positive effect on the new generation of young Irish rippers like Cain Kilcullen, Mikey Morgan, Easkey Britton and the Mennie brothers. Ireland now also has its own boardsports magazine in the shape of *FINS* a bi-monthly that debuted in 2004.

The Irish surf experience is changing, it's catching up with the rest of Europe and crowds are becoming a factor, mainly due to the surge in local numbers rather than a large influx of visitors. The friendly welcome the Irish are world-famous for is still there for the moment, so act with respect, don't travel in large groups and take pleasure in the relaxed vibe in the water so those that come after you can enjoy the same experience. It's up to everyone, local and visitor alike, to preserve this unique corner of the surf world as an unforgettable experience.

Le surf devient de plus en plus important en Irlande, le nombre de surfers augmentant chaque année partout dans le pays avec toujours plus d'écoles de surf et de surfshops (l' ISA recense environ 5000 surfers, 35 surfshops et 27 écoles de surf). Comme ailleurs en Europe, on trouve beaucoup de filles parmi les débutants, ce qui devrait contribuer à maintenir une bonne ambiance à l'eau dans les prochaines années.

Le film *Litmus* en 1996 fut une révélation au niveau mondial (avec Joel Fitzgerald chargeant un Bundoran monstrueux); l'abondance de trips-photos dans les magazines de surf étrangers qui a suivi a désormais donné de l'Irlande l'image d'une destination aux vagues massives et de qualité internationale. Les récentes sorties en tow-in de Richy Fitzgerald et de Gabe Davies ont aussi marqué les esprits dans le monde entier, repoussant leurs limites sur des reefs au large super chauds et jamais surfés auparavant. La confrontation avec le côté professionnel du surf a aussi eu un effet positif sur la nouvelle génération avec des jeunes talents comme Cain Kilcullen, Mikey Morgan, Easkey Britton et les frères Mennie. L'Irlande a aussi maintenant un magazine bi-mensuel de sports de glisse, *FINS*, créé en 2004.

Le surf en Irlande est en train de changer, il rattrape le niveau du reste de l'Europe avec maintenant du monde à l'eau, plutôt des locaux que des étrangers. On trouve encore l'accueil chaleureux qui fait la réputation des Irlandais dans le monde entier, du moins pour le moment, donc faites preuve de respect, ne débarquez pas en nombre et appréciez l'ambiance détendue à l'eau pour que ceux qui viennent après vous puisse également en profiter. C'est le rôle de chacun, local ou visiteur, de préserver ce coin unique dans le monde du surf pour en garder un souvenir inoubliable.

Pushing the boundaries with jet skis and big-wave bravado is part of the natural progression for the Irish surfing elite. Donegal Bay bomb at G Spot.

The Stormrider Guide Europe

The Ocean Environment

Pollution

Ireland's coastal waters span the whole pollution spectrum, from pristine, crystal-clear dreamland on the west coast to environmental nightmare in the east. As a mainly agricultural country Ireland has avoided the heavy industry that blights much of the rest of Europe but it suffers mightily at the hands of its nearest neighbour across the Irish Sea. The nuclear facility at Sellafield, in the UK, generates nuclear power and manufactures weapons-grade plutonium for the British military. The waste products dispersed from the site into the Irish Sea have made it one of the most radioactive waterways in the world. Fed up with suffering the pollution consequences and the potential threat of catastrophe from the site, without any of the benefits, the Irish government took the UK authorities to court in 2004 to try and shut the plant, but failed. The Irish Sea and the Rockall Bank to the north of Ireland have also been used as a dumping ground for the military for decades as well, no one's quite sure what hazardous materials have been deposited; the documents have conveniently gone missing, but it's a genuine cause for concern, especially when potentially toxic or explosive flotsam washes up at your break. Apart from the horrors detailed above, the Irish Sea is a busy waterway and hence suffers petrochemical and sewage pollution associated with heavy shipping. It also receives agricultural runoff.

The main concern for surfers comes from raw or partially-treated sewage that is discharged into the sea all around the coast, many towns do not have waste-water treatment facilities and this poses a direct biological threat to surfers and other recreational water users. Recent EU laws require that treatment facilities be installed or upgraded in the near future, lessening the risk of serious infection at popular surf spots like Bundoran, where secondary treatment is planned. Northern Ireland has a crumbling sewage infrastructure that is suffering from chronic under-investment – raw discharges are a reality. The ISA and SAS with help from Quiksilver's Environmental Initiative are monitoring the situation. On a local scale illegal dumping is a growing problem, whole cars, fridges, batteries and all manner of unwanted rubbish can be found in remote areas decorating the otherwise pristine coastal zone. In the main the west and north coasts have some of the cleanest waters in Europe and abundant marine biodiversity.

Le degré de pollution en Irlande est très variable, allant d'une eau parfaitement propre et transparente sur la côte O jusqu'à un état catastrophique à l'E. En étant un pays agricole à la base, l'Irlande n'est pas autant affectée par les industries lourdes qu'ailleurs en Europe, mais elle souffre de la pollution provenant des pays situés autour de la Mer du Nord. La centrale nucléaire de Sellafield en Angleterre produit du plutonium à usage militaire, et les déchets qu'elle produit sont dispersés en mer d'Irlande, ce qui en fait l'une des mers les plus radioactives du monde. En ayant assez de subir les conséquences de la pollution sans en retirer aucun bénéfice, avec la menace toujours présente d'un accident, le gouvernement irlandais a poursuivi en justice les autorités anglaises en exigeant la fermeture de la centrale, en vain. La Mer du nord et le banc de Rockall au N de l'Irlande ont également été utilisés comme décharge par l'armée pendant des décennies. On ne sait pas exactement quelle sorte de produits reposent encore au fond, les dossiers ayant été soigneusement dissimulés. Ce qui est vraiment inquiétant, surtout quand des déchets potentiellement toxiques ou explosifs viennent échouer sur votre spot. Mis à part ces pratiques lamentables, la Mer du Nord, en tant que passage maritime fréquenté, souffre de pollution pétrochimique et de dégazages, sans parler des rejets agricoles.

La plus grande inquiétude pour les surfers et autres usagers de la mer vient des rejets d'eaux usées peu ou pas retraitées, car partout sur les côtes il y a un manque de stations d'épuration. Mais une récente directive européenne impose une amélioration quantitative et qualitative de celles-ci, ce qui devrait faire diminuer les chances d'attraper des infections sur des spots comme Bundoran, où des travaux sont prévus. L'Irlande du Nord a un réseau de collecte en piteux état à cause du manque d'investissements et on y trouve encore des décharges sauvages. L' ISA et SAS avec l'aide de Quiksilver's Environmental Initiative suivent de près la situation. Au niveau local, les décharges sauvages deviennent vraiment un problème : carcasses de voitures, frigos, batteries et toutes sortes de déchets abandonnés envahissent des zones côtières autrefois intactes. En général les eaux de la côte N et O sont parmi les plus propres d'Europe et abritent une grande biodiversité marine

Erosion

The limestone geology of Ireland, which is responsible for many of the great surf spots, also serves to protect much of the coast from erosion. The main threat to the coastline is its popularity. Tourism is the main source of income and the double-edged sword that will shape the coast for better or worse in years to come as pressure is put on the coastal environment to absorb the

Middle – **The world famous Peak has long been threatened by a marina development and suffered from poor sewage infrastructure. The yachties have gone away for the time being and new treatment works are due to open in 2007.**

Bottom – **Erosion is rarely a problem where the tough limestone geology soaks up the swell. Easkey left sea walls.**

effects of increased demand for recreation. Unchecked development could irrevocably alter parts of the natural, coastal landscape, destroy plant and wildlife habitats, contribute to erosion and possibly ruin the surf.

Man-made developments are yet to have a major impact on Ireland's waves; out of 4800 miles of coastline there's only 220 miles of sea defence. However, increasing tourism means the facilities that cater for tourists are expanding rapidly, caravan parks, holiday homes, golf courses, harbours and the accompanying infrastructure are all potential threats. The proposed Bundoran harbour development is the world-famous example. As far back as 1994 a large marina was envisaged in Bundoran Bay, home to The Peak, one of Europe's most renowned waves. The Irish Surfing Association along with the local surf club and the world's surf media opposed the development due to the adverse effect it would have on the wave, a precious tourism resource in its own right. The town council unanimously voted in 2003 to save The Peak by designating it a 'Special Coastal Management Area', in essence a surfing reserve. But the threat has far from gone away; a large scale marina development is still a possibility and is part of the proposed 'Bundoran Development Plan' that could harm The Peak. At the time of writing the ISA is still fighting to ensure any harbour extension doesn't destroy one of Europe's best reefs.

Erosion is an issue in Ireland's dune and beach areas; studies have shown that the majority of dune systems in the surf-rich northwestern counties are all retreating quicker than they should. Human activity is exacerbating the problem, the simple act of trampling vegetation on the way to the surf can help destabilise dunes and accelerate erosion.

Le relief calcaire de l'Irlande nous a donné de nombreux spots de surf et constitue aussi une protection importante contre l'érosion. Mais la principale menace pour les côtes est la fréquentation. Le tourisme est la première source de revenu ici, mais c'est une arme à double tranchant qui décidera de l'avenir de la côte en bien ou en mal, car le littoral est soumis à une grande pression immobilière pour répondre à la demande croissante des activités de loisirs. Un développement débridé pourrait définitivement gâcher les paysages, détruire l'écosystème local, aggraver l'érosion des côtes et éventuellement détruire des spots.

Les constructions sur la côte sont encore loin d'altérer la qualité des vagues : sur les 7728 km de côtes, seul 354 km sont protégées artificiellement. Cependant, le développement touristique va de pair avec l'augmentation des capacités d'accueil: campings pour caravanes, résidences secondaires, golfs, ports et toutes les infrastructures associées sont une menace potentielle pour les côtes. Le projet d'extension du port de Bundoran en est un exemple connu. Cela remonte à 1994, où une grande marina devait être construite à Bundoran, juste à l'endroit du Peak, un des spots les plus connus en Europe. L'Irish Surfing Association, avec l'aide du surfclub local et des magazines de surf internationaux, se sont opposés au projet, en défendant la vague en tant que patrimoine touristique. Le conseil municipal vota à l'unanimité en 2003 la création d'une 'Zone Spéciale de Gestion du Littoral', c'est-à-dire en fait une réserve pour le surf. Mais le spot est loin d'être tiré d'affaire, car un projet de grande dimension est toujours dans les cartons sous la forme d'un « Plan de Développement de Bundoran ». A l'heure actuelle, l'ISA est toujours engagée dans la lutte contre la destruction de ce qui est un des meilleurs reefs d'Europe.

L'érosion concerne surtout les plages et les dunes en Irlande; les études montrent que la majorité des systèmes dunaires dans les régions du nord-ouest (riches en vagues) subissent un recul plus important que prévu. Les activités humaines accentuent le problème, le simple fait de piétiner la végétation contribuant à déstabiliser l'équilibre dunaire et accélérer l'érosion.

Access

Coastal access to many breaks in rural areas of Ireland is across private farmland; so knowledge of local etiquette and agreements is imperative. Always ask a local, if possible, what the form is as the landowners do not take kindly to surfers blocking their gateways (inconsiderately parked vehicles may be towed away and possibly locked in a field) and damaging dry-stone walls or fences by clambering over them will not increase the goodwill. Respect is key. With the burgeoning numbers of local and visiting surfers this is a major ongoing issue. The infrastructure in the popular surf areas like Portrush, Bundoran and Easkey is well developed, access is easy and parking abundant.

The opposite applies to Ireland's many secret spots where limited dirt-track parking and tricky access across private farmland demand a certain amount of local knowledge. Since there is no lack of waves, it's best to stick to the known spots. A battle continues with a wealthy golf course at Doughmore, County Clare, for the rights to get to the surf at a consistent stretch of beachbreaks.

L'accès aux spots dans les zones rurales se fait en passant à travers des champs appartenant aux fermiers locaux; il faut donc bien connaître les usages en vigueur. Demandez toujours à un local comment ça se passe car les propriétaires n'aiment pas

Tullaghan Left — DAN HAYLOCK

les surfers qui bloquent les accès (les voitures mal garées peuvent être enlevées et éventuellement se retrouver coincées dans un champ) ou qui endommagent les murs de pierres et les clôtures en les escaladant. Avec l'explosion du nombre de surfers locaux et étrangers, c'est devenu un vrai problème. Respect = pas de souci. Les infrastructures sont bien développées dans les endroits comme Portrush, Bundoran et Easkey, avec un accès facile et plein de place pour se garer.

C'est le contraire pour se rendre sur les autres nombreux spots secrets, où il n'est pas facile de trouver une place pour se garer le long des chemins en terre, et où il faut bien connaître le coin pour se faufiler à travers les champs et accéder au spot. Comme on ne peut pas dire qu'il y ait pénurie de vagues, le mieux est de se contenter des spots connus. Il y a actuellement une bataille avec un golf luxueux à Doughmore dans le County Clare, pour obtenir le droit d'accéder aux beachbreaks bien exposés qui sont derrière

Clare secret — AL MACKINNON

Hazards

Huge waves over shallow reefs, brain-numbingly cold water, and long hold-downs are some of the dangers on offer. Ireland's gentler reefs and beaches are generally free of risk, with the exception of the peril posed by untreated sewage, especially in the north. Marine life is abundant but friendly, as are the locals. Aggressive localism is rare and the tight-knit, local surf communities are welcoming to visitors provided you act and surf respectfully.

Shallow reef waves should be treated with respect, even when small; bailing out in the wrong place could result in a trip to a far-off casualty department. For instance: the nearest A&E department to Bundoran or Easkey is 40 minutes away in Sligo. As with any destination it's best to surf with a friend in remote spots. Due to the sparse population, coastal rescue service coverage is patchy in some areas.

Vagues énormes sur des reefs à fleur d'eau, eau qui vous congèle le cerveau, longs passages sous l'eau quand on ramasse : cela fait partie des risques...Les reefs moins méchants et les beachbreaks sont en général sans danger particulier, mais à part le rejet d'eaux usées non traitées comme dans le Nord. La vie marine est abondante mais sans risque, les locaux montrent rarement de l'agressivité, ils forment des groupes solidaires qui accueillent bien les étrangers pourvu qu'on les respecte dans et hors de l'eau.

Il faut faire attention aux vagues de reef qui cassent dans peu d'eau, même si c'est petit. Sauter de sa planche au mauvais endroit ou refuser de faire un canard peut vous amener aux urgences, souvent éloignées. Les urgences les plus proches de Bundoran ou d'Easkey par exemple se trouvent à Sligo, à 40 mn en voiture. Comme partout, il est préférable de surfer avec un pote sur les spots isolés. Comme la répartition de la population est inégale sur la côte, le sauvetage côtier ne couvre pas toutes les zones.

Top – **Private property often stands between the road and the waves, requiring considerate behaviour and or consent. Tullaghan is a perfect example.**

Middle – **Hazards may be few, but when they come, they're big! Many of Ireland's waves are strictly experts only.**

Travel Information

Getting There
By Air
Ireland's main flight hubs are Dublin in the Republic and Belfast in the North. Both are well serviced by the budget airlines. Ryanair's main base is Dublin so it's possible to fly there from just about every EU country and most UK regional airports. Boardbags are charged at a flat rate of £15. Easyjet and Flybe also operate frequent cheap flights to Belfast.

Les principaux aéroports sont Dublin en République d'Irlande, et Belfast en Irlande du Nord. Ils sont bien desservis par les compagnies low-cost. Ryanair est basé à Dublin donc pas de souci pour y aller depuis la plupart des aéroports du Royaume-Uni. On doit payer un forfait de 15 livres pour chaque housse de planches. Easyjet and Flybe font aussi des liaisons régulières bon marché vers Belfast.

By Sea
The Irish Sea has a multitude of ferries plying its waters, most on routes from the UK but there is a service from Brittany in France. Choose a route depending on your destination; Rosslare is the best bet for S and SW Ireland, Dublin (City or Dun Laoghaire) for the W and NW and Larne for the N. Irish Ferries and Stena operate high-speed services that cross from Holyhead in Wales to Dublin in less than two hours.

On trouve de nombreux ferries circulant sur la mer d'Irlande, la majorité provenant du Royaume-Uni mais il y a aussi des ferries depuis la Bretagne en France. Choisissez une liaison en fonction de votre destination: Rosslare est le plus adapté pour rejoindre le Sud et le Sud-Ouest de l'Irlande, Dublin (City ou Dun Laoghaire) pour l'Ouest et Nord-Ouest, et Larne pour le Nord. Irish Ferries et Stena font des traversées à grande vitesse qui permettent de rejoindre Dublin depuis le Pays de Galles en moins de deux heures.

By Train
The Irish train network is not a wonder to behold. Although the network services west coast cities like Sligo, Ballina, Westport, Galway, Tralee and Cork, most surf destinations require transferring to a coach. International arrivals board the ferries as foot passengers and rejoin the rail network in Ireland. Boards are carried in the carriages and on the coaches.

Les trains ne sont pas ce qui se fait de mieux en Irlande. Ils présentent peu d'intérêt pour les surfers puisqu'il faudra de toute façon reprendre un bus ensuite depuis le terminus, quelle que soit la destination. Il vaut donc mieux prendre directement un bus qui sera moins cher et seulement un tout petit peu moins rapide. Les trains vont jusqu'aux ports d'où partent les ferries internationaux et vous embarquerez ensuite comme passager à pied. L'avion reste cependant moins cher et beaucoup plus pratique.

Visas
Brits don't need a passport to enter Ireland but it makes sense to carry one for access to medical services through the EHIC system. EU nationals can enter with a national ID card and can stay as long as they like. US, Canadian, Australian and New Zealand nationals need a passport and can stay for ninety days; visit the local Garda (Police) Station for an extension. All other visitors contact the local Irish embassy as rules vary. In the North it's the same for UK and EU. US,CA,AUS,NZ travellers can stay for six months, other visitors need a visa from the British consulate.

L'Irlande fait partie de la zone Schengen. Les Britanniques n'ont pas besoin de passeport mais il est bon d'en avoir un pour avoir accès aux services médicaux avec le formulaire E111. Les citoyens européens peuvent entrer dans le pays avec une carte d'identité sans limitation de durée. Ceux des Etats-Unis, du Canada, de l'Australie et de la Nouvelle-Zélande doivent avoir leur passeport et peuvent rester 90 jours. Pour faire une extension, se rapprocher de la Garda Station (Bureau de Police). Pour les autres ressortissants étrangers, contacter votre ambassade locale car la réglementation peut varier. Pour la République du Nord, pas de passeport requis pour les citoyens du Royaume-Uni; pour ceux de l'Union Européenne, les Etats-Unis, Canada, Australie et Nouvelle-Zélande, séjour limité à 6 mois sur place; les autres doivent obtenir un visa du Consulat Britannique.

Getting around
Irish roads used to be more pothole than road but a sizeable long-term investment of European money has given the country a growing network of quality highways. From the main arrival ports, pretty much anywhere on the west coast is accessible in under four hours. Motorways (120km/h) are only found in the immediate vicinity of Dublin and Belfast and once out in the country the national roads (100km/h) are of varying quality. Regional and local speed limits are 80km/h and cities 50km/h. The Irish police force (An Garda Siochana) enforce on the spot fines and foreign surfers will get a speeding fine sent home if caught on camera. The police are a rare sight outside of the cities and rarely stop motorists, but carry all relevant documents in the car at all times. Travelling by campervan is a great option and campsites are numerous. Freecamping is possible by the coast in Ireland without any stress, which is a privilege that is becoming rare in Europe. Fuel prices are low in the south compared to the UK based prices of the North. Irish petrol stations double as the village shop, café and meeting place and hence can be very useful. Rental cars are on the expensive side and drivers need to be at least 21. Coaches will take boardbags, but the policy is up to the driver so be as polite as possible; there may be a small fee.

Avant, les routes irlandaises ressemblaient plus à une succession de nids-de-poule qu'à des routes, mais grâce à d'importants investissements à long terme financés par l'Europe, le pays a maintenant un réseau de routes nationales de bonne qualité qui va grandissant. Les autoroutes sont cantonnées dans les environs immédiats de Dublin et Belfast; en traversant le pays les routes nationales sont de qualité variable, les nouvelles portions sont bonnes mais les anciennes demandent de la prudence. Vous pourrez rejoindre à peu près n'importe quel endroit de la côte Ouest en un peu moins de 4 heures depuis les principaux points d'entrée dans le pays. L'Irlande est un petit pays au rythme de vie assez détendu, ce qui se voit nettement sur les routes ; il vaut mieux ne pas dépasser la limitation de vitesse, les étrangers reçoivent directement leur amende chez eux s'ils se sont fait prendre par le radar. Vitesse limitée à 60mph (96 km/h) sur les routes nationales, 70mph (112 km/h) sur les autoroutes. Le camping-car est une bonne option, les campings sont nombreux et vous pouvez camper en Irlande gratuitement en bord de mer sans aucun problème, ce qui est un privilège devenant rare en Europe. Comme partout, montrez du respect pour le milieu dont vous êtes venus profiter. L'essence n'est pas chère, si vous venez en bateau assurez-vous que votre réservoir est

---

Airport Information
Dublin: 01 814 1111
Belfast: www.belfastairport.com
www.aerarann.com
Tel: 0800 5872324
www.aerlingus.ie
Tel: 0818 365000
www.airwales.com:
www.ba.com
Tel: 0870 8509850
www.easyjet.com
Tel: 0870 6000000
www.flybe.com
Tel: 0871 7000123
www.flybmi.com
Tel: 0870 6700555
www.ryanair.com
Tel: 1 530 787 787

Ferries
www.brittany-ferries.co.uk
Tel: 0870 3665333
www.irishferries.com
Tel: 0818 300400 (IR)
08705 171717 (UK)
www.poirishsea.com
Tel: 0870 2424777

www.seacat.co.uk
Tel: 0870 523523
www.stenaline.com
Tel: 0870 5707070
www.swanseacorkferries.com
Tel: 01792 456116

Domestic Ferries
www.toryislandferry.com
Tel: 074 9531320
www.queenofaran2.com
Tel: 091 566535
www.doolinferries.com
Tel: 065 7074455
www.aranislandferries.com
Tel: 091 568903
www.shannonferries.com
Tel: 065 9053124

Trains
www.rail.co.uk
Tel: 0845 7484950
www.translink.co.uk
Tel: 028 90666630
www.irishrail.ie
Tel: 0183 63333

Coach/Bus Companies
www.nationalexpress.com
Tel: 08705 808080
www.buseireann.ie
Tel: 0183 66111

Tourist Information
www.tourismireland.com

Telephone Information
Republic
International Country Code: 353
Dial Out Code: 00
Emergencies: 999 or 112
International Operator: 114
International Directory: 11811
Directory Enquiries: 11811
Operator: 10

North
International Country Code: 44
Dial Out Code: 00
Emergencies: 999 or 112
International Operator: 155
International Directory: 153
Directory Enquiries:118500
Operator: 100

Getting around Ireland's roads can be extremely frustrating and slow. Factor in extra time to get to the next break.

vide et faites le plein en arrivant : vous serez agréablement surpris. Les stations essence sont très utiles en Irlande car elles font aussi commerce de proximité pour le village, café et lieu de rencontre. Il est rare de voir des gendarmes en dehors des villes et ils arrêtent rarement les voitures, mais ayez vos papiers en règle au cas où. Les bus longue distance prennent les planches mais ça dépend un peu du chauffeur ; soyez le plus aimable possible car il peut y avoir une petite taxe à payer.

Currency

The republic uses the Euro, the North pounds sterling, in border areas most vendors accept both. ATMs can be found in most towns and in many service stations.

L'EIRE utilise l'euro et la République du Nord les livres sterling; près de la frontière la plupart des vendeurs acceptent les deux. On trouve des distributeurs automatiques de billets dans la majorité des villes et dans de nombreuses stations services.

Ireland has long been a popular hang out for the campervan crew and respectful freecamping is tolerated in most areas. Sligo pitch.

Weather Statistics		J/F	M/A	M/J	J/A	S/O	N/D
BUNDORAN	Total rainfall (mm)	82	57	62	87	100	100
	Consistency (days/mth)	17	13	12	16	17	18
	Min temp. (°C)	3	4	8	12	9	5
	Max temp. (°C)	8	10	14	17	14	9
DINGLE	Total rainfall (mm)	135	89	84	101	131	158
	Consistency (days/mth)	18	14	13	15	17	20
	Min temp. (°C)	4	5	9	12	10	6
	Max temp. (°C)	9	12	16	18	15	11
CORK	Total rainfall (mm)	99	75	64	70	97	119
	Consistency (days/mth)	13	12	11	11	12	15
	Min temp. (°C)	2	4	8	12	8	3
	Max temp. (°C)	9	12	17	20	16	10

IRELAND

Causeway Coast

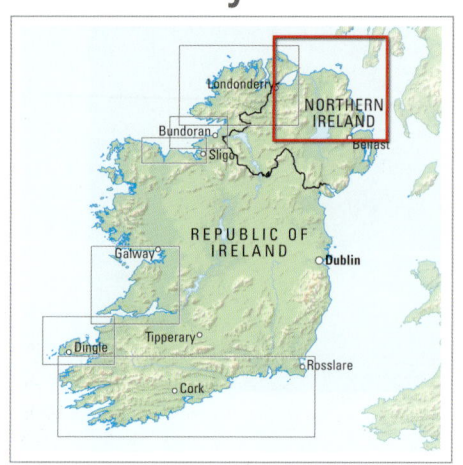

1. White Park Bay
Beautiful white sand beach with various peaks and a lined-up right at the E end. Surprisingly powerful and picks up a W swell. Long walk in keeps the crowd down, great water quality but beware of rips.

Belle plage de sable blanc avec plusieurs pics et une droite tendue côté sud. Surprenant par sa puissance, reçoit la houle d'O. Pas trop de monde à cause de la longue marche pour y aller, très bonne qualité de l'eau mais attention aux courants.

2. Portballintrae
Swell magnet beachbreak, thanks to deep offshore bathymetry and shelving beach. Powerful, hollow peaks when the wind's right. The peak by the rivermouth is popular with bodyboarders. Not so good when it's onshore. Parking in Portballintrae, walk from there. Very crowded in summer.

Beachbreak qui concentre très bien la houle grâce à des grandes profondeurs situées en face d'une plage en pente douce. Des pics creux et puissants quand le vent est bien orienté. Pas mal de bodyboarders sur le pic près de l'embouchure. Tout de suite moins bon dès que c'est onshore. Se garer à Portballintrae et y aller ensuite à pied ; beaucoup de monde en été.

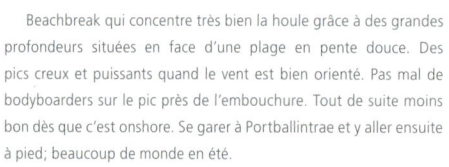

3. White Rocks
Consistent beachbreak offering short, hollow rides, closes out under head height. Park behind the beach, crowded in summer, but plenty of room to spread out.

Beachbreak qui reçoit bien la houle avec des vagues courtes et creuses, ferme en-dessous de 2m. Se garer derrière la plage, du monde en été, mais la plage est grande donc c'est bien dispersé.

Portrush 4-6
4. East Strand
Fast, hollow, French-style beachbreak peaks that rear into life on bigger swells. Protected from SW winds, which groom powerful peaks in front of the stream and an established right at the end of the promenade. Best at mid to high tide – punishing paddle-outs, rips and crowds when on.

Vagues rapides et creuses en pics ressemblant aux beachbreaks français, qui se mettent à marcher par grosse houle. Abrité des vents de SO qui viennent lisser la houle avec des pics puissants devant la sortie de rivière et une droite solide au bout de la promenade. Meilleur de mi-marée à marée haute – passage de barre difficile, du courant et du monde quand ça marche.

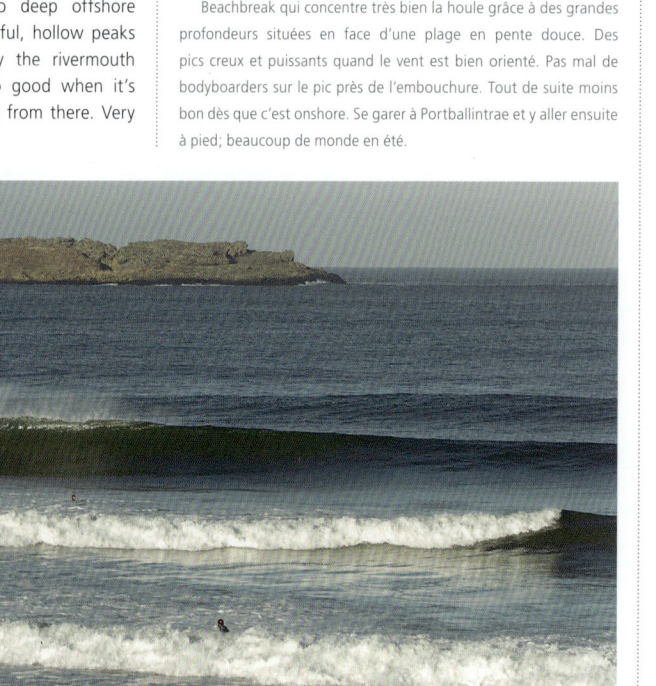

The Stormrider Guide Europe

CAUSEWAY COAST

Black Rocks

West Strand

5. West Strand
West-facing beach open to NW-N swells, consistent on the push, often crowded, especially in the summer. Portrush is Northern Ireland's premier tourist town popular with beachgoers, students, clubbers and more. Plenty of facilities, Troggs shop and a struggling sewerage system.

Plage exposée NO qui reçoit les houles de N-NO, marche bien à marée montante, souvent du monde, surtout en été. Une des villes les plus touristiques d'Irlande qui attire beaucoup de gens à la plage, étudiants, clubbers et autres. Nombreux aménagements, Troggs shop et un réseau d'assainissement mal en point.

6. Black Rocks
Quality, but fickle, left-hand boulder reef at the W end of West Strand, needs exact swell direction to work. Shallow and rocky so it's mid/high tide only. Considered one of the best waves in Northern Ireland, crowded when on.

Reef en gauche sur fond de galets, de bonne qualité mais capricieux, à l'extrémité O de West Strand, demande une direction de houle très précise pour marcher. Peu d'eau avec des rochers donc mi-marée/marée haute seulement. Considéré comme l'une des meilleures vagues d'Irlande, du monde quand c'est bon.

7. Portstewart Strand
3km of novice level peaks with a long bashable sandbar right on the E side. Rips at either end can be useful for intermediate surfers. The beach is crowded in the summer months with tourists. A National Trust property so there's a charge for parking on the beach in the summer.

Pics pour débutants sur 3km et une longue droite à manœuvres sur un banc de sable côté E. Courants de chaque côté pour ceux qui savent les utiliser pour aller au pic. Beaucoup de touristes en été sur la plage. Il faut payer pour se garer sur la plage en été car elle fait partie du National Trust.

East Strand

8. Castlerock
Easy rolling peelers along the strand for beginners and longboarders in small swells. To the E of the village lies the Barmouth: two stone jetties at the mouth of the River Bann – the groynes have anchored sandbanks on each side. A long righthander on the Castlerock side and a left on the Portstewart side. Best surfed at mid-tide on medium swells, closes out when big and rippy at size. Drive along the sands from Castlerock or Portstewart and park on the beach. Water quality dubious at breaks in this area due to the rivermouth.

Vagues faciles pour débutants ou longboarders sur un beachbreak par petite houle. Barmouth est à l'E du village à l'embouchure de la rivière Bann, où deux jetées en pierre ont créé des bancs de chaque côté. Longue droite du côté Castlerock et une gauche du côté Portstewart, meilleur à mi-marée et par houle moyenne, ferme quand c'est gros, du courant quand ça rentre bien. Rouler sur le sable depuis Castlerock ou Portstewart et se garer sur la plage. Eau un peu douteuse dans le secteur à cause de l'embouchure.

9. Benone/Magilligan
Ireland's longest beach has 10km of empty, beginner-friendly peaks. Sheltered from SW winds, there can be a long righthander at the E end, which is always bigger. Popular with kitesurfers. Access can be restricted by the Army (firing range). Free parking.

10km de pics déserts pour débutants le long de ce qui est la plus grande plage d'Irlande. Abritée des vents de SO, il peut y avoir une longue droite au bout côté E, qui rentre toujours plus gros. Spot connu pour le kitesurf. Accès pouvant être limité par l'Armée (zone de tir). Parking gratuit.

The Stormrider Guide Europe

County Donegal

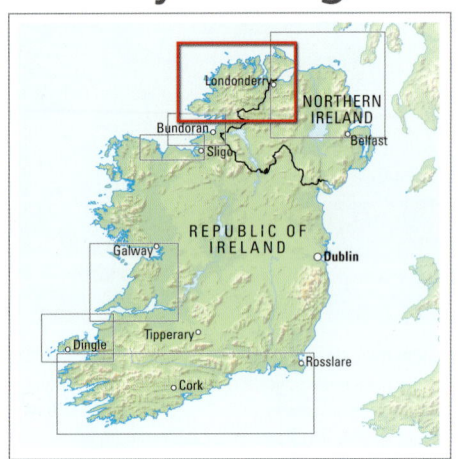

1. Pollan Bay
Situated near Malin Head, Ireland's most northerly point. Gentle beachbreak with several peaks, working in W-N swells on an incoming tide. Nearby Tullagh Bay offers strong wind and swell protection. Sometimes crowded with surfers from Derry – gets busy in summer.

Situé à côté de Malin Head, la pointe à l'extrême N de l'Irlande. Beachbreak tranquille avec plusieurs pics, qui marche par houle d'O à N à marée montante. Tullagh Bay à côté est très bien protégée du vent et de la houle. Quelquefois du monde à l'eau avec des surfers venant du Derry - du monde en été.

2. Ballyheirnan Bay
Frequented by surfers in the Letterkenny area, drawn to a selection of north-facing sandbars along a curving beach on the Fanad peninsula. Works best with a NW-N swell on the incoming tide and can handle some size. One of North Donegal's busier beaches. Summer surf school.

Les surfers de la région de Letterkenny viennent ici pour surfer sur les nombreux bancs de sable orientés N, le long d'une plage incurvée sur la péninsule de Fanad. Marche mieux avec une houle de N-NO à marée montante et tient bien la taille. Une des plages les plus fréquentées du Donegal Nord. Ecole de surf en été.

3. Rosapenna
Long, west-facing beach (aka Tra Beg and Tra More) that needs NW swell to get going. Can be hollow if the wind is offshore NE-SE. Strong north-south drift. Park in Rosapenna.

Longue plage orientée O (aussi appelée Tra Beg et Tra More) qui demande un gros swell de NO pour marcher. Peut devenir creux par vent offshore de NE-SE. Fort courant latéral N-S. Se garer à Rosapenna.

4. Dunfanaghy
Totally protected from westerly gales, Dunfanaghy and Marble Hill Strand both need a lot of N in the swell to work. Rarely breaks, never crowded despite summer surf school/shop. The isolated, exposed, west-facing beach of Tramore is a long walk in through a conservation area.

Complètement protégée des coups de vent d'O, Dunfanaghy and Marble Hill Strand demandent une houle très N pour marcher. Casse rarement, personne à l'eau malgré les écoles de surf l'été et les surfshops. Il faut marcher longtemps à travers une zone naturelle protégée pour rejoindre Tramore, plage isolée et exposée, orientée O.

5. Magheroaty Beach
West-facing crescent of sand that sucks in SW to NE swell and offers some wind options to those willing to take the track to the north end. Best at mid tide. Picturesque, empty spot. Around the corner is Balyness Strand, which picks up any N swell, is offshore in any S wind and is best accessed from Falcarragh. Currents.

Langue de sable exposée O qui prend bien les houles de SO à NE, avec un coin protégé du vent pour ceux qui sont motivés pour marcher sur le chemin jusqu'à la pointe N. Meilleur à mi-marée. Joli cadre, personne à l'eau. Balyness Strand est juste derrière, reçoit la moindre houle de N, offshore par vent de S, accès le plus facile par Falcarragh. Du courant.

6. Magheroaty
Lefthand boulder reef with northern aspect and W-N swell window. Medium sized, W-NW swells wrap in nicely but it needs S winds and low tide. Long rides, fairly shallow. In front of harbour – experienced surfers only.

Gauche sur des galets exposée N avec une large ouverture à la houle O-N. Les houles d'O-NO de taille moyenne viennent bien s'enrouler autour du reef mais il faut du vent de S et marée basse. Longues vagues, assez peu d'eau. En face du port – surfers expérimentés seulement.

7. Bloody Foreland
Swell magnet righthand point over boulders on the northwest tip of Donegal. Handles some size, but is often a blown-out mess. Other reefs around. Strong currents, boils and exposed rocks to avoid. Park at bottom of sharp right after viewpoint.

Droite en pointbreak qui concentre la houle sur des galets à la pointe NO du Donegal. Tient un peu la taille, mais c'est souvent en vrac avec du vent. D'autres reefs aux alentours. Forts courants, tourbillons et rochers exposés à éviter. Se garer en bas du virage sec à droite après le point de vue.

8. Dooey Beach
Access from near Lettermacaward to long, lonely, west-facing strand with inlets at both ends. Very changeable

COUNTY DONEGAL 63

Maghera Beach

sandbanks and currents. W-NW swells only. Surf school operates here. There's also north-facing potential between Clooney and Naran in front of the golf course at Inishkeel. Only the 500-strong seal population to share with.

Accès en partant près de Lettermacaward pour rejoindre une longue plage isolée exposée O avec des bras de mer de chaque côté. Bancs de sable très changeants avec du courant. Par houle d'O-NO uniquement. Ecole de surf. Il y a aussi beaucoup de potentiel entre Clooney et Naran en face du golf à Inishkeel, avec des vagues exposées N et une colonie de 500 phoques pour seule compagnie.

9. Loughros More Bay
More empty beachbreak with a bit of N wind protection. Needs W in the swell to get into the 2 separate beaches that stretch down to the rivermouth. Just northwest of the town of Ardara along an incredibly bumpy tarmac road.

Encore un beachbreak désert avec un peu de protection du vent de N. Demande de la houle un peu O pour rentrer sur les 2 plages distinctes qui s'étendent jusqu'à l'embouchure. Situé juste au NO d'Ardara le long d'une route bitumée farcie de nids de poule.

10. Maghera Beach
Touted as the most beautiful beach in Ireland, these estuarine sands hold shapely lefts at the south end rivermouth, under the cave-pocked cliffs. There are more peaks heading up the beach towards Loughros Point headland. Strong rips a possibility at all tides. Pay to park in summer.

Connue comme étant une des plus belles plages d'Irlande, ce beachbreak possède des gauches bien formées à l'extrémité S à côté de l'embouchure, au pied de falaises truffées de grottes. D'autres pics plus loin sur la plage en allant vers Loughros Point. Courants forts possibles en fonction de la marée. Parking payant en été.

11. Glencolumbkille
Tucked away beach at bottom of valley picks up SW-N swell and is offshore in SW gales. Malin Bay has waves in small swells and the stunning beach of Trabane at Malin Beg has cliff-protected straighthanders in the worst NW storms.

Plage isolée nichée au bout d'une vallée qui reçoit les houles de SO à N ; offshore lors des coups de vent de SO. Malin Bay marche quand c'est petit et il y a des vagues qui ont tendance à fermer sur la superbe plage de Trabane à Malin Beg, protégée des pires tempêtes de NO par les falaises.

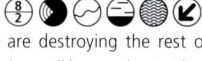

12. Muckros
The spot to go when NW'ers are destroying the rest of Donegal Bay. Beachbreak peaks in small bay are best at low incoming on a swell with some W in it. Turn off at Kilcar.

C'est le spot à checker quand le vent de NO vient pourrir tous les autres spots de Donegal Bay. Pics sur un beachbreak dans une petite baie, meilleur à marée basse montante avec un swell un peu O. Tourner à Kilcar pour y accéder.

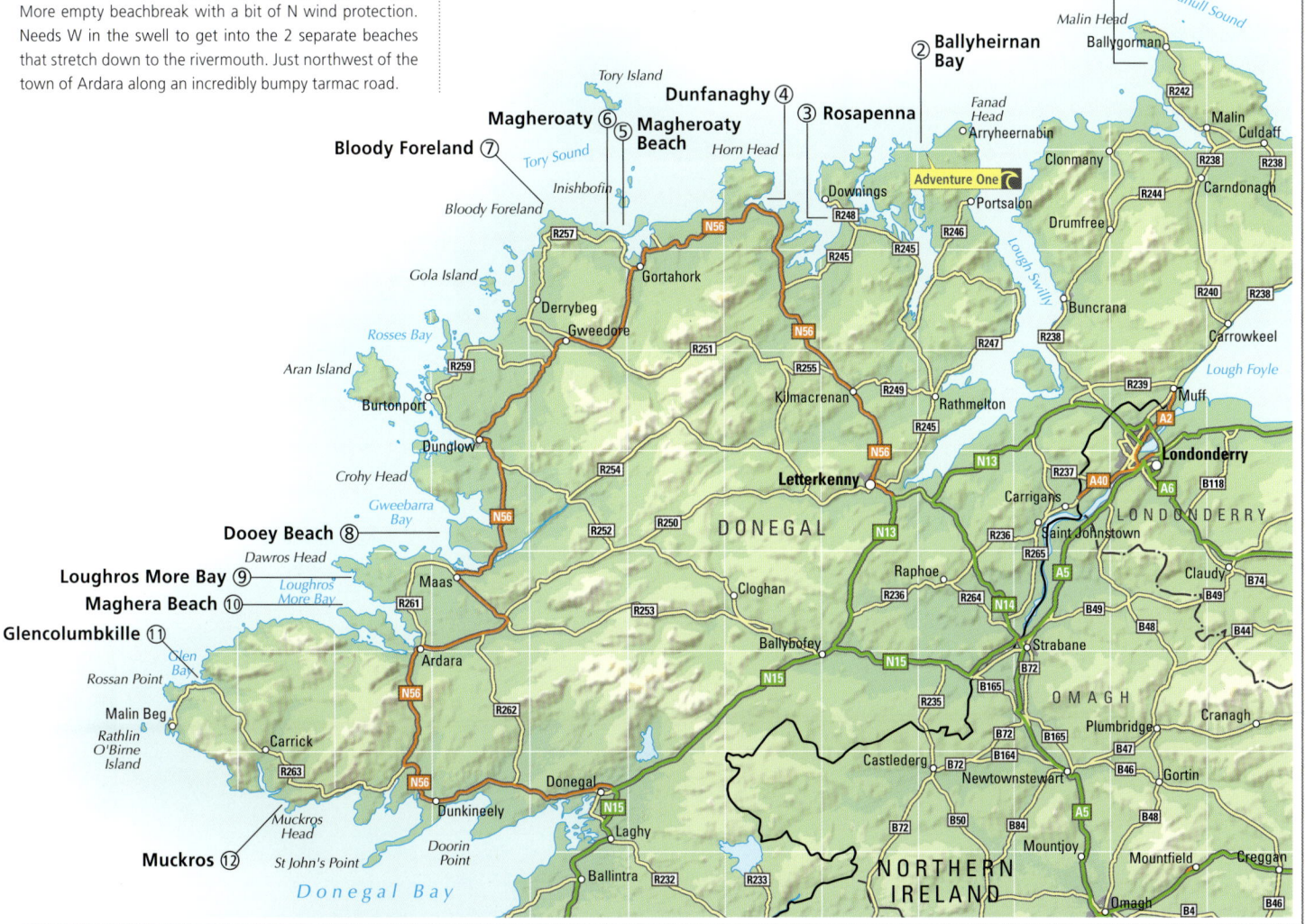

The Stormrider Guide Europe

IRELAND

Donegal Bay

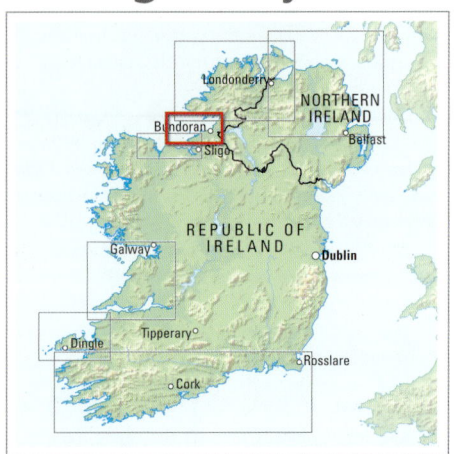

1. Rossnowlagh
As famous for its place in Irish surf history as it is for its waves. Gentle beachbreak waves perfect for improvers. Hit the Surfers Bar or Smugglers to meet some Irish legends. Lessons and hire available.

Aussi célèbre pour sa place dans l'histoire du surf en Irlande que pour ses vagues. Beachbreak sympa, parfait pour ceux qui sont en perfectionnement. Allez au Surfers bar ou au Smugglers pour rencontrer quelques légendes vivantes irlandaises. Leçons de surf et locations disponibles sur place.

Bundoran 2-4
2. Tullan Strand
Swell magnet beachbreak, with a good wedge off the cliff at the southern end. A summer break as the sandbars get messed up by winter swells. Big crowds in August but the beach is huge so walk north to find an empty peak. Only the experienced should jump off the cliffs otherwise take the long walk down. The rip along the bottom of the cliff is a handy conveyor belt out back. Turn by KFC to access the carpark.

Un beachbreak qui concentre la houle, avec un bon wedge à côté de la falaise au sud. C'est un beachbreak d'été car les bancs de sable deviennent désordonnés avec les houles d'hiver. Beaucoup de monde à l'eau en août mais la plage est si grande qu'on peut trouver un pic pour soi en marchant vers le nord. Les surfers expérimentés peuvent sauter depuis la pointe de rochers au sud, sinon prenez la longue descente vers la plage. Le courant au pied de la falaise fait un bon ascenseur pour remonter au pic. Tournez au Kentucky Fried Chicken pour accéder au parking.

3. 3Ds
To the east of the Peak in Bundoran Bay is 3Ds a spring high tide only reef. Spitting left and right barrels over a barely submerged rock. Popular with bodyboarders and tube freaks. Very shallow and dangerous.

A l'est du pic de Bundoran, 3Ds est un reef qui ne marche qu'à marée haute par gros coefficient. Des tubes en droite et en gauche avec le souffle sur un rocher à fleur d'eau. Fréquenté par les bodyboarders et gros chargeurs de tube. Vraiment pas beaucoup d'eau et dangereux.

4. The Peak
One of the most famous waves in the world, due to the much-publicised fight to save the reef from marina development, the project is on hold but is not forgotten. At low tide the flawless A-frame peak gives a short, hollow right and a longer, high performance left. Always very crowded, unless it's big. Look out for rocks, rips and poor water quality after rains (always!). Ample parking in town, surf shops and full facilities. Crowd pressure is becoming a real issue so know your ability and surf with respect.

Une des vagues les plus connues dans le monde, à cause de la lutte très médiatisée contre la construction d'une marina qui menace la vague. Le projet est en standby mais reste encore d'actualité. A marée basse, le pic parfait en triangle crée une droite courte et creuse, et une gauche longue idéale pour les manoeuvres. Toujours plein de monde, sauf si c'est gros. Attention aux rochers, courants et à la mauvaise qualité de l'eau après les pluies (ce qui est souvent le cas !). On peut se garer facilement en ville, il y a un surfshop et tout ce dont on a besoin. Il faut de plus en plus compter avec le monde à l'eau, donc ne surfez pas au-dessus de vos capacités et surfez avec respect.

5. Tullaghan Right
Increasingly popular right reef/point. Can be dangerously shallow over the uneven reef, especially when it's small.

The Stormrider Guide Europe

DONEGAL BAY 65

qu'il y ait plus de 2m pour ne pas être gêné par les rochers devant. Offshore par vent de sud-ouest donc ça marche pendant la majorité des tempêtes d'hiver. Déjà surfé à la rame, mais devient de plus en plus connu comme un spot de tow-in. Garez-vous à la pointe et observez ! Du courant, des rochers et des tubes super chauds : un spot seulement pour les surfers très expérimentés.

9. Streedagh Strand

Average beachbreak peaks, doesn't handle much size. Park at west end of the beach. The area is worth exploring for other options.

Un beachbreak ordinaire multi-pics, ne tient pas trop la houle. Se garer au bout de la plage côté ouest. Il y a d'autres spots à explorer dans le coin.

Tullaghan Left — DAN HAYLOCK

Access again is contentious. Park responsibly on the street at the east end of the village. Go through the rusty gate and follow the path. If it's working, the locals will be on it, so ask if in doubt. Poor water quality due to an outfall pipe at the end of the wave.

Une droite de reef de plus en plus fréquentée. Peut être dangereuse à cause du relief accidenté du fond, surtout quand c'est petit. L'accès pose problème. Garez-vous dans la rue au bout du village côté est. Passez le portillon rouillé et suivez le chemin. Si ça marche, les locaux y seront, donc vous pourrez leur demander au cas où. L'eau est de mauvaise qualité à cause d'une canalisation de rejet vers la fin de la vague.

6. Tullaghan Left

Quality, boulder pointbreak, offshore in SW, needs a good swell to get going. Access is a problem. Do not take the shortcut across the fields by the church. Park at the east end of the village, access as per the Right, then walk up the boulder beach to the left.

Pointbreak de qualité sur des gros galets, offshore par vent de sud-ouest, demande une bonne houle pour fonctionner. Problème pour l'accès: ne pas prendre le raccourci au niveau de l'église à travers les champs. Se garer au bout du village côté est, comme pour aller à Tullaghan Right, et ensuite remonter la plage de galets sur la gauche.

7. Mullaghmore Strand

In the lee of the headland lies an extremely sheltered beach. When the Head is 15ft the Strand will be 1.5ft. Perfect for longboarders and beginners. Follow the signs for the beach car park. Great water quality.

Il y a une plage extrêmement protégée à l'abri de la pointe. Quand il y a 15 pieds à la pointe, les vagues feront 1.5 pieds à la plage. Parfait pour les débutants et les longboarders. Suivez les panneaux indiquant le parking près de la plage. Très bonne qualité de l'eau.

8. Mullaghmore Head

Ireland's premier big-wave spot. The Head is a savage, shallow, lefthand reefbreak only surfable on high tide. Handles any size swell, producing massive tubes, but needs to be well overhead to break clear of exposed rocks. Offshore in a SW so makes the most of big winter storms. Has been paddled but is becoming known as a tow-in spot. Park on the Head and watch! Rips, rocks and super-heavy barrels make it a dangerous experts-only spot.

LE spot de gros en Irlande. C'est une méchante gauche de reef qui casse dans peu d'eau, surfable seulement à marée haute. Peut tenir toutes les tailles de houle avec des tubes massifs, mais il faut

Bundoran secret — AL MACKINNON

The Stormrider Guide Europe

County Sligo

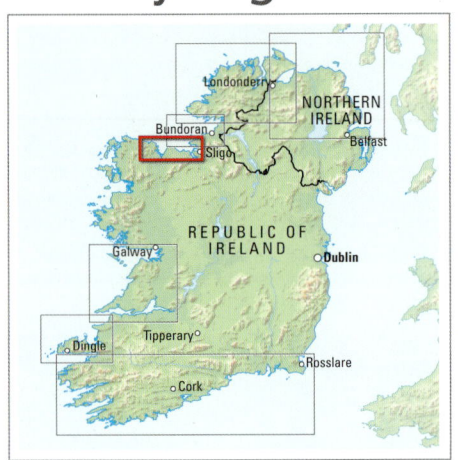

1. Strandhill
Popular beachbreak with a variety of options: split peaks in the middle of the beach that can get hollow; Bluerock, a long righthand boulder point at the north end and a rivermouth sandbar at the south. Surf shop, parking and facilities in town.

Beachbreak fréquenté avec plusieurs possibilités. Des pics séparés au milieu de la plage qui peuvent être creux ; Bluerock, une droite qui déroule sur des galets tout au nord, et aussi un banc de sable à l'embouchure à l'extrémité sud. Surfshop, parking et services divers en ville.

2. Dunmoran Strand
Uncrowded beach that's a good option for beginners/intermediates when the swell is up. Sheltered from big swells and SW winds. Park by the beach.

Une plage peu fréquentée qui une bonne option pour les débutants et les surfers moyens quand le swell est gros. Protégé des grosses houles et des vents de sud-ouest. Se garer près de la plage.

3. Easkey Right
Much hyped righthand reef that is consistent but rarely epic. Can have perfect, world-class tubes but is normally a long, whackable wall. W swell and low tide is best. Park overlooking the wave. Crowd and reef are hazards. There are plenty of alternatives in the immediate vicinity.

Une droite de reef dont on parle beaucoup, qui marche souvent mais rarement au top. Peut devenir parfaite avec des tubes de classe mondiale mais c'est plus souvent un long mur à maneuvres. Marche mieux par houle d'ouest et marée basse. On voit la vague en contrebas depuis le parking. Attention à la foule et au reef. Il y a plein d'autres options dans les environs immédiats

4. Easkey Left
Easkey is home to Ireland's most famous waves. The left is a popular reefbreak, working on all tides and any swell. Handles plenty of size. Localism is rearing its ugly head here, not from the Irish, but from Anglo transplants. Camping, toilets and changing facilities by the tower. Surf centre in the village has internet access, café and info. Famously bad water quality has been improved by new sewage treatment plant. Currents when big.

C'est à Easkey qu'on trouve les vagues les plus connues d'Irlande. La gauche est un reef fréquenté, qui marche quelle que soit la marée ou la houle. Tient bien la taille. Le localisme se fait sentir ici malheureusement, pas à cause des Irlandais mais des Anglais qui sont venus se greffer ici. Accès internet, café et informations au surf-center dans le village. La qualité de l'eau réputée mauvaise s'est améliorée avec la nouvelle station d'épuration. Du courant quand c'est gros

5. Pollacheeny Harbour
A rarely seen righthand tube, with two sections, breaking over boulders at the mouth of the harbour. Long, fast, powerful and incredibly fickle.

Une droite qui tube mais rarement, avec deux sections, qui cassent sur des gros galets à la sortie du port. Longue, rapide, puissante et vraiment très capricieuse.

COUNTY SLIGO

6. Inishcrone
A fast, hollow righthand pointbreak breaking over a sand-covered reef. High quality wave but needs a solid N swell to fire, as the swell window is limited. Park by the harbour. Inishcrone has seaweed baths, a surf school and a beginner-friendly beach.

Un pointbreak en droite rapide qui casse sur un reef recouvert de sable. Très bonne vague mais qui demande un swell de nord solide pour bien marcher, sachant que les autres directions de houle ne sont pas bonnes ici. Se garer près du port. On trouve à Inishcrone des bains d'algues, une école de surf et une plage pour les débutants.

7. Kilcummin Harbour
Powerful left point, hollow and heavy at size, breaks better the bigger it is. Can handle a W wind but best on SW. Popular when other spots are maxing, so gets crowded. Respect the locals, the currents, the wave and avoid the unforgiving rocks on inside. Park behind the harbour wall. Water quality is poor in Killala Bay near most rivermouths.

Gauche de pointbreak puissante, creuse et méchante quand c'est gros, marche d'autant mieux avec de la taille. Peut fonctionner par vent d'ouest mais meilleure quand c'est sud-ouest. Respectez les locaux, les courants et la vague, et évitez les rochers traîtres à l'inside. Garez-vous derrière la digue du port. L'eau est de mauvaise qualité à l'intérieur de Killala Bay près de la majorité des embouchures de rivières.

8. Lackan Bay
Empty peaks along a scenic beach, good shelter from W winds. Car park on western side of bay.

Des pics vierges le long d'une belle plage, bien abritée des vents d'ouest. Parking côté ouest de la baie

9. Bunatrahir Bay
Sheltered left reef by breakwater on the west side of the bay needing a NW-NE swell/S wind combo to get going. Park considerately, by the harbour.

Une gauche de reef protégée par une digue côté ouest de la baie, qui demande une combinaison entre un swell de nord-ouest à nord-est et un vent de sud pour marcher. Il est conseillé de se garer près du port.

Sligo secret — AL MACKINNON

Kilcummin Harbour — ROB GILLEY

The Stormrider Guide Europe

County Clare

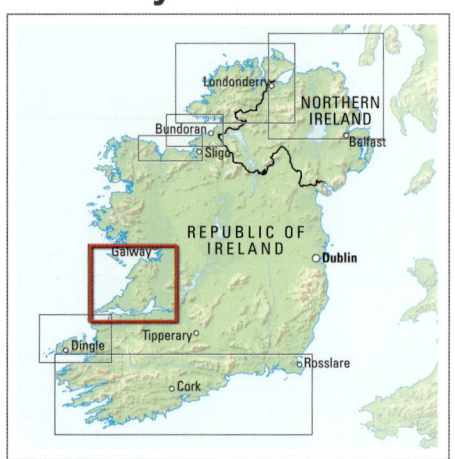

1. Crab Island
Heavy, barrelling, righthand reef, complete with vertical, jacking take-offs and thick-lipped slab sections to negotiate. It's a deceptively long paddle and judging the size from a distance is hard. Only for experts, who may have to swim back, against the current, with half a board. Park in the harbour car park at Doolin.

Droite de reef radicale avec des tubes, un take-off vertical qui jette bien et des sections mutantes avec une lèvre bien épaisse. La rame pour y aller est plus longue qu'il n'y paraît et il est difficile d'apprécier la taille à cette distance. Pour surfers très expérimentés seulement, car en cas de planche cassée, il faut revenir à la nage contre le courant. Se garer sur le parking du port à Doolin.

Lahinch 3-6

3. Beach
Lahinch is a great little surf town with something for riders of all abilities. The beach has good shape and is always busy; locals surf in front of the surf shop, beginners go for the gentler peaks to the north. Care is needed around high tide as beach is covered. Pay to park in the summer at either of the car parks in town. Surf shops and schools available.

Lahinch est une petite ville sympa branchée surf, avec de quoi surfer quel que soit son niveau. La plage a de bons bancs de sable avec toujours du monde à l'eau ; les locaux surfent en face du surfshop, les débutants au N sur les pics plus tranquilles. Attention à la marée haute car elle vient recouvrir la plage. Parking payant en été aux deux parkings en ville. Surfshops et écoles de surf.

2. Doolin Point
At its best a long, fast wall with barrelling sections. Unless the wind is perfectly offshore it'll be more peaky and sectiony. Difficult access in and out of the water and the uncompromising reef helps keep crowds low. Same parking as Crab.

Un long mur rapide avec des sections à tube quand c'est au top. Si le vent n'est pas parfaitement offshore, ça a tendance à sectionner avec plusieurs pics. Entrée et sortie de l'eau difficile, reef sans concession qui dissuade pas mal de monde. Se garer au même endroit que pour Crab island.

4. Left
An extremely long (300m+), fun, left reef at the south end of the beach, popular with locals and intermediate surfers. Surfable on all tides when big, but better towards low when small.

Gauche de reef sympa et extrêmement longue (plus de 300m) au S de la plage, fréquentée par les locaux et les surfers de niveau moyen. Surfable à toutes marées quand c'est gros, meilleur vers la marée basse quand c'est plus petit.

5. Cornish Left
Further south from the Left, Cornish is a similar set-up but is a faster, hollower and shallower wave. Not as crowded, paddle out between the Left and Cornish.

Plus au S que Lahinch Left, Cornish est une gauche similaire mais en plus rapide et plus creux avec moins d'eau et aussi moins de monde. Partir à la rame entre Lahinch Left et Cornish.

6. Shit Creek
Heavy reef, mainly a left at low tide but there are some rights at higher tides. Name comes from the water colouration from the river, not pollution.

Reef méchant, surtout une gauche à marée basse mais il y a quelques droites à marée plus haute. Son nom vient de la coloration de l'eau et non pas de la pollution.

7. Cregg/Moy Beach
A sheltered option when the swell is big. Fun little waves at this rocky cove. There are more waves further round the bay. Park thoughtfully.

Option de repli quand c'est gros. Des petites vagues sympas dans une crique rocheuse. Il y a d'autres vagues aux alentours de la baie. Ne vous garez pas n'importe comment.

8. Green Point
Rarely surfed, Mavericks-style peak. Visible from the coast road, this awesome peak rears out of deep water to unload a chunky barrel. Considered a righthander, but there are possibilities with the left. Breaks close to the rocks, for experts and tow-freaks only. Access is across private land so ask what the form is.

Pic style Mavericks, rarement surfé. Visible depuis la côte, ce pic impressionnant surgit des grands fonds et jette avec des tubes bien carrés. On parle surtout de la droite, mais il y a aussi des gauches. Casse près des rochers, pour les experts et les chargeurs en tow-in seulement. L'accès se fait en passant par des terrains appartenant aux fermiers donc demandez avant aux propriétaires.

The Stormrider Guide Europe

COUNTY CLARE

13. Doonbeg Castle
Sweet, hollow, lefthand reef in a sublime setting under the shadow of a ruined castle. Needs a macking NW swell, closing-out the rest of the coast, to get into the bay. Rippy at size and the reef is shallow. Park by the slipway.

Bonne gauche de reef creuse, dans un cadre superbe devant les ruines d'un château. Il faut un swell énorme de NO qui fait saturer toute la côte pour rentrer dans la baie. Du courant quand c'est gros et peu d'eau sur le reef. Se garer près de la cale de mise à l'eau.

14. Killard
Protected beachbreak peaks, offshore in prevailing SW winds, needs similar conditions to Doonbeg for anything to break. Easy parking behind the beach, rippy when overhead.

Pics sur un beachbreak protégé, offshore par les vents dominants de SO, demande les mêmes conditions que Doonbeg pour que ça commence à casser. On se gare facilement juste derrière la plage, du courant quand ça fait plus de 2 -2,5m.

Spanish Point

Green Point
ROGER SHARP

Spanish Point 9-11
Home to three quality reefs and a mellow beachbreak, this is a popular holiday spot for nuns and was named because survivors of the wrecked Armada fleet came ashore here, only to be executed by the High Sheriff of Clare.

Trois reefs de qualité et un beachbreak tranquille. Endroit fréquenté par les bonnes sœurs du coin et appelé ainsi en raison du naufrage sur ce récif de la flotte espagnole Armada, dont les survivants furent ensuite exécutés par le Haut Shérif de Clare.

9. Outside Point
Heavy, hazardous reef that hoovers up any swell going. Can handle massive swells but rarely surfed at any size. Thick barrels for experts only.

Reef méchant et dangereux qui concentre toutes les houles qui passent dans le secteur. Peut tenir gros mais rarement surfé quelle que soit la taille. Tubes gras pour chargeurs seulement.

10. Middle Point
Middles has a long, fast wall and tube sections. Best at mid-tide. Access is an ongoing problem; park and act respectfully or the landowners could make life difficult.

Longs murs rapides avec des sections à tubes, meilleur à mi-marée. L'accès reste problématique ; garez-vous avec précaution et respectez les lieux sous peine d'avoir des problèmes avec les propriétaires.

11. Inside Point
Only working when larger swells are running, the Inside is a popular, short, 'funpark' wave. Handles the wind better. Park at the north end of the beach.

Ne marchant que quand c'est gros, l'Inside est une vague fréquentée et courte , style jardin à vagues. Tient mieux le vent qu'ailleurs. Se garer au N de la plage.

12. Doughmore
Beachbreak peaks with full exposure to W swells, has a wave when everywhere else is flat. Consistent right bank at the south end. Punishing paddle-outs, closes out when overhead and gets dangerously rippy. Access is by permission, don't go blundering across private land, electric fences and irate farmers abound. The golf club is applying for some coastal defence work; the ISA and WCSC are monitoring the situation.

Pics sur du beachbreak très bien exposés à la houle d'O; toujours une vague ici quand c'est flat ailleurs. Banc en droite côté S qui marche souvent. On peut bien ramasser pour rejoindre le line-up ; ça ferme à partir de 2-2,5m, avec des courants pouvant être dangereux. Il faut demander la permission pour y accéder, n'y allez pas à l'aveuglette car c'est plein de barrières électriques et de fermiers susceptibles. Le golf veut faire des travaux en bordure de côte pour lutter contre l'érosion ; l'ISA et le WCSC suivent de près le projet.

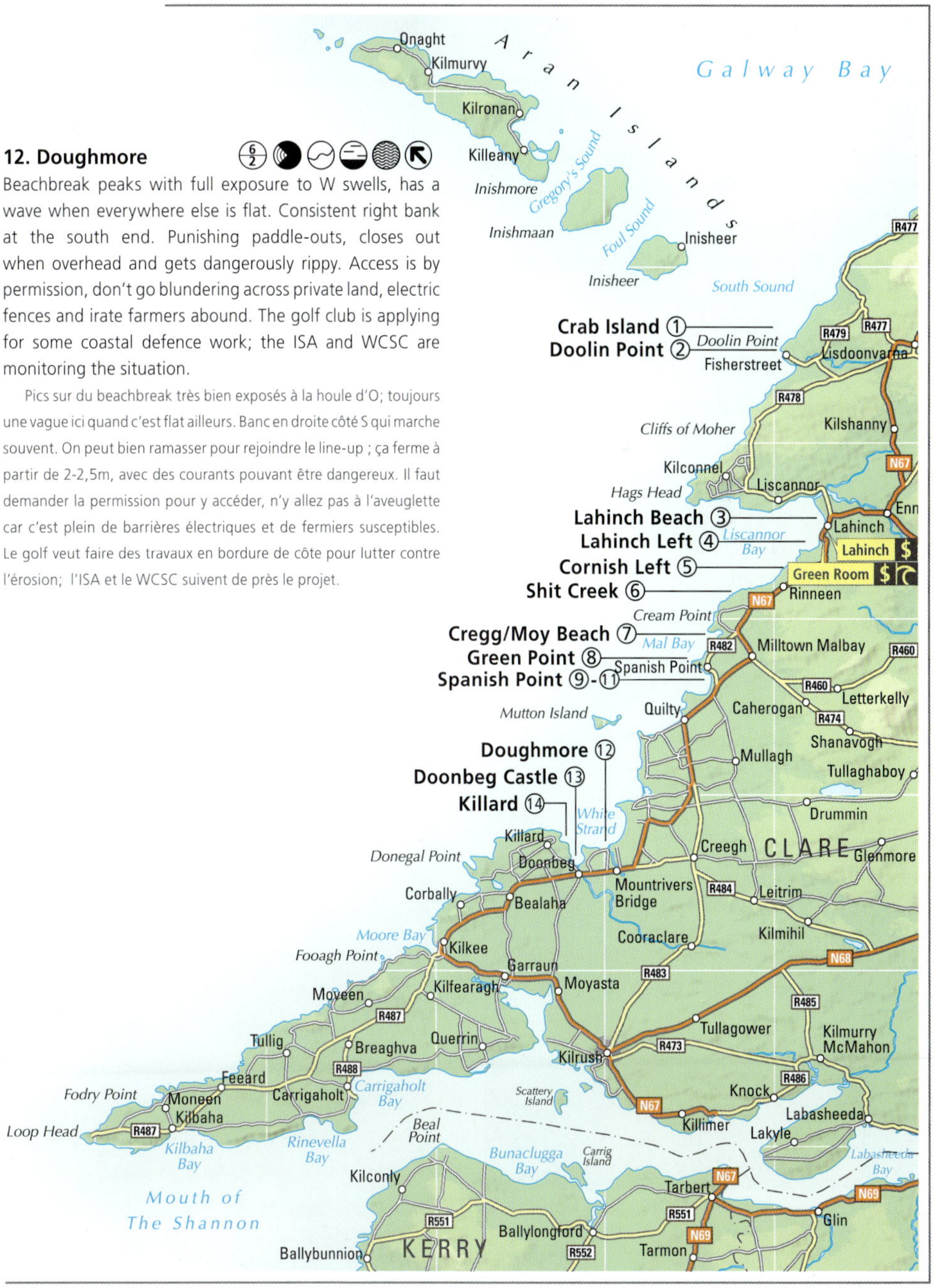

The Stormrider Guide Europe

Dingle Peninsula

Ballybunion 1-3

1. Right
Crazy, tight take-off on the wedge right next to the cliff is a launch pad into a fun, long, walled-up sand point wave. Located at north end of the beach. Watch out for the caves and respect the tight local crew. Park in town.

Take-off de folie très près d'une falaise qui vous propulse sur une longue droite sympa et tendue, sur du sable, au N de la plage. Attention aux grottes, respectez la bande de locaux. Se garer en ville.

2. Beach
Fun beachbreak peaks that work through the tide. Easy parking.

Beachbreak sympa avec plusieurs pics, à toutes marées. On se gare facilement.

3. Left
Rock-bottomed lefthander at south end of the beach, fast and with hollow sections at low tide, mushy at high.

Gauche de rocher au S de la plage, rapide avec des sections creuses à marée basse, mou à marée haute.

4. Garywilliam Point
Exposed righthand reef that makes the most of small to medium swells. Fickle as it blows and maxes-out easily. In light winds it can be fast and hollow with a jacking take-off. Only recommended for experienced surfers as it's a critical wave. Drive through Fahamore and park on the point.

Droite de reef exposée, qui marche bien par houle petite à moyenne. Peu fréquente car ça ne tient pas trop le vent ni la taille. Par vent faible ça peut être rapide et creux avec un take-off qui jette. Pour surfers expérimentés car c'est une vague qui envoie. Traverser Fahamore et se garer sur la pointe.

Garywilliam Point — ALEX WILLIAMS

Mossies — PAUL GILL

5. Mossies
Mellow offshore reef peak, named for the farmer that first witnessed surfers there. Access from Garywilliam Point as it's a long paddle from the beach. Leave competitive attitudes at home.

Pic tranquille sur un reef outside, portant le nom du paysan qui a vu des surfers ici pour la première fois. Accès depuis Garywilliam Point car sinon il y a beaucoup de rame depuis la plage. Surfez dans un bon esprit et ne ragassez pas.

6. Brandon Bay
Large bay with many wind/swell options. The banks are fairly shapeless and lack quality. South of Mossies is a section known as Dumps that can have short barrels. Picks up plenty of swell and is popular with windsurfers. Park behind the dunes.

Grande baie avec plusieurs options selon la houle et le vent. Les bancs ne sont ni très marqués ni de grande qualité. Il y a une section appelée Dumps au S de Mossies qui peut faire des petits tubes. Reçoit très bien la houle. Pas mal de windsurfers. Se garer derrière les dunes.

7. Ballydavid
Inconsistent deep water, big-wave spot that needs a large NW/N swell to work. Advanced surfers only as the dicey take-off, steep drop and fast wall are testing. Doesn't break when small and reputedly gets better the bigger it gets. Line up with the masts and old coastguard lookout. Long hold-downs and currents when big. Park in the village.

Spot de gros qui casse dans beaucoup d'eau par grosse houle de N-NO. Peu fréquent. Bon niveau exigé à cause du take-off un peu délicat, un drop vertical suivi d'un déferlement rapide. Ne marche pas quand c'est petit; apparemment plus c'est gros, mieux c'est. Prendre un repère avec les mâts et le vieux poste de surveillance des garde-côtes. On peut rester longtemps sous l'eau quand on ramasse, du courant quand c'est gros. Se garer dans le village.

8. Reanough
On the other side of the bay from Ballydavid lies the workable beachbreak at Reanough. Offshore in a SW but needs straight N swell to work. There's a righthand reef at the east end of the beach, rideable only at high tide. Park behind the beach.

Beachbreak surfable situé à Reanough de l'autre côté de la baie depuis Ballydavid. Offshore par vent de SO mais demande une houle plein N pour marcher. Il y a une droite de reef côté E de la plage, surfable seulement à marée haute. Se garer derrière la plage.

9. Coumeenole
Fickle beachbreak, favouring a S swell, low tide and needing a NE wind to be offshore. Can fire when conditions conspire to produce powerful, hollow peaks breaking in crystal-clear water. Popular with the local crew. Strong rips and tricky to read. Park carefully on the road down to the beach.

Coumeenole — ROB GILLEY

The Stormrider Guide Europe

DINGLE PENINSULA

Inch Reefs

Dingle secret

11. Inch Strand
Slow, beginner/longboarder-friendly waves, this stunning beach is a beautiful venue for a cruise on a log. Park at north end.

Jolie plage avec des vagues molles pour les débutants ou les longboarders, cadre agréable pour faire un tour de longboard. Se garer au bout du côté N.

12. Rossbeigh
A 6km spit of land on the south side of Dingle Bay, this area is the start of the incredibly scenic Ring of Kerry. Rossbeigh is home to fun beachbreaks and has a boulder, lefthand point at the north end that requires a long paddle. Access from Glenbeigh.

Pointe étroite de 6 km au S de Dingle Bay qui marque le début du Ring of Kerry avec ses panoramas incroyables. Rossbeigh a des beachbreaks sympas avec une gauche sur des galets côté N, longue rame pour y accéder. Accès depuis Glenbeigh.

Beachbreak capricieux, meilleur par houle de S, marée basse avec un vent de NE pour être offshore. Peut devenir bien quand les conditions sont réunies, avec des pics creux dans une eau transparente. Pas mal de locaux. Courants forts et pas faciles à gérer. Se garer correctement le long de la route qui mène à la plage.

10. Inch Reefs
Ireland's most mythical wave is a super-long, righthand reef that can peel for 400m or more. Very rare to get the required NE wind and big swell. When it's on, low tide is best. Getting in and out is tricky and the rip pulling away from the wave is as legendary as the wave itself. Big crowds if on. Park in the car park at the north end of the strand, or on the road and a find a way down the cliff path.

Vague la plus mythique d'Irlande, une droite super longue qui peut dérouler sur plus de 400m. C'est très rare d'avoir les bonnes conditions : vent de NE et grosse houle. Meilleur à marée basse. Entrée et sortie de l'eau difficiles. Le courant qui tire vers l'extérieur de la vague est aussi légendaire que la vague elle-même. Beaucoup de monde quand c'est bon. Se garer au bout au N de la plage, ou le long de la route et trouver un chemin pour descendre.

The Stormrider Guide Europe

Southern Ireland

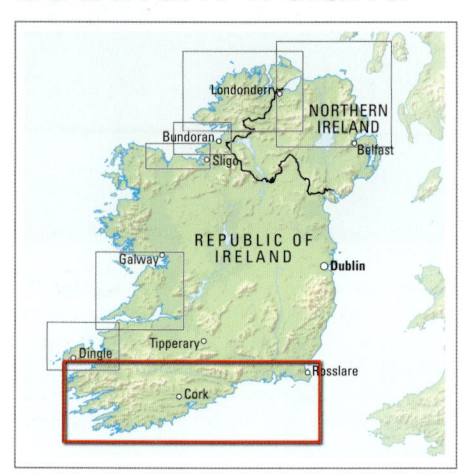

1. Ballinskelligs Bay
Waterville Bay, as it's normally known, holds a treasure trove of waves. Needing a solid SW swell to work there are numerous beach and boulder reef options that work on different stages of tide. The west side is gentle beachbreak, suitable for beginners (there is surf school) and the reef potential lies west of the beach and south of Waterville.

Appelé normalement Waterville Bay, ce coin regorge de vagues. Il faut une bonne houle de SO pour les nombreux spots de sable et de galets qui marchent à différents niveaux de marée. Beachbreak tranquille bien pour les débutants côté O (avec une école de surf), et une zone de reefs à l'O de la plage et à le Sud de Waterville.

2. Derrynane
Beautiful, inconsistent beach with good peaks in a decent SW swell and rare NE winds. Often onshore and messy. Rip on western side is a handy conveyor. Maxes out before it gets double-overhead. Crystal-clear water quality. Park by the harbour, lessons available from watersports centre.

Jolie plage avec des bons pics par bonne houle de SO et du vent de NE (rare), ne marche pas souvent. Souvent onshore et en vrac. Courant côté O qui amène facilement au pic. Sature à plus de 2,5-3m. Eau très propre. Se garer près du port, cours de surf possible au watersports centre.

3. Barley Cove
Another stunning beach, rarely gets big, the rivermouth sandbars make the most of any swell that finds its way in. Watch out for rips on dropping tides, park by the beach.

Encore une plage magnifique, les bancs de sable à l'embouchure de la rivière marchent dès qu'un swell arrive à rentrer ici. Rarement gros, attention aux courants à marée descendante, se garer près de la plage.

4. Ownahincha
Decent beachbreaks, sandbars anchored by rocky outcrops, relaxed vibe. Can turn on in SW swells and E winds. Swirling rips. Height restricted car park behind dunes.

Beachbreaks tranquilles, avec des bancs de sable stabilisés par des dalles rocheuses, ambiance relax. Peut bien marcher par houle de SO et vent d'E. Courants circulaires. Parking avec hauteur limitée derrière les dunes.

5. Long Strand
aka Castlefreke, a fickle beachbreak that fires if the wind's offshore. Gets grunty and hollow at low with good banks at each end of the beach and more peaks in the middle. Normally onshore, messy and always rippy. Shoredump at high tide. Crowded with beginners and locals at weekends. Stormwater outflow brings lagoon drainage, but otherwise very clean. Park at either end or on roadside behind dunes.

Beachbreak capricieux qui peut devenir bon si c'est offshore, peut creuser et bien envoyer à marée basse sur les bancs de sable situés à chaque extrémité de la plage, avec d'autres pics au milieu. En général onshore, en vrac et toujours avec du courant. Shorebreak insurfable à marée haute. Beaucoup de débutants et de locaux pendant les week-ends. Par fortes précipitations, pollution à cause des surplus d'eau amenés par la lagune, sinon eau très propre. Se garer à une des extrémités ou sur le bord de la route derrière les dunes.

6. Red Strand (Dirk Bay)
Very protected bay that comes into its own in winter when the breaks further west are maxing-out. Waves break on an unsurfable outside reef and reform into hollow peaks. Can have strong rips. Park by the beach.

Baie très abritée qui s'anime en hiver lorsque les spots plus à l'O saturent. Ça casse au large sur un reef insurfable et ça reforme ensuite avec des pics creux. Il peut y avoir des courants forts. Se garer près de la plage.

7. Inchydoney
Variety of fun beachbreaks shaped by rivermouths at either end. Cruisey, longboard-friendly peaks on both sides and a faster right off the mini headland in front of the hotel. Occasionally hollow, long lefts on the east side rivermouth, best at lower tides. Watch out for strong currents on dropping tides at both ends and around mini headland. Follow signs to Inchydoney Island Lodge. Locals and surf school keep it busy at weekends. Super clean despite some agricultural runoff from estuarine rivermouths.

Des beachbreaks sympas formés par les embouchures de rivières de chaque côté. Des pics tranquilles pour le longboard des deux côtés, une droite rapide près d'un mini promontoire en face de l'hôtel, et parfois des gauches creuses et longues côté E de l'embouchure, meilleur à marée basse. Attention aux courants forts des deux côtés et près du petit promontoire quand la marée descend. Suivre les panneaux indiquant Inchydoney Island Lodge. Du monde le weekend avec les locaux et les écoles de surf. Très propre malgré un peu de pollution d'origine agricole aux embouchures.

8. Garretstown
Average beachbreak with large beginner population when small. Better waves to be had elsewhere. Best at low. Dangerous at high, iron remains of groynes in middle. Bad rip and rumoured reef at west end when big and clean.

SOUTHERN IRELAND

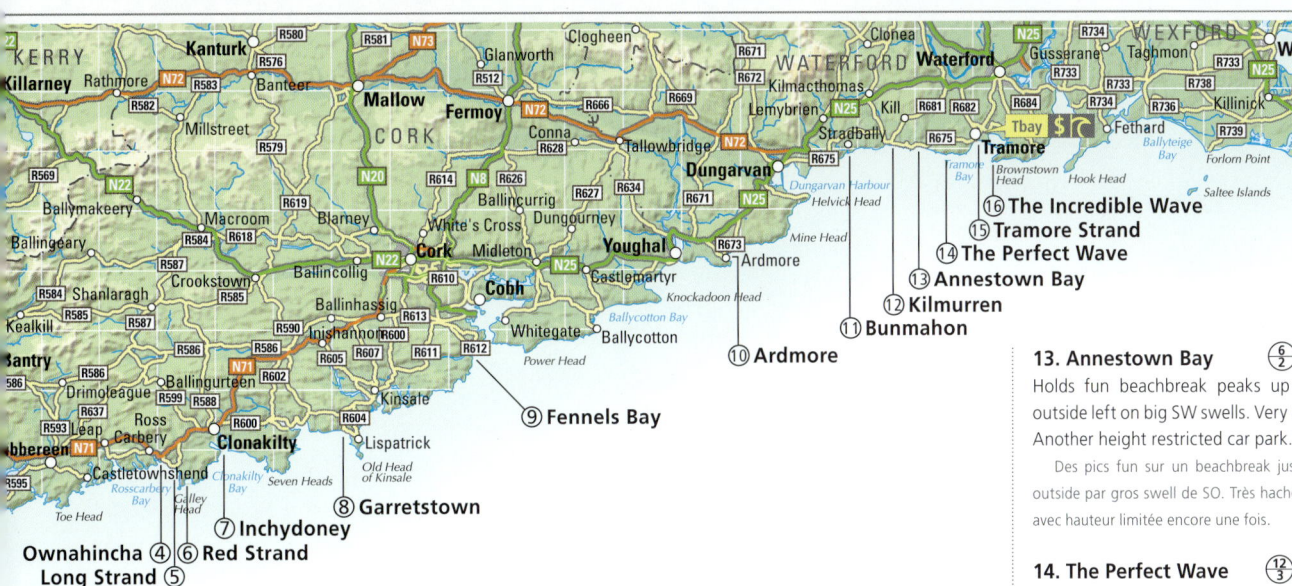

Beachbreak moyen avec beaucoup de débutants quand c'est petit. Il y a mieux ailleurs. Meilleur à marée basse. Dangereux quand c'est haut à cause de restes de ferraille d'anciennes digues en plein milieu. Courant assez fort côté O. On parle aussi d'un reef à l'O quand c'est gros et propre.

9. Fennels Bay
Once a year wave that needs a huge SW swell to wrap in. Rocky left reef. Tricky to find and get in and out of the water. Park considerately above the bay.

Gauche de reef qui ne marche que quelques jours dans l'année avec un swell énorme de SO. Entrée et sortie délicates, spot difficile à trouver. Se garer avec précaution au-dessus de la baie.

10. Ardmore
This is a sheltered east-facing bay with waves generally half the size of a prevailing SW swell. Has waves in storm SW/S swells but also picks up E wind swells. Also check nearby Clonard in similar conditions.

C'est une baie protégée orientée E avec des vagues qui font en général la moitié de la houle dominante de SO. Casse par houle de tempête de S-SO, mais aussi par houle de vent d'E. Checker Clonard à côté par le même genre de conditions.

11. Bunmahon
Open, south-facing beachbreak that can get hollow and have more power than Tramore. Also far better water quality even though there's a rivermouth that helps create strong rips. Works all tides if big enough but mid generally best with reforms and shorey action. Limited parking at west end slipway. Sometimes crowded.

Beachbreak exposé orienté S qui peut être creux et plus puissant que Tramore. Eau nettement plus propre également, malgré une embouchure de rivière qui crée pas mal de courant. Marche à toutes marées si c'est assez gros, mais meilleur à mi-marée d'habitude avec des reformes qui recreusent en shorebreak. Parking restreint près de la cale d'accès au bout côté O. Du monde parfois.

12. Kilmurren
Desperation wave when the south coast is out of control. Deep cliff lined bay can offer some SW wind protection for a central peak. A big drop and big current from the rivermouth. Not for beginners.

Dernier recours quand la côte S sature partout. Baie entourée de grandes falaises qui peuvent protéger un pic au milieu du vent de SO. Bon drop au take-off, fort courant à cause de la rivière. Débutants s'abstenir.

13. Annestown Bay
Holds fun beachbreak peaks up to head high and an outside left on big SW swells. Very messy in onshore winds. Another height restricted car park.

Des pics fun sur un beachbreak jusqu'à 1m50 et une gauche outside par gros swell de SO. Très haché par vent onshore. Parking avec hauteur limitée encore une fois.

14. The Perfect Wave
One of the south coast's finest reefbreaks. A short, sucky and hollow left that rarely gets the NE wind it needs and large SW swell. Watch out for the rocks as access is through a small gap in them. Same car park as Annestown.

Un des meilleurs spots de la côte S. Gauche creuse et courte qui envoie par grosse houle de SO et offshore par vent de NE (rare). Attention à la mise à l'eau par une petite faille dans les rochers. Même parking qu'à Annestown.

15. Strand
The centre of surfing in SE Ireland boasting a large surf club and a 5km stretch of beach. Average beachbreak peaks that occasionally turn on with the elusive NE offshore. Usually better at higher tides. Shops, surf schools and plenty of facilities. Beachfront parking is restricted in summer. Very poor water quality from town's stormwater outfall.

Le centre du surf en Irlande du SE avec un grand club de surf et une plage de 5km de long. Beachbreak moyen avec des pics qui peuvent devenir bons avec un vent de NE offshore (rare). Meilleur en général à marée haute. Plage très bien amenagée avec école de surf et magasins. Le parking sur le front de mer est limité en été. Très mauvaise qualité de l'eau à cause d'un rejet des eaux de la ville par fortes précipitations.

16. Incredible Wave
Another rare south coast treat, the Incredible Wave breaks off the headland at the eastern end of Tramore strand. Needs a big midwinter swell. Can be hollow but like most south coast waves, is very fickle. Park considerately in Fitzgerald Lane near Brownstone. Water quality as above.

Une autre perle rare sur la côte S. La « Vague Incroyable » casse devant un promontoire au bout de la plage de Tramore côté E, avec un gros swell en plein hiver. Parfois creux, mais comme la majorité des vagues de la côte S, très capricieux. Se garer avec précaution sur la Fitzgerald Lane près de Brownstone. Eau idem que pour Tramore.

The Stormrider Guide Europe

The Stormrider Guide Europe

Wales

Wales is the dedicated surfers' heaven. The stunning landscape hosts myriad beaches, reefs and coves, facing nearly every direction, and as long as there is enough swell, somewhere will be offshore. The smallest Celtic nation doesn't get as much surf as its neighbours but what it lacks in consistency it more than makes up for in quality. Inclement weather is no deterrent for the Welsh, who take great pride in their culture and language, represented by a new generation of surfers who are partisan, yet friendly and always up for a good time.

Le Pays de Galles est le pays idéal pour surfers motivés. Les paysages sont spectaculaires et recèlent des myriades de plages et de criques, avec quasiment toutes les expositions possibles; à partir du moment où il y a du swell, ça sera offshore quelque part. C'est la plus petite des nations celtiques et bien qu'elle ne possède pas autant de vagues que ses voisins, la quantité au niveau surf est largement compensée par la qualité. Le temps n'est pas vraiment clément ici, mais ça ne rebute pas les Gallois, qui sont fiers de leur culture et leur langue. La nouvelle génération de surfers locaux les revendique clairement, tout en restant accueillante et toujours prête à faire la fête.

Porth Ceiriad cylinder.

The Stormrider Guide Europe

WALES

The Surf

With the exception of the north coast, Wales receives SW groundswell on most of its coastline. From the Lleyn Peninsula southwards the coast emerges steadily from the swell shadow of Ireland and from Pembrokeshire south is open to W swell as well. Sheltered spots abound making the most of large wrapping swells with diverse options in any wind.

À l'exception de la côte Nord, le Pays de Galles reçoit de la houle longue de SO sur la plupart de ses côtes. Depuis la péninsule de Lleyn au Nord du pays en allant vers le Sud, la côte devient progressivement plus exposée à la houle, qui est un peu bloquée au N par l'Irlande, alors qu'à partir du Pembrokeshire vers le S la côte reçoit également les houles d'O. On y trouve quantités de spots abrités qui fonctionnent bien avec la plupart des grosses houles et plein d'options selon la direction du vent.

rare but when the NE does kick in great conditions prevail. Small waves can be had year round whilst autumn and winter pressure systems will push in some overhead juice. A few times a year big swells will light up the sheltered spots on the peninsula; quiet bays home to quality wedging peaks.

Mid Wales is home to a host of slumbering classic set-ups. From Harlech to Borth long stretches of beginner friendly west facing beaches work in small swells. At Borth (a proposed artificial reef site) the coastal geography changes from beaches to cliffs and boulder reefs. Aberystwyth is Cardigan Bay's surf centre and home to a brace of classy but inconsistent reefs. If there's a 6ft SW swell hitting at Freshwater West in Pembrokeshire then there'll be 3ft in Aber. South of Aber the coastal aspect changes, to face NW. Along the Ceredigion coast lies a long stretch of boulder pointbreaks and secluded bays that come to life when huge winter swells are closing-out the open breaks to the south. A rare event but with the prevailing SW wind offshore there are rewards for the inquisitive. **September to April** is prime season, whilst summer can be painfully flat.

Pembrokeshire's coastal national park is a beautiful, unspoilt playground with many secluded bays set in deep, cliff-lined coves. The region's beauty lies in its geography, the three peninsulas offer a wealth of options with breaks facing all points on the compass, as long as there's a big enough swell running then good offshore waves will be breaking somewhere. The main W facing beaches receive SW/W swell, are offshore with wind in the E quadrant and are a consistent bet. Whitesands is the name spot in North Pembrokeshire, popular with all kinds of surfcraft, the beach has camping, good facilities and St Davids, the smallest city in the UK, a short drive away. In South Pembrokeshire, Freshwater West is the main break, it's the site of frequent Welsh contests and yet the large beach remains refreshingly undeveloped. Pembrokeshire is a reliable **year round** destination, as the W facing beaches hoover up most swells and when the swell gets too big for the open beaches the sheltered coves come in to their own. Certain spots provide good shelter from strong, even storm force, winds.

Anglesey se trouve au NO du pays et c'est la région qui reçoit le moins de houle à cause d'une fenêtre d'exposition ultra-réduite. Les meilleures conditions sont réunies lorsqu'une houle solide de SO arrive à rentrer dans le St Georges Channel avec un vent de NE. La côte SO de l'île possède plusieurs plages avec des rochers, comme Rhosneigr, où on trouve surfers, windsurfers et kayaks. A surfer l'hiver seulement.

La péninsule de Lleyn est un endroit fréquenté par les surfers avec pas mal d'options et une meilleure exposition à la houle de SO. Hells Mouth est le spot le plus surfé, un long beachbreak avec quelques reefs. L'offshore y est rare mais si le vent de NE se lève on aura de bonnes conditions partout. Des petites vagues toute l'année, mais en automne et en hiver les dépressions envoient de la houle de plus de 2m. Quelquefois dans l'année les plus gros swells rentreront dans les baies abritées de la péninsule, avec des bons pics en wedge sur les spots de repli.

La région du Centre possède toute une série de spots assez tranquilles mais bien formés. De Harlech à Borth les débutants trouveront de grandes plages orientées O qui marchent par petite houle. A Borth (site proposé pour un reef artificiel) la configuration de la côte change, on passe du sable à des falaises et des récifs de galets. Aberystwyth est le centre du surf vers Cardigan Bay avec toute une série de bons reefs, mais ils manquent de houle. Si on a une houle de 6 pieds de SO à Freshwater West dans le Pembrokeshire, il n'y aura que 3 pieds à Aber. Au Sud d'Aber la côte change encore et s'oriente face au NO. Le long de la côte de Ceredigion on trouve une série de pointbreaks sur des galets et des baies isolées où ça rentre seulement lorsque des houles massives d'hiver font saturer les spots exposés au S. Ça n'arrive pas tous les jours mais avec les vents dominants de SO qui sont offshore, ceux qui cherchent bien seront récompensés. La meilleure période est de *septembre à avril*, l'été pouvant être cruellement flat.

Le parc national du **Pembrokeshire** et ses côtes forment un superbe terrain de jeu dans un cadre préservé, avec de nombreuses criques isolées dans le fond de baies bordées de falaises. La beauté de la région vient de son relief, avec trois péninsules

Porth Ceiriad — MARTIN TURTLE

West Wales

Northwest Wales: Anglesey sits off the NW coast of Wales and is the least consistent area for waves due to its ultra narrow swell window. Quality surf only occurs when strong SW swells make it up St Georges' Channel and winds are from the NE. The SW coast of the island features a number of rocky beaches, like Rhosneigr, popular with surfers, windsurfers and kayakers. Really only a winter option.

The Lleyn Peninsula is a popular and versatile surf destination and has better exposure to the SW swell; the long beach at Hells Mouth is the most surfed area with a range of beachbreak and reef options. Offshores are

Gower						
SURF STATISTICS	J/F	M/A	M/J	J/A	S/O	N/D
Dominant swell	SW-W	SW-W	SW-W	SW-W	SW-W	SW-W
Swell size (ft)	6	5	3	1-2	4-5	5-6
Consistency (%)	50	60	60	30	70	60
Dominant wind	S-SW	S-SW	S-SW	S-SW	S-SW	S-W
Average force	F5	F4	F3-F4	F4	F4-F5	F5
Consistency (%)	38	34	38	45	35	53
Water temp.(°C)	9	10	12	16	14	11
Wetsuit						

A narrow swell and tide window mean Porth Ceiriad is a difficult wave to catch this good.

The Stormrider Guide Europe

Freshwater West

qui offrent toute une panoplie de possibilités avec des spots orientés dans toutes les directions. Si la houle est assez grosse, il y aura des vagues offshore quelque part. La plupart des plages orientées O reçoivent la houle de O-SO, sont offshore par vent de secteur E et marchent souvent. Whitesands est le meilleur spot du North Pembrokeshire, avec toutes sortes de surfers, il y a un camping près de la plage, tous les services sont accessibles avec St Davids juste à côté, qui est la plus petite ville du Royaume-Uni. Dans le South Pembrokeshire, Freshwater West est le spot le plus surfé, c'est le site des compétitions galloises et pourtant cette grande plage a gardé un côté naturel plaisant. Le Pembrokeshire est une destination valable à l'année, car les plages exposées O prennent bien la houle, et si ça sature ce sont les baies abritées qui prennent le relais. Certains spots sont bien protégés par vents forts, voire très forts.

South Wales

The heartland of Welsh surfing has always been the **Gower**. The majority of Welsh surf history and personalities are all interwoven with this wave-packed area. From Broughton Bay to Langland lies an array of beaches, points and reefs of real quality. Llangennith is the consistent and busy open beach at the west end of the scenic peninsula and from Worms Head eastwards a string of reefs, points and secluded bays run back to the crowded, city surfing at Langland. With the exception of W facing 'Gennith and the Gower reefs, the spots are sheltered to some degree and, as with a lot of Wales' quality waves, need large autumn/winter swells to fire. Winds from the N quadrant are offshore for the S Gower, E for the W-facing areas. If the surf isn't cooperating (read summer) the Mumbles is renowned amongst Welsh surfers as the place to party.

East from Swansea lies the radically contrasting landscape of **Glamorgan**, where the heavily industrialised Port Talbot area provides a dystopian backdrop of steel and smoke-belching chimneys to once severely polluted beachbreaks (only mildly polluted now). Further south the wave rich town of Porthcawl gives way to a heritage coast of remote smugglers' havens stretching to Llantwit. Solid W swells and E winds will get the beaches, reefs and points firing. The area rarely gets big as the shallow, super-tidal Severn Estuary mutes the swells' power, especially on dropping tides. **Autumn to spring** is the best bet

Le coeur du surf au Pays de Galles a toujours été la région de **Gower**. La majorité des personnalités et de l'histoire du surf galloises sont indissociables de cette région riche en vagues. On y trouve tout un éventail de plages, pointbreaks et reefs de bonne qualité entre Broughton Bay et Langland. Llangennith est une plage exposée et fréquentée qui marche souvent à l'extrémité O de cette péninsule spectaculaire, et à partir de Worms Head vers l'E on trouve un chapelet de reefs, pointes et baies abritées avant de rejoindre

Top – **Freshwater West** is the most consistent spot in Wales, picking up all available swell at a variety of sandbanks and reefs.

Bottom – **The Gower** is well stocked with reefs, many of which require a long walk through fields or along the coast path.

Gower secret

The Stormrider Guide Europe

WALES

It takes a big swell to roll up the Bristol Channel before The Point works at Porthcawl.

Gower surfer, former Welsh, GB and European Champ Chris "Guts" Griffiths.

Welsh Surf Culture

History

Surfing in Wales began in the early '60s, but it wasn't until 1967 that it took off when Australian surf champion Keith Paul came to the Gower during a summer swell at Langland, ripping up the shorebreak in his silver baggies, while the locals gawked on in amazement. During the '60s, surfing was mainly confined to the beaches at Langland, Caswell and Llangennith. Heavy boards and the risk of damage to board and body (leashes only came into use in late 1972) meant the more inaccessible reefs and points were only surfed by the most hardcore. Keith Paul, Howard Davies and John Goss were the first to surf Crab Island and other pioneers include Viv Ganz, Dave Friar, Robin Hansen, Paul Connibear and Pete Jones. The Welsh Surf Federation formed in '73. By the mid-'70s most of the Gower reefs had been surfed and during the early '80s, Carwyn Williams, and Rob and Phil Poutney added a few 'secret' spots to the map. The South Pembrokeshire Surf Club has been running since then. Early board shaping outfits included Dave Smith's back yard boards, which quickly grew into an old wool warehouse in Gwent. Employing both international staff and production methods that were crude yet creative, Dave and partner Tim Heyland went on to launch Tiki Surf and moved to North Devon. Real change came about when shortboards arrived in 1969, allowing pioneering board factories to get established, like Crab Island surfboards, spearheaded by technical-guru Pete Phillips. By the late '70s Crab Island boards were used by most of Wales' top surfers. During this time Kiwi airbrusher and shaper Craig Hughes worked there. Hughes, who later founded Wave Graffiti surfboards, provided the catalyst needed to enhance the talents of young Langland surfer Carwyn Williams, who became Britain's most successful competitive surfer of the '80s, becoming the first Welsh European Champion in '83. By then locally made boards were able to match the imports from Newquay and abroad and surfing in Wales had come of age.

The '90s weren't so kind: Wave Graffiti went from boom to bust and Craig Hughes left to set up shop in Raglan, in his native New Zealand. Carwyn was making a name for himself on the international stage, taking out then current tour leader Damian Hardman in a historic contest in France, when his career was cut short by a horrific car accident in Spain, that mangled his knee. Doctors told him it was unlikely he would walk again, let alone surf. Pure Welsh pride and perspiration put him back in the water in a few years. A move to Seignosse in France saw Carwyn reborn, surfing big beachbreak tubes with Pagey, Elko and Maurice Cole for the cameras, further cementing his reputation as one of Europe's greats.

Today

From its humble beginnings on the Gower, surfing has rapidly spread around the Welsh coastline. While many spots don't break that often, particularly in north and mid Wales, the stoke is high and many landlocked English surfers from Manchester, Shrewsbury, Birmingham, Bristol and London regularly make the trek to join their Welsh brethren and sample a few waves. Surf shops abound in many small coastal towns and surf schools are becoming more common. The Welsh university surf clubs are also strong, with Aberystwyth's women's team regularly winning the student nationals and Swansea's men perennially duking it out with Plymouth. No star has shone as brightly as Carwyn in his day but Welsh surfers like Nathan Philips, Mark Vaughn, Lloyd Cole, Jem Evans, Dean Gough and Isaac Kibblewhite are making their presence felt and are regulars in the surf magazines. Nathan in particular, being one of the few UK pros to put in time in Hawaii, is now trying his luck on the professional WQS circuit. Carwyn still resides in France, is known worldwide as the 'party manager', being a seasonal landlord to the top WCT pros and he remains Wales' most famous surfing export.

---

les spots urbanisés de Langland avec plus de monde. A l'exception de Llangennith et des reefs de Gower qui sont exposés O, les spots sont un peu abrités, et demande de grosses houles d'hiver ou d'automne pour bien marcher, comme pour beaucoup de spots gallois. Les vents de secteur N sont offshore pour le S de Gower; pour les côtes exposées O, c'est le vent d'E. Et s'il n'y a pas de surf (comprenez l'été), le Mumbles est réputé parmi les surfers gallois pour être l'endroit à ne pas manquer pour faire la fête.

A l'Est de Swansea les paysages de Galles du Sud contrastent radicalement avec le reste du pays, un cadre très industrialisé à Port Talbot avec des usines et des cheminées crachant de la fumée derrière des beachbreaks qui étaient très pollués avant – un peu moins maintenant? Plus loin vers le Sud, Porthcawl laisse la place à une côte historique qui abrite d'anciens repaires de contrebandiers jusqu'à Llantwit. On aura de bonnes conditions avec une bonne houle d'O et du vent d'E pour les plages, pointes et autres reefs du secteur. Ça ne rentre jamais très gros, car l'estuaire de la rivière Severn, peu profond et sujet à de très fortes marées, absorbe l'énergie de la houle, surtout au descendant. La meilleure période est de l'automne au printemps.

Le surf au pays de Galles a commencé vers le début des années 60, mais il a fallu attendre 1967 pour qu'il démarre vraiment ici, avec la venue d'un champion de surf australien nommé Keith Paul, qui se rendit sur le Gower pendant un swell d'été à Langland, déchirant le shorebreak avec son short argenté, sous l'œil ébahi des locaux. Pendant les années 60, le surf resta confiné aux plages de Langland, Caswell et Llangennith. Les planches étant lourdes et les risques de prendre des coups sur soi ou sur la planche étant réels (les leashes ne furent utilisés qu'à partir de fin 1972), les reefs les plus inaccessibles ne furent surfés que par les plus hardcore. Keith Paul, Howard Davies et John Goss furent les premiers à surfer Crab Island, avec aussi d'autres pionniers comme Viv Ganz, Dave Friar, Robin Hansen, Paul Connibear et Pete Jones. La Fédération de Surf Galloise fut créée en 1973. Vers le milieu des années 70 la plupart des reefs de Gower avaient déjà été surfés et pendant le début des années 1980, Carwyn Williams ainsi que Rob et Phil Poutney trouvèrent quelques autres « secret » spots à rajouter sur la carte. Le South Pembrokeshire Surf Club est toujours en activité depuis cette époque. Parmi les premiers à faire des planches il faut citer Dave Smith, qui rapidement quitta son atelier chez lui pour s'installer dans un ancien entrepôt de laine à Gwent. En employant à la fois une équipe internationale et des méthodes un peu rudimentaires mais innovantes, Dave et son associé Tim Heyland finirent par lancer la marque Tiki Surf et s'installèrent ensuite dans le North Devon. Un véritable changements arriva avec l'émergence des shortboards en 1969, ce qui permit aux ateliers de shape de bien s'établir, comme Crab Island surfboards, emmené par Pete Phillips, un gourou au niveau technique. Vers la fin des années 70, la plupart des meilleurs surfers du Pays de Galles utilisaient des planches Crab Island. A cette époque le shaper et graphiste néo-zélandais Craig Hughes travaillait pour la marque. Il créa ensuite Wave Graffiti surfboards, et eut le rôle de catalyseur qu'il fallait pour mettre en valeur le talent de Carwyn Williams, jeune surfer de Langland, qui fut le meilleur surfer anglais des années 80, devenant le premier Champion d'Europe gallois en 1983. Les planches fabriquées localement pouvaient alors rivaliser avec celles importées de Newquay ou d'ailleurs, et le surf au Pays de Galles arriva alors à maturité.

Les années 90 ne furent pas aussi faciles : Wave Graffiti passa de la réussite à la faillite et Craig Hughes partit pour monter un magasin à Raglan, dans sa Nouvelle-Zélande natale. Carwyn était en train de se faire un nom au niveau international en sortant Damien Hardman, leader du classement à l'époque lors d'une compétition historique en France, lorsque sa carrière fut stoppé net par un horrible accident de voiture qui lui broya le genou, en Espagne. Les médecins lui dirent qu'il ne pourrait probablement pas remarcher, ni surfer a fortiori. Mais c'était sans compter sa grande détermination et la fierté galloise qui lui permirent de retourner à l'eau après quelques années. Carwyn retrouva ensuite une nouvelle jeunesse après son déménagement à Seignosse en France, surfant des gros tubes sur les beachbreaks avec Pagey, Elko et Maurice Cole pour faire des photos, ce qui renforça sa réputation comme l'un des meilleurs surfers européens.

Depuis ses timides débuts sur le Gower, le surf s'est maintenant répandu sur toutes les côtes galloises. Même si beaucoup de spots ne marchent pas souvent, surtout dans le North et Mid-Wales, tout le monde se fait plaisir et de nombreux surfers bloqués en Angleterre de Manchester, Shrewsbury, Birmingham, Bristol et Londres font souvent le voyage pour rejoindre leurs collègues gallois et surfer quelques vagues. Les surf shops sont nombreux dans les petites villes côtières et les écoles de surf sont aussi plus répandues. Les surf clubs universitaires sont aussi bien représentés, avec l'équipe féminine d'Aberystwyth qui remporte régulièrement les Championnats nationaux étudiants et l'équipe hommes de Swansea qui truste tout le temps le podium avec Plymouth. Aucun surfer n'a encore égalé Carwyn lorsqu'il était au top, mais Nathan Philips, Mark Vaughn, Lloyd Cole, Jem Evans, Dean Gough et Isaac Kibblewhite commencent à faire parler d'eux et font régulièrement des parutions dans les magazines de surf. Nathan surtout, en tant que l'un des rares pros du Royaume-Uni à passer beaucoup de temps à Hawaii, est maintenant en train de tenter sa chance sur le circuit pro WQS circuit. Carwyn habite toujours en France, est connu dans le monde entier comme 'le boss de la fête', accueillant toujours bien les top pros du WCT en été et restant le surfer gallois le plus connu à l'étranger.

The Stormrider Guide Europe

The Ocean Environment

Pollution

Travelling into Wales, via the north or south coast, leads past large industrial complexes pumping smoke, steam and flames into the atmosphere. It may look apocalyptic but thankfully reducing pollution, particularly in the ocean, has been a priority in Wales in the last decade.

The distinct bodies of water that lap against the Welsh coast have differing stories. The rarely surfed north coast is lucky in its lack of waves, as the Irish Sea suffers pollution in all its forms including radioactivity. The Bristol Channel is also a toxic soup of agricultural runoff, sewage, heavy metal, industrial and power generation pollutants worsening towards the Severn Estuary. Wales is unfortunate in its geography that a major source of its pollution comes from England.

In contrast to the N and S coasts' urban areas, Pembrokeshire's exemplary, wildlife-rich, crystal clear waters and clean beaches regularly win awards and exceed EU regulations for cleanliness. Unfortunately sited in the midst of the Pembrokeshire countryside lie the Milford Haven oil installations. The narrow entry to the natural harbour was the site of the *Sea Empress* oil spill in 1996, caused by the crew attempting a 'short-cut'. The disaster was a wake-up call that got the rules for piloting a tanker into the Haven tightened; the spill's impact on the national park was reduced by a good run of surf that effectively washed the oil away. The threat of another spill is ever present. The petrochemical industry is exploring offshore from Pembrokeshire for oil and gas after a government U-turn granted them permission to drill near the national park.

Cardigan Bay is devoid of heavy industry, has a small population and the once raw sewage infested waters now support growing biodiversity. Welsh Water lead the charge in modernising sewage facilities and are committed to installing tertiary treatment plants where possible. The English water boards need to take note. Upgrading to tertiary treatment has cost a lot of money but the improvement in water quality has been more than worth it. As an example, in the early '90s Aberystwyth had preliminary treatment only, meaning the sewage from a town of 10,000 people was roughly filtered and then pumped into the harbour on a dropping tide to be carried out to sea. This sewage flowed out straight across one of mid Wales' best reefs, the Harbour Trap. It was easy to know exactly when the tide changed as the smell of the sewage would waft out on the offshore breeze minutes before the water changed colour to a sickly grey. Ear, nose and throat infections were the norm and gastroenteritis a common occurrence in the surf population. In 1994 the new plant was finished, the water is now odour and poo free and porpoises frolic near shore.

Aside from the invisible pollutants, which are being actively reduced, Wales unfortunately leads Europe in visible pollution. Beach litter is a growing problem, increasing reliance on plastic products that do not break down in the erosion cycle like glass and wooden items means high tide lines consisting of polyethylene debris not seaweed.

Lorsqu'on traverse le Pays de Galles, par la côte Nord ou la côte Sud, on passe devant de grands complexes industriels rejetant de la fumée, de la vapeur ou des flammes dans l'atmosphère. On dirait une vision d'apocalypse, mais heureusement depuis une dizaine d'années l'accent a été mis sur la lutte contre la pollution, notamment celle de l'océan.

Les deux zones maritimes disctinctes qui bordent les côtes galloises sont bien différentes par leur histoire. La côte N qui est rarement surfée a quelque part la chance de ne pas avoir beaucoup de vagues, car la Mer d'Irlande souffre ici de la pollution sous toutes ses formes, radioactivité y compris. Le Bristol Channel est également une soupe toxique de rejets agricoles et domestiques, de métaux lourds et de polluants industriels auxquels s'ajoutent ceux des centrales énergétiques, qui sont encore plus concentrés vers l'estuaire de la Severn. Le Pays de Galles a le malheur d'avoir l'Angleterre comme voisin et principale source de pollution. Par contraste avec les côtes N et S, le Pembrokeshire est souvent récompensé pour ses plages propres et la qualité exemplaire de son eau, transparente et riche en vie marine, à un niveau qui dépasse ceux rendus obligatoires par l'Europe. Malheureusement il faut citer le complexe pétrolier de Milford Haven qui est situé au beau milieu de la campagne du Pembrokeshire. L'entrée étroite de ce port naturel fut le théâtre de la marée noire du *Sea Empress* en 1996, causée par l'équipage qui tentait de prendre un 'raccourci'. La catastrophe fut une sonnette d'alarme qui entraîna un durcissement des règles de pilotage pour les tankers rentrant au port ; l'impact de la marée noire dans le parc national fut atténué par une succession de houles qui a vraiment bien nettoyé le pétrole. Mais la menace d'un autre désastre est toujours présente. Les industriels de la pétrochimie sont en train d'explorer les ressources en pétrole et en gaz au large du Pembrokeshire après que le gouvernement, revenant sur sa décision, leur a accordé le droit de forer près du parc national.

Cardigan Bay est épargnée par les industries lourdes et n'est pas très peuplée, l'eau autrefois complètement contaminée par les rejets non traités abrite maintenant une biodiversité croissante. Welsh Water se situe au premier rang des efforts menés pour moderniser le système de retraitement, et investit dans le traitement tertiaire là où c'est possible. Les agences pour l'eau anglaises devraient s'en inspirer. Passer au traitement tertiaire a coûté beaucoup d'argent mais l'investissement en valait plus que la peine vu l'amélioration de la qualité de l'eau. Dans les années 90 par exemple, Aberystwyth ne disposait que d'un traitement primaire, ce qui veut dire que les eaux usées d'une ville de 10 000 habitants étaient filtrées sommairement et ensuite rejetées dans le port à marée descendante pour que le tout reparte en mer. Toute cette pollution arrivait directement sur un des meilleurs reefs du mid Wales, le Harbour Trap. On pouvait facilement savoir quand la marée remontait car des effluves d'eaux usées arrivaient sur le spot avec la brise onshore juste avant que l'eau ne change de couleur pour devenir gris sale. Les infections du système ORL étaient monnaie courante et les surfers attrapaient souvent des gastro-entérites. Une nouvelle station d'épuration fut construite en 1994, l'eau n'est plus polluée par les matières fécales et n'a plus d'odeur, et maintenant les dauphins viennent nager près du bord. En dehors des polluants invisibles, qui sont en diminution grâce aux efforts actuels, le Pays de Galles est malheureusement un des pires en Europe pour ce qui est de la pollution visible. Les déchets sur les plages posent de plus en plus problème, à cause de l'utilisation croissante des produits en matière plastique, qui ne se dégradent pas naturellement comme le verre ou le bois, ce qui fait qu'il y a plus de polyéthylène que d'algues dans les laisses de mer.

Erosion

The Welsh coast is relatively free of erosion problems. As the least consistent nation for surf in the UK the coastline is not under constant attack from marauding Atlantic swell. The geology of Wales serves as good defence; the rock types that make up much of the coast are not prone to fast erosion rates. Beach stabilisation in the form of groynes is common on the mellow beaches in north Cardigan Bay. Borth, at the south end of this stretch, is a proposed artificial reef site. The surfers of mid Wales await the outcome with interest. A proposed wind farm on offshore sandbanks off S Wales is also under scrutiny; if the scheme goes ahead there will, hopefully, be no negative influence on the sandbanks.

La côte galloise a relativement peu de problèmes d'érosion. Comme c'est le pays du Royaume-Uni qui a le moins de fréquence en vagues, le littoral n'est pas constamment soumis à l'action érosive de la houle atlantique. La structure géologique du Pays de Galles est en elle-même une bonne défense, car les types de roches qui composent la plupart des côtes ne sont pas faciles à éroder. Le profil des plages en pente douce est stabilisé par des épis dans la partie N de Cardigan Bay. Au Sud de cette zone se trouve Borth, un site proposé pour faire un récif artificiel. Les surfers du Mid-Wales attendent l'issue du projet avec grand intérêt. Un parc d'éoliennes est aussi à l'étude sur les bancs de sable au large du Sud du pays de Galles ; si le projet est retenu, il n'y aurait pas d'influence négative sur les bancs – du moins on l'espère.

Freshwater West — PHIL HOLDEN

Access

Coastal access is generally excellent in Wales. As a popular tourist destination many beaches are driveable to, or within short walking distance of car parks. Access across private land is limited to a few Gower and Mid Wales reefs and as long as the country code is respected there should be no problems. Parking in country lanes is limited and blocking farmers' access to their fields is sure to cause problems. The military are the only private landowner with whom there is an issue. Their large firing range to the S of Freshwater West has been a source of controversy for years. The area contains a beachbreak, a couple of reefs and the temptation to 'jump the fence' has landed many surfers in the camps' cells. If they are firing into the bay, they do not want you in the way; the base authorities are the only source of information so check first. It is possible to paddle down from

The MOD firing range bars regular access to the south of Freshwater West where quality waves go unridden, except on weekends.

WALES

Freshwater but a strong current runs N to S and paddling back after a long session is hard. The base's MPs will wait on the beach until you leave to make sure you don't try and walk back. That's if the range boats haven't already turfed you out.

L'accès au littoral est en général excellent au Pays de Galles. Comme la région est touristique, on peut rejoindre de nombreuses plages en voiture, ou à une distance raisonnable à pied depuis le parking. Il n'y a que sur certains reefs du Gower ou du Mid Wales que l'accès se fait par des propriétés privées, et tant qu'on respecte les usages locaux on n'aura pas de problèmes. Les places sont limitées le long des routes de campagne, et on est sûr de gêner les fermiers locaux si on bloque l'accès à leurs champs. Les militaires sont les seuls à poser problème parmi les propriétaires privés : la vaste zone de tir de Freshwater West a été un sujet de controverse pendant des années. On y trouve un beachbreak et quelques reefs, et la tentation de « passer par-dessus la barrière » a conduit beaucoup de surfers dans les cellules du camp militaire. S'il y a des tirs effectués dans la baie, les militaires ne veulent personne au milieu ; la direction du camp est la seule source d'information, donc renseignez-vous avant. Il est possible d'y aller à la rame depuis Freshwater mais il y a un fort courant N-S, et le retour est dur après une longue session. Les militaires de la base attendront sur la plage jusqu'à ce que vous partiez pour être sûr que vous n'essayiez pas de rentrer à pied. Ceci au cas où les bateaux de patrouille ne vous auraient pas déjà virés de la zone.

Gower secret — PAUL GILL

Shallow reefs, strong rips and huge tides up to 15m (49ft) are the main hazards in Wales. Gower reef cliff bounce.

Hazards

The main hazards surfing in Wales are currents. Due to extreme tidal fluctuations and the enclosed basin nature of most of the coast, tidal flows can be strong (10mph+); particularly off headlands. Rips can be bad on some beaches and rivermouths, generally on dropping tides; Freshwater West is notorious for its swirling currents and also has quicksand at the N end. The reefs deserve caution; on the Gower getting in and out over the rocks can be messy and there's not much water covering the reefs. It's a long way from help out there. Due to the shallow water, sea temperatures drop noticeably in the winter, a good suit is essential as hypothermia is a real possibility.

Sea life is abundant, but friendly, don't be freaked if seals come close, they are a common sight in Pembrokeshire and Cardigan Bay. Localism is rare in most of the country, the Gower has a reputation, founded more on locals getting all the waves rather than any violence or intimidation. The water can be hazardously polluted in South Wales, always duckdive with eyes/mouth shut and drink a can of coke after a surf in suspect water – the acid is medically proven to kill stomach bugs.

Le principal danger pour le surf ici est le courant. Les courants de marée peuvent être forts (+ de 16 km/h), surtout en face des pointes, à cause des amplitudes de marée extrêmes et de la configuration en bassin fermé de la plupart des côtes. Les courants peuvent être puissants sur certaines plages et embouchures de rivières, surtout au descendant; Freshwater West est connu pour ses courants qui tourbillonnent, avec également des sables mouvants au bout côté N. Il faut faire attention sur les reefs : sur Gower la mise à l'eau et la sortie peut être délicate sur les rochers, et il y a peu d'eau sur les récifs. Les secours ne sont d'ailleurs pas à portée de main ici. Comme l'eau est peu profonde, sa température descend nettement en hiver : une bonne combinaison est primordiale et le risque d'hypothermie non négligeable.

La vie marine est abondante mais sans danger, ne soyez pas effrayés par les phoques qui viennent vous voir, ils sont répandus dans le Pembrokeshire et Cardigan Bay. Le localisme est rare dans la plupart du pays, le Gower étant réputé pour cela, mais c'est plus parce que les locaux prennent toutes les vagues qu'à cause d'une réelle agressivité ou de tentatives d'intimidation. L'eau peut présenter des risques au niveau pollution dans le Sud, fermez toujours les yeux et la bouche au canard et buvez un verre de coca après une session dans une eau suspecte – l'acide qu'il contient détruit les cochonneries dans l'estomac – c'est prouvé scientifiquement.

The Stormrider Guide Europe

Travel Information

Getting There

By Air
Cardiff is Wales' biggest airport, it is becoming more accessible year by year as the UK's regional airports grow in stature. It is also the base for the new budget airline AirWales. Bristol airport, a short hop across the Severn Bridge, is another option. The closest international airport is Manchester whilst Heathrow, the UK's main international hub, is two hours down the M4.

Cardiff est le plus gros aéroport du Pays de Galles, et il est de mieux en mieux desservi car les aéroports régionaux du Royaume-Uni prennent chaque année plus d'importance. C'est aussi là où est basée la nouvelle compagnie low-cost Airwales. L'autre option est l'aéroport de Bristol, à deux pas juste de l'autre côté du pont sur la Severn. L'aéroport international le plus proche est Manchester tandis qu'Heathrow, l'aéroport international principal du Royaume-Uni, est situé à deux heures de route sur la M4.

By Sea
Wales is the main hop-off for Ireland and is only accessible by sea from there. Holyhead, Fishguard, Pembroke and Swansea are all possible ports of entry. Natural harbours abound in Wales making it a popular area for sailing and a boat would make an ideal craft for surf discovery.

Le Pays de Galles est le principal lieu d'embarquement pour l'Irlande et on ne peut l'atteindre par mer que depuis ce pays. Les points d'entrée possibles sont Holyhead, Fishguard, Pembroke et Swansea. On trouve quantité de ports naturels au Pays de Galles, ce qui en fait une destination prisée pour pratiquer la voile, le bateau étant un moyen idéal de partir découvrir le potentiel au niveau surf.

By Train
The train service in Wales is frequent and reliable along the S and N coast. Services into Pembrokeshire and mid Wales are patchy but workable. Bristol, Chester and Shrewsbury are the main feeder terminals.

Les trains sont fréquents et fiables le long de la côte S et N. Les liaisons dans le Pembrokeshire et le Mid Wales sont assez inégales mais néanmoins utilisables. Bristol, Chester et Shrewsbury sont les principaux terminaux secondaires.

Visas
EU nationals can enter with a national ID card and can stay as long as they like. US, Canadian, Australian and New Zealand nationals need a passport and can stay for six months. All other visitors contact your British embassy as rules vary.

Les citoyens européens peuvent entrer dans le pays avec une carte d'identité sans limitation de durée. Ceux des Etats-Unis, du Canada, de l'Australie et de la Nouvelle-Zélande doivent avoir leur passeport et peuvent rester pendant six mois. Pour tous les autres visiteurs, contactez votre ambassade britannique car la réglementation varie selon le pays.

Telephone Information
International Country Code: 44
Dial Out Code: 00
Emergencies: 999
International Operator: 155
International Directory: 118505
Directory Enquiries: 118500
Operator: 100

Airport Information
www.cardiffairportonline.com
Tel: 01446 711111
www.airwales.co.uk
Tel: (0)870 7773131
www.ba.com
Tel: 0870 8509850
www.easyjet.com
Tel: 0870 6000000
www.flybe.com
Tel: 0871 7000123
www.bmibaby.com
Tel: 0870 264 2229
www.ryanair.com
Tel: 0871 246 0000

Ferries
www.irishferries.com
Tel: 0818 300400 (IR)
08705 171717 (UK)
www.poirishsea.com
Tel: 0870 2424777
www.seacat.co.uk
Tel: 0870 523523
www.stenaline.com
Tel: 0870 5707070
www.swanseacorkferries.com
Tel: 01792 456116

Trains
www.rail.co.uk
Tel: 0845 7484950
www.arrivatrainswales.co.uk
Tel: 0870 9000 773

Coach/Bus Companies
www.nationalexpress.com
Tel: 08705 808080

Tourist Information
www.visitwales.co.uk
Tel: 08708 300 306

TRAVEL INFORMATION

Harbour Trap, Aberystwyth — PAUL GILL

Getting Around
Driving into Wales on a surf trip the roads follow a familiar pattern: motorway over the border from England, gradually shrinking to dual carriageway, to main road, to lane. Travel time is always more than you think, as the roads around the coast, especially in the summer, can be agonisingly slow. The narrow country lanes are often single-lane, so driving with consideration and slowly is the sensible option. The mountainous interior of Wales whilst beautiful, also makes for slow roads, the north and south coasts' urban corridors are the fast option. Travelling from east to west in Wales is easy, north to south is a pain due to the lack of infrastructure.

Campsites and caravan parks are common and most feature facilities for campervans. Free parking is possible near a few beaches, remember to take all your litter with you, but most beach car parks are out of bounds overnight. Petrol prices are on a par with England – i.e. pricey! Motorways are free but the Severn Bridge costs £4.80 for up to a 9-seater private vehicle.

Coaches may take board bags, the policy is up to the driver so be as polite as possible, there may be a small fee. National Express have comprehensive services and Eurolines runs through N Wales.

Lorsqu'on part en surftrip au Pays de Galles, c'est toujours la même histoire avec les routes : d'abord l'autoroute depuis la frontière avec l'Angleterre, qui se réduit progressivement à un axe à deux voies, puis une route normale, et enfin une toute petite route. On met toujours plus de temps que prévu, les routes qui longent la côte étant exaspérantes de lenteur, surtout en été. Les petites routes étroites de campagne n'ont souvent de la place que pour une voiture, il est donc conseillé de conduire avec précaution et pas trop vite. L'intérieur du pays, bien que joli, est aussi plus montagneux : les routes y sont plus lentes, l'option la plus rapide étant les axes urbains des côtes N et S. Il est facile de traverser le Pays de Galles de l'E vers l'O, tandis que l'axe N-S reste pénible à cause du manque d'infrastructures routières.

Les campings et sites pour caravanes sont nombreux et la plupart sont équipés pour accueillir les camping-cars. On peut camper gratuitement près de quelques plages (n'oubliez pas de ramener vos déchets avec vous) mais l'accès est interdit la nuit sur la plupart des parkings près des plages. Le prix de l'essence est sensiblement le même qu'en Angleterre – c'est-à-dire assez cher ! Les autoroutes sont gratuites mais le pont sur la Severn coûte 4 livres 80 pour un véhicule privé jusqu'à 9 places.

Les bus longue distance prennent les planches, mais tout dépend du chauffeur ; soyez aussi poli que possible car quelquefois il faut payer un peu. National Express effectue de nombreuses liaisons et Eurolines opère sur le N du Pays de Galles.

Currency
Wales, like the rest of the UK uses British pounds sterling (GBP). ATMs are found in most towns, motorway service stations and travel hubs. Due to the rural nature of much of the Welsh coast it's best to get cash before you get there.

On utilise les livres sterling (GBP) au Pays de Galles comme dans le reste du Royaume-Uni. On trouve des distributeurs automatiques de billets dans la majorité des villes, les stations services d'autoroute, les aéroports et gares routières. Comme la plupart des côtes du Pays de Galles sont assez rurales, il vaut mieux retirer de l'argent avant d'être sur place.

Weather Statistics		J/F	M/A	M/J	J/A	S/O	N/D
HOLYHEAD	Total rainfall	65	55	50	70	80	100
	Consistency (days/mth)	16	13	14	14	15	17
	Min temp. (°C)	5	7	11	14	12	7
	Max temp. (°C)	7	10	15	17	14	9
ABERYSTWYTH	Total rainfall	85	58	70	96	113	103
	Consistency (days/mth)	19	16	16	18	19	21
	Min temp. (°C)	2	4	8	12	9	4
	Max temp. (°C)	7	10	16	18	14	9
SWANSEA	Total rainfall	100	70	75	100	115	135
	Consistency (days/mth)	16	13	13	15	16	18
	Min temp. (°C)	3	7	12	15	11	6
	Max temp. (°C)	6	9	15	18	14	11

Top – **Getting around by car is often the only option, but roads are narrow and slow in the northwest.**

Bottom – **Heavenly view of Hells Mouth.**

Porth Neigwl — MARTIN TURTLE

The Stormrider Guide Europe

Northwest Wales

1. Llandudno
Last resort, sloppy beach waves in W/NW gale conditions. Water quality is poor.

Beachbreak avec des vagues molles, dernier recours par tempête d'O-NO. Eau de mauvaise qualité.

2. Anglesey
Gutless beachbreaks at Rhosneigr, Treaddur, Cable Bay and Aberffraw needing a huge SW swell to make it up St Georges Channel. Rarely epic. Easy access.

Beachbreaks mous à Rhosneigr, Treaddur, Cable Bay et Aberffraw, qui demandent un swell énorme de SO pour que ça puisse rentrer dans le St Georges Channel. Rarement très bon. Accès facile.

3. Whistling Sands/ Porth Oer
Good wedging beachbreak that comes alive at high tide when Hells Mouth is blown-out and huge. Beware of strong rip and rocks. Park by the beach.

Bon beachbreak qui forme des pics à marée haute et se met à marcher quand Hells Mouth est trop venté et énorme. Attention au fort courant et aux rochers. Se garer près de la plage.

4. Aberdaron
Fun beachbreak with defined banks anchored by boulder patches. Good right off the rocks at the north end. Best when it gets overhead. Cross offshore in NW, jellyfish and rips can be a hazard. Pub, parking and camping nearby.

Beachbreak sympa avec des bancs de sable bien définis et stabilisés par des zones de galets. Bonne droite devant les rochers au bout côté N. Mieux quand ça rentre à plus d'1m50-2m. Cross-offshore par vent de NO, des méduses et du courant. Pub, parking et camping dans les environs.

5. Fishermans
Remote, rocky, righthand reefbreak, small take-off area and strong localism. Difficult access, dangerous rocks, advanced surfers only.

Reef isolé en droite, zone de take-off réduite et fort localisme. Accès difficile, rocheux dangereux, pour surfers expérimentés seulement.

Hells Mouth (Porth Neigwl) 6-8

6. Main Beach
Popular 7km stretch of average beachbreak, good for beginners, best mid to high. Car park west of Llanengan village at south end. Rips at size and jellyfish in summer.

Beachbreaks moyens sur 7km, bien pour les débutants, meilleur de mi-marée à marée haute. Se garer à l'extrémité S du parking à l'O du village de Llanengan. Du courant quand c'est gros, des méduses en été.

7. The Reef
Consistent, crowded reef, best around high tide.

Reef qui marche souvent, avec du monde, meilleur autour de la marée haute.

8. The Corner
Soft reefbreak, starts breaking on a rock ledge and ends on sand. Handles more size than the other breaks. Some shelter from S wind.

Reef tranquille, qui casse d'abord sur une dalle de rocher et finit sur le sable. Tient mieux la houle que les autres spots. Un peu abrité du vent de S.

9. Porth Ceiriad
High quality wedge off cliffs at east end, forming punchy left peaks. Shallow, powerful and can be hollow. Best at high. Park and camp overlooking the beach, there is a fee for access.

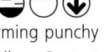

Pics de très bonne qualité formés par réfraction près des falaises à l'extrémité E, qui donne des gauches puissantes, meilleur à marée haute. Se garer et camper sur la hauteur devant la plage, droit d'accès à payer.

10. Harlech to Barmouth
Long stretches of beginner-friendly beach. Harlech Castle is normally of more interest.

Grandes plages bien adaptées pour les débutants. Le château de Harlech est normalement d'un plus grand intérêt.

11. Llwyngwril
Long, left pointbreak breaking down a boulder beach in big SW swells. Strong northerly rip that's too strong to paddle against. Park in layby and cross train tracks carefully. Experienced surfers only.

Long pointbreak en gauche, qui casse le long d'une plage de galets par grosse houle de SO. Gros jus de N contre lequel on ne peut pas lutter. Se garer sur le bas-côté et traverser la voie ferrée avec précaution. Surfers expérimentés seulement.

NORTHWEST WALES

12. Ynyslas/Borth
Long stretch of beachbreak peaks. Best at Ynyslas end in summer. Borth end is sheltered from SW winds. Park by lifeguard hut or in one of the car parks to the north. Watch out for rusty groyne struts at high tide and fossilised forest at dead low. Site of proposed artificial reef.

Longue plage avec des pics. Meilleur au bout du côté Ynyslas en été. Le côté Borth est protégé des vents de SO. Se garer près du poste MNS ou sur l'un des parkings au N. Attention aux traverses rouillées des jetées à marée haute et à la forêt fossilisée à marée basse. Site proposé pour un récif artificiel.

Aberystwyth 13-15

13. Queens
Sandbar left and right in the small bay north of Bath Rocks. Good option in stormy surf, paddle out in the channel next to the reef on left side. Park on the seafront.

Gauche et droite sur un banc de sable dans une petite baie au N de Bath Rocks. Bonne option par conditions de tempête, accès au pic par le chenal à côté du reef côté gauche. Se garer sur le front de mer.

14. Bath Rocks
Spring high tide, slab reef. Fast walling right and a rare short, hollow left. Needs dead E wind to be perfect. Incredibly shallow and the jagged reef is deadly.

Vague de reef qui jette sur une dalle, marche à marée haute par gros coefficient. Une droite tendue et une gauche plus rare, courte et creuse. Demande un vent plein E pour être parfait. Vraiment pas beaucoup d'eau sur ce reef dangereux et inégal.

15. Harbour Trap
Mid Wales' best wave is a triangular boulder reef. Long left, shorter right. Occasionally epic. Best on push. Strong currents from river and always crowded. Park on prom. Not for beginners.

Reef en triangle sur des galets, la meilleure vague du Mid Wales. Longue gauche, droite plus courte. Quelquefois d'anthologie. Meilleur à marée montante. Courant fort venant de la rivière, toujours du monde. Se garer sur le promontoire. Pas pour les débutants.

Harbour Trap — PAUL GILL

South of Aberystwyth
Sheltered coastline home to many fickle gems. Boulder points, wedgy beachbreaks and more come alive in the massive wrapping SW swells. Offshore in SW wind.

Côte protégée abritant de nombreux bons spots mais capricieux. Pointes de galets, beachbreaks en wedge et d'autres spots qui se mettent à marcher quand les très grosses houles de SO arrivent à rentrer. Offshore par vent de SO.

The Stormrider Guide Europe

Pembrokeshire

Freshwater West

5. Freshwater West
Most consistent spot in Wales and site of the Welsh nationals. Average beachbreak in north of the bay that holds plenty of size. Fast, hollow sandbar waves at low tide in front of the Furzenip rocks in the middle and reef/beach options to the south. Access is restricted to the south; MOD firing range so do not jump the fence. No shooting at weekends, public holidays and one week a month Nov-April, so access is possible, if you paddle. Rips can be bad, strong N-S current on drop. Quicksand at low tide at north end, uneven rock patches in middle and weaverfish are hazards. Roadside and three small parking areas.

Spot du pays de Galles qui marche le plus souvent, site des Championnats nationaux. Beachbreak moyen au N de la baie qui tient bien la taille. Vagues rapides et creuses sur un banc de sable à marée

Pembroke secret

1. Abereiddy
Uncrowded west-facing beachbreak option in solid swells, shelter from S quadrant winds. Fantastic cliff jumping over the headland to the north in the Blue Lagoon. Park by beach.

Beachbreak peu fréquenté orienté O à checker par grosse houle, protégé des vents de secteur S. Super sauts dans le Lagon Bleu après le promontoire au N. Se garer près de la plage.

2. Whitesands Bay
Beautiful bay popular with all kinds of surfcraft. Good beachbreak peaks up to double-overhead, useful rip along rocks at north end for paddling out. Prefers W swell as Ramsey Island blocks SW. Pay parking, camping by beach.

Superbe baie où on trouve toutes sortes de surfers. Bons pics de beachbreak jusqu'à plus de 3m, courant utile pour aller au pic le long des rochers à l'extrémité N. Plutôt par houle d'O car l'île de Ramsey bloque celle de SO. Parking payant et camping près de la plage.

3. St Brides Bay
8km stretch of average beachbreak. Loads of room for beginners. Shelter from SW winds and swell at south end so head there when Newgale is too big. Ample parking.

8km de plages de qualité moyenne, beaucoup d'espace pour les débutants. Abrité des vents et de la houle de SO au bout côté S, bonne option quand Newgale est trop gros. Pas de souci pour se garer.

4. Marloes Sands
Remote beachbreak, not surfable at high as the rock-strewn beach is covered. Long walk in from small National Trust car park.

Beachbreak isolé, pas surfable à marée haute car la plage est alors recouverte par la mer et pleine de rochers. Longue marche depuis le petit parking du National Trust.

Freshwater West

Manorbier

The Stormrider Guide Europe

PEMBROKESHIRE

basse devant les rochers de Furzenip au milieu et des options reef/beachbreak au S. Accès limité au S : zone de tir de l'armée, ne passez pas la barrière. Pas de tirs pendant les weekends, les jours fériés et une semaine par mois de novembre à avril, donc accès possible, mais il faut y aller à la rame. Les courants peuvent être forts, fort courant N-S à marée descendante. Attention : sables mouvants à marée basse au bout côté N, zones de rochers inégaux au milieu, quelques vives. Se garer sur le bas-côté ou sur l'un des trois petits parkings.

6. Broadhaven South
Punchy, hollow, left wedging beachbreak that only works on large wrapping swells. Offshore in NW. Can handle plenty of size. Very heavy, rippy and tricky when big. Advanced only. National Trust car park on the cliff.

Beachbreak creux qui pousse bien, avec des gauches en wedge, seulement par grosse houle. Offshore par vent de NO. Tient bien la taille. Très méchant, du courant, difficile à négocier quand c'est gros. Surfers experimentés seulement. Parking du National Trust sur la falaise.

7. Freshwater East
Winter storm spot. Fast, hollow waves breaking over shallow sandbars, crowded when on, not for beginners. Park by the beach.

Spot d'hiver par conditions de tempête. Vagues rapides et creuses cassant sur des bancs de sable dans peu d'eau, du monde quand c'est bon, pas pour les débutants. Se garer près de la plage.

8. Manorbier
Mellow, high tide, right reefbreak and low tide beach peaks in shadow of a Norman castle. The reef handles onshores and is normally crowded. Park by the beach.

Reef tranquille en droite à marée haute, avec des pics à marée basse sur le beachbreak, en face d'un château normand. Tient le vent offshore, du monde en général. Se garer près de la plage.

9. Tenby South Beach
Deep shelter winter only wave. Fast, hollow and crowded when on. Park by the beach, full facilities in town.

Spot très abrité, en hiver seulement, vague rapide, creuse, avec du monde quand ça marche. Se garer près de la plage. On trouve de tout en ville.

The Stormrider Guide Europe

Gower

Llangennith

1. Broughton Bay
Long, gutless, longboard-friendly sand point. Needs a large SW swell to wrap in. Strong rip away from the line-up, so not suitable for beginners. Drive though Llangennith and park outside the caravan park.

Pointbreak sur du sable, long et mou, plus pour le longboard. Demande un gros swell de SO pour que ça rentre. Fort courant qui tire vers l'extérieur du line-up, donc débutants s'abstenir. Traverser Llangennith et se garer à l'extérieur du camping pour caravanes.

2. Llangennith/Rhossili
5km stretch of average yet consistent beachbreak. Picks up all available swell and is popular with all abilities and types of wavecraft. Over head height, the paddle out is renowned for its difficulty. Three Peaks at the north end has more size and power, while Rhossili at the south end picks up less swell and has shelter from S quadrant winds. Rips and jellyfish. Parking, camping and full facilities in Llangennith.

5km de beachbreaks de qualité moyenne mais qui marchent assez souvent. Prend bien la moindre houle, fréquentée par tous les types de surfers et tous les niveaux. Passé 2m, le passage de barre est réputé difficile. Three Peaks au bout côté N a plus de taille et de puissance, tandis que Rhossili côté S prend moins bien la houle et reste protégé des vents de secteur S. Du courant, des méduses. Parking, camping, on trouve de tout à Llangennith.

3. Fall Bay
Remote cove home to a high tide wedge popular with bodyboarders and a hollow, low tide, left reef. Needs a big swell to get going. Limited roadside parking in Rhossili and a long walk in, leave nothing of value in the car.

Crique isolée avec un wedge de marée haute fréquenté par les bodyboarders, et une gauche de reef à marée basse. Demande une grosse houle pour marcher. Places limitées sur le bord de la route à Rhossili, longue marche pour aller au spot, ne laissez rien de valeur dans la voiture.

4. Pete's Reef
Swell magnet, shallow reef peak, works well on small summer swells. Crowded when on. Very shallow reef, rocky entry and exit, strong rip on incoming tide and long walk in. Local crowd – show respect. Limited roadside parking near Pitton.

Pic avec peu d'eau sur du reef, concentre bien la houle, marche bien par petite houle d'été. Du monde quand c'est bon. Très peu d'eau sur le récif, des rochers à la mise à l'eau, fort courant au montant et longue marche pour aller au spot. Pas mal de locaux – respect de mise. Places limitées pour se garer le long de la route près de Pitton.

5. Sumpters
Long walling right reef, some barrel sections, deeper than the other reefs and an easier paddle out due to the deep-water gully. Even with the long walk in and limited parking in Overton it's generally crowded.

Reef en droite avec des longs murs, quelques sections à tube, plus d'eau que sur les autres reefs et un accès à la rame plus facile grâce à un chenal profond. Même avec peu de places pour se garer à Overton et une longue marche pour aller au spot, il y a souvent du monde.

6. Boilers
Shallow left reefbreak. Dredging take off over barely covered reef, running into a deeper gully. Strong rip away from peak. Rocky, rippy and sketchy leaving the water at high tide due to the swell hitting the rocks. Best at mid tide. Difficult access, limited parking, long walk and the local crew should deter most.

Gauche avec peu d'eau sur du reef. Take-off qui suce sur un reef à peine recouvert, finissant vers un chenal plus profond. Fort courant tirant vers l'extérieur du pic. Des rochers, du courant, sortie de l'eau délicate à marée haute car ça casse sur les rochers. Meilleur à mi-marée. Accès difficile, parking limité, longue marche et des locaux : ça en décourage plus d'un.

7. Port-Eynon Point
Punchy right pointbreak over rock/sand bottom. Sucky take off and first section before mellowing out into deeper water. In big wrapping swells Port Eynon beach can have small beginner-friendly waves. Parking, camping and facilities in the village.

Pointbreak en droite assez puissant sur un mélange de sable et de rochers. Take-off et première section creux, ramollissant ensuite dans de l'eau plus profonde. Port Eynon peut avoir des petites vagues pour débutants par grosse houle. Parking, camping, commerces au village.

8. Horton Beach
Good shorebreak when big swells wrap in. Best at low, dumpy at high. The sand has depleted in recent years, possibly related to sand mining in the Bristol Channel affecting many South Gower beaches. Park by the beach.

Bon shorebreak quand une grosse houle arrive à rentrer. Meilleur à marée basse, trop shorebreak à marée haute. Le sable a régressé ces dernières années, en liaison possible avec l'extraction de sable dans le Bristol Channel, ce qui a des répercussions sur de nombreuses plages de Gower. Se garer près de la plage.

Boilers

Hunts Bay

The Stormrider Guide Europe

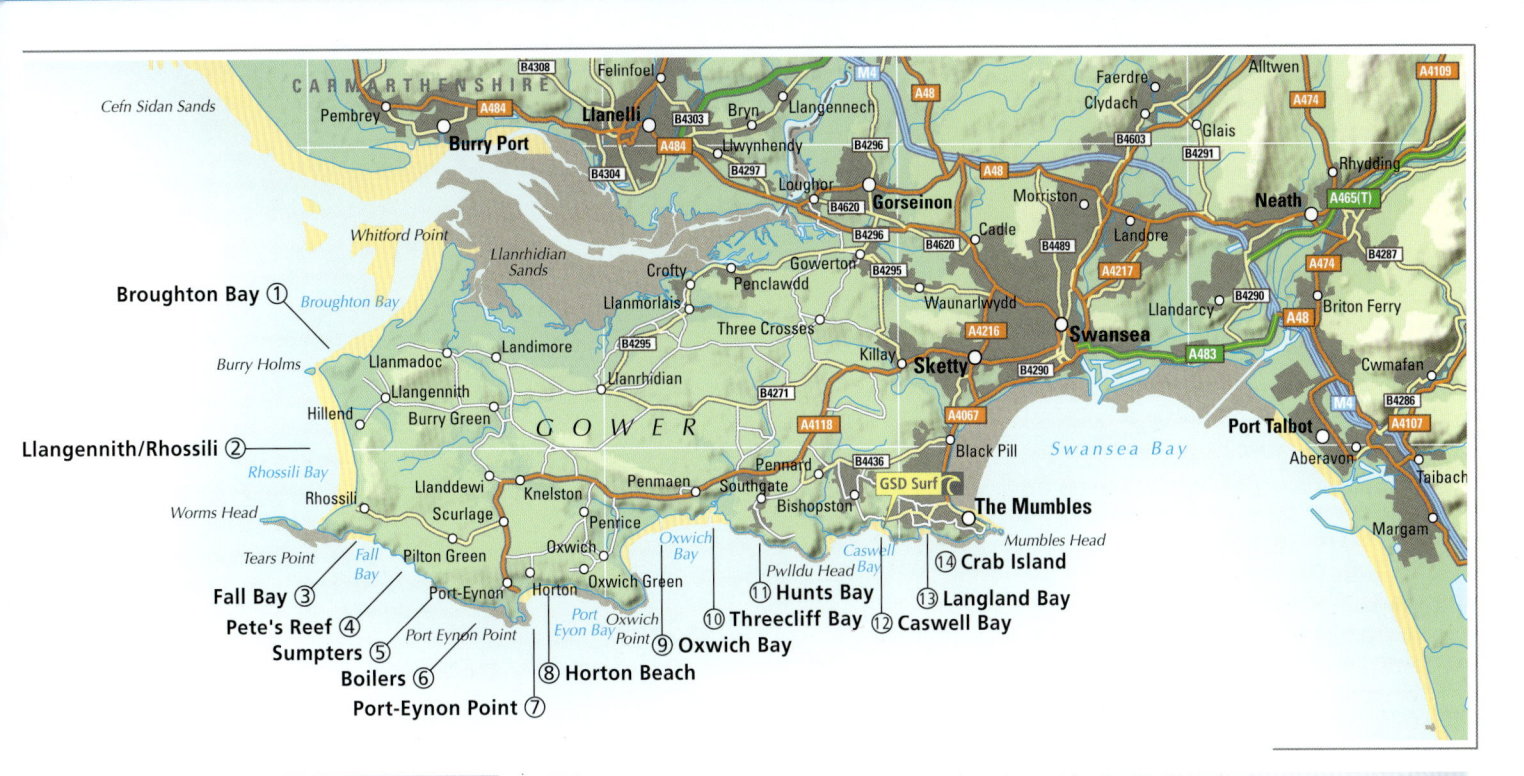

GOWER

9. Oxwich Bay
Hollow beachbreak, best at high. Needs massive winter swell to get going and never gets overhead. Pointbreak and reef at west end of bay have great shape but rarely get enough swell. Always crowded with mixed ability crew. Expensive private car park.

Beachbreak creux, meilleur à marée haute. Demande un swell énorme d'hiver pour marcher et ne dépasse jamais 1,5-2m. Pointbreak et reef à l'extrémité O de la baie, bien formés mais qui manquent souvent de houle. Toujours du monde avec des niveaux assez différents. Parking privé assez cher.

10. Threecliff Bay
Beautiful bay with sandbanks sculpted by stream. Needs a big swell to get going. Very rippy and long walk in. Limited parking in Penmaen.

Belle baie avec des bancs de sable sculptés par la rivière. Demande un gros swell d'hiver pour marcher. Beaucoup de courant et longue marche pour y aller. Parking restreint à Penmaen.

11. Hunts Bay
Rare, mainly righthand reef, needs solid swell to get going, but closes-out when big. Best at mid tide. Rocky in and out. Park and access from Southgate village.

Reef cassant surtout en droite, marche rarement, demande un bon swell pour marcher, mais ferme quand c'est gros. Meilleur à marée basse. Mise à l'eau avec des rochers. Se garer au village de Southgate et partir de là.

12. Caswell Bay
Small bay with beachbreak peaks, needs a big swell to get going and doesn't handle much size before closing-out. Rarely clean. Best at west end. Popular with tourists and surf schools. Beach car park fees apply.

Petite baie avec des pics en beachbreak, demande un bon swell pour marcher, ne tient pas trop la taille car ça ferme au-delà. Rarement propre. Meilleur au bout du côté O. Pas mal de touristes et d'écoles de surf. Parking payant près de la plage.

13. Langland Bay
Langland is the spot for South Wales' surfers with something for everyone depending on the tide. At high tide there's The Shorey, until Rotherslade Lefts and The Reef start working as the tide drops. At lower tides, Middle of the Bay, the Sandbar and Shit Pipe are all very busy, all the time. Some rips on the outside peaks. Pay to park year-round – gets rammed in summer.

Langland est vraiment le spot des surfers du S du Pays de Galles, avec quelque chose à surfer pour tous les niveaux en fonction de la marée. A marée haute, il y a The Shorey, avant que les gauches de Rotherslade et The Reef commencent à marcher au descendant. A marée basse, Middle of the Bay, the Sandbar and Shit Pipe sont très souvent surfés. Un peu de courant sur les pics outside. Il faut payer pour se garer - c'est farci de monde en été.

14. Crab Island
Mythical, fast, hollow right reef that breaks well a few times a year. Tough current makes the drop harder and getting caught inside is punishing. There's a rapid left off the other side but the rip means a close inspection of the rocks is guaranteed. Always busy with devout local crew – only the best will get waves here. Park at Langland.

Droite mythique de reef, creuse et rapide, ne marche bien que quelques fois dans l'année. Le drop est difficile à cause du courant fort et on ramasse si on se fait prendre à l'inside. Il y a une gauche rapide de l'autre côté mais avec le jus on est certain de faire connaissance avec les rochers. Toujours du monde avec des locaux acharnés – seuls les meilleurs peuvent prendre des vagues ici. Se garer à Langland.

The Stormrider Guide Europe

Glamorgan

1. Aberavon
Fast, wedging left off a rocky groyne that's not been so good since the breakwater extension. Average peaks further north up the beach. The banks haven't seen the sand loss of the Gower beaches. Like all breaks in this area, needs pushing tides to high water to get swell in up the channel. Renowned poor water quality is improving all the time. Jetskis can be a problem. Hard to get out at high when sizey. Park on promenade.

Gauche rapide qui fait un wedge près d'un épi rocheux, pas aussi bon qu'avant à cause de l'extension de la jetée. Pics de qualité moyenne plus au N de la baie. Les bancs ici n'ont pas perdu de sable comme sur les autres plages de Gower. Comme les autres spots des environs, il faut surfer à marée montante vers la marée haute pour que ça rentre dans le chenal. L'eau a une réputation de mauvaise qualité, mais celle-ci est en amélioration constante. Problème potentiel avec les jetskis. Entrée et sortie de l'eau pouvant être difficile quand c'est gros. Se garer sur le front de mer.

2. Margam/Kenfig Sands
Average beachbreaks, best at Kenfig end. Park at Kenfig Pools and walk in across dunes.

Beachbreaks moyens, meilleur du côté Kenfig. Se garer à Kenfig Pools et marcher à travers les dunes.

Porthcawl 3-5

3. Rest Bay
Well-formed beachbreak peaks at this consistent and busy spot. Not so good when onshore. Beach car park. Always crowded with tough local crew and M4 surfers.

Pics bien formés sur un beachbreak, marche souvent, souvent du monde. Tient moins bien l'onshore. Parking devant la plage. Pas mal de touristes.

4. ESP
Short, hollow, left reef in front of Porthcawl esplanade. Popular with lids and air loving groms. Park in town or car park.

Gauche courte et creuse sur du reef, en face de l'esplanade de Porthcawl. Pas mal de biscottes et de jeunes amateurs d'aerials. Se garer en ville ou sur le parking.

5. The Point
Right point located between Sandy and Trecco Bay, south of town. Fast, sucky drop before mellowing into a long wall. Only works when big swells make it up the channel. Busy local line-up when on. Advanced surfers only. Access through the caravan park.

Droite de pointbreak située entre Sandy et Trecco Bay, au S de la ville. Drop rapide et creux, suivi d'une longue épaule plus tranquille. Ne marche que lorsqu'un gros swell arrive à remonter le chenal. Line-up chargé quand ça marche. Surfers expérimentés seulement. Accès en passant par le camping pour caravanes.

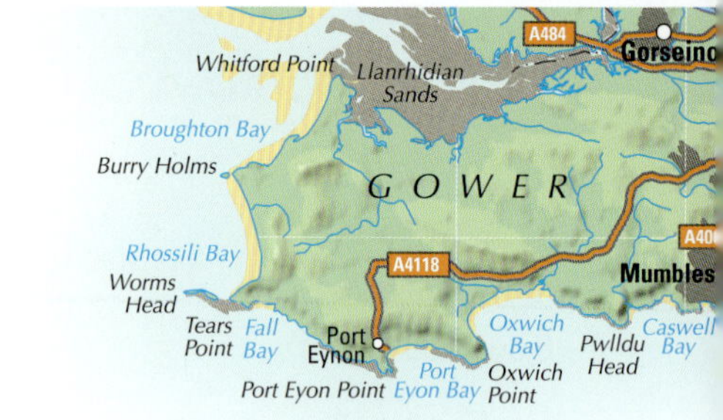

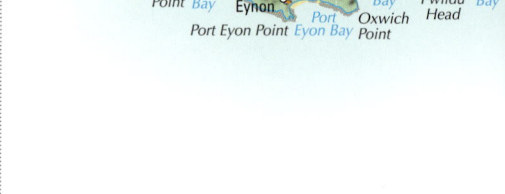

GLAMORGAN

8. Llantwit Major
Large triangular reef with different waves depending on tide. Long, walling low tide rights and split peaks as tide pushes over the ledge. Rocks, rips and locals to watch out for. Park by beach.

Grand reef triangulaire avec des vagues différentes en fonction de la marée. Des droites longues avec de l'épaule à marée basse, puis multi-pics quand la marée monte sur la dalle rocheuse. Attention au courant, aux rochers et aux locaux. Se garer près de la plage.

9. The Severn Bore
World famous tidal bore that pushes up the River Severn on spring high tides. Can be ridden for miles. Popular with longboarders, kayakers and waveskis. Best caught between Fretherne and Maisemore. Can be overhead; watch out for barbed wire, dead sheep and bridges.

Mascaret connu mondialement qui remonte la rivière Severn par gros coefficient. Peut être surfé sur plusieurs km. Plein de longboarders, kayaks et waveskis. La meilleur partie est entre Fretherne et Maisemore. Peut faire plus d'1.5m; attention aux barbelés, aux carcasses de moutons et aux ponts!

6. Ogmore-by-Sea
Rivermouth sandbars creating long lefts on the south side of the flow, plus a right on north side of rivermouth. Rarely gets any swell. Bad rips, poor water quality and busy if on. Park overlooking the wave on Ogmore side.

Bancs de sable à la sortie d'une rivière qui forment une longue gauche au S du courant, et une droite au N. Flat la plupart du temps. Courants forts, pollution et du monde quand ça marche. Se garer sur le parking au-dessus du spot du côté Ogmore.

7. Southerndown
Decent beachbreak peaks with some reef potential. Rippy and rocky. Park at Southerndown village and walk to Dunraven Bay.

Pics corrects sur un beachbreak, avec du potentiel sur les reefs voisins. Du courant et des rochers. Se garer au village de Southerndown et marcher jusqu'à Dunraven Bay.

The Stormrider Guide Europe

O'NEILL
YOU AND A FRIEND COULD BECOME O'NEILL VIP'S FOR 1 YEAR
O'NEILL
'07 VIP '08

oneilleurope.com
CORY LOPEZ

PHOTO McBRIDE

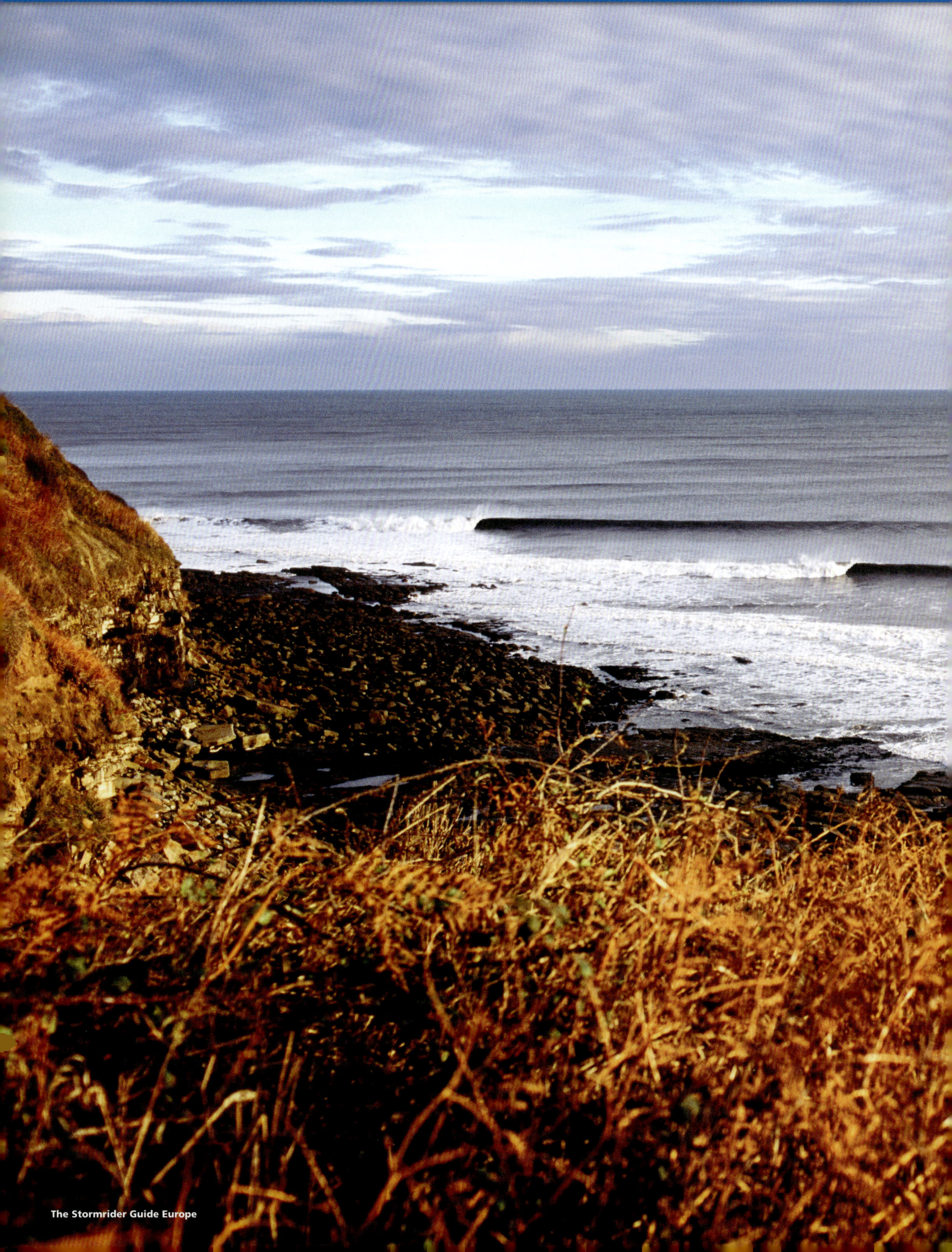

England

In the past, established surf nations have mistakenly considered England as a novelty destination with little in the way of good waves. In fact, the reality is that Europe's biggest surf population ride the surprisingly good beach, reef and pointbreaks of a long coastline battered by both Atlantic and North Sea breakers. Even the English Channel gets surfed by a dedicated crew that is growing every year. Captain Cook introduced surfing to the western world and the English have followed his lead by remaining at the forefront of European surf culture for decades. When the low pressure systems bomb through and the reefs are way overhead, there is little doubt that England is a hard-core place to surf.

L'Angleterre était avant considérée un peu comme une nouveauté, manquant de bonnes vagues par rapport aux autres pays reconnus pour le surf. En fait, il s'agit du pays avec le plus grand nombre de surfers en Europe, avec des spots dont on ne soupçonnait pas la qualité. Plages, reefs et pointbreaks se succèdent le long de côtes battues à la fois par les houles de l'Atlantique et de la Mer du Nord, et ils sont même de plus en plus nombreux à se motiver pour surfer en Manche… Si le Capitaine Cook a fait connaître le surf au monde occidental, les Anglais ont suivi son exemple en demeurant à l'avant-garde de la culture surf européenne pendant des dizaines d'années. Quand les dépressions bombardent la côte et que ça dépasse largement les 2 mètres sur les reefs, force est de reconnaître qu'il y a vraiment du surf en Angleterre.

Spokes on the North Sea swell wheel roll into Cayton Point, Yorkshire.

The Surf

England has exposure to groundswell on most of its coastline. Surfable waves abound with the exception of the Irish Sea coast in the NW of the country. SW to NW Atlantic swells and N swells coming down the North Sea are what surfers live for, but there are also a range of different windswell options around the less fancied south and east coasts. SW winds predominate, so north-facing coasts are best placed to groom the booming winter swells while summer is inconsistent on all coasts.

La plupart des côtes de l'Angleterre sont exposées aux houles longues. Il y a des vagues surfables partout sauf sur la côte de la Mer d'Irlande dans le NO du pays. La vie du surfer anglais dépend des houles de SO à NO produites par l'Atlantique et des houles de N venant de la Mer du Nord, mais il existe aussi toute une série d'options par houle de vent sur les côtes S et E moins connues. Le vent dominant est de SO, les côtes exposées NO étant donc les mieux orientées pour lisser les houles puissantes d'hiver tandis que les vagues se font rares l'été quelle que soit l'exposition.

The West Country

One of the most surfed areas is **North Devon**. The consistent west-facing beachbreaks, in particular the fabled low tide barrels at Croyde, are rarely empty as locals, and visitors from as far afield as London try to get their fix. The other large beginner-friendly beaches thankfully absorb the numbers well. The whole west-facing coast of Devon and Cornwall favours W/SW swell and winds in the E quadrant. When big W swells close out the open beaches and the wind is in the S the north-facing coast of Devon hides some classy gems. The open beaches are reliable year round, the sheltered spots are winter only and as with most of the British Isles, **September to November** is prime time.

The coast of **North Cornwall** is backed by large tracts of National Trust land and has been spared the development that's blighted the county further south. The area is home to the few west-facing reefs in the country and during big winter swells the deep shelter, north-facing coves come into their own, turning stormy SW swells into classy beachbreak peaks. The well maintained coast path is worth the trip as the epic coastline is one of the most dramatic in the UK. Handles both small **summer** swells on the beaches and **winter** storms at some semi-secret points and reefs.

The polar opposite to the dark and moody north of the county, **West Cornwall** may as well be called Summer County. With its mild climate and consistent waves it's the most popular surfer and tourist destination in the whole country, which means one thing for the summer months – crowds. Outside of the **summer** months clean W/SW swells are readily tackled by keen local crews and clued in travellers. The area is generally a small wave destination, once the swell is double overhead there are very few spots, with the exception of the Cribber, that can handle it.

South Cornwall and Devon's breaks are less consistent than their north coast counterparts but what they lack in consistency, they make up for in quality. Porthleven, one of England's finest reefs, is in the area. This coast usually needs an element of S in the Atlantic swells, although a massive W will wrap in, as will a NW at a few reefs. Southerly swells from Biscay lows can also light up the area's diverse breaks. The dominant SW airflow means onshores are a major problem in the area. Easterly windswells coming down the English Channel can also provide waves for the desperate. Summer can be painfully flat, **September onwards** can be rewarding but it depends on the track of the lows, if the lows are running north then Cornwall's south coast lays dormant.

Le Devon Nord est une des régions les plus surfées. Les beachbreaks orientés O marchent souvent, notamment Croyde et ses fameux tubes à marée basse ; il y a souvent du monde, venant chercher ici sa dose de surf, des locaux et des surfers qui font le voyage même depuis Londres. Heureusement, les autres plages plus adaptées aux débutants répartissent bien la foule. Toute la côte exposée O du Devon et de Cornouailles marche bien avec des houles d'O-SO et des vents de secteur E. Les grosses houles d'O font saturer les beachbreaks exposés, et si le vent est S la côte N du Devon recèle alors quelques spots d'exception. Les plages exposées fonctionnent toute l'année, les spots de repli ne marchant qu'en hiver, et comme pour le reste des Iles Britanniques, la meilleure période s'étale de septembre à novembre.

La côte de Cornouailles Nord comporte de grandes zones appartenant au National Trust, échappant ainsi au développement qui est venu gâcher les paysages du Comté plus au Sud. C'est dans cette région que l'on trouve les quelques rares reefs orientés O dans le pays, avec également des criques très abritées orientées N qui se mettent à fonctionner pendant les grosses houles d'hiver, transformant les houles de tempête de SO en de

102 North Devon
104 North Cornwall
106 Newquay
108 West Cornwall
110 South Cornwall/Devon
112 The Channel Islands
114 Southern England – West
116 Southern England – East
118 East Anglia
120 Yorkshire
122 Northeast England

Newquay

SURF STATISTICS	J/F	M/A	M/J	J/A	S/O	N/D
Dominant swell	SW-NW	SW-NW	SW-NW	SW-NW	SW-NW	SW-NW
Swell size (ft)	7	6	4	2	5-6	6-7
Consistency (%)	40	70	70	60	80	50
Dominant wind	S-NW	S-NW	S-NW	SW-NW	S-NW	S-NW
Average force	F5	F4-F5	F4	F4	F4-F5	F5
Consistency (%)	65	56	61	59	63	66
Water temp.(°C)	9	10	12	16	14	11
Wetsuit						

One of the most consistent and therefore crowded beaches in the southwest, Croyde is renowned for decent power and low tide tubes.

Croyde Beach

THE SURF 95

Top – **Violent earth movements have folded strata of slate, sandstone and granite into finger reefs, boulder points and rock littered coves. North Cornwall cul-de-sac.**

Middle – **Porthleven is the point of reference for the south coast, which comes alive in the bigger winter swells and provides options when the wind turns N.**

Bottom – **More Brittany than British, Jersey has some serious reef waves when W swells hit and the mega-tides are right.**

Porthleven

decreasing the swell size depending on which way the tide's going. The islands' large surf population ensure crowds at every session. A *year round* destination, whenever a good low is passing the swell window.

Heading east along **Southern England**'s coast the surf becomes more inconsistent as the swell window narrows and the shallow English Channel saps the life out of swells. There are rideable waves and surf communities from Lyme Bay all the way past Brighton that make the most of their short-lived access to clean SW swells and generally make do with windswell. An artificial reef is planned for Boscombe, near Bournemouth. The Kent coastline has got some surf spots but it's very rare for straight N groundswell to make it all the way down the North Sea. Joss Bay and the surrounding breaks generally work on short-range N/NE windswells. *Winter* is the best time.

très bons pics de beachbreak. Le sentier littoral est bien entretenu et mérite le détour car cette côte est une des plus spectaculaires du Royaume-Uni. Cette région tient à la fois les petites houles *d'été* sur les beachbreaks et les houles de tempête en *hiver* sur des pointes et des reefs encore à moitié secrets.

Par opposition directe au N du comté à l'atmosphère moins accueillante et un peu triste, le côté **Ouest de Cornouailles** aurait aussi bien pu être appelé le Comté de l'Eté. Avec un climat doux et des vagues fréquentes, c'est l'endroit le plus prisé des surfers et des touristes dans tout le pays, c'est-à-dire qu'il faut s'attendre à une chose pendant *l'été*: du monde. En dehors de cette période, les surfers locaux toujours partants et les visiteurs bien renseignés pourront profiter des houles rangées d'O-SO. C'est en général une région avec des petites vagues, et quand ça rentre à plus de 3 m il y a très peu de spots qui tiennent la taille, à part Cribber.

La Cornouailles Sud et le Devon Sud ont des spots qui reçoivent moins de vagues que leurs homologues sur la côte N, mais ils compensent ce manque de fréquence par une bonne qualité. C'est ici que se trouve Porthleven, un des meilleurs reefs d'Angleterre. Il faut en général que la houle soit un peu S pour que ça marche, mais un gros swell d'O peut aussi bien rentrer ici, ou même de NO sur certains reefs. Les houles de S du golfe de Gascogne peuvent aussi faire fonctionner différents spots sur la côte. Les vents de SO dominants sont le problème majeur dans la région car ils sont onshore. Les houles de vent d'E qui arrivent par la Manche peuvent aussi donner quelques vagues surfables pour ceux qui sont en manque. L'été peut être cruellement flat, et c'est à partir de *septembre* qu'on aura les meilleures chances de trouver du surf, en fonction de la trajectoire des dépressions car si elles remontent trop au N, la côte S de Cornouailles restera alors très calme.

The South Coast

The **Channel Islands** of Jersey and Guernsey have some high quality breaks and good exposure to straight W Atlantic swells. Some of Europe's last untapped big-wave reefs are there for the keen. Huge tides make local knowledge key and can make a big difference in the surf, increasing or

Les Iles Anglo-normandes de Jersey et Guernesey possèdent de très bons spots et une bonne exposition aux houles plein O de l'Atlantique. Quelques-uns des derniers spots vierges de gros en Europe attendent ici les plus motivés. Les marées gigantesques demandent une bonne connaissance de l'endroit et peuvent faire une grosse différence dans la taille des vagues selon que la marée monte ou descend. Il y a de nombreux surfers sur les îles et donc du monde à chaque session. On peut y surfer *toute l'année*, c'est-à-dire à chaque fois qu'une dépression est bien calée pour envoyer de la houle.

The Stormrider Guide Europe

ENGLAND

English Surf Culture

History

The UK's first surfer was quite possibly a lad called Nigel Oxendew, who learnt the sublime art in Waikiki in 1919 under the tutelage of legend Duke Kahanamoku.

His Royal Highness Edward Prince of Wales was hot on his heels. In 1920 he also spent three days in Hawaii, canoeing and surfing madly, initially in tandem, later alone. As Joseph Brennan recounts in his biography *The Duke* "For several hours the Duke worked patiently, explaining and demonstrating. By later that afternoon the prince had become quite adept, falling only occasionally. He had quickly become a devotee and just could not get enough". The day he left, April 14th 1920, a message was sent from the royal yacht *Renown* to the British consul. It read: "His Royal Highness has enjoyed his visit to Honolulu immensely. He was especially delighted with the surfing. He was frightfully keen about it."

After Nigel Oxendew returned he told some friends about his experience and the 'Island Surf Club' was formed on Jersey in 1923. Oxendew, Martin and Gordon rode the shorebreak at Five-Mile Road that year on short wooden bodyboards. The first recorded stand-up ride in the British Isles was by Archie Mayne sometime in the mid '20's, but after these first fledgling efforts there appears to have been a dormant period for nearly four decades.

Surfing became popular in Cornwall when two cultural elements fused. Firstly following the catastrophic number of drownings on West Country beaches in the '50s, the Surf Life Saving Association was established. In 1959, Newquay's Restormel Council was the first to take on full-time lifeguards with their hollow surfskis and by 1960 the first wooden paddle boards had become widespread in lifesavers' huts up and down the coast.

Enter the Aussies. In 1961 Bob Head, Ian Tiley, John Campbell, and Warren Mitchell were four lifeguards from Sydney's Avalon Surf Club, in Britain for the holiday season. One chilly April morning not long after arriving, they paddled out at Great Western beach on the first fibreglass and foam boards and gave a few enthralled onlookers a pioneering surfing display of style, power and grace.

The SLSA kept growing while the Aussie lifeguards kept carving when along came Gidget, surf music and a greater awareness of the growing Californian 'surf culture'. As Doug Wilson says in his excellent book on the history of British surfing, *You Should Have Been Here Yesterday*: "It was around this time that a clean-cut, surf-riding band, The Beach Boys were taking surf to the suburbs. Suddenly every city kid without a wave to his name tuned into a youth cult that stormed out of California and rushed around the world. A new era had arrived, flower power was around the corner, and being a surfer meant plugging into a happening of indescribable fun."'

As soon as people realised that it was possible to surf in Cornwall, surfing was here for good. By 1965, young entrepreneurs had set about the task of satisfying demand for wetsuits, surfboards and equipment. Bilbo surfboards in Newquay and later Tiki in North Devon became the first manufacturers in the country and played a crucial role in supplying equipment to trailblazers right across Europe.

From the '60s through to the '90s surfer numbers, performance levels and the size of the industry rose steadily. Surfers like Rod Sumpter, Tigger Newling, Ted Deerhurst, Nigel Semmens, Steve Daniels, Nigel Veitch, Spencer Hargreaves and Russell Winter represented England at a European level and were at the forefront of European surfing. Russell became the first born and bred surfer from Europe to qualify for the elite WCT world tour.

Pip Staffieri riding his home-made longboard at Newquay, circa 1939. The Hawaiians also sent over a longboard for surfers to use, but the 1940s to '50s were a period of inactivity for the British surf scene.

Le premier a avoir surfé en Angleterre fut très probablement un garçon appelé Nigel Oxendew, qui apprit cet art extraordinaire à Waikiki en 1919 sous la tutelle du légendaire Duke Kahanamoku.

Son Altesse Royale Edouard Prince de Galles fit la même expérience juste après: en 1920 il passa aussi trois jours à Hawaii, faisant du surf et du canoë comme un fou, au début en tandem, puis tout seul. Joseph Brennan raconte ce séjour dans sa biographie intitulée *The Duke* "Pendant des heures le Duke lui enseignait le surf patiemment, en expliquant et en faisant des démonstrations. Ce jour là vers la fin de l'après-midi, le prince commençait à être assez doué, ne tombant que rarement. Il était rapidement devenu un passionné et il en demandait toujours plus". Le jour de son départ, le 14 avril 1920, un message fut envoyé depuis le yacht royal *Renown* au consul britannique. Il disait "Son Altesse Royale a grandement apprécié son séjour à Honolulu. Elle a été particulièrement enthousiasmée par le surf. Elle en est revenue terriblement passionnée."

Une fois de retour, Nigel Oxendew raconta son expérience à quelques amis et c'est ainsi que le "Island Surf Club" fut créé à Jersey en 1923. Oxendew, Martin et Gordon surfèrent cette année-là le shorebreak de Five-Mile Road sur des petits bodyboards en bois. La première vague à avoir officiellement été surfée debout fut prise par Archie Mayne vers le milieu des années 20, mais après ces premières tentatives précaires il fallut vraisemblablement attendre presque quarante ans pour qu'il y ait du nouveau.

Born into the English aristocracy, Viscount Ted Deerhurst was the first European surfer to compete on the world tour in 1978. A self financed amateur and unsponsored, the "Lord on a Board" never won a contest, but lived and competed in Hawaii until his untimely death in 1998.

Le surf se développa ensuite grâce à la coïncidence de deux événements culturels. D'abord la création de la Surf Life Saving Association dans les années 50 suite à une catastrophique série de noyades sur les plages de l'Ouest du pays. En 1959 la municipalité de Restormel à Newquay fut la première à embaucher des maîtres-nageurs, qui étaient équipés de surfskis creux, et en 1960 les premiers paddleboards en bois étaient devenus largement utilisés dans les cabanes de surveillance tout le long de la côte.

C'est alors que les Australiens entrèrent en scène. En 1961 Bob Head, Ian Tiley, John Campbell et Warren Mitchell, quatre maîtres-nageurs de l'Avalon Surf Club de Sydney étaient en Angleterre pour la période des vacances.

The East Coast

East Anglia is inconsistent and polluted. Norfolk never gets big waves but the flint-laden beaches have good shape and offer sucky beachbreaks. In a good northerly swell there are offshore options in any wind from the W round to S. *Autumn and winter* only.

The **Yorkshire** coast is rapidly becoming known as one of the best areas for surf in England. The geology is favourable for reefbreaks and when a N swell comes down from an Arctic low and meets with an offshore SW airflow the results can be spectacular; points, reefs, beaches and heavy ledges abound. Secret spots still exist, as access is difficult in some areas, but the crowd tension is starting to show at the name spots as more and more visitors head north instead of to the SW. N swells can occur anytime of the year with the *winter* seeing the best consistency and often the East Coast can be firing whilst the Southwest endures millpond conditions. It is worth noting that water temps are well below the Atlantic average at all times of the year.

The North East is home to two contrasting surf experiences, the urban, polluted waves around Tyneside and Middlesbrough and the pristine, uncrowded wilds of Northumbria. Similar to Yorkshire, Arctic N swells bring the area's reefs, points and beaches to life at any time of year. Rare SE swells from small North Sea low pressure systems, also deliver the goods. *Autumn or winter* is the go.

Boscombe Pier is one of many piers and jetties that stabilise the sandy beaches along the southern England and Channel coastlines. Also the site of a new expensive and overdue artificial reef.

Opposite – Harbours dot the east coast, often providing easy access to outside reefs or serendipitously engineered waves.

Boscombe Pier

En allant vers l'E le long de la côte **Sud de l'Angleterre**, on trouve moins de vagues car la fenêtre d'exposition à la houle se rétrécit et la Manche peu profonde enlève toute puissance à la houle. Il y a toutefois des vagues surfables, et les surfers résidant dans la région entre Lyme Bay et Brighton tirent le maximum des houles propres de SO (qui ne durent pas longtemps), en se contentant en général de houles de vent. Un reef artificiel est en projet à Boscombe près de Bournemouth. La côte du Kent a quelques bons spots mais il est très rare d'avoir une houle de fond de N qui puisse descendre jusque là depuis la Mer du Nord. Joss Bay et les spots environnants marchent en général par houle courte de vent de N-NE. L'hiver reste la meilleure période.

Newcastle

SURF STATISTICS	J/F	M/A	M/J	J/A	S/O	N/D
Dominant swell	N-E	N-E	N-E	N-E	N-E	N-E
Swell size (ft)	5-6	5	3-4	3	4-5	6
Consistency (%)	50	60	60	50	60	50
Dominant wind	S-W	S-W	E-S	SW-N	S-W	S-W
Average force	F5	F4-F5	F3-F4	F4	F4	F4-F5
Consistency (%)	53	43	40	56	50	53
Water temp.(°C)	7	7	9	13	12	9
Wetsuit						

The Stormrider Guide Europe

Un petit matin frisquet d'avril, peu de temps après être arrivés, ils se mirent à l'eau à Great Western beach avec les premières planches en mousse et en fibre de verre, et ils devinrent les premiers à donner une démonstration de surf à quelques spectateurs médusés, en alliant style, grâce et puissance dans leurs manœuvres.

Le SLSA continuait de grossir et les maîtres-nageurs australiens continuaient à envoyer des grosses courbes lorsque le film de surf Gidget sortit, ainsi que la surf music et aussi une plus grande connaissance de la 'surf culture' californienne. Comme le dit Doug Wilson dans son excellent livre sur l'histoire du surf en Angleterre *You Should Have Been Here Yesterday* (Dommage que tu ne sois pas venu hier): "C'était vers cette époque qu'un groupe de surfers en tant que tels appelés les Beach Boys introduisirent le surf dans les banlieues. Soudainement, tous les jeunes des villes, qui n'avait jamais vu une vague de leurs vies, se mirent à suivre une forme de culte de la jeunesse qui explosa en dehors de la Californie et se mit à se répandre à travers le monde. Une nouvelle époque était arrivée, le flower power était dans l'air et être un surfer voulait dire adhérer à un mode de vie où on s'éclatait comme jamais."

Dès que les gens prirent conscience qu'on pouvait surfer en Cornouailles, le surf prit racine pour de bon. Vers 1965, de jeunes entrepreneurs se mirent à satisfaire les besoins en combinaisons, planches et autre matériel. Bilbo surfboards à Newquay et plus tard Tiki dans le North Devon furent les premières marques dans le pays et jouèrent un rôle crucial pour équiper les pionniers du surf à travers toute l'Europe. Des années 60 aux années 90 le nombre de surfers, le niveau et la taille de l'industrie du surf ont augmenté de façon régulière. Des surfers comme Rod Sumpter, Tigger Newling, Ted Deerhurst, Nigel Semmens, Steve Daniels, Nigel Veitch, Spencer Hargreaves et Russell Winter représentèrent l'Angleterre au niveau européen et furent à l'avant-garde du surf européen. Russell fut le premier et reste le seul surfer étant né et ayant grandi en Europe à se qualifier pour le WCT, l'élite du championnat du monde.

Today

Surfing is hugely, some would say too, popular in England with an estimated 250,000 regulars and many more having tried it on their regular seaside holidays. The English have taken surfing to heart and the subculture of the last millennium has now been pushed firmly into the mainstream consciousness. Seeing surfboards on the roof of a car is commonplace and cheap wetsuits have liberated the masses from merely taking a quick dip in the cool Atlantic. Surf shops have popped up in most coastal towns and Newquay boasts some of the most technically advanced surfboard factories in Europe, although prices are comparatively high. Surf schools have mushroomed with 52 BSA approved, plus dozens more smaller operators who are introducing groups to the line-up. Surf photographers and film-makers are documenting the sport in the British Isles like never before. England supports four domestic surfing magazines, *The Surfer's Path, Wavelength, Carve, Slide* and *Pit Pilot*, plus a number of crossover titles.

The idea of an English surf film seemed impossible a few years ago; now with a brace of movies (Land of Saints, Coast, The Elusive) featuring footage of classic sessions all around the country, it's rare for a good day of waves at any of the name spots not to be thoroughly documented. A few riders do make a living purely from surfing: Alan Stokes, Sam Lamiroy and British women's champ Robyn Davies are all salaried but don't make anywhere near the money of their French counterparts.

The dearth of international contests in England during the '90s ended in 2000 when the Rip Curl Pro in Newquay established itself as the start of the European leg of the WQS tour. Now the annual event in August draws many of the world's top pros and a week-long beach festival accompanies the action in the water. The top-flight women's WCT tour made its debut on English shores in 2005 for the Roxy Pro in Perranporth, a bit of a comedown from the prior stops of Cloudbreak and Teahupoo.

Le surf est devenu vraiment très populaire en Angleterre, certains diraient même trop, avec 250 000 pratiquants réguliers sans compter ceux qui ont déjà essayé pendant leurs vacances à la mer. Les Anglais ont réellement adopté ce sport et la culture marginale du siècle passé a été maintenant durablement transférée dans la conscience collective. Voir des planches sur le toit d'une voiture est devenu normal, et les combinaisons à bas prix ont permis au plus grand nombre de faire plus que rapidement se tremper dans l'océan Atlantique, dont la température est plutôt fraîche. Les surfshops ont poussé ici et là dans la plupart des villes côtières, et à Newquay il y a maintenant parmi les meilleurs ateliers de shape en Europe, même si les prix sont comparativement plus chers qu'ailleurs. Les écoles de surf se sont multipliées avec 52 écoles labellisées par la BSA, sans compter la douzaine de structures plus petites qui initient des groupes au surf. Les photographes de surf et les réalisateurs de vidéos n'ont jamais été si présents dans les Iles Britanniques. On dénombre quatre revues anglaises spécialisées avec *The Surfer's Path, Wavelength, Carve* et *Pit Pilot*, auxquelles viennent s'ajouter un certain nombre de magazines crossover.

1986 Fosters Surfmasters Newquay

Fistral zoos out when the big surf competitions come to town. Unfortunately, summers are rarely blessed with epic, contestable conditions.

L'idée de faire un film de surf en Angleterre semblait impossible il y a quelques années, mais on compte aujourd'hui un certain nombre de vidéos (Land of Saints, Coast, The Elusive) montrant les bonnes sessions à travers tout le pays, et il est rare qu'il n'y ait personne pour tout filmer quand les conditions sont bonnes sur les spots phares. Quelques surfers arrivent à ne vivre que du surf comme Alan Stokes, Sam Lamiroy et la championne nationale Robyn Davies, qui sont tous salariés, tout en restant loin des sommmes que peuvent gagner leurs homologues français.

Le Rip Curl Pro à Newquay en 2000 mit un terme à une période pauvre en compétitions internationales dans les années 90, et marque chaque année le début de la saison européenne du circuit WQS. Beaucoup des meilleurs pros mondiaux font le déplacement ici en août, où il y a un festival sur la plage en marge de la compétition pendant toute une semaine. L'élite féminine du WCT a débuté le circuit sur les côtes anglaises en 2005 à Perranporth, ce qui peut sembler un peu décevant par rapport aux étapes antérieures sur les spots de Cloudbreak et Teahupoo.

Le côté de **East Anglia** ne marche pas souvent et l'eau y est polluée. Le Norfolk ne reçoit jamais de grosses vagues mais ses plages recouvertes de silex ont une bonne configuration et forment des beachbreaks assez creux. Par une bonne houle de N il y a plein d'options avec du vent offshore pourvu qu'il soit de secteur O à S. A surfer seulement en *automne et en hiver*.

La côte du **Yorkshire** est en train de rapidement se faire connaître comme l'une des meilleures régions pour le surf en Angleterre. La géologie des côtes favorise les vagues de reef, et lorsqu'une houle de N descend après le passage d'une perturbation arctique en rencontrant un flux d'air offshore de SO, on peut être surpris du résultat: on y trouve quantité de pointes, plages, reefs et autres dalles bien méchantes. Il reste des spots secrets dont l'accès reste difficile à certains endroits, mais la pression du monde à l'eau commence à se faire sentir sur les meilleurs spots, de plus en plus de surfers anglais choisissant d'aller surfer vers le N plutôt que vers le SO. On peut avoir des houles de N à n'importe quel moment de l'année, *l'hiver* étant le plus propice, et souvent la côte E marche à fond pendant que le SO ressemble à un lac. Il est utile de signaler que la température de l'eau est bien inférieure aux moyennes de l'Atlantique, et ce tout au long de l'année.

Le **Nord-Est** comporte deux versions contrastées du surf: des vagues polluées dans un cadre urbain autour de Tyneside et de Middlesbrough, et les étendues sauvages et préservées de Northumbria. Comme pour le Yorkshire, les houles de N provenant des dépressions arctiques fournissent des vagues sur les reefs, pointes et plages de la région quelle que soit l'époque de l'année. Les rares swells de SE envoyés par les systèmes dépressionnaires sur la zone réduite de la Mer du Nord peuvent aussi donner de bonnes vagues. *L'automne et l'hiver* restent les saisons à privilégier.

The Stormrider Guide Europe

The Ocean Environment

Pollution

Two centuries of industrial revolution have inevitably led to wide-scale pollution of the land, rivers and sea, deeply scarring the 'green and pleasant land' and earning England the tag of the 'dirty man of Europe'. Heavy industry of all kinds including mining, nuclear and coal power generation, agriculture, heavy shipping as well as sewage, have all left their mark on the marine environment and the rivers that carry pollutants into the surf zone.

For years the densely populated island used its precious natural environment as a dumping ground and it's only recently that any concerted effort has been made to put things right. Grass roots environmental surf activism was started in Europe in 1990 by a group of St Agnes surfers fed up with surfing in raw sewage and industrial effluent. Surfers Against Sewage (SAS) has been one of the few success stories in the field. SAS focus on the 300 million gallons of sewage discharged around the UK coastline each day and the 2 million tonnes of toxic waste dumped into the sea every year.

Effluent arriving at treatment plants (not designed to deal with chemical waste!) includes sewage-related debris, bacteria and viruses found in the human intestine, chemicals and heavy metals (from households, offices, industry and medical establishments), nutrients (nitrates and phosphates), endocrine disrupting substances (responsible for gender changing fish in rivers), oils, fats and greases. Industrial discharges are legally limited by consents that allow controlled amounts of specified substances into the sewerage system.

Many water companies have now installed full sewage treatment plants in areas of the country where bathing is popular and this has helped improve things for surfers at the most popular breaks. The Environmental Programme involves the provision of tertiary treatment at 100 additional treatment works in the UK, servicing 8 million people at a cost of £8.5 billion. The new spend on environmental improvements by water companies is £3.5billion from 2005 til 2010.

However, short-term pollution incidents have been on the rise in recent years, the majority of which are coming from combined sewer and stormwater overflows (CSO's). These discharge a mixture of raw sewage and wastewater into coastal areas, normally after periods of heavy rainfall, when the treatment system can't handle the sheer volume of waste arriving at the works. With winter rainfall predicted to increase these are expected to discharge more frequently and so SAS are campaigning for legislation to be tightened. With the European Union still insisting that no one uses the sea in the winter months (and therefore no water quality sampling is carried out from October to April) the health risks to surfers increase during this time.

The general decline in manufacturing and heavy industry is helping improve the previously nightmarish water quality in the North Sea, so badly polluted that fish and shellfish mutations were common. Heavy shipping in the Channel brings quantities of oil to the coast from ballast tank flushing, along with the inevitable invasive species, but thankfully the new generation of super-tankers are too large for the narrow sea lanes. The Irish Sea coast of England retains its position as the most polluted coastline, mainly due to the radioactive presence of Sellafield, but luckily it is a surf free zone.

Les deux siècles de révolution industrielle ont inévitablement engendré une pollution à grande échelle des sols, des rivières et de la mer, laissant de profondes traces dans ce qui était appelé autrefois 'le pays vert et plaisant'. L'Angleterre s'est maintenant vu attribuer l'image 'd'éboueur de l'Europe'. Toutes sortes de pollutions ont affecté l'environnement marin, industries lourdes, mines, centrales nucléaires et de charbon, l'agriculture, le fret maritime et bien sûr les rejets d'eaux usées, avec les rivières qui charrient la pollution jusqu'au line-up.

Pendant des années, cette île très peuplée a utilisé son précieux capital naturel comme une décharge, et ce n'est que récemment qu'un effort commun a été entrepris pour changer les choses. Le militantisme à la base pour défendre l'environnement des surfers a vu le jour en 1990 grâce à un groupe de surfers de St-Agnes qui en avait assez de surfer dans les rejets industriels et les eaux usées non traitées. Surfers Against Sewage (SAS) est ainsi devenu un des rares à réussir dans ce domaine, en s'attaquant aux 66 millions de litres d'eaux usées qui sont rejetées chaque jour le long du littoral du Royaume-Uni et les 2 millions de tonnes de déchets toxiques déversés en mer chaque année.

Les effluents qui arrivent aux stations d'épuration (qui ne sont pas prévues pour traiter les produits chimiques!) transportent des débris trouvés dans les eaux usées, des bactéries et virus présents dans les intestins humains, des produits chimiques et des métaux lourds (provenant des maisons, des bureaux, des industries et des centres médicaux), des engrais (nitrates et phosphates), des perturbateurs endocriniens (responsables de changement de sexe chez les poissons dans les rivières), des hydrocarbures, des huiles et des graisses. Les rejets industriels sont réglementés par des lois qui autorisent le rejet d'une certaine quantité de substances spécifiques dans le réseau d'assainissement.

De nombreuses entreprises dans le secteur de l'eau ont maintenant installé des stations d'épuration complète dans les régions balnéaires, ce qui a amélioré le sort des surfers sur les spots les plus fréquentés. Le Plan pour l'Environnement prévoit un investissement dans le traitement tertiaire pour 100 stations d'épuration de plus au Royaume-Uni, desservant 8 millions d'habitants pour un coût de 8.5 milliards de livres. Les nouvelles dépenses prévues de 2005 jusqu'à 2010 pour améliorer le réseau par les entreprises fournissant l'eau sont de 3.5 milliards de livres.

Pourtant, les pollutions accidentelles à court terme se sont accrues ces dernières années, la majorité d'entre- elles provenant de surplus mixtes non traités. Les stations d'épuration déchargent un mélange d'eaux usées et d'eaux de ruissellement qui n'a pu être épuré vers les régions côtières, en général après une période de fortes pluies, lorsque le système de retraitement ne peut faire face au volume total qui arrive à la station. Les précipitations hivernales étant prévues à la hausse, ces stations vont donc déborder plus fréquemment et SAS fait campagne pour rendre la législation plus contraignante. Comme l'Union Européenne affirme toujours que personne n'utilise la mer pendant les mois d'hiver (aucune analyse d'eau de mer n'est donc faite d'octobre à avril), les risques pour la santé des surfers augmentent donc pendant cette période.

Le déclin des secteurs de la manufacture et de l'industrie lourde a contribué à l'amélioration de la qualité de l'eau en Mer du Nord, autrefois cauchemardesque (tellement polluée que les mutations sur les poissons et les crustacés devenaient fréquentes). Le fort trafic maritime en Manche entraîne une pollution aux hydrocarbures sur les côtes en raison des déballastages, avec également des invasions inévitables de certaines espèces, mais heureusement les super-tankers de nouvelle génération sont trop gros pour passer dans les rails maritimes devenus trop étroits. La côte anglaise de la Mer d'Irlande garde son classement en tête des côtes les plus polluées, principalement à cause de la radioactivité présente autour de Sellafield, mais heureusement c'est une zone sans surf.

Erosion

England's varied geology and geography means coastal erosion runs the full spectrum from the solid, slowly eroding sedimentary rocks of Cornwall through the crumbling glacial till cliffs of Yorkshire to the disappearing

Middle – **The filthy cocktail of industrial and residential effluent that flows out at the Gare is super-consistent, unlike the heavy tubing righthanders that break off the lighthouse.**

Bottom – **Crumbling sea defences plus crumbling cliffs equals crumbling beachfront properties in Norfolk.**

THE OCEAN ENVIRONMENT

sandbars of Norfolk. 5% of the UK's coastline is artificial but Victorian sea walls and groyne structures have delayed the inevitable rather than halted the sea's march, often transferring the problem further down the coast. Half of the UK coastline consists of beach (25%), soft rock (18%) and mud (9%) and most of the hard rock is in Scotland so there is plenty of vulnerable coast, particularly on the east coast. In January 1953, a three metre high storm surge in the North Sea inundated almost 100,000 hectares of eastern England, claiming 307 lives and breaching all sea defences from London to the Netherlands.

Storms and tidal surges can nibble away at the coast by up to 6m per year in Yorkshire, and houses are regularly falling into the sea. Erosion figures show that 4705kms of UK coast are eroding, 2373kms are protected, yet 677kms continue to erode despite protection. Modern understanding of environmental processes means that the approach is now to let nature take its course and retreat. Artificial reefs are a recent low impact idea that are gaining favour; one at Boscombe in Dorset has been approved and the highly anticipated reef at Towan beach in Newquay is still possible but bogged down in small town politics. The site is considered by experts as the best site in the world to build a reef favourable for surfing.

La nature variée des sous-sols et du relief en Angleterre se traduit par tous les types d'érosion que l'on peut rencontrer sur les côtes, depuis les roches sédimentaires dures de Cornouailles, s'érodant lentement, en passant par les falaises croulantes du Yorkshire composées de sédiments glaciaires, jusqu'aux bancs de sable qui disparaissent dans le Norfolk. 5% des côtes anglaises comportent des protections artificielles mais les jetées et autres brise-lames victoriens n'ont fait que retarder la marche inexorable de la mer sans la stopper, en transférant le problème un peu plus loin sur le littoral. La moitié de celui-ci est composé de plages (25%), de roches tendres (18%) et de vases (9%), la plupart des roches dures étant situées en Ecosse ; il y a donc de grandes portions de côtes qui sont vulnérables, surtout sur la côte Est. En janvier 1953, une onde de tempête de trois mètres en Mer du Nord est venue inonder près de 100 000 hectares dans l'Est de l'Angleterre, faisant 307 victimes et des brèches dans toutes les protections contre la mer, de Londres jusqu'aux Pays-Bas.

Les tempêtes et les ondes de tempêtes peuvent grignoter la côte jusqu'à 6m par an dans le Yorkshire, où les maisons tombent régulièrement dans la mer. Les statistiques sur l'érosion montrent que 4705 km de côtes sont en érosion, 2373 km sont protégées, mais 677 km d'entre-elles continuent à s'éroder malgré les protections. La compréhension récente des mécanismes naturels a conduit à une nouvelle approche: laisser faire la nature et battre en retraite. Les récifs artificiels ont un impact environnemental faible et représentent une solution récente de mieux en mieux acceptée ; un projet a été validé à Boscombe dans le Dorset et on attend avec impatience celui de Towan beach à Newquay, actuellement enlisé dans les pourparlers politiques d'une petite municipalité. Le site est pourtant considéré par les experts comme le meilleur endroit au monde pour faire un récif pour le surf.

Access

Getting to the beach is generally easy in England, once the local council or National Trust has taken its pound of flesh for your pay and display parking fee from April to September. In some areas local councils are tackling illegal parking with clamping, which can work out to be painfully expensive. Access can be limited in North Cornwall and Yorkshire by geography; high cliffs mean some waves go unridden. On the south coast the MOD (Ministry of Defence) ranges around Kimmeridge also limit access when they are firing. Many breaks require a dash across farmers' fields, which is only acceptable after getting permission.

Il est en général facile d'accéder à la plage en Angleterre, une fois que la municipalité locale ou le National Trust vous a prélevé son lot de taxes avec ses parcmètres, d'avril à septembre. A certains endroits la municipalité a recours aux sabots pour lutter contre les stationnements abusifs, ce qui peut se révéler très lourd pour le porte-monnaie. L'accès peut être limité par le relief en Cornouailles Nord et dans le Yorkshire, les hautes falaises empêchant de surfer certaines vagues vierges. Sur la côte Sud, les zones de tir militaires vers Kimmeridge interdisent l'accès quand il y a un exercice. Il faut souvent vite se faufiler à travers les champs pour rejoindre de nombreux spots - seulement après avoir demandé l'autorisation aux propriétaires.

Hazards

Surfing in England is comparatively hazard free, although there are some minor hassles. A modern phenomenon likely to cause danger is the rampant overcrowding at some of Devon and Cornwall's most popular beaches. Fistral, Croyde, Putsborough and the other name spots are suffering massive overloading with a growing rash of surf schools adding more beginners into an already crowded environment.

The temperature in winter can cause hypothermia in the unwary. The English Channel and North Sea coasts can suffer sub 10°C water as those water bodies are shallow and lose their summer heat quicker than the deeper Gulf Stream fed Atlantic tracts in the southwest.

Water quality is improving but raw sewage, stormwater and the attendant health risks are present in some areas, more so in the winter months.

Weever fish can sting the unlucky in the feet and Portuguese man-of-war jellyfish can be present in the southwest.

Car crime is a growing problem at popular spots as thieves are wise to surfers' habits. Try not to leave valuables in view and do not leave keys under the car. Localism is present, but muted, at prize spots and dominance is asserted through ability rather than with force. Follow the rules and there will be no problems.

Most popular beaches have seasonal lifeguard cover and the Coastguard, alongside the RNLI, provide a fantastic year-round rescue service nationwide.

Top – **Farmland is often an obstacle between surfers and the waves. Always ask for permission before crossing private property.**

Middle – **Overt localism is rare in the water as crowds increase at the main breaks, but visitors will not be welcomed at all the fiercely protected secret spots.**

Par rapport à d'autres endroits, le surf en Angleterre est plutôt sans risques, bien qu'il y ait quelques désagréments mineurs. Tendance récente, la surpopulation croissante sur les plages les plus fréquentées du Devon et de Cornouailles peut être une source de danger. Fistral, Croyde, Putsborough et d'autres spots bien connus souffrent du nombre croissant d'écoles de surf qui envahissent le line-up et qui rajoutent encore plus de débutants sur des spots qui n'en avaient pas besoin.

Les températures hivernales peuvent être source d'hypothermie pour les moins prévoyants. La Manche et la Mer du Nord peuvent descendre à moins de 10°C car elles sont peu profondes et perdent la chaleur accumulée pendant l'été, comparées aux grandes masses d'eau alimentées par le Gulf Stream dans le sud-ouest de l'Atlantique.

La qualité de l'eau est en amélioration, mais les rejets d'eaux usées et de ruissellement peuvent présenter un risque pour la santé sur certains spots, notamment en hiver.

Les moins chanceux pourront se faire piquer le pied par une vive et il peut y avoir des méduses (physalies) dans le Sud-ouest.

Les vols dans les voitures sont en augmentation sur les spots les plus fréquentés car les voleurs connaissent les habitudes des surfers. Essayer de ne pas laisser d'objets de valeur en vue à l'intérieur et ne cachez pas votre clé sous la voiture.

Le localisme sur les spots les plus convoités existe, mais de façon ténue, et la hiérarchie au line-up s'exerce plus en fonction du niveau technique que du recours à la force. Respectez les règles et vous n'aurez aucun problème. Les plages les plus fréquentées sont surveillées en saison par les maîtres-nageurs, et les garde-côtes assurent un formidable service de secours en mer dans tout le pays en collaboration avec le RNLI.

The Stormrider Guide Europe

Travel Information

Getting There

By Air
London's main airports are some of the world's great travel hubs. It's possible to fly into Heathrow or Gatwick from pretty much anywhere in the world. Smaller regional airports are well serviced and the budget airlines (Ryanair, Easyjet, BMI) operate comprehensive European networks from Stansted, Luton and Exeter. They all have transparent, board-friendly luggage policies with a set fee for sporting equipment between £15 and £25 pounds, and weight no object, as long as it does not exceed the BAA maximum 32kg limit. Internal flights from London to Newquay are now also possible; Ryanair and AirSW both offer this popular service.

Londres compte parmi les plus grands aéroports internationaux du monde. Heathrow ou Gatwick desservent pratiquement toutes les destinations. Les aéroports de province ont aussi un trafic important et les compagnies low-cost (Ryanair, Easyjet, Bmi) transportent les voyageurs vers toute l'Europe depuis Stansted, Luton et Exeter. Elles ont des tarifs clairs et économiques pour les bagages, avec un forfait compris entre 15 et 25 livres pour le matériel de sport, seuls les objets dont le poids excède la franchise BAA de 32Kg étant pesés. On peut maintenant aller à Newquay en avion depuis Londres, ce que font beaucoup de gens avec Ryanair et AirSW.

By Sea
Unsurprisingly as an island nation the UK is well served by ferries. There are a whole host of routes and operators from the European continent to the south and east coasts of England. Brittany Ferries, Stena, P&O and many more service Plymouth, Poole, Portsmouth and Dover from France. Harwich is the main port for routes from the Netherlands and Tynemouth from Scandinavia.

En tant qu'île, il est normal que l'Angleterre soit bien desservie par les ferries. On trouve toute une série de liaisons maritimes et différentes compagnies depuis le continent européen vers les côtes S et E. Brittany Ferries, Stena, P&O et de nombreuses autres desservent Plymouth, Poole, Portsmouth et Douvres depuis la France. Harwich est le port principal pour les ferries arrivant des Pays-Bas; c'est Tynemouth pour ceux qui viennent de Scandinavie.

By Train
The English train network is poor and slow in comparison to its European counterparts, due to its aging infrastructure and lack of investment, but functions well enough. Routes to the southwest are reasonably easy and the train station in Newquay is a mere stone's throw from the beach. Carrying boards at busy times is becoming an issue and it's best to check ahead that it's not going to be a problem.

Le réseau ferroviaire anglais est moins bon et plus lent qu'ailleurs en Europe, à cause d'une infrastructure vieillissante et du manque d'investissements, mais il fonctionne quand même relativement bien. On peut aller dans le SO en train assez facilement et la gare de Newquay n'est qu'à quelques pas de la plage. Il devient difficile de transporter ses planches quand il y a du monde dans les trains, et il vaut mieux se renseigner avant pour que ça ne pose pas problème.

Downend Point

Porthmeor, St Ives

England has a long a cultural history with deep Celtic roots and many ancient and contemporary sites worth travelling to. Modern St Ives bowl.

The Stormrider Guide Europe

Visas
EU nationals can enter with a national ID card and can stay as long as they like. US, Canadian, Australian and New Zealand nationals need a passport and can stay for six months. All other visitors must contact the British embassy as rules vary.

Les citoyens européens peuvent entrer dans le pays avec une carte d'identité sans limitation de durée. Ceux des Etats-Unis, du Canada, de l'Australie et de la Nouvelle-Zélande doivent avoir leur passeport et peuvent rester dans le pays pendant 6 mois. Pour les autres ressortissants étrangers, contacter votre ambassade locale car la réglementation en vigueur peut varier.

Getting Around
England's national roads are based on the blueprint laid down in mediaeval times, so where normally the shortest distance between two points is a straight line, English roads follow old land boundaries and whichever route was easiest for a horse and cart. Winding, frustratingly slow roads are the norm in the country areas. The larger (free) motorway and trunk roads are better but phenomenally busy most of the day so never too quick. Speed limits are 70mph on motorways and dual carriageways, 60mph on main roads and 30mph in urban areas. The English drive on the left, which is worth remembering if you arrive from the continent. Avoid travelling on Friday afternoons in the summer especially if you are trying to get to Devon and Cornwall, there is a tailback coming out of the southwest tens of miles long and nothing is more frustrating than knowing the surf is pumping when you are stuck in a jam of impatient holidaymakers. Similarly travelling at rush hours (7am-9am and 5pm-7pm) is best avoided on weekdays. The M25 orbital motorway around London, known as the world's biggest car park, gets regularly snarled and seeing as it's the main access for all of London's airports, is responsible for more than its fair share of missed flights.

Petrol prices are some of the most expensive in the world, even though the UK has its own oil fields in the North Sea. Camp sites are plentiful along the coast, which is useful in summer when freecamping the beach car parks is difficult. Winter is no problem apart from the cold temperatures!

Coach services are comprehensive and the airports are well served, however National Express has a 'no surfboards' policy, subject to the driver's discretion. Internal flights can be cheaper than coaches or trains so they're worth checking.

Les routes nationales dépendent des anciens tracés des routes datant du Moyen-Age, et à la place de prendre le plus court chemin entre deux points en ligne droite, elles suivent d'anciennes délimitations de propriétés et étaient choisies à l'époque pour qu'on puisse y passer avec des chevaux et une carriole. A la campagne, elles tournent beaucoup, sont lentes et peuvent être énervantes. Les autoroutes (gratuites) et les nationales sont meilleures mais incroyablement bondées la plupart de la journée, donc ça ne roule jamais très vite. La vitesse est limitée à 60mph (96km/h) sur les routes nationales, 70mph (112km/h) sur les autoroutes et routes à quatre voies et 30mph (48km/h) en agglomération. Les Anglais conduisent à gauche, il vaut mieux s'en souvenir quand on arrive du continent. Evitez de prendre la voiture le vendredi après-midi en été, surtout si vous voulez aller dans le Devon ou en Cornouailles; il y a des bouchons de plusieurs dizaines de km dans le SO et rien n'est plus frustrant que de savoir qu'il y a des bonnes conditions de surf alors qu'on est bloqué sur la route au milieu de vacanciers impatients.

Parking is either in expensive pay and display car parks or on the verge of small country lanes.

Airport information
www.ba.com
Tel: 0870 8509850
www.easyjet.com
Tel: 0870 6000000
www.flybe.com
Tel: 0871 7000123
www.bmibaby.com
Tel: 0870 264 2229
www.ryanair.com
Tel: 0871 246 0000

International Ferries
www.poferries.com
Tel: 0870 980333
www.irishferries.com
Tel: 0818 300400 (IR)
08705 171717 (UK)
www.poirishsea.com
Tel: 0870 2424777
www.seacat.co.uk
Tel: 0870 523523
www.stenaline.com
Tel: 0870 5707070
www.brittanyferries.co.uk
Tel: 08703 665 333

Trains
www.nationalrail.co.uk
Tel: 0845 7484950
www.rail.co.uk
Tel: 0845 7484950

Coach/Bus Companies
www.nationalexpress.com
Tel: 08705 808080

Tourist Information
www.visitengland.com
www.visitbritain.com

Telephone Info
International Country Code: 44
Dial Out Code: 00
Emergencies: 999
International Operator: 155
International Directory: 118505
Directory Enquiries: 118500
Operator: 100

TRAVEL INFORMATION

Les heures de pointe (7h-9h et 17h-19h) sont également à éviter les week-ends. La rocade M25 autour de Londres, est souvent embouteillée (on l'appelle d'ailleurs le plus grand parking du monde), et vu que c'est le principal moyen d'accéder aux aéroports de Londres, les gens ont raté plus d'une fois leur avion à cause d'elle.

Le prix de l'essence est l'un des plus élevé au monde, bien que l'Angleterre possède ses propres exploitations de pétrole en Mer du Nord. Les campings sont nombreux sur la côte, ce qui rend bien service quand il s'avère difficile de camper gratuitement sur les parkings près des plages. En hiver il n'y a pas ce problème mais il peut faire froid !

On peut se déplacer facilement en bus pour faire de longs trajets depuis l'aéroport, mais attention la compagnie National Express n'accepte pas les planches de surf en principe (à négocier avec le chauffeur). Les vols intérieurs peuvent être moins chers que les trajets en bus ou en train donc il est intéressant de se renseigner avant.

Currency

England has resisted the pressure to adopt the Euro and holds onto its precious pound (GBP£). ATMs are found in most towns, airports, supermarkets, garages and service stations. As a small country you are never very far from civilisation. Plastic is accepted for most purchases.

L'Angleterre n'a pas cédé à la pression de l'euro et a gardé sa précieuse livre (GBP£). On trouve des distributeurs automatiques de billets dans la majorité des villes, aéroports, supermarchés et stations services. Comme c'est un petit pays, vous ne serez loin nulle part de la civilisation.

Weather Statistics		J/F	M/A	M/J	J/A	S/O	N/D
NEWQUAY	Total rainfall	103	72	60	64	100	121
	Consistency (days/mth)	15	12	10	10	14	16
	Min temp. (°C)	4	5	9	13	10	5
	Max temp. (°C)	8	10	15	19	15	10
BRIGHTON	Total rainfall	65	54	50	47	86	90
	Consistency (days/mth)	11	9	8	8	10	12
	Min temp. (°C)	3	5	10	14	10	5
	Max temp. (°C)	8	11	16	20	16	10
NEWCASTLE	Total rainfall	50	48	50	55	56	65
	Consistency (days/mth)	10	9	9	9	10	12
	Min temp. (°C)	1	2	7	11	8	3
	Max temp. (°C)	6	9	15	18	14	8

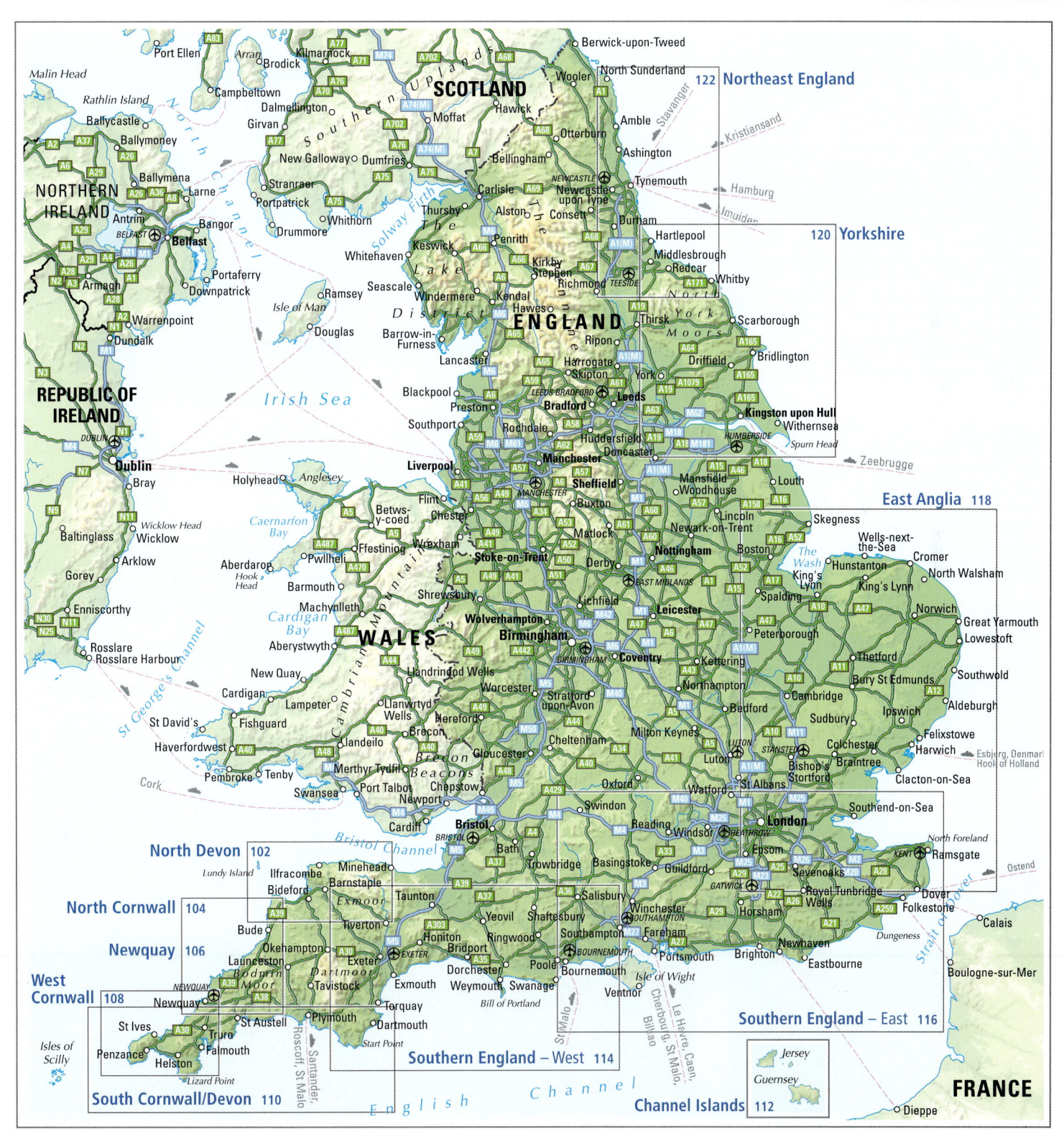

The Stormrider Guide Europe

ENGLAND

North Devon

1. Porlock Weir
Long, shapely left breaking down a pebbly point that comes alive when massive swells close-out the open beaches. Very tight take-off zone and only breaks a few times a year so respect the Somerset locals. Crowded when on. Park in the pay and display by the pub and walk up to the point.

Longue gauche bien définie le long d'une pointe de galets qui ne marche que lorsqu'une houle énorme fait saturer les plages exposées. Zone de take-off très réduite, ça ne marche que quelquefois dans l'année donc respectez les locaux du Somerset. Du monde quand c'est bon. Se garer sur le parking payant près du pub et marcher jusqu'à la pointe.

2. Lynmouth
On its day Lynmouth is a fast, reeling freight train with barrel sections. When the swell is smaller it's a slower, easier mushy point. Works on all tides but best at low. Needs a massive W/SW swell (double overhead plus on west-facing coasts) and light to no S wind to get going. Rippy, rocky, obscenely crowded and the point is littered with obstructions, so not for beginners. Car park below the cliff railway to the west of the river.

Quand ça marche Lynmouth est une vague puissante et rapide qui déroule bien avec des sections à tube. Plus lent et mou quand c'est petit. Meilleur à marée basse mais surfable à toutes marées. Demande une grosse houle d'O-SO (plus de 3.5m sur les spots exposés O) et un vent nul ou léger de S. Du courant, des rochers, surpeuplé de surfers et plein d'obstacles le long de la pointe, donc pas pour les débutants. Parking en contrebas de la voie ferrée sur la falaise, à l'O de la rivière.

3. Woolacombe
Mellow, open beachbreak peaks working through the tide. Popular with longboarders and beginners. Lined-up, high tide right off the rocks and shapely low tide peaks in the small bay of Combesgate to the north. Ample pay-parking around Woolacombe and full facilities.

Beachbreak tranquille exposé avec des pics à toutes marées. Pas mal de longboards et de débutants. Droite tendue à marée haute devant les rochers et des pics bien formés à marée basse dans la petite baie de Combesgate au N. Grand parking payant à Woolacombe et toutes commodités sur place.

4. Putsborough
Popular beach with reasonable peaks, well sheltered from SW-S wind by Baggy Point. Rip along cliff useful when big. Very narrow and steep lane to access. Slippery when wet. Camping and parking above beach.

Plage fréquentée avec des pics corrects, bien protégés du vent de S-SO par Baggy Point. Courant pratique le long de la falaise quand c'est gros. Petite route très étroite et raide pour y accéder, glissante quand elle est mouillée. Camping et parking au-dessus de la plage.

5. Croyde Reef
Performance-orientated, high tide only reef, shallow and rocky so experts only. If breaking the locals will be on it, so show respect. Park in the Baggy car park and paddle out through the gully.

Vague exigeante sur un reef surfable seulement à marée haute, peu d'eau donc seulement pour très bons surfers. Les locaux y sont dès que ça marche, respectez-les. Se garer sur le parking de Baggy et se mettre à l'eau par le petit chenal.

The Stormrider Guide Europe

NORTH DEVON

8. Saunton Sands
Huge beach with long, slow walls, great for beginners, longboarders and kiters. Sheltered from NW-N winds. Pay car park behind the beach. Watch out for kiteboarders when windy.

Plage immense avec de longues vagues molles, super pour les débutants, les longboarders et les kitesurfers. Protégé des vents de N-NO. Parking payant derrière la plage. Attention aux kites quand ça souffle.

9. Westward Ho!
Slow, crumbly, beginner-friendly waves. Car park by the beach and plenty of facilities.

Vagues plates et molles, bien pour les débutants. Parking près de la plage et plein de services accessibles.

10. Bucks Mill
Rare, low tide left that works in massive winter swells when the SW winds howl. Breaks lazily down a feature known as The Gore. Park in the upper village car park.

Gauche de marée basse, marche rarement. Par grosse houle d'hiver quand ça souffle SO à fond. Déferle paresseusement le long d'une forme particulière de la côte appelée The Gore. Se garer sur le parking du village.

11. Spekes Mill
Consistent, swell-magnet reef peak of average quality. Maxes out easily. Tricky walk down cliffs and paddle-out off rocks; difficult exit at high tide. Sometimes crowded. Hard to find down narrow, rough bridle path. Limited parking on bluff above the bay.

Pic sur un reef qui concentre la houle, marche souvent, qualité moyenne. Sature facilement. Accès délicat en descendant la falaise, mise à l'eau par les rochers; sortie difficile à marée haute. Parfois du monde. Difficile à trouver, en bas d'un chemin muletier étroit et chaotique. Places limitées pour se garer sur le promontoire au-dessus de la baie.

6. Croyde Beach
World-class, low tide, A-frame barrels. Probably the best beachbreak in the UK on its day. Less shape at other stages of tide. Highly consistent beach that can get dangerously crowded. Strong rips at size. Full complement of surf shops and schools. Parking on southern headland, by the campsites or National Trust car park at Baggy Point.

Pic gauche et droite de qualité internationale avec des tubes, à marée basse. Probablement le meilleur beachbreak du Royaume-Uni quand ça marche bien. Moins bon à marée plus haute. Marche très souvent avec du monde à en devenir dangereux. Courants forts quand c'est gros. Toute une série de surfshops et d'écoles de surf. Se garer sur la pointe au S, près des campings ou sur le parking du National Trust à Baggy Point.

7. Downend Point
Fast, walling, low tide reef with barrel sections. Sketchy in and out. Strong rip runs north into the peak, wide sets will punish. Shallow and rocky, experts only. Park in headland car park on Croyde side and either paddle round from Croyde or go off the rocks on the Saunton side.

Vague de reef rapide tendue avec des sections à tube. Entrée et sortie délicates. Fort courant vers le N et vers le pic, attention à la punition avec les sets qui décalent. Peu d'eau sur des rochers, seulement pour très bons surfers. Se garer sur le parking du promontoire du côté Croyde et soit ramer depuis Croyde ou sauter depuis les rochers du côté Saunton.

North Cornwall

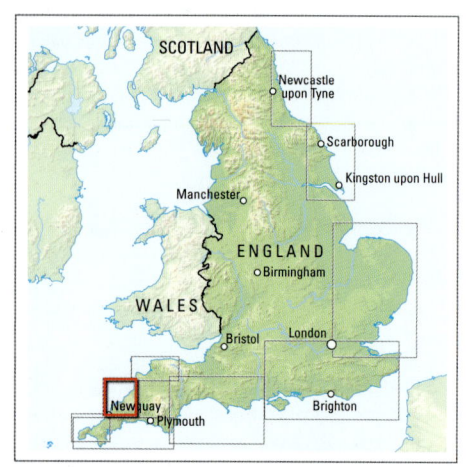

1. Duckpool
Rare, walling, low tide right off rocks at northern end and beachbreak peaks. Needs an offshore wind so medium consistency. A few rocks and rips. National Trust car park above the beach.

Droite tendue à marée basse, rare, devant des rochers au bout côté N, avec aussi des pics sur un beachbreak. Il faut du vent offshore donc fréquence moyenne. Quelques rochers, du courant. Parking du National Trust au-dessus de la plage.

2. Sandymouth
Consistent, small swell beachbreak best on lower tides. Fast peelers with a bit of power when the banks line up. Consistent and squeaky clean. Gets strong rips and high tide beach access is sketchy. National Trust pay car park.

Beachbreak qui marche par petite houle, meilleur vers la marée basse. Vagues rapides avec un peu de puissance quand les bancs sont bien formés. Marche souvent, eau super propre. Courants forts, accès à la plage délicat à marée haute. Parking du National Trust.

3. Northcott
Punchy beachbreak, good low tide banks. Mushy at higher tides. Good right at north end when solid. Consistent and sometimes crowded. Ample free parking above the beach but no other facilities.

Beachbreak puissant, boncs bancs à marée basse. Plus mou quand c'est haut. Bonne droite côté N quand ça rentre gros. Marche souvent, parfois du monde. Beaucoup de place pour se garer au-dessus de la plage, mais aucun autre aménagement.

4. Crooklets
Hollow, fast, sandbar peaks plus Wrangles Rocks at the north end at low tide. High tide Tower Rock has a shallow wave and there's Crookie shorey as well. Rocks and backwash at high tide to contend with. Pay parking behind the beach next to skatepark.

Pics creux et rapides sur des bancs de sable, avec aussi Wrangles Rocks au bout côté N à marée basse. Tower Rock marche à marée haute et casse dans peu d'eau, Crookie est une vague en shorebreak. Des rochers et du backwash à marée haute. Parking payant derrière la plage à côté du skatepark.

5. Summerleaze
Hollow left off the Barrel at low tide, mid to high tide right breaks into the harbour. Beachbreak peaks as well. Needs a solid swell to work inside the harbour which provides some wind protection. Beginners' favourite, despite currents and crowds. It's right in Bude so full big-town facilities.

Gauche creuse devant le Barrel à marée basse, droite de mi-marée à marée haute déferlant dans le port, avec aussi des pics sur un beachbreak. Demande une forte houle pour marcher, le port protège un peu du vent. Spot favori des débutants, malgré le courant et le monde. C'est en plein dans la ville de Bude donc accès à tous les services.d'une grande ville.

6. Upton
Tricky cliff access spot with good right and left in a small bay. Often watched by passing surfers but rarely surfed. No parking.

Spot avec un accès délicat par une falaise avec de bonnes vagues droite et gauche dans une petite baie. Souvent checké par les surfers de passage mais rarement surfé. Pas de parking.

7. Widemouth Bay
Long, stretch of average beachbreak and reef peaks including Salthouse, Camel Rock and Black Rock. Each spot has its tidal nuance but there is always something to ride. It's consistent, crowded and a surf school favourite. Some localism when the reefs are working. There are a few rocks scattered about and some stormwater outflow. Ample pay parking in two beach car parks and plenty of facilities.

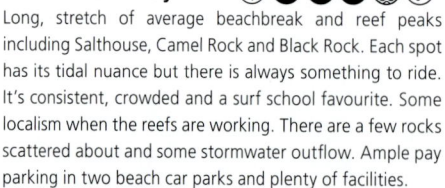

Longue portion de plage avec des vagues moyennes et des pics sur des reefs, notamment Salthouse, Camel Rock et Black Rock. Chaque spot marche différemment en fonction de la marée mais il y a toujours quelque chose à surfer. Ne marche pas souvent, du monde, coin prisé par les écoles de surf. Un peu de localisme quand ça marche sur les reefs. Quelques rochers éparpillés, et un peu de pollution par fortes pluies. Beaucoup de place pour se garer sur les deux grands parkings payants, toutes sortes de commodités.

8. Crackington Haven
Rocky beachbreak in a sheltered cove that filters the swell size and gives rare shelter from N winds. Lacks power and shape. Cambeak's huge outside bombora is awesome to watch, but never surfed. Medium consistency and sometimes crowded with tight local crew. River brings farm pollution and flotsam. Summer lifeguard, toilets, pay car park (clamping!), plus cafe and pub by the beach.

Beachbreak avec des rochers dans une baie abritée qui filtre la taille et offre une des rares protections sur la côte du vent de N. Manque de puissance et de qualité. Cambeak est une vague énorme sur un reef au large, super à regarder mais jamais surfée. Marche moyennement souvent, parfois du monde avec un petit groupe de locaux. Pollution agricole et déchets apportés par la rivière. Poste de surveillance en été, toilettes, parking payant (attention aux sabots!), ainsi qu'un café et un pub près de la plage.

9. Trebarwith Strand
Good beachbreak, if the banks are cooperating, otherwise it is a hollow semi-close-out, popular with bodyboarders. The beach disappears at high tide making access tricky. Consistent and often crowded. Cafe, bar and pay parking in the village.

Bon beachbreak quand les bancs sont biens formés, sinon c'est une vague creuse qui ferme à moitié, fréquentée par les bodyboarders. La plage disparaît à marée haute, rendant l'accès difficile. Marche souvent, souvent du monde. Café, bar et parking payant au village.

NORTH CORNWALL

10. Lundy Bay
Rarely ridden, remote beach, offshore in S/SW, needs a big swell and low tide. Long walk in from car park.

Plage isolée rarement surfée, offshore par vent de S-SO, marche par forte houle à marée haute. Longue marche pour y accéder depuis le parking.

11. Polzeath
Consistent, slow, intermediate-friendly walls, spread along the beach. To the north, a reasonable right breaks off Pentire Point at size. Consistent and crowded at this popular holiday spot. Full facilities.

Vagues molles adaptées aux surfers moyens, réparties tout le long de la plage, marche souvent. Au N Pentire Point est une droite correcte quand il y a de la taille. Marche souvent et du monde car c'est un coin touristique. Accès à tous les services.

12. Trevone
Average NW-facing beachbreak working in large wrapping swells. Parking and facilities in the village.

Beachbreak moyen orienté NO qui marche par grosse houle longue. Parking et services au village.

13. Harlyn
This sheltered beachbreak needs SW winds and a solid winter swell. Best at mid tide, closes-out at low and gets washy at high. One of the few storm options so gets very busy, including the odd surf school. Car park by the beach. No facilities

Ce beachbreak abrité demande du vent de SO et un gros swell d'hiver pour fonctionner. Meilleur à mi-marée, ferme à marée basse, backwash à marée haute. Une des rares options quand c'est tempête, donc beaucoup de monde, avec parfois une école de surf en plus. Parking près de la plage. Pas d'équipements.

14. Constantine
Swell magnet, beachbreak peaks in the middle of the bay, left off the reef at the south end, right off the point at the north end (quality depends on sand flow from river) and Boobys to the north has a good but fickle low tide right reef. Can get very rippy with an overhead swell. Small car park and toilets at south end of beach.

Pics sur un beachbreak qui concentre la houle au milieu d'une baie, avec une gauche au bout côté S et une droite au bout côté N (dont la qualité dépend de l'apport de sable par la rivière). Booby's est une bonne droite mais capricieuse à marée basse sur un reef au N. Il peut y avoir beaucoup de courant par houle de plus d'1.5m. Petit parking et toilettes au bout de la plage côté S.

15. Treyarnon
Beginner-friendly beachbreak and sand-covered reefs for advanced surfers. Flash floods removed a lot of sand from the beach in summer 2005 – better banks may result. Park by the beach.

Beachbreak adapté pour les débutants, et des reefs recouverts de sable pour les bons surfers. Des crues soudaines ont enlevé beaucoup de sable de la plage pendant l'été 2005 – ce qui pourrait faire de meilleurs bancs. Se garer près de la plage.

16. Mawgan Porth
Fickle beachbreak, best just after low, pushing up to mid tide. Left sandbar off the south end and right off the north side get a bit of extra push from a wedge coming off the cliffs. Normally messy and unrideable unless a clean, small swell is running. Garage, shops and ample parking.

Beachbreak capricieux, meilleur juste après la marée basse jusqu'à mi-marée. Banc de sable avec une gauche au bout côté S et une droite côté N qui prend un peu plus de puissance par réfraction sur la falaise. En général désordonné et insurfable sauf si c'est vraiment propre avec un petit swell. Garage, magasins, pas de problèmes pour se garer.

The Stormrider Guide Europe

Newquay

1. Watergate Bay
Long stretch of fun beachbreaks. Popular with kitesurfers. Probably the best facilities of any beach in Britain: surf shop, school, bistro, bar, a hotel and camping. Ample parking above the beach.

Longue portion de côte avec des beachbreaks sympas. Pas mal de kitesurfers. Probablement la plage avec le plus de services disponibles dans toute l'Angleterre: surfshop, école de surf, bistro, bar, hôtel, camping, Extreme Academy. Plein de place pour se garer au-dessus de la plage.

2. Whipsiderry
Average beachbreak favouring lefts and protected from SW wind. Secluded beach, good to escape summer crowds. Limited roadside parking for a few cars, access from path visible as the road climbs up from Porth.

Beachbreak moyen avec plutôt des gauches, protégé du vent de SO. Plage isolée, bon plan pour fuir la foule estivale. Nombre de places limité à quelques voitures, accès par un sentier visible depuis la route au moment où elle monte depuis Porth.

3. Porth
Confused, gutless beachbreak that's rarely surfed, suitable for learners when small. Parking and all facilities near to the beach.

Beachbreak désordonné et mou rarement surfé, bien pour les débutants quand c'est petit. Parking et services près de la plage.

4. Lusty Glaze
Fun beachbreak peaks on small swells, site of the annual night-surf event. Small car park. Street parking puts you at mercy of the clampers.

Pics sympas sur un beachbreak par petit swell, site de la compétition de nuit chaque année. Petit parking, attention aux sabots si vous vous garez dans la rue.

5. Tolcarne Wedge
Ridiculously busy, punchy, high tide left wedge, populated with all of Britain's best bodyboarders when on. Roadside parking in the streets near Tolcarne.

Wedge en gauche ridiculement surpeuplé, puissant, à marée haute, avec tous les meilleurs bodyboarders d'Angleterre quand ça marche. Se garer sur le bord de la route près de Tolcarne.

6. Towan
In big swells and SW storms the Towan to Great Western stretch can be the only surfable option for miles. Hollow when on but tends to close-out. Horribly crowded when small in the summer. Harbour left can get good. Site of proposed artificial reef. Small car park at south end.

Par grosse houle et tempête de SO, la côte qui va de Towan à Great Western peut être la seule option pour surfer à des kilomètres à la ronde. Creux quand ça marche bien mais a tendance à fermer. Atrocement surpeuplé quand c'est petit en été. La gauche du port peut bien marcher. Site retenu pour un projet de reef artificiel.

7. The Cribber
Famous, fickle, heavy, big-wave spot. Rarely works as it needs to be perfectly clean and double overhead before it will break clear of the rocks. Rights are safer but the lefts can be good. Used to be empty until Chris Bertish surfed it huge in 2004 – now it's mobbed. Big-wave surfers only. Savage rips, nasty rocks and long hold-downs. Park in the Little Fistral car park.

Spot de gros célèbre, méchant et capricieux. Marche rarement car il faut un swell parfaitement rangé de plus de 3.5m pour que ça casse bien devant les rochers. Les droites sont plus tranquilles mais les gauches peuvent bien marcher. Personne n'y surfait avant que Chris Bertish le surfe énorme en 2004 - maintenant c'est la foule. Pour les surfers de gros. Courants violents, rochers traîtres et longs passages sous l'eau à prévoir. Se garer sur le parking de Little Fistral.

8. Little Fistral
The UK's most famous beach is home to a brace of quality breaks, a large local contingent and many of the country's top pros. Little Fistral is a high-performance, fast, hollow beachbreak. Always busy with the area's best riders. Rocks are a hazard on the rising tide. Small car park on the headland overlooking the break.

Beachbreak le plus connu d'Angleterre avec plusieurs spots de qualité, de nombreux locaux et beaucoup de top pros anglais et les meilleurs surfers de la région. Bonnes vagues rapides et creuses avec toujours du monde à l'eau. Les rochers peuvent être dangereux à marée montante. Petit parking sur le promontoire surplombant le spot.

9. North Fistral
Very consistent, beachbreak peak, that occasionally gets epic. Mainly rights that hollow out at lower tides. Likes W swell best. Usually a bit bigger than South Fistral. Always crowded and can be rippy when overhead. Site of the annual WQS event and many other contests throughout year. Surf centre and all facilities on beach. Miserly amount of pay parking for the most famous beach in the country.

NEWQUAY 107

10. South Fistral
Lined-up lefts over sand and occasional rocky bottom. Good shelter from SW winds by the headland. Jump off rocks when big. Park on the Pentire Headland road.

Gauches bien définies sur du sable avec quelques zones de rochers. Bien abrité du vent de SO par la pointe. Sauter depuis les rochers quand c'est gros. Se garer le long de la route de Pentire Headland.

11. Crantock
Fast, hollow, right sandbar off rocks to the north. Rivermouth sandbar popular with longboarders and a rare left in south corner on massive swells, quality depends on how the river has affected the sandbars. Park at the Bowgie Inn for south side, Pentire Head for north side or behind dunes for main beach. Water quality deteriorates with rain.

Banc de sable avec une gauche rapide et creuse devant des rochers côté N. Banc de sable à l'embouchure d'une rivière avec pas mal de longboarders et une gauche assez rare côté S par très grosse houle. Dépend de la formation des bancs de sable par la rivière. Se garer à la Bowgie Inn pour aller vers le côté S, à Pentire Head pour le N ou derrière les dunes pour la plage principale. Pollution de l'eau en cas de pluie.

Beachbreak avec un pic qui marche très souvent et qui peut être parfois très bon. Plutôt des droites qui creusent à marée basse. Meilleur par houle d'O. En général un peu plus gros que South Fistral. Toujours du monde et parfois du courant quand ça dépasse 1.5-2m. Site de la compétition WQS chaque année et de bien d'autres compets le reste de l'année. Haut-lieu du surf, plage très bien équipée. Nombre ridicule de parkings payants alors que c'est une des plages les plus fréquentées du pays.

The Stormrider Guide Europe

West Cornwall

1. Holywell Bay
Rarely surfed beachbreak, river can shape good banks. Ten minute walk in. Park in the village.

Beachbreak rarement surfé, marche bien si les bancs formés par la rivière sont en place. Situé à 10mn à pied du parking du village.

2. Penhale (Perran Sands)
Huge stretch of decent beachbreaks, best at higher tide. The peaks always seem better just up or down the beach a bit. To the north is Penhale Corner – a long, walling right peeling off Ligger Point at lower tides. Very open to swell and wind and it can be rippy. Access through the Perran Sands holiday park, long walk down the dunes. Ample facilities, surf shops and parking in Perranporth.

Très grande plage avec des vagues de qualité correcte, meilleurs vers la marée haute. Les pics semblent être toujours un peu à droite ou à gauche de la plage. Penhale Corner est une longue droite au N avec des beaux murs, qui casse près de Ligger Poin,t plutôt à marée basse. Très exposé à la houle et au vent, donc il peut y avoir du courant. Accès en passant par le centre de vacances de Perran Sands, puis longue marche à travers les dunes. Grand nombre de services accessible, surf shops et parking à Perranporth.

3. Perranporth (Droskyn)
The main town beach. Beachbreak peaks better at low tide with the highlight being a long left breaking underneath Droskyn Point if the river has shaped the sandbar. Backwash at high tide. Parking on the cliff above the point.

Plage principale de la ville. Beachbreak avec des pics meilleurs à marée basse, la principale attraction étant une longue gauche qui casse à l'abri de Droskyn Point si le banc de sable formé par la rivière est bien en place. Backwash à marée haute. Se garer au-dessus des falaises sur la pointe.

4. St Agnes
Powerful, beachbreak peaks over a rocky beach. One of the few spots working in big SW swells and winds. Localised and crowded. Small amount of parking by the pub.

Pics puissants sur un beachbreak avec des rochers. Un des rares spots à marcher par vent et grosse houle de SO. Localisme, du monde à l'eau. Peu de place pour se garer près du pub.

5. Chapel Porth
Classy, fast, hollow beachbreak. Beach disappears at high. Small National Trust car park.

Beachbreak de qualité, creux et rapide. La plage est recouverte à marée haute. Petit parking du National Trust.

6. Porthtowan
Powerful, hollow beachbreak peaks if the sandbanks are good, plus a bit of wind protection in the southern corner. Consistent, often crowded, rippy and handles some swell, so not really for beginners. Ample pay parking, bar and full facilities by the beach.

Pics creux et puissants si les bancs de sable sont en place sur un beachbreak légèrement protégé du vent côté S. Marche souvent, souvent du monde, du courant, tient une bonne taille, donc pas vraiment pour les débutants. Grand parking payant, bar et toutes sortes de services près de la plage.

Portreath 7-9

7. The Wall
Dangerous, heavy, localised granite reef righthander at the tip of the harbour wall. When it's on, it's thick, warping, hollow and mobbed with locals. Large car park overlooks the beach. Full facilities in the village.

Droite dangereuse et assez méchante sur un reef de granite au bout de la digue du port. Quand ça marche, c'est une vague mutante, épaisse, creuse et farcie de locaux. Grand parking surplombant la plage. Toutes commodités au village.

8. The V
Rare high-tide right wedge off the harbour wall. Very heavy, near dry shorey, best left to the boogers.

Droite qui marche rarement, formant un wedge avec la digue du port. Shorebreak très puissant cassant pratiquement sur le sable, plutôt pour les bodyboarders.

9. Beach
Average beachbreak, with good shelter from SW winds that works through the tides. Can be a shoredump at high. Large car park above the beach. Full facilities in village.

Beachbreak moyen, bien protégé du vent de SO, marche à toutes marées. Peut fermer en shorebreak à marée haute. Grand parking surplombant le spot. Toutes commodités au village.

10. Godrevy
Exposed beachbreak, handles a fair bit of size and works all tides. National Trust car park and great cafe. Access via path through dunes, or over the bridge and down the side of the Red River.

Beachbreak exposé, tient une bonne taille et marche à toutes les marées. Parking du National Trust et café sympa. Il faut traverser les dunes par un sentier ou passer par le pont et suivre une rive de la Red River.

WEST CORNWALL

Gwithian — ROGER SHARP

11. Gwithian
More sheltered section of beachbreaks south of Godrevy. Great for beginners looking for a bit of space. Surf school and camping nearby. Car park (pay) behind the beach and a small cafe.

Encore une portion de beachbreaks protégés au S de Godrevy. Bien pour les débutants qui veulent un peu d'espace. Ecole de surf et camping pas loin. Parking payant derrière la plage. Petit café.

12. Hayle
Fast, hollow, rivermouth sandbar that works in big swells. Needs light winds. Parking by the beach. Some facilities on caravan site. Dirty water after rain.

Banc de sable à l'embouchure d'une rivière avec une vague creuse et rapide par grosse houle. Marche par vent faible. Se garer près de la plage. Accès à quelques services au camping pour caravanes. Eau sale après les pluies.

13. Carbis Bay
Hard to access left sandbar at west end of Carbis Bay, gets a small wave when massive swells are running, will be packed if on. Very limited parking and a tricky path to the water. Jump off the rocks at high tide.

Gauche difficile d'accès à l'extrémité O de Carbis Head. Petite vague sur un banc de sable qui fonctionne seulement par grosse houle, beaucoup de monde quand ça marche bien. Très peu de places pour se garer, accès délicat par un sentier pour se mettre à l'eau. Sauter depuis les rochers à marée haute.

14. Porthmeor
Hollow, fast, N-facing beachbreak that works in bigger swells. Good peak at the Boiler and a right off the island. Pay parking at the Tate and top of the hill, surf shop and facilities in town.

Beachbreak creux et rapide orienté N qui marche par vraiment grosse houle. Bon pic à Boiler et une droite en face de l'île. Parking payant à la Tate en haut, surfshop et services en ville.

15. Gwenvor
Most exposed beach in Cornwall, no surf here means no surf anywhere. Beachbreak peaks and a fickle right point over sand/rock at the north end of the bay. Hard to find, either walk from Sennen or get a map and go through Escalls to Tregiffian Farm where there's a car park at the top of the cliff.

Plage la plus exposée en Cornouailles, si ça ne marche pas ici c'est qu'il n'y a de surf nulle part. Pics de beachbreak et une droite capricieuse sur sable et rochers à l'extrémité N de la baie. Difficile à trouver ; soit marcher depuis Sennen ou prendre une carte et traverser Escalls jusqu'à Tregiffian Farm où il y a un parking au sommet de la falaise.

16. Sennen
Consistent, swell-sucking beachbreak just north of Land's End is Britain's most westerly beach. Punchy peaks with barrels when offshore on a medium swell and tide. Car park and camping above the beach and plenty of facilities in Sennen.

Beachbreak qui concentre la houle et qui marche souvent, juste au N de Land's End (la Fin des Terres), plage la plus à l'O de l'Angleterre. Pics puissants avec des tubes quand c'est offshore avec un swell moyen à mi-marée. Parking et camping au-dessus de la plage et toutes commodités à Sennen.

Gwenvor — ALEX WILLIAMS

NEWQUAY MAP

The Stormrider Guide Europe

ENGLAND

South Cornwall/Devon

3. Praa Sands
Classy, fast, tubular beachbreak. Offshore in N winds – dumpy at high, rippy at low. Medium consistency and always busy when on. Ample facilities at west end of beach.

Beachbreak de qualité, rapide et tubulaire. Offshore par vent de N avec un shorebreak qui ferme à marée haute, du courant à marée basse. Fréquence moyenne et toujours du monde quand ça marche. Toutes commodités à l'extrémité O de la plage.

1. Porthcurno
Stunning bay with good low tide peaks, overlooked by the Minack Theatre. Rarely crowded because it rarely works. Needs big winter swells and any N quadrant wind. Summer cafe and pay car park not far from beach. Squeaky-clean, ultra blue water.

Superbe baie avec des bons pics à marée basse, en contrebas de la salle de spectacle de Minack. Rarement du monde car ça ne marche pas souvent. Il faut un gros swell d'hiver et du vent venant du quadrant N. Café en été et parking payant non loin de la plage. Eau très propre d'un bleu intense.

2. Perranuthanoe
Sheltered, mellow beachbreak working when Praa is too big. Decent right at western end. Parking by the beach. Good beginners spot.

Beachbreak tranquille et abrité qui marche quand Praa est trop gros. Droite correcte à l'extrémité O. Se garer près de la plage. Bon spot pour les débutants.

4. Porthleven
Fast, hollow, crowded reef peak to the west of the harbour. A short right barrel that gets very shallow on the inside and good lefts on certain swell directions. Cornwall's best reefbreak is always busy when on with a large local crew, pros and media. Dangerous at high and low tide – experts only. Also another hollow right reef in front of the pier popular with lids. Limited parking on narrow residential street above the break and more parking in the village. Facilities around the harbour.

Vague rapide et creuse en pic sur un reef à l'O du port. Du monde. Tube court en droite avec très peu d'eau à l'inside, avec aussi des bonnes gauches par certaines orientations de houle. C'est le meilleur reef de Cornouailles, donc s'attendre à du monde quand c'est bon, avec beaucoup de locaux, des pros et des photographes. Dangereux à marée haute et à marée basse donc seulement pour surfers avertis. Il y a aussi une autre droite creuse de reef en face de la jetée, surfée par les biscottes. Peu de place pour se garer dans la rue d'un quartier résidentiel au-dessus du spot, plus de place au village. Services disponibles autour du port.

The Stormrider Guide Europe

SOUTH CORNWALL/DEVON

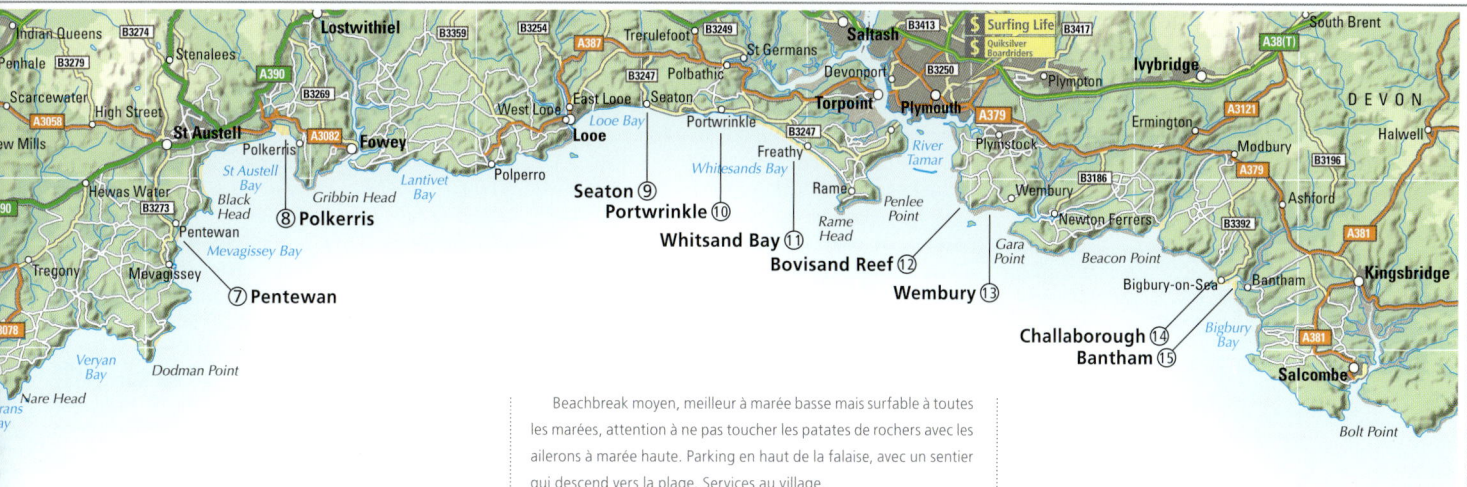

5. Kennack Sands
Very sheltered southeast-facing beach needing chunky SW swell to break. Beach disappears at high. Sometimes crowded (when it eventually works). Cafe and car park by the beach.

Plage très abritée, exposée SE, qui nécessite un swell conséquent de SO pour avoir des vagues. La plage est entièrement recouverte à marée haute. Du monde parfois (quand ça finit par marcher). Café et parking près de la plage.

6. Falmouth
Rare, deep shelter beachbreaks. Maenporth, Gyllyngvase and Swanpool beaches only get quality waves on massive SW swells. There is also a right reef at the west end of Gyllyngvase. E gales in the channel will also produce a rideable wave. Crowded when on. Car parks by the beaches. Full facilities in Falmouth.

Beachbreaks marchant rarement car très abrités. Il faut un très gros swell de SO pour avoir des vagues de qualité sur les plages de Maenporth, Gyllyngvase et Swanpool. Il y a aussi un reef en droite à l'extrémité O de Gyllyngvase. Les tempêtes d'E dans la Manche peuvent aussi créer des vagues surfables. Du monde quand c'est bon. Parkings près des plages. Toutes commodités à Falmouth.

7. Pentewan
Rarely-breaking beachbreak needing a huge S swell, can get hollow at high. Car park by beach and camping/caravan park.

Beachbreak marchant rarement qui a besoin d'une houle énorme de S pour fonctionner, peut bien creuser à marée haute. Parking près de la plage, et camping pour tentes et caravanes.

8. Polkerris
Beginner-friendly, slow, dribbling beachbreak on Par Sands. Car park by the beach.

Beachbreak mollasson avec des petites vagues pour les débutants à Par Sands. Parking près de la plage.

9. Seaton
Sheltered beach best checked when Whitsand is too big. The road runs along the back of the beach.

Plage abritée à checker lorsque Whitsands est trop gros. La route longe la côte derrière la plage.

10. Portwrinkle
Average beachbreak, best at low but can be surfed all stages, watch your fins on the rocky outcrops at high. Car park at top of the cliff, path down to the beach. Facilities in the village.

Beachbreak moyen, meilleur à marée basse mais surfable à toutes les marées, attention à ne pas toucher les patates de rochers avec les ailerons à marée haute. Parking en haut de la falaise, avec un sentier qui descend vers la plage. Services au village.

11. Whitsand Bay
7km of beachbreak peaks, loads of room so easy to find a quiet peak, busy with Plymouth surfers, access can be limited in parts by the military. Access from Tregantle, or various other points along the length of the beach. No parking near the beach.

Différents pics de beachbreak sur une plage de 7 km de long : beaucoup de place donc on peut trouver facilement un pic tranquille. Pas mal de surfers venant de Plymouth. Accès pouvant être restreint à certains endroits (zone militaire). Accès en passant par Tregantle, ou en différents endroits tout le long de la côte, mais on ne peut pas se garer près de la plage.

12. Bovisand Reef
Incredibly rare, shallow, hollow left reefbreak. Very tight take-off. Locals will be all over it. Access from Down Thomas or Staddiscombe; car parks above the bay.

Gauche creuse de reef déferlant dans peu d'eau. Marche vraiment rarement. Zone de take-off très réduite, squattée par les locaux. Accès depuis Down Thomas ou Staddiscombe ; différents parkings en haut de la baie.

13. Wembury
Long, walling left breaking off Blackstone Rocks. Needs a solid swell to work but will work through the tide. Cafe and shop at beach, toilets in car park.

Longue gauche avec de l'épaule cassant en face de Blackstone Rocks. Nécessite une houle solide pour marcher mais fonctionne à toutes marées. Café et magasin près de la plage, toilettes et parking.

14. Challaborough
Low tide right point and popular beachbreak. Picks up less swell than Bantham. Car park behind the beach.

Pointbreak en droite marchant à marée basse, plus un beachbreak assez fréquenté. Prend moins bien la houle que Bantham. Parking derrière la plage.

15. Bantham
Consistent, classy beachbreak with sandbars sculpted by the River Avon. Right into the rivermouth and a peak on the main beach. South Devon's best beach is always busy. Strong rips at size. Parking in the village and on Bigbury side of the river.

Beachbreak de qualité marchant souvent avec des bancs de sable créés par la rivière Avon. Une droite à l'embouchure et un pic sur la plage principale. Toujours du monde : c'est le meilleur beachbreak du Devon Sud. Courants forts quand c'est gros. Parking au village et de l'autre côté de la rivière, côté Bigbury.

The Stormrider Guide Europe

The Channel Islands

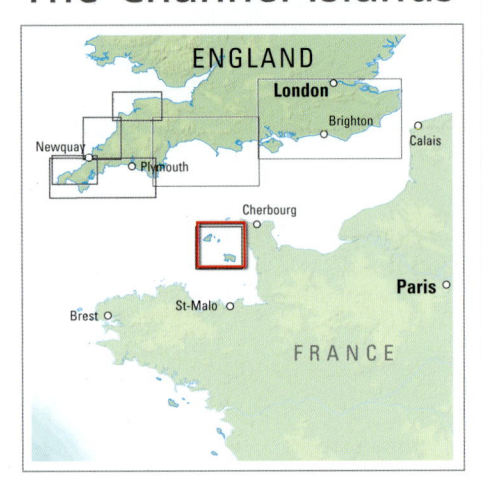

GUERNSEY

1. Fort le Marchant
Sheltered, inconsistent left point that only breaks in the biggest winter storms. Swells have to wrap in 90° to the point, which is offshore in SW winds. Sketchy vertical take-off in front of the rocks, a fast, hollow section then the wave fattens out into deeper water. A rare sight. Strong currents. Car park next to the fort on the headland overlooking the wave.

Gauche abritée qui ne marche pas souvent, seulement pendant les plus grosses tempêtes d'hiver, car la houle doit venir s'enrouler à 90° autour de la pointe. Offshore par vent de SO. Take-off vertical assez délicat en face des rochers, suivi d'une section rapide et creuse qui ramollit ensuite dans une zone d'eau plus profonde. Marche rarement. Courants forts. Parking près du fort situé sur le promontoire surplombant le spot.

2. L'Ancresse Bay
Fun, versatile, winter-only beachbreaks, quite sheltered so it needs to be solid. Still good when onshore. Best on the drop just after high tide. Car parks overlooking the beach.

Beachbreaks sympas et variés, marchant seulement en hiver avec une bonne houle car assez abrités. Reste bien à surfer quand c'est onshore. Meilleur au début du descendant. Parkings surplombant la plage.

3. Portinfer
Consistent beachbreak, picks up more swell than Vazon. Best at mid on the drop then closes out towards low, but occasionally gets good and hollow. A tubular right reefbreak known as the 'Knife' is situated off the rocks at the north end of the bay, surfable only at high tide up to head height. Both breaks often crowded. Park by the beach.

Beachbreak marchant souvent, prend mieux la houle que Vazon. Meilleur à mi-marée descendante, après ça a tendance à fermer vers la marée basse, mais ça peut aussi devenir joli et creux. Il y a aussi une droite de reef tubulaire appelée « The Knife », située en face des rochers à l'extrémité N de la baie, surfable seulement à marée haute jusqu'à 1.5-2m. Souvent du monde sur les deux spots. Se garer près de la plage.

Vazon Bay 4-6
4. Beach
Mellow, beginner-friendly beachbreak in the north of the bay, rights being favoured. Big high tides hit the seawall.

Beachbreak tranquille bien pour les débutants, situé au N de la baie, avec plutôt des droites. Les vagues tapent sur le remblai à marée haute par gros coefficient.

5. Centres
Solid swells break on rarely surfed outer reef peak in the centre of the bay then reform into a fast, hollow, right sandbar. Best from mid up to just before the tide hits the wall. Crowded if on as the break is the hub of the Guernsey scene. Car park overlooking the break.

Reef au large avec un pic rarement surfé au centre de la baie qui marche par gros swell, avec ensuite une reforme en droite creuse et rapide sur un banc de sable. Meilleur de mi-marée jusqu'à juste avant la marée haute où ça tape directement sur le front de mer. Du monde car c'est le centre du surf à Guernesey. Parking surplombant le spot.

6. Reef
A left and right reef breaking either side of Nipple Rock. The left works when the tide is too high for the beach, has a ledgey, fast drop and then shoulders out. The right needs spring highs, has an equally interesting drop then a fast, hollow wall.

Une gauche et une droite sur un reef qui casse des deux côtés de Nipple Rock. La gauche marche quand la marée est trop haute pour le beachbreak, avec un drop rapide qui jette et une section avec de l'épaule qui ramollit ensuite. La droite marche à marée haute par fort coefficient, avec un take-off similaire et ensuite un mur tendu et creux.

Perelle Bay 7-9
7. Left
Long, walling reef breaking around Dom Hue islet, exposed so blows out easily. Ledgey take-off and a mellow wall. Gets hectic at any size, rocky and rippy so not for beginners. Busy when on. Park by the slipway to the south of the bay.

Reef formant de longues lignes déroulant en gauche autour de la petite île de Dom Hue, assez exposé au vent donc rapidement trop venté. Take-off qui jette avec ensuite une épaule assez tranquille. C'est bondé quelle que soit la taille, des rochers et du courant, donc débutants s'abstenir. Se garer près de la cale de mise à l'eau au S de la baie.

8. Right
Fast, shallow right offering a quick drop next to the rocks then a good wall with barrel potential. Very shallow. Needs a big swell to get going, more so than the left, heavy and feisty. The left and right both need light winds as they are a few hundred metres out to sea.

Droite rapide avec un take-off rapide juste devant les rochers et ensuite une bonne section qui peut tuber. Très peu d'eau. Nécessite un gros swell pour marcher, encore plus que pour la gauche ; c'est une vague intense qui envoie. La droite et gauche marchent mieux par vent faible car elles sont situées à quelques centaines de mètres au large.

Grève de Lecq

THE CHANNEL ISLANDS

St Ouen's Bay, Jersey

5. Watersplash
Consistent, shapely beachbreak and the epicentre of Jersey surfing, where being seen is more important than going surfing. Better at lower tides. Full facilities, cafe, some rocks at low and always extremely crowded.

Joli beachbreak qui marche souvent, épicentre du surf à Jersey, où il est plus important d'y être vu que d'aller vraiment surfer. Meilleur vers la marée basse. Toutes sortes de services, café, quelques rochers à marée basse et toujours beaucoup de monde.

Watersplash

9. Dom Hue
The island's premier big-wave spot is an exposed, fickle, deep-water reef that sits off Perelle Bay. Shifty, sketchy and only suitable for lovers of heavy water. A big drop into a bowly right with deep water at the end if you make it.

Spot de gros de référence sur l'île, reef en eau profonde exposé et capricieux qui se trouve au large de la baie de Perelle. Vagues mal définies qui bougent beaucoup, seulement pour les amateurs de surf marin au large. Gros drop suivi d'un bowl en droite qui termine en eau profonde – si vous réussissez à passer.

JERSEY

1. Grève de Lecq
Fast, hollow beachbreak, only works in huge wrapping winter swells. Packed with locals when on. Park by beach.

Beachbreak creux et rapide qui ne marche que par houle énorme d'hiver. Bondé de locaux quand ça marche. Se garer près de la plage.

2. Plemont Beach
Fast, hollow beachbreak and reef potential. Works in similar conditions to Grève, i.e. rarely. Needs a SE offshore, busy if on. Parking by the beach.

Beachbreak creux et rapide, avec aussi du potentiel sur les reefs. Marche par les mêmes conditions qu'à Greve, c'est-à-dire rarement. Nécessite du vent offshore de SE. Du monde quand c'est bon. Se garer près de la plage.

3. Stinky Bay
Long, walling left pointbreak over uneven reef, at the north end of St Ouen's Bay. A few low tide rocks to avoid and it's always crowded. Park by the slipway.

Longue gauche avec de l'épaule sur une pointe de reef au fond irrégulier, à l'extrémité N de St Ouen's. Quelques rochers à éviter à marée basse, toujours du monde à l'eau. Se garer près de la cale de mise à l'eau.

4. Secrets
Fast, high performance, French-style beachbreak, mainly rights with lefts working when the swell gets solid. Hyper competitive, extremely busy line-up, where the locals will not tolerate lack of respect.

Beachbreak rapide et manœuvres, comme ceux qu'on trouve en France, avec surtout des droites, les gauches marchant quand ça rentre plus gros. Ambiance très compétitive à l'eau avec beaucoup de monde et des locaux qui ne tolèrent pas le manque de respect.

6. Les Brayes
Fun, long beachbreak walls on solid swells. Park at the slipway.

Longues vagues sur un beachbreak sympa, par houle consistante. Se garer près de la cale de mise à l'eau.

7. La Rocco
Gnarly, heavy, epic big-wave righthander, breaking in front of exposed rocks, ridden by small hardcore local crew, handles the biggest swells the Atlantic can throw at it. For experienced surfers only. Park at the slipway at Les Brayes.

Spot de gros d'anthologie, avec une droite épaisse et méchante, cassant devant des rochers exposés et surfée par un petit groupe de locaux hardcore. Tient les plus grosses houles que l'Atlantique peut lui envoyer. Pour surfers expérimentés seulement. Se garer près de la cale de mise à l'eau au lieu-dit Les Brayes.

La Rocco

8. Petit Port
Chunky, powerful big-wave reef, heavy right and longer softer left, ridden at high tide when small, low tide when big, handles huge swell but rarely epic. Park at the slipway at Petit Port.

Spot de gros épais et puissant sur du reef, avec une droite costaud et une gauche plus longue et plus tranquille. Se surfe à marée haute quand c'est petit et marée basse quand c'est gros, tient les houles énormes mais c'est rarement parfait. Se garer près de la cale de mise à l'eau à Petit Port.

9. St Brelade's
Average beachie, offshore in N winds, only breaks on pushing tide, crowded if it works. Beach parking.

Beachbreak moyen, offshore par vent de N, ne casse qu'à marée montante. Du monde si ça marche. Se garer près de la plage.

Jersey map: Grève de Lecq ①, Plemont Beach ②, Stinky Bay ③, Secrets ④, Watersplash ⑤, Les Brayes ⑥, La Rocco ⑦, Petit Port ⑧, St Brelade's ⑨

The Stormrider Guide Europe

Southern England – West

1. Torbay
Range of punchy beachbreaks and the odd reef working on short-lived E swells. Paignton Pier being the most popular spot. Torbay's towns have abundant facilities and parking.

Succession de beachbreaks assez puissants avec parfois un reef qui marche lors des houles d'E de courte durée dans la Manche. Paignton Pier est le spot le plus surfé. Parking et toutes commodités dans les villes du secteur de Torbay.

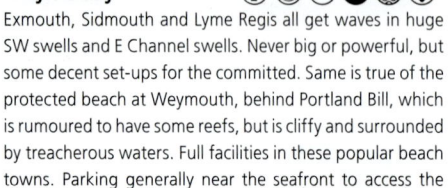

2. Lyme Bay
Exmouth, Sidmouth and Lyme Regis all get waves in huge SW swells and E Channel swells. Never big or powerful, but some decent set-ups for the committed. Same is true of the protected beach at Weymouth, behind Portland Bill, which is rumoured to have some reefs, but is cliffy and surrounded by treacherous waters. Full facilities in these popular beach towns. Parking generally near the seafront to access the surf, free in winter, which is when these spots work.

Il y a des vagues à Exmouth, Sidmouth et Lyme Regis par houle énorme de SO ou bien houle d'E dans la Manche. Quelques spots corrects pour ceux qui sont motivés, bien que ce ne soit jamais ni gros ni puissant. Idem pour la plage protégée de Weymouth, derrière l'île de Portland, où il y aurait quelques reefs surfables, mais attention aux falaises et à la mer assez traître dans les environs. Ces villes côtières fréquentées offrent toutes sortes de commodités. On se gare généralement près du front de mer pour aller surfer – c'est gratuit en hiver, ce qui est la bonne période pour surfer ici.

Kimmeridge Bay 3-5
3. Broadbench
Fast, bowly, hollow reef peak in an army firing range. Steep take-offs and shallow enough to show some reef at low tide. Rarely works, and access depends on the military. Don't paddle out if red flag is flying (usually weekdays) or a military boat will clear the line-up. Pay to park above K-Bay and walk (20mins) around the base of the cliffs to the west.

Vague creuse et rapide en bowl sur du reef dans une zone de tir militaire. Take-off raide et tellement peu d'eau que des bouts de reef peuvent apparaître à marée basse. Marche rarement ; accès dépendant de la base militaire. Ne vous mettez pas à l'eau s'il y a drapeau rouge (en semaine en général) sinon un bateau militaire viendra vous faire sortir. Parking payant au-dessus de K-bay, marcher ensuite 20mn en contournant le pied des falaises par l'O.

4. Kimmeridge Bay
Slow, crumbly peak in the middle of the bay that's the poor relation to the other reefs. Often surfed when the others are out of control. Long rides, which can fade, and reform in another direction. Plenty of kite and wind rigs all over this area. Park above the bay and access from slipway.

Pic qui déferle mollement au milieu de la baie, qui est un peu le parent pauvre par rapport aux autres reefs. Souvent surfé quand ça sature sur les autres spots. Longs rides, qui peuvent ramollir et reformer dans la direction opposée. Beaucoup de kites et de voiles de toutes sortes dans le secteur. Se garer au-dessus de la baie et se mettre à l'eau par la cale.

5. The Ledges
Long, fun, mellow reefbreaks that can handle some size, lefts being favoured. Popular with longboarders, and spreads out the Kimmeridge crowd. A few rocks and rips at size. Park down near the slipway and walk round the cliffs to the east.

Reefs avec de longues vagues sympas et tranquilles, qui peuvent tenir la taille, avec plutôt des gauches. Pas mal de longboarders. Permet de répartir le monde présent sur Kimmeridge. Quelques rochers, du courant quand c'est gros. Se garer en bas près de la cale et contourner les falaises par l'E.

6. Chapman's Pool
Rarely surfed, remote, sketchy left and right reefs at either side of the bay. Car park at Renscombe Farm, near Worth Matravers. Long, steep walk down to the bay.

Droite et gauche de reef rarement surfées, isolées et pas très définies, situées de chaque côté de la baie. Parking à Renscombe Farm, près de Worth Matravers. Longue marche en pente assez raide pour descendre vers la baie.

7. Swanage
Occasional beachbreak waves in monster SW swells and E channel swells. Beach town facilities.

Quelques vagues de beachbreak de temps en temps par houle monstrueuse de SO ou par houle d'E dans la Manche. Commodités en ville.

The Stormrider Guide Europe

8. Bournemouth

Fun, beachbreak peaks with sandbars anchored by the pier. East side is the most popular spot on the Channel coast, with lefts heading back into the pier and faster rights leading down the beach. More peaks on the west side without the SW wind protection. Paddling channel next to pier. On a solid SW groundswell (or SE windswell) and N wind there are barrels for the taking. Always crowded with locals, students, beginners, etc. Year-round pay car park by the beach, hard to get a spot in the summer.

Pics sympas sur un beachbreak avec des bancs de sable stabilisés par la jetée. Le côté E est le spot le plus fréquenté sur les côtes de la Manche, avec des gauches qui cassent en revenant vers la jetée et des droites plus rapides allant vers la plage. Il y a d'autres pics côté O, mais sans protection du vent de SO. Chenal pour rejoindre le pic le long de la jetée. Avec une bonne houle de fond de SO (ou une houle de vent de SE) et du vent de N, il n'y a plus qu'à se caler dans le tube. Toujours du monde, des locaux, des étudiants, des débutants, etc. Parking payant toute l'année près de la plage, difficile de trouver une place l'été.

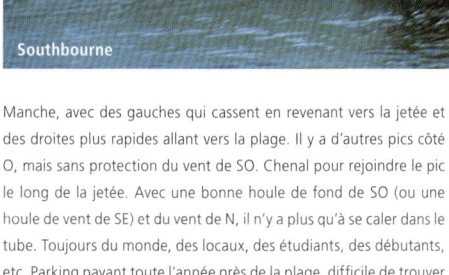

9. Boscombe

Similar set up to Bournemouth but the banks aren't as reliable. Proposed site for an artificial reef. Parking above the beach.

Configuration similaire à Bournemouth mais les bancs de sable ne sont pas toujours aussi bons. Site proposé pour un récif artificiel. Se garer en haut de la plage.

10. Southbourne

Short, sucky, shorebreaks with sandbars anchored by many groynes. Popular with bodyboarders. Parking by beach.

Vagues courtes qui sucent en shorebreak avec des bancs de sable stabilisés par de nombreux épis. Pas mal de bodyboarders. Se garer devant la plage.

11. Highcliffe

Slow, exposed, crumbly beachbreak. Picks up more SW swell than the piers to the west but lacks shape. Inconsistent, so it's rarely crowded. Rips and submerged objects. Pay to park above the beach.

Beachbreak exposé, avec des vagues qui s'écrasent mollement. Prend plus de houle de SO que les jetées à l'O, mais les vagues y sont moins bien formées. Marche rarement, donc pas souvent de monde à l'eau. Du courant ; quelques écueils submergés. Parking payant en haut de la plage.

Southern England – East

The Witterings

Isle of Wight 1-3

1. Freshwater
Hollow, fast right point that occasionally comes to life in SW swells. Rocky, rippy and not for beginners. Car park by the beach. Facilities in the village.

Droite rapide et creuse en pointbreak, qui se réveille de temps en temps par houle de SO. Des rochers, du courant ; pas pour les débutants. Parking près de la plage. Services au village.

2. Compton
Beachbreak peaks to the east of Freshwater, usually better with more water. Plenty of other beach/reef options on this southwest-facing coast in big SW swells providing the wind has N or E in it. Car park at northwest end of beach.

Pics de beachbreak à l'E de Freshwater, en général meilleur en allant vers la marée haute. Plein d'autres options plage/reefs sur cette côte orientée SO par grosse houle de SO, pourvu que le vent soit de secteur N ou E. Parking à l'extrémité NO de la plage.

3. Whitecliff Bay
The most popular southeast-facing spot on the island tames the blustery SW winds and throws up some decent peaks when the swell is big enough to wrap in. More waves to the south at Shanklin, Ventnor and the Niton reefs on the tip of the island, which are threatened by coastal development.

Spot exposé SE le plus surfé de l'île, arrive à tenir les vents violents lors des tempêtes de SO et peut donner des pics corrects quand le swell est assez gros pour y rentrer. Il y a aussi des vagues à la pointe de l'île sur les reefs de Shanklin, Ventnor et Niton ; elles sont d'ailleurs menacées par de nouvelles constructions sur la côte.

4. Hayling Island
Very sheltered, sand island that needs a mammoth SW swell coming up the channel for anything to happen. Long stretch of average beachbreaks and a right sand point into the Chichester harbour entrance. Strong currents. Popular area with windsurfers. Parking by the beach.

Ile sablonneuse très protégée, où il faut un swell monstrueux de SO qui remonte la Manche pour que ça commencer à marcher. Longue portion de beachbreaks moyens et un pointbreak en droite sur du sable qui casse à l'entrée du port de Chichester. Courants forts. Pas mal de windsurfers dans le secteur. Se garer près de la plage.

5. The Witterings
Four mile stretch of average peaks from Wittering to Selsey, along a beach held together by numerous groynes. Popular with London surfers. Rarely epic but has its day. Also popular with wave sailors/kite boarders. Huge, expensive car park in West Wittering and surf shop in East Wittering. Campgrounds for the masses.

Pics de qualité moyenne sur une plage de 6.5 km, retenue par de nombreux épis répartis de Wittering jusqu'à Selsey. Spot connu des surfers de Londres. Rarement bon mais peut être Ok à l'occasion. Pas mal de windsurfers et de kites. Parking immense et assez cher à West Wittering, surf shop à East Wittering. Grands campings.

6. Littlehampton
Fickle beachbreak east of Littlehampton harbour entrance. Lefts off the wooden groyne work best on higher tides and will be busy if on. Car park above the beach.

Beachbreak capricieux situé à l'E de l'entrée du port de Littlehampton. Les gauches devant l'épi en bois marchent mieux à marée haute avec du monde quand c'est bon. Parking en haut de la plage.

Ryde, Isle of Wight

Shanklin, Isle of Wight

Littlehampton

Compton

SOUTHERN ENGLAND – EAST

9. Wedge
Short, fast, heavy shorebreak wedging off the pier wall popular with bodyboarders. Parking at the top of the cliff.

Shorebreak avec des vagues qui envoient, courtes et rapides, qui font un wedge sur le mur de la jetée, avec pas mal de bodyboarders. Parking en haut des falaises.

10. Marina
Crowded, shallow chalk and flint reef sheltered from SW gales (the only time it works) by the marina pier. Busy, rippy and localised. Parking at top of the cliff or down Cliff Rd, access can be disrupted by ongoing sea defence work.

Vague sur un reef de calcaire et de silice, qui ne marche que lors des tempêtes de SO, mais qui reste abritée par la jetée de la marina. Du monde, du courant, du localisme. Parking en haut des falaises ou sur Cliff Road, l'accès peut être difficile en raison des travaux en cours pour lutter contre l'érosion.

11. Eastbourne
Sheltered from the headland, this beach can refine out-of-control storm surf. It works best at mid-tide and when it's big. Strong SE wind swells can offer relief from the summer heat but are often weak and fickle.

Abritée par la pointe, cette plage peut filtrer les plus grosses houles de tempête. Marche mieux à mi-marée et quand c'est gros. Les houles créées par un fort vent de SE peuvent être l'occasion de se rafraîchir lors de la chaleur estivale, mais les vagues y sont souvent molles et imprévisibles.

Brighton Marina — CHRISTIAN BLACK

7. Shoreham
Windslop for the desperate is the norm at the 'Hotpipe'. Sandbar anchored by power station outfall. Easy parking by beach.

Pour ceux qui sont vraiment motivés, on peut surfer des vagues de vent au "Hotpipe", un banc de sable stabilisé par un tuyau de rejet d'une centrale énergétique. On se gare facilement près de la plage.

Brighton 8-10
8. West Pier
Popular, slow longboard wave that's not been the same since the pier burnt down. Sandbanks aren't what they were and they weren't that good to start with. Expensive and busy meter parking in town.

Vague molle pour le longboard, souvent surfée mais a changé depuis que la jetée a complètement brûlé. Les bancs de sable ne sont plus aussi bons, et encore ils n'étaient pas vraiment fantastiques avant. Parking en ville assez cher et fréquenté.

Brighton West Pier — KRISTEN PRISK

The Stormrider Guide Europe

# ENGLAND

East Anglia

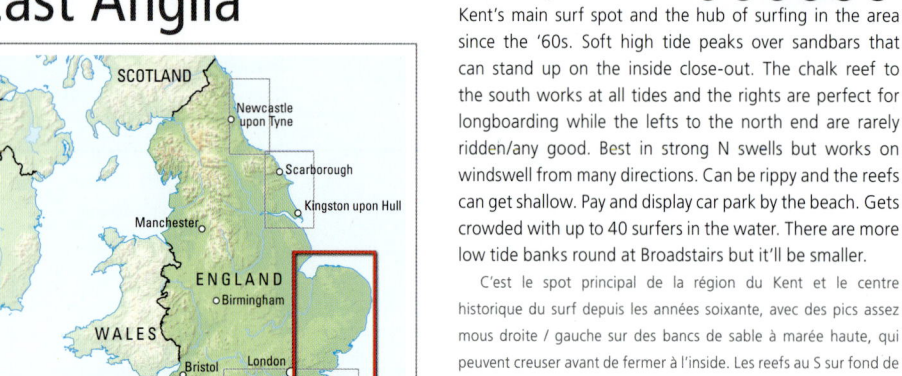

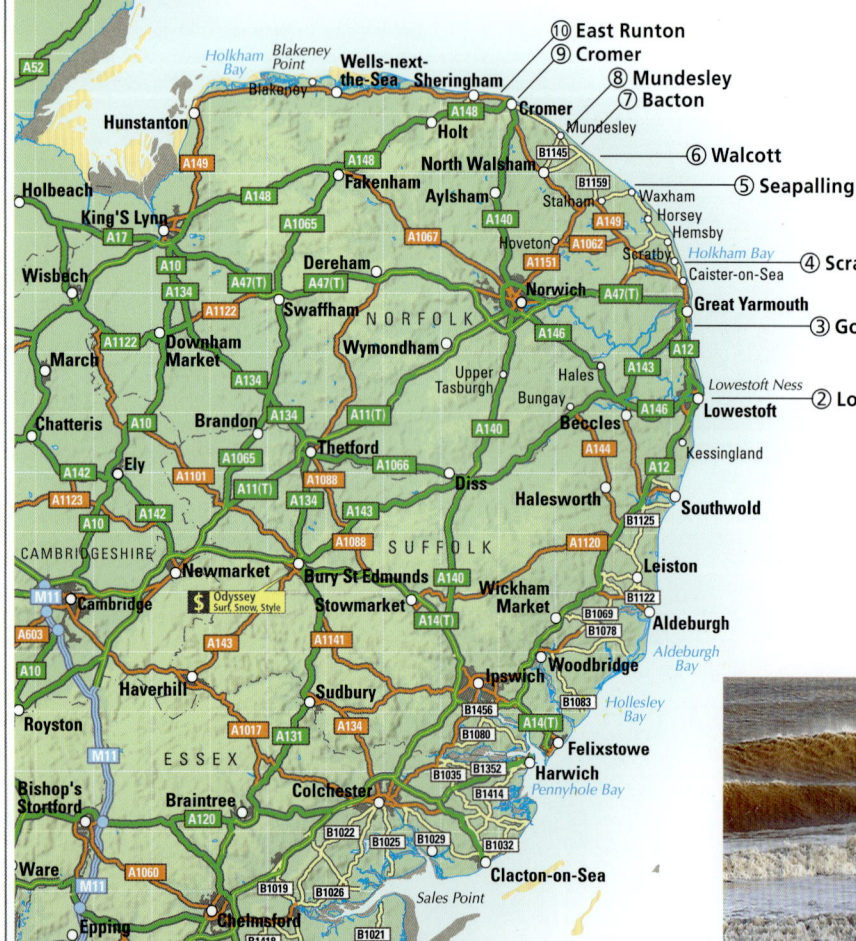

1. Joss Bay
Kent's main surf spot and the hub of surfing in the area since the '60s. Soft high tide peaks over sandbars that can stand up on the inside close-out. The chalk reef to the south works at all tides and the rights are perfect for longboarding while the lefts to the north end are rarely ridden/any good. Best in strong N swells but works on windswell from many directions. Can be rippy and the reefs can get shallow. Pay and display car park by the beach. Gets crowded with up to 40 surfers in the water. There are more low tide banks round at Broadstairs but it'll be smaller.

C'est le spot principal de la région du Kent et le centre historique du surf depuis les années soixante, avec des pics assez mous droite / gauche sur des bancs de sable à marée haute, qui peuvent creuser avant de fermer à l'inside. Les reefs au S sur fond de calcaire marchent à toutes les marées avec des droites idéales pour le longboard, tandis que les gauches à l'extrémité N sont rarement surfées et ne marchent pas souvent. Meilleur par grosse houle de N mais fonctionne aussi par houle de vent de directions variées. Il peut y avoir du courant et peu d'eau au-dessus des reefs. Parking avec parcmètres près de la plage. Du monde à l'eau, jusqu'à 40 surfers à la fois. Il y a d'autres bancs qui marchent à marée basse dans les environs à Broadstairs, mais ça rentre moins gros.

Joss Bay — BRUCE SUTHERLAND

2. Lowestoft
Short, weak, yet popular beachies at Britain's most easterly break. Straight N swells should hit the best banks around Claremont Pier. The swell is robbed of any power by a massive offshore sandbank. Rippy and plenty of beach furniture in the shape of a pier and groynes, better at low to mid, although high can also have a shorey. Polluted. Ample parking on coast road and pay car park by pier. There are some spots further south in Suffolk that pick up N-SE swells but generally speaking it is always bigger and better in Norfolk.

Vagues courtes et molles sur des beachbreaks qui sont pourtant assez fréquentés. Spot le plus à l'E d'Angleterre. Les meilleurs bancs sont vers Claremont Pier avec une houle plein N. La houle est complètement freinée par un immense banc de sable au large. Du courant et plein d'aménagements sur la plage avec une jetée et plusieurs épis. Meilleur de marée basse à mi-marée, bien qu'on puisse aussi surfer le shorebreak à marée haute. Pollution. On se gare facilement le long de la route côtière, sinon parking payant près de la digue. D'autres spots plus au S dans le Suffolk qui prend les houles de N à SE, mais en général c'est toujours mieux et plus gros dans le Norfolk.

Lowestoft — NEIL WATSON

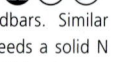

3. Gorleston
Slow, poor beachbreaks on shifting sandbars. Similar offshore sandbar situation to Lowestoft. Needs a solid N swell with mid to high tides to work and will be rippy at size. Occasionally gets a long walled left and hollow right by the groynes. Plenty of pay parking on the prom. Water quality is very suspect.

The Stormrider Guide Europe

EAST ANGLIA

Secret spot

Gorleston

Beachbreaks mous et de mauvaise qualité sur des bancs de sable changeants. Même configuration qu'à Lowestoft. Il faut un bon swell de N de mi-marée à marée haute pour que ça marche, avec du courant quand c'est gros. Parfois une longue gauche avec de l'épaule et une droite creuse près des digues. Grand parking payant sur le front de mer. La qualité de l'eau est très douteuse.

4. Scratby

Fast, hollow beachbreak. Good lefts in N swells, rights in S swells. No groynes to cut the sideshore current so it's hideously rippy, often too strong to paddle against. Small cliff top car park.

Beachbreak creux et rapide. De bonnes gauches par houle de N, des droites par houle de S. Pas de digues pour bloquer le courant latéral, c'est donc farci de jus, souvent trop fort pour rester en place à la rame. Petit parking en haut des falaises.

5. Seapalling

Fast, sucky beachbreaks, in a series of sandy coves formed in between large offshore sea-defence structures. Good shelter from all winds except E. Good fishing as well. Limited free roadside parking, and pay car park to the south. There's miles of exposed beachbreak stretching to the south down to Winterton-on-Sea, but longshore currents can be brutal so E swells are best.

Succession de beachbreaks situés entre de grands ouvrages de protection de la côte situés au large. Vagues rapides qui sucent, bien abritées du vent de toutes les directions sauf E. Bon spot de pêche également. Peu de place pour se garer le long de la route (gratuit) ou parking payant au S. Il y a des kilomètres de beachbreaks exposés au S jusqu'à Winterton-on-Sea, mais le courant latéral au large peut être très fort, les houles d'E sont donc à privilégier.

6. Walcott

Heavy shorebreak on high tides, good for bodyboarders. At low tide it becomes a sucky, walling beachbreak perfect for surfers. Best on N to E swells which should throw up some makeable barrels. Strong rips, and plenty of groynes to avoid. Sometimes crowded. Free roadside parking.

Shorebreak puissant à marée haute, bien pour le bodyboard. A marée basse ça devient un beachbreak avec des vagues bien creuses et tendues, idéales pour les surfers. Meilleur avec un swell de N à E où on peut avoir quelques tubes. Courants forts, plein de digues à éviter. Parfois du monde. On se gare le long de la route sans avoir à payer.

7. Bacton

Similar set-up to Walcott with exposed stretch of NE-facing groynes picking up swells from 180°. A big N swell at mid to high should see some hollow lefts run down the beach with the strong lateral current. Sometimes crowded.

Même configuration qu'à Walcott avec des digues sur une côte exposée NE qui reçoit la houle avec une ouverture à 180 degrés. Avec un gros swell de N de mi-marée à marée haute, on peut surfer des gauches creuses qui passent devant la plage avec un fort courant latéral. Parfois du monde.

8. Mundesley

Swell magnet sandbars in front of town held together by dozens of old wooden groynes. Hollow if the wind swings to the SW during a NE swell. Better at mid incoming tide. Expect crowds when it's on.

Bancs de sable qui concentrent la houle en face de la ville, maintenus en place par des dizaines de vieilles digues en bois. Peut devenir creux si le vent tourne SO pendant une houle de NE. Meilleur à mi-marée montante. S'attendre à du monde si c'est bon.

9. Cromer

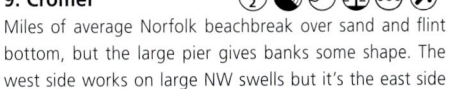

Miles of average Norfolk beachbreak over sand and flint bottom, but the large pier gives banks some shape. The west side works on large NW swells but it's the east side that gets wedgy rights running back into the pier on any N-E swells, plus slow mushy lefts. Further east, the rock groyne can have a rare punchy left. Very strong rips and longshore drift at peak of the tides. Water quality used to be horrendous but has improved recently. Groynes and pier structure to watch out for, flint pebbles can be very sharp in the high tide shorepound. Pay to park by the pier or find the free roadside spots.

Des kilomètres de beachbreaks moyens dans le Norfolk sur fond de sable et de silice, mais avec une grande jetée qui forme des bancs un peu meilleurs. Le côté O marche par grosse houle de NO, et le côté E a des droites en wedge qui reviennent vers la digue par houle de N à E, avec aussi quelques gauches plus molles. Plus à l'E, l'épi rocheux peut former une gauche puissante (rare). Courants très forts et courant latéral au large lors des gros coefficients. La qualité de l'eau était désastreuse avant, mais s'est récemment améliorée. Attention aux épis et aux fondations de la jetée, ainsi qu'aux cailloux de silice qui peuvent être très pointus dans le shorebreak à marée haute. Aller au parking payant près de la jetée ou trouver un endroit pour se garer gratuitement le long de la route.

Cromer

10. East Runton

Very average beachbreak, regarded as the county's premier spot because chalk reefs add some definition to the sandbars. Picks up all swells but best on a N swell and S wind at higher tides. Banks not as good since the removal of the sewage pipe. Sharp flints on the rocky inside and strong currents undisturbed by groynes. Always crowded. Pay and display car park on cliff.

Beachbreak très moyen, pourtant connu comme le spot principal du Comté car les bancs de sable sont un peu stabilisés par des récifs de calcaire. Prend toutes les houles mais meilleur par houle de N et vent de S vers la marée haute. Les bancs ne sont pas aussi bons depuis que le tuyau d'évacuation d'eaux usées a été enlevé. Cailloux de silice pointus et un courant fort qui n'est pas arrêté par les digues. Toujours du monde. Parking avec parcmètre en haut de la falaise.

East Runton

The Stormrider Guide Europe

Yorkshire

1. Withernsea
Unspectacular beachbreak surfed when the breaks further north are blown-out – mainly lefts. Watch out for groynes on higher tides and strong longshore drift. Park by beach.

Beachbreak qui n'a rien de fantastique, à checker quand les spots plus au N sont trop ventés, avec surtout des gauches. Attention aux épis à marée haute et au courant latéral puissant. Se garer près de la plage.

2. Filey
Back-up beach for stormy conditions, some shelter from N winds due to the headland. Other peaks further south in clean conditions. Plenty of car parks and facilities in Filey.

Spot de repli pendant les tempêtes, avec un peu d'abri des vents de N grâce à la pointe. D'autres pics plus au S si les conditions sont propres. Nombreux parkings et autres services à Filey.

Cayton Bay 3-5

3. Bunkers
Fast, hollow, bowly beachbreaks working from mid to just before high tide. Horrendous paddle out at size as the sweep over the shallow sandbar is fierce. Beach gets cut off at high tide and the cliff is prone to landslips. Surf shop, school, pay car park with showers at top of the cliff. Steep path down to the beach.

Beachbreaks avec des vagues creuses et rapides formant des bowls, marchant de mi-marée jusqu'à juste avant la marée haute. Passage de barre très pénible quand c'est gros, à cause du jus qui tire très fort sur un banc de sable faiblement recouvert. La plage disparaît à marée haute et il peut se produire des éboulements depuis la falaise. Surfshop, école de surf, parking payant avec des douches en haut de la corniche. Chemin raide pour descendre à la plage.

4. Pumphouse
Sandbar at lower tides and a mellow reef peak at high in front of the pump house between the Point and Bunkers that works best in rare SE swells.

Un banc de sable qui marche vers la marée basse, et un pic tranquille sur du reef à marée haute en face de la station de pompage entre le Point et Bunkers, qui marche mieux par houle de SE (rare).

5. Point
Grinding, heavy, left pointbreak. First section is a super-shallow ledge necessitating an air drop and then a fast barrel section before it mellows and a whackable wall wraps into the bay. Rippy, rocky, busy and dangerous. Long walk down a treacherous path through the woods. Extremely limited on street parking in quiet residential area.

Gauche de pointbreak technique et puissante, avec une première section qui jette sur une dalle avec très peu d'eau à négocier en late take-off, suivie d'une section rapide à tube, avant de ramollir pour offrir un mur à manœuvres qui s'enroule dans la baie. Dangereux, du courant, des rochers, du monde. Longue marche par un sentier assez difficile à travers les bois. Nombre de places pour se garer extrêmement limité, dans un quartier résidentiel tranquille.

Scarborough 6-7

6. South Bay
On N swells this is a slow, beginner-friendly beachbreak, with a rare SE swell it can get hollow and fast. Parking voucher system in Scarborough for on-street parking.

Beachbreak mou adapté aux débutants par houle de N, mais peut devenir creux et rapide par houle de SE (rare). Parking payant à Scarborough avec un système de tickets pour pouvoir se garer dans la rue.

7. North Bay
Consistent beachbreak that handles an onshore well. Best at mid tide, backwash off the seawall at high tide. Various peaks with the middle peak being the favourite. Seafront parking, surf shops and full facilities in town.

Beachbreak qui marche souvent et tient bien l'onshore. Meilleur à mi-marée, backwash sur le front de mer à marée haute. Plusieurs pics, celui du milieu étant le plus fréquenté. On peut se garer devant le front de mer. Surfshops et toutes commodités en ville.

8. Robin Hood's Bay
Quality reefbreaks at the end of a massive stretch of exposed ledges. Rarely surfed due to the distance out to the waves. Small car park in the village.

Reefs de qualité situés au bout d'un grand plateau de dalles exposées. Rarement surfés à cause de la distance pour rejoindre les vagues. Petit parking au village.

9. Whitby
Fun beachbreaks in small N swells, favouring a defined left. Can be a hollow right down the west side of the pier in E swells. Car parks and full facilities in town.

Beachbreaks sympas par petite houle de N, avec une gauche bien définie. Par houle d'E, il peut y avoir une droite creuse près de la jetée côté O. Parkings et toutes commodités en ville.

YORKSHIRE   121

Sandsend Bay 10-11

10. Beach
Punchy, hollow beachbreaks over shifting gravel/sandbars. Picks up more N swell than Scarborough, can get busy. Roadside parking along the beach and a pay car park at the north end.

Beachbreaks creux et puissants sur des bancs changeants de sable et de graviers. Reçoit plus la houle de N que Scarborough. Il peut y avoir du monde. On peut se garer sur le bord de la route le long de la plage, sinon parking payant au bout au N.

11. Caves
Long, mellow left reef below the cliffs at the north end of the bay. Pay and display car park overlooks the break. Great cafe and there's toilets at the car park entrance.

Longue gauche tranquille sur du reef au pied des falaises à l'extrémité N de la baie. Parking payant avec parcmètre surplombant le spot. Il y a un bon café et des toilettes à l'entrée du parking.

12. Runswick Bay
Rarely surfed, fast, walling righthanders on an inner, middle and outer reef on the east side of the bay. Small beachbreak in front of the car park and a sketchy left reef known as the Cobble Dump. Normally surfed when the main spots are too big and out of control. Car park at the bottom of a steep hill. Cafe in the village.

Droites tendues et rapides, rarement surfées, sur des reefs disposés à l'intérieur, au milieu et au large du côté E de la baie. Petit beachbreak devant le parking et une gauche mal définie sur un reef appelé The Cobble Dump. Surfé généralement quand les spots principaux sont trop gros et insurfables. Parking au pied d'une pente raide. Café dans le village.

The Stormrider Guide Europe

Northeast England

DURHAM

1. Skinningrove
Long, fickle, horribly polluted right breaking off Hummersea Scar. Also two average beachbreaks either side of the jetty. Steelworks and old mine works make for sketchy water quality. Some parking in the village.

Longue droite, capricieuse et terriblement polluée, qui casse devant Hummersea Scar. Il y a aussi deux beachbreaks moyens de chaque côté de la jetée. L'eau est d'une qualité douteuse à cause des usines sidérurgiques et des mines. Il y a des places pour se garer au village.

2. Saltburn Point
Long, powerful, but fickle right point waves break down Saltburn Scar on lower tides.

Longue droite, puissante mais capricieuse, cassant devant Saltburn Scar à marée basse.

3. Saltburn Beach
Slow, but popular beachbreak, centre of the scene in the region. Good banks around the pier and a punchy, low tide bank to the eastern end at Penny Hole. Water quality is not good but vastly improved. Car park and surf shop by the pier. Facilities in town.

Beachbreak mou mais fréquenté qui est le centre de la scène surf dans la région. De bons bancs autour de la digue et un banc de sable puissant à marée basse à l'extrémité E à Penny Hole. La qualité de l'eau n'est pas bonne mais s'est bien améliorée. Parking et surfshop près de la digue. Commodités en ville.

4. Redcar
Range of rarely surfed reefbreaks around Redcar. Two outer reefs, 'scars' as they are known locally, hold much potential. Roadside parking, car parks and facilities in Redcar.

Succession de reefs rarement surfés autour de Redcar. Deux autres reefs, les 'scars' (rochers escarpés) comme on les appelle localement, offrent un bon potentiel. Se garer le long de la route, parkings et autres commodités à Redcar.

5. Marske to Tees
Long stretch of average beachbreaks from Marske all the way up to the South Gare breakwater; broken at its midpoint by Redcar Scars. Access and parking at various spots along the stretch.

Longue portion de beachbreaks de qualité moyenne s'étendant de Marske jusqu'au brise-lames de South Gare, séparée en deux au milieu par les Redcar Scars. On accède à la plage en différents endroits depuis des parkings.

6. The Gare
World-class, freight-train, barrelling right that hardly ever breaks. Located on the west side of the south Gare breakwater in the mouth of the River Tees, the man-made boulder dump needs an excruciatingly rare E/SE swell. Renowned for shocking water quality, strong tidal rips, sharp bottom and punishing hold downs, it's best left to the committed local crew. In the shadow of Hartlepool's nuclear power station and chemical works. Best found with a good map. Drive past the steel works and park by the lighthouse compound gates. No facilities.

Droite puissante de qualité internationale avec des tubes, qui ne casse pratiquement jamais. Il faut un swell d'E/SE malheureusement trop rare pour que le spot marche, étant situé à l'O du brise-lames de South Gare, un amas de rochers créé par l'homme à l'embouchure des River Tees. L'eau est connue pour être terriblement polluée, il y a de forts courants de marée, le fond est coupant et on peut bien se faire punir sous l'eau ; il vaut mieux laisser cette vague au groupe de chargeurs locaux. Il y a aussi la centrale nucléaire de Hartlepool et des usines chimiques dans le secteur. Plus facile à trouver avec une bonne carte. Passer devant les usines de sidérurgie et se garer près de l'entrée de l'enceinte du phare. Pas d'aménagements ni services.

7. Hartlepool
Sheltered beachbreaks favouring E swells from Seaton Carew in the south up to Hartlepool. Some shelter from N wind by the marina at the north end. Other waves in the area for the inquisitive. Backdrop of heavy industry in the area means water quality poor but improving. Coast road and car parks at either end of Seaton and in Hartlepool.

Beachbreaks protégés qui s'étendent de Seaton Carew au S jusqu'à Hartlepool et qui demandent plutôt une houle d'E. Un peu de protection du vent de N par la marina du côté N. D'autres vagues dans le secteur pour les explorateurs. Cadre très industrialisé donc eau de mauvaise qualité, mais qui est en amélioration. Route côtière et parkings à chaque extrémité de Seaton et à Hartlepool.

8. Hartlepool to Sunderland
Good, wedging right off the harbour wall in Roker and a range of average beachbreak options at Roker, Seaburn and Whitburn. Park on the coast road. Facilities in Sunderland.

Bonne droite formant un wedge sur la digue du port à Roker avec aussi une série de beachbreaks moyens à Roker, Seaburn et Whitburn. Se garer le long de la route côtière. Services à Sunderland.

9. Whitburn
Three good, but hard to access left reefs. Situated in an MOD firing range so getting in is tricky. Long walk. Car parks north and south of the ranges.

Trois bons reefs en gauche mais difficile d'accès. Situé dans une zone de tir militaire donc difficile d'y rentrer. Longue marche. Parkings au N et au S de la zone.

NORTHEAST ENGLAND

10. South Shields
Fun beachbreaks from South Shields down to Marsden. Some shelter from N winds by the South Pier at the mouth of the Tyne, which spews residential, commercial and stormwater pollution into the line-up. Parking above beach.

Beachbreaks sympas depuis South Shields à Marsden au S. Un peu de protection du vent de N par la digue Sud à l'embouchure de la rivière Tyne, qui rejette vers le line-up de la pollution due aux habitations, aux activités économiques et au ruissellement par fortes pluies. Se garer en haut de la plage.

11. Black Middens
Legendary, rare, sketchy left reef in the mouth of the Tyne River. Sheltered by the two piers built to protect shipping entering the harbour the swell needs to be a monster NE or straight E to get in. Shallow, heavy, polluted and in a busy sea lane, so it's not a wave for the faint-hearted. Car park by Admiral Collingwood monument.

Gauche de reef légendaire, rare et assez technique, à l'embouchure de la Tyne. Abritée par les deux digues construites pour protéger l'entrée du port, il lui faut pour pouvoir marcher soit un swell énorme de NE soit une houle plein E. Peu d'eau, de la puissance et de la pollution avec en plus un trafic maritime important : pas une vague pour les petits joueurs. Parking près du monument de l'Amiral Collingwood.

Tynemouth 12-13

12. Eddies
Sheltered cove to the south of Longsands with shifting sandbars that can occasionally produce great beachbreak peaks. Car park above the beach.

Crique protégée au S de Longsands avec des bancs de sable changeants, qui peuvent de temps en temps donner de vraiment bons pics de beachbreak. Parking en haut de la plage.

13. Longsands
Popular, fun beachbreak at the centre of the Newcastle scene. Works through the tide but best on higher tides. Site of the British Nationals and home beach to some of the UK's top pros. Pay and display roadside parking above the beach. Surf shop and cafe on the beach.

Beachbreak sympa et fréquenté au centre de la scène surf de Newcastle. Marche à toutes marées mais meilleur vers la marée haute. Site retenu pour les Championnats nationaux et homebreak de certains top pros britanniques. Parking avec parcmètre le long de la route en haut de la plage. Surfshop et café sur la plage.

14. Whitley Bay
Average beachbreak surfed in stormy conditions as it's more sheltered than Longsands. Car park at north end of beach and roadside parking in town. Full facilities.

Beachbreak moyen à surfer quand c'est tempête car c'est mieux protégé que Longsands. Parking à l'extrémité N de la plage et le long de la route en ville. Toutes sortes de commodités.

15. Hartley Reef
High quality, swell-magnet reefbreak peak. Fast, hollow, shallow and crowded if on. Jacking take off and tube potential for the committed. Long paddle. Carpark on cliffs overlooking the break.

Reef avec un pic de grande qualité qui concentre la houle. Rapide et creux avec peu d'eau, du monde quand c'est bon. Take-off qui jette et des tubes pour ceux qui chargent. Longue rame. Parking en haut des falaises surplombant le spot.

16. Seaton to Blyth
Versatile stretch of beachbreak peaks from Blyth to Seaton Sluice can have good shape if the banks are right. Good protection from heavy swells and N winds under Blyth harbour wall. Car parks by the coast road and in Blyth.

Beachbreaks variés de Blyth à Seaton Sluice, qui peuvent être bons si les bancs sont en place. Bonne protection de la houle quand c'est gros, abri du vent de N par la digue du port de Blyth. Parkings le long de la route côtière ainsi qu'à Blyth.

Northumberland secret — DAN HAYLOCK

NORTHUMBERLAND (not shown on map)

Newbiggin
Rare righthander off Newbiggin point that needs size to get going and prefers a SE swell. Safer with water over the reef. Advanced only. Campground on the point.

Droite rare sur la pointe de Newbiggin qui demande de la taille pour marcher et préfère une houle de SE. Moins dangereux quand le reef est bien recouvert. Pour bons surfers seulement. Camping sur la pointe.

Seahouses
Decent northeast-facing beachbreak plus a few reefs at this quiet holiday town. More pockets of beach and reef along this coast in both directions. Campground behind the beach.

Beachbreak correct orienté NE, plus d'autres reefs, dans une station balnéaire tranquille. D'autres petites zones avec plages et reefs de part et d'autre sur cette côte. Camping derrière la plage.

Bamburgh
Expanse of northeast-facing strand that picks up all available swell onto some nice sandbars. Plenty of currents and seals, but not people, with stunning castle backdrop. Car park behind castle or further south in the dunes.

Zone avec des plages orientées NE qui reçoit la moindre houle, avec quelques jolis bancs de sable. Beaucoup de courants et de phoques dans l'eau, mais peu de monde, arrière-plan impressionnant avec un château. Parking derrière le château ou plus au S dans les dunes.

Holy Island
Has a few phantom reefs including a left on the south of the island that needs a big wrapping winter N swell. With plenty of scattered rocks and slabs, there's undoubted potential in all swell directions plus wind flexibility. Causeway access road floods at high.

Quelques reefs fantômes avec une gauche au S de l'île qui demande un gros swell d'hiver de N pour marcher. Avec tous ces rochers et ces dalles répartis sur la côte, il y a vraiment un bon potentiel par toutes les orientations de houle, avec de nombreuses options pour le vent. La route d'accès traverse un gué qui est recouvert à marée haute.

The Stormrider Guide Europe

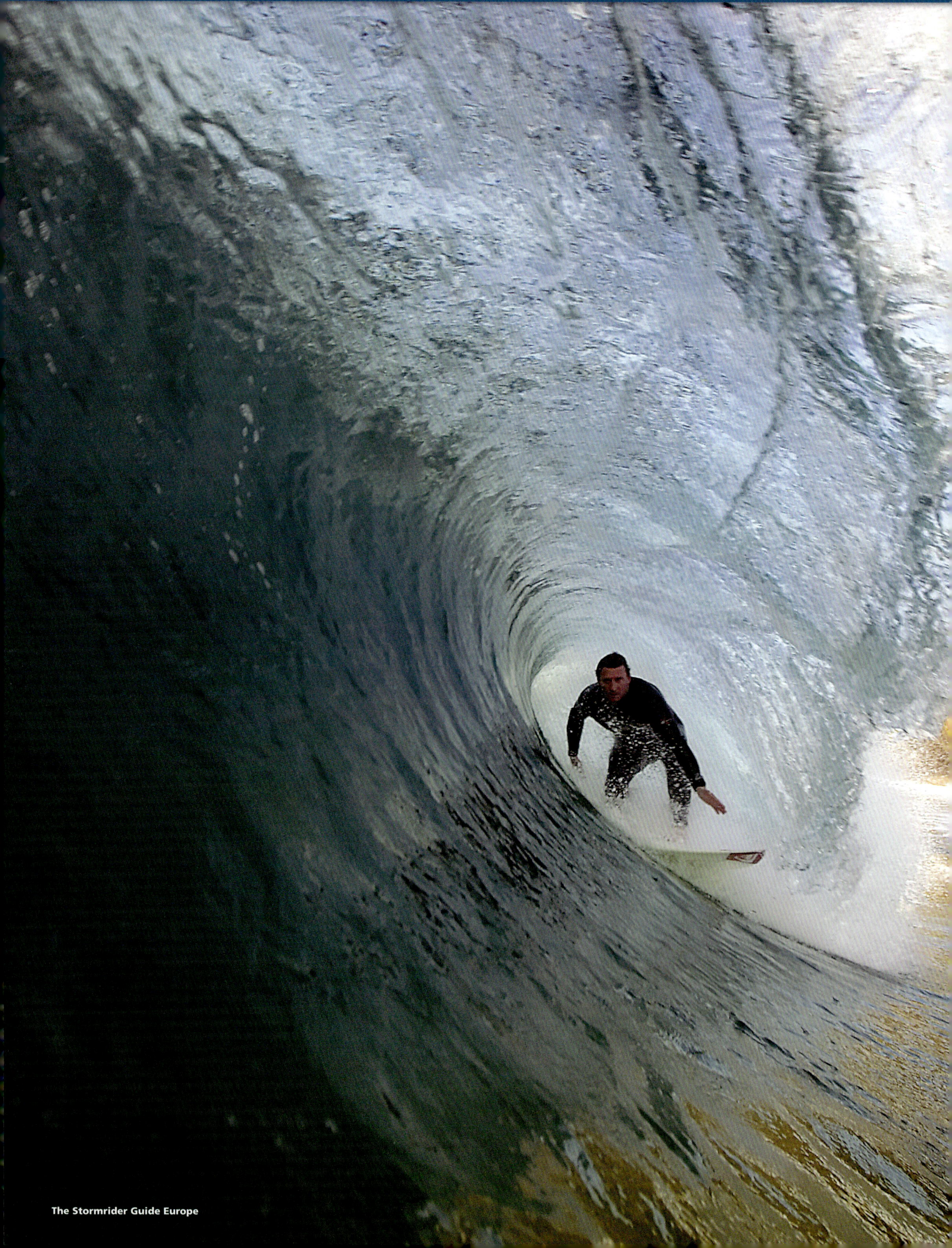

Scotland

Scotland is famous for having 'four seasons in one day' and it is this unpredictable weather that can bring pumping waves to any of its three coasts. Peppered with islands to the west and slab reefs to the east, this fiercely independent nation holds the lion's share of UK surfing frontiers. With the Hebrides and Thurso hosting international competitions, the surfing world is waking up to the wealth of waves on offer. The local surf population is steadily growing as wetsuit technology enables a new generation to brave the hearty swells. The Scots can enjoy midnight sun sessions in June or dark, brooding, peat-stained swells in winter but despite the seasonal contrasts, the quality of the surf is perennial.

En Ecosse, on peut rencontrer les 4 saisons sur une même journée ! Et c'est ce temps imprévisible qui peut amener des vagues sur les 3 façades littorales du pays. Parsemée d'îles du coté Ouest et de dalles de reefs à l'Est, l'Ecosse se taille la part du lion et n'a rien à envier au Royaume-Uni ! Les compétitions internationales qui se tiennent aujourd'hui dans les Hebrides et à Thurso ont contribué à révéler toute la richesse des vagues écossaises. La communauté surf s'agrandit continuellement, sans doute grâce aux combinaisons modernes qui permettent d'affronter les conditions souvent rudes. En juin la lumière sans fin offre aux Ecossais d'incroyables sessions nocturnes, l'hiver fait quant à lui place aux conditions extrêmes et à la pénombre permanente. Malgré ces forts contrastes saisonniers, la qualité du surf reste constante.

Celtic cavern at Dalmore, a sandy swell trap on the craggy Hebridean fringe.

The Stormrider Guide Europe

SCOTLAND

The Surf

Scotland has an endless variety of waves and lies in one of the most consistent areas in Europe. Boasting a 270 degree swell window there are plenty of options for the intrepid searcher armed with a good wetsuit. Being on the same latitude as Alaska means the winter months see a mere six hours of daylight, so getting the right tide at your favourite spot can be impossible. Conversely in the summer it's light for 20 hours or more a day, so a post-pub surf is possible.

L'Ecosse dispose d'une incroyable diversité de vagues, et représente à ce titre l'une des zones de vagues les plus consistantes en Europe. Pouvant recevoir des directions de swells sur 270°, les options offertes à tout surfer curieux et armé d'une bonne combi sont sans fin, ou presque. L'Ecosse se situe à la même latitude que l'Alaska, et donc les jours sont très courts en hiver (6h) : être sur le bon spot avec la bonne marée est parfois impossible ! L'été c'est tout l'inverse avec des journées de 20h voire plus...surfer en sortant du pub devient possible.

Although it faces due north, the **Moray Firth** coast lays in the swell shadow of Scotland's north coast. Big N and NE swells do make it in through the *autumn and winter* and with the SW offshore great conditions can be had. Swells are generally short duration so local knowledge is key. Fraserburgh is the hub of the local scene, home to the Broch Surf Club and a brace of classy reefs.

La côte **Sud-est d'Ecosse** reçoit seulement une partie des houles de N/NE, qui en revanche touchent directement la côte Nord. Tout comme le NE de l'Angleterre, les swells peu probables de SE peuvent dévoiler certaines plages et reefs. Les vents dominants sont side-off, d'orientation SO. Sur toute la côte E, la température de l'eau s'effondre en hiver et l'influence du Gulf Stream ne se fait sentir que sur la côte N. Et vu que c'est surfable surtout en *hiver*, vous n'échapperez pas à une bonne combi, des chaussons et cagoule.

Bien que faisant face au N, la côte **Moray Firth** ne bénéficie pas autant du swell que la côte N. Les grosses houles N/NE offrent de bonnes conditions en *automne et hiver*, surtout avec un vent offshore de SO. Les trains de houles étant généralement de courte durée, une bonne connaissance de l'endroit aide. Fraserburgh est le berceau de la scène locale, terre du Broch Surf Club et de nombreux reefs de qualité.

The East Coast

Southeast Scotland is the least consistent area and unlike the northern shores only gets the dregs of big N/NE swells. Like the northeast of England the unlikely saviour are the rare SE swells which can bring a range of slumbering beaches and reefs to life. Dominant winds are cross-offshore from the SW. Water temps on the whole east coast plummet in winter, as the warming influence of the Gulf Stream only brushes the far north coast, so good wetsuits, boots and hoods are essential as it's generally only surfable in the *winter*.

The 'North Shore'

This coast is rapidly gaining a reputation as one of Europe's premier heavy water destinations. The wildly scenic coast, divided between the counties of Caithness and Sutherland, runs from John o'Groats to Cape Wrath. The difference is marked, the flat slab reefbreaks and low-lying topography of **Caithness** are a stark contrast to the mountains, honey coloured rocks and sandy beaches of **Sutherland**. Like its Hawaiian namesake, the north shore surf can get huge and currents can be treacherous. The plus side is the area is very consistent. Thurso East is the jewel in the North Shore's crown; the world-famous reef is one of Europe's finest waves, when it breaks. Unlike most of the north shore waves Thurso is quite fickle and has a limited swell window. The town itself is the only settlement of any size and the only place with full facilities. Going west, the breaks are more exposed and spots like Brimms Ness hoover up any swell going. Swells from the W round to NE can occur *year round*, September to November are the prime months for good swell and reasonable weather. Deep winter and spring can be cold and classic, flat or wildly out of control. The area is one

Aberdeen						
SURF STATISTICS	J/F	M/A	M/J	J/A	S/O	N/D
Dominant swell	N-E	N-E	N-E	N-E	N-E	N-E
Swell size (ft)	5-6	5	3-4	3	4-5	6
Consistency (%)	50	60	60	50	60	50
Dominant wind	S-W	S-W	E-S	SW-N	S-W	S-W
Average force	F5	F4-F5	F3-F4	F4	F4	F4-F5
Consistency (%)	53	43	40	56	50	53
Water temp.(°C)	6	7	10	13	11	8
Wetsuit						

Middle – **Long stretches of the North Sea coast above Inverness are rarely surfed despite showing quality during big N – E swells and being visible from the main coast road.**

Bottom – **Brims hoovers up all available swell onto its curving reefs and ramps up the size, even when the surrounding area seems flat. The Bowl – overflowing.**

The Stormrider Guide Europe

THE SURF 127

of the most sparsely populated in the UK so surfing by yourself, or with a few seals, is a real possibility.

The Orkney and Shetland Islands lie to the NE of the North Shore and like most of Scotland's myriad islands lie untouched and unsurfed except by a few switched on explorers. There are a lot of cliffs, but where the coast flattens out good reefbreaks and points abound. Skail Bay and Marwick on Orkney and many other spots lie in wait. The swell window is huge, catching swells from the W right round to SE. The islands can get atrocious weather in the winter and it's possible to surf nearly right through the night around midsummer, which is a good time to go as in **autumn**.

La côte N monte en réputation et tend à devenir une destination Européenne de gros surf. La côte sauvage, à cheval sur les contés de Caithness et Sutherland, s'étend de John O'Groats au cap Wrath. Reefs et relief 'plats' du Caithness contrastent fortement avec les montagnes colorées et plages de sable du Sutherland. Tout comme à Hawaii, le surf du north shore Ecossais peut s'avérer super fat avec des courants puissants et une bonne fréquence. Thurso East en est le joyaux, avec un reef réputé et qui offre une vague de classe européenne lorsqu'elle fonctionne. Contrairement à la majorité des vagues du North Shore, Thurso est relativement inconsistant avec une fenêtre de swells réduite. La ville offre des vagues de toutes tailles, c'est aussi l'unique endroit où l'on trouve tout. En allant à l'Ouest, les spots sont plus exposés et des endroits comme Brims Ness chopent quasi tous les swells de passage. Des houles d'orientations O à NE peuvent se produirent toute l'année, le mieux étant de Septembre à Novembre où la météo reste acceptable. En hiver et au printemps, ça va de très bon mais froid à un flat total ou une mer brouillon. Avec une population la plus faible et disparate du Royaume-Uni, vous risquez d'avoir un spot pour vous tout seul ou éventuellement à partager avec quelques otaries.

Les îles Orkney et Shetland se trouvent à l'extrémité NE de la côte N, et comme la plupart des îles en Ecosse elles restent confidentielles et rarement surfées. Certes il y a beaucoup de falaises, mais les régions au relief plus accueillant abondent de reefs et pics. Les baies de Skail, Marwick et plein d'autres spots attendent d'être surfés. La fenêtre de swell est énorme, allant d'orientations O à SE. Par contre le temps peut être ignoble en hiver, mieux vaut y aller en été pour des sessions interminables (les jours sont longs) ou en **automne**.

The Spur.

One of many reefs east of Thurso now getting increased attention as crowds grow at the more famous north coast spots.

Scottish Surf Culture

History

In the early '60s Andy Bennetts was a teenager at school in Edinburgh. Every summer his family would make the three-day drive to visit his grandparents in Falmouth. In the summer of 1965 he ventured to Newquay where he witnessed some guys surfing on Towan beach. Boards became available the following year and Bennets bought a 9'6" Bilbo pop-out for £26 and took it home. One day in early summer 1968 he and a few friends headed off to Aberdeen with the board on the roof, nothing serious, just a look. On the beach that day was novice George Law, between them they share the honour of being Scotland's original surfers.

Small groups of enthusiasts subsequently sprung up in Aberdeen, Edinburgh and Glasgow. Bill Batten was one of them. On the way to a relative's wedding at Armadale Bay he had to drive along the north coast and saw huge surf; the north shore was discovered after the tales Batten told. In the early days the surfing crew didn't know how to read a weather map so the 12-hour drive from Edinburgh was a lottery. With the formation of the Surf Federation, Scotland has been active at European and World Amateur events.

Au début des années 60, Andy Bennets était un adolescent scolarisé à Edinburgh. Chaque été il partait avec ses parents direction Falmouth, à 3 jours de route, pour voir ses grand-parents. L'été 65, une virée à Newquay lui permettra de rencontrer des surfers à Towan Beach. Ddès l'année suivante, des planches furent disponibles, et Bennets s'équipa d'une 9'6" Bilbo à £26 qu'il ramena chez lui. Un beau jour de l'été 68, il se rendit avec quelques amis et sa board sur le toit à Aberdeen, pour voir. CE jour ci se trouvait sur la plage un novice, George Law, avec qui ils partagent désormais l'honneur d'être les premiers surfers écossais.

Puis ce fut l'apparition de petits groupes de surfers, à Aberdeen, Edinburgh ou encore Glasgow. Bill Batten en faisait partie. En se rendant au mariage d'un proche à Armadale Bay, il longea la côte N et découvrit le potentiel du North Shore. Mais à cette époque, lire une carte météo n'était pas aussi aisé et bien souvent ils faisaient les 12h de routes depuis Edinburgh pour rien. Avec la formation de la Fédération de Surf, L'Ecosse est devenu une terre de surf active.

Today

Scotland is no longer a surfing backwater. The quality of Thurso, its most famous wave, has seen to that. Thurso is now amongst the most famous righthand reefs in the world, sees a steady trickle of international travellers, magazine photo trips and is the site for a world tour WQS event. The original April 2005 slot was cancelled, supposedly due to surfer concerns about the temperature. There has been little consultation with the local surf fraternity about such a major event that could have a huge knock-on effect.

The previously unknown Hebrides have also hit the spotlight after surf raconteur Derek Hynd and local surfer Derek Macleod organised the Hebridean Surfing Festival which was attended by legends like Tom Curren. More tellingly hot local surfer Stevie McElland beat TC in one of the freeform contest heats.

The first Scottish surf film *Cold Rush*, by Mark Lumsden, was released in 2004 and features stunning footage of Chris Noble at Thurso and a host of other thankfully still secret spots. Chris has become Scotland's first sponsored surfer; in addition to his video sections he's had photos of him getting pitted at his home breaks published across Europe. Numbers in the water are growing slower in Scotland than in the rest of the UK, mainly due to environmental factors, the cold and often stormy conditions (the Scottish north shore remains the most northerly latitude area that is regularly surfed anywhere in the world) deter all but the keenest beginners. The number of surfers is growing but most are based around the lowland belt of Glasgow and Edinburgh. Localism is not really an issue – it is often more a case of looking for someone else to surf with along the remoter coasts. Respect must be shown at the banner breaks of Thurso, Brims and the quality reefs dotted around where the pecking order is established amongst the affable local Scots.

From the European Championships in 1981 to a 5 star WQS in 2006, Thurso is no stranger to surf competitions.

Tris Cokes braving a chilly Aberdeen line-up in skimpy rubber, circa 1968.

L'Ecosse est désormais un grand pays de surf, à l'image de Thurso, vague de qualité la plus connue du pays. C'est une droite de reef parmi les plus réputées au monde, qui attire de nombreux voyageurs, magazines et photographes, et qui a été choisi comme spot pour une épreuve du circuit pro WQS. Le contest étant en avril, l'eau est particulièrement froide, ce qui est peut être la raison de l'annulation de 2005. Il faut dire que les locaux n'ont pas trop été concernés à ce sujet. La région des Hebrides a également mis en valeur le richesse du surf écossais après l'organisation par Derek Hynd et le local Derek Maleod du Hebridean Surfing Festival, sur lequel s'est rendu Tom Curren. Ce dernier fut d'ailleurs vaincu par le local Stevie McElland lors d'un heat du contest d'expression libre.

Le premier film de surf écossais, 'Cold Rush', est sorti en 2004 à l'initiative de Mark Lumsden. On peut y voir une excellente section de Chris Noble à Thurso, mais aussi plein de secret spots. Chris est devenu le premier surfeur écossais sponso, et suite à la vidéo il a eu de nombreuses parutions de lui sur son home spot dans la presse européenne. En Ecosse, le nombre de surfers augmente bien moins vite que dans le reste du Royaume-Uni, et ce principalement à cause du climat (froid et tempêtes). Il faut savoir que le North Shore écossais est la plus haute latitude régulièrement surfée dans le monde ! Le développement concerne plus les centres urbains comme Edinburgh ou Glasgow. Le localisme n'est pas vraiment un problème, on a plutôt tendance à trouver un partenaire pour aller surfer dans une zone isolée. Faites preuve de respect sur les meilleurs spots, à Thurso ou Brims par exemple où une hiérarchie au pic est déjà bien en place.

The Stormrider Guide Europe

SCOTLAND

The West Coast

To the west of the mainland lies the fractured archipelago of the Hebrides. The area has so many islands, islets and coastline that even the environmental authorities can't really monitor it, so the potential for virgin waves is high. The **Outer Hebrides** receive the brunt of the Atlantic's force and have a helpful 180° swell window from the SW to NE. A good range of beaches, points and reefs exist and the small, committed group of local surfers are welcoming to visitors that play by the rules. Strong currents are the norm and local knowledge can prevent the unwary getting into trouble. The Inner Hebrides and mainland **West Coast** do get waves but the dominant winds are onshore. There are some sheltered gems that come to life in big W/NW swells. The Hebs are a *year-round* destination but it can get real big and nasty in the winter.

Outer Hebrides SURF STATISTICS	J/F	M/A	M/J	J/A	S/O	N/D
Dominant swell	SW-N	SW-N	SW-N	SW-N	SW-N	SW-N
Swell size (ft)	6-7	5-6	4-5	4	5-6	6-7
Consistency (%)	50	60	70	80	70	50
Dominant wind	S-W	SW-NW	S-W	SW-NW	S-W	S-W
Average force	F5	F4-F5	F4	F4	F4-F5	F5-F6
Consistency (%)	53	46	43	48	54	51
Water temp.(°C)	7	8	11	15	12	9
Wetsuit						

A l'Est des terres principales se trouve l'archipel des Hébrides. Cette zone est hallucinante par son nombre d'îles, d'îlots, etc... même les autorités environnementales ne sont pas ceratines de tout connaître! Le potentiel de vagues vierges est donc conséquent. Les **Outer Hebrides** sont ouverts aux trains de houles atlantiques, qui peuvent arriver à 180° de SO à NE. Il existe une grande variété de plages, pics et reefs; et la petite communauté de locaux est accueillante aux visiteurs respectueux. Les courants forts sont une règle, et la connaissance de l'endroit est un atout majeur. Les Inner Hebrides et **la côte Ouest** du Mainland reçoivent également des vagues, mais avec des vents dominants onshore. Quelques 'perles' abritées font surprise par grosses houles d'O/NO. Bien que le temps en hiver puisse être atroce, les Hébrides sont une destination surf à *l'année*.

Middle and Bottom – **The reefs, points and beaches of the Hebrides are open to a 180° swell window and there are enough nooks and crannies so that somewhere is always offshore, albeit howling.**

Cliff

GREG MARTIN

The Ocean Environment

Pollution

Scotland is renowned for its pristine landscapes, tracts of real wilderness and untouched coastline. In the main this is true, once away from the urban lowlands most of Scotland is an advert for how things should be. Even power generation, that most difficult of activities to pull off environmentally, comes mainly from a large network of enviro-friendly, hydroelectric power stations. Of course having mountains and a large annual rainfall helps. The one crack in the façade comes from, as usual in Scottish life, the English, who, in their 1950s' wisdom, decided to build the Dounreay nuclear facility slap bang in the middle of Scotland's prime surfing real-estate: the north shore. The site was chosen because of the sparse local population in the surrounding area. In the event of an explosive accident there wouldn't be many casualties and the coastal site meant if things went really wrong the Norwegians would cop the brunt of the radioactive cloud borne on the dominant SW winds.

Since coming online Dounreay has had a steady stream of bad press due to some spectacularly poor management decisions. The 1977 explosion of a low-level waste shaft that had been capped with concrete was the low point. No one even knew what was in the shaft and the contents were spread across the surrounding area. The sea water, seabed and the foreshore surrounding the plant, including Sandside Bay, are regularly surveyed for radioactive particles. The hazard posed to surfers sampling Sandside's quality left reef remains disputed. Radioactive particles the size of a grain of sand have been found on the beach but the health risk is minimal compared to the radiation exposure from other natural sources like the sun.

While the main Dounreay site is now in the process of being decommissioned and should be returned to green field in the next 50 years, the radioactive legacy will last much longer. *HMS Vulcan*, a navy nuclear research installation on the same site, continues to operate and is requesting higher discharge limits for its low level waste.

North Sea oil production is fundamental to the Scottish and British economy. Sullom Voe on Shetland is Europe's largest oil terminal. Considering the weather in the area (the Braer storm of 1993 was the deepest mid-latitude low-pressure system on record, coming in at a staggering 915mb) it's amazing that the *Braer* wreck and subsequent oil spill has not been repeated. The Scottish coast is treacherous to shipping and the potential for another disaster is high. Disposal of heavy metal tainted rigs is another oil industry related concern. Scotland's surf zone generally has some of the cleanest waters in Europe. Antiquated equipment failure can cause large sewage spills as repeatedly witnessed in the Forth of Firth.

L'Ecosse est renommée pour ses paysages somptueux, avec des rivages aussi sauvages que protégés. A l'exception de quelques centres urbains, il est certain que ce pays fait figure de bon élève en terme d'environnement. Même la production d'électricité, activité souvent montrée du doigt par les écolos, est assurée par des centrales hydroélectriques propres. La présence de montagnes et des précipitations fortes aident, c'est certain, à

Barvas

AL MACKINNON

The Stormrider Guide Europe

THE OCEAN ENVIRONMENT

aller dans ce sens. Le seul point noir est la centrale nucléaire de Dounreay, construite dans le fief du surf Ecossais (« North Shore ») à l'initiative des voisins anglais. Le site avait été choisi du fait de sa faible densité de population. Dans l'hypothèse d'un accident nucléaire, il n'y aurait du coup pas trop de victimes… et le nuage mortel filerait tout droit chez les norvégiens, porté par les vents dominants de SO.

Depuis son entrée en service, la centrale de Dounreay jouit d'une bien mauvaise réputation due à une gestion fantaisiste. En 1977 une explosion n'a pas été gére comme il se devait, et a été réparée avec du béton. Personne n'a jamais vraiment connu la nature des déchets qui ont été dispersés dans les environs de la centrale. L'eau, le fond de la mer et le rivage, notamment à Sandside Bay, font l'objet d'une surveillance régulière depuis peu. Ce qui n'empêche pas la superbe gauche de Sandside d'être surfée. On y trouve des particules nocives de la taille de grains de sable, mais les risques pour la santé sont bien moindres que ceux générés par la radiation d'autres sources naturelles comme le soleil.

Bien que le site de Dounreay devrait redevenir un joli champ d'herbe d'ici une cinquantaine d'années, les effets de la radioactivité vont rester plus longtemps. Car HMS Vulcan, une cellule en charge du développement des réacteurs nucléaires de sous-marins, continue à opérer sur la zone et a même demandé une augmentation des quantités de rejets.

Mais le surf en Ecosse dispose tout de même d'une eau qui compte parmi les plus propres d'Europe. Toutefois il existe d'autres sources potentielles de pollution. La production de pétrole en Mer du Nord est fondamentale pour les économies écossaises et anglaises et Sullom Voe, dans le Shetland, constitue le plus grand terminal pétrolier européen. En tenant compte de la météo locale (la tempête Braer en 1993 a été la plus violente dépression enregistrée dans à cette latitude, avec 915mb), il est très surprenant qu'une nouvelle marée noire comme celle du Braer ne se soit pas répétée. La côte écossaise est traître pour la navigation, d'où un risque élevé. La présence de plates-formes de forage un peu partout est une autre conséquence de l'industrie pétrolière.

The sea area to the west of the Hebrides was used for decades as a weapons dumping ground. Chemical weapons, including mustard gas and phosphorus, were dumped and pipe-laying work in the Beaufort Dyke, between N Ireland and Scotland, recently dislodged some munitions that floated to the surface. Never approach foreign objects on remote beaches, just in case.

Cruise liners dumping sewage, 'grey' water (laundry, shower water etc.) and rubbish are a growing concern; the Western Isles are an increasingly popular destination for these mobile enviro-nightmares.

La zone maritime à l'E des Hebrides a longtemps été utilisée comme une décharge d'armes. Armes chimiques, gaz moutarde ou phosphore furent submergés dans le Beaufort Dyke entre l'Irelande et l'Ecosse. On a d'ailleurs déjà retrouvé des munitions flottant à la surface dans cette zone. Par précaution, ne vous approchez pas de tout objet étrange retrouvé sur une plage.

Les îles à l'Ouest attirent un nombre croissant de bateaux de croisière, qui rejettent allègrement dans la zone leur eaux usées et divers détritus, constituant une réelle menace pour l'environnement.

Erosion

Massive storms, as noted above, batter Scotland and the coastline takes a beating. Even with such strong wave action the Scottish coast is remarkably resilient, thanks mainly to the NW shield being made of ultra-tough, ancient, crustal metamorphic rocks, which take millennia to erode. The Hebrides, North Coast and Orkneys are made of this hard stuff, bringing the UK's hard rocky coast percentage up to a healthy 42% of the 17,381kms of Europe's longest coastline. The east coast is not so lucky and coastal defence works like groynes and seawalls protect the softer sedimentary rocks. The Firth of Forth has the most coastal armouring, however it continues to be eaten away, particularly closer to Edinburgh.

Des tempêtes de taille, comme mentionné plus haut, assaillissent les côtes écossaises non sans conséquence. Mais la côte reste très résistante à l'action de telles vagues, en partie grâce à un bouclier géologique au NO fait de roches millénaires incroyablement longues à éroder. Les Hebrides, la côte Nord ou encore les Orkneys sont composés ainsi. Le Royaume-Uni totalise 42% du pourtour littoral européen, long de 17381km. En revanche la côte E est bien plus sujette à l'érosion, car constituée de roches sédimentaires pourtant protégées par des digues et épis. Le Firth of Forth continue de se faire croquer, tout particulièrement à proximité d'Edinburgh.

Access

Coastal access is free and easy on most of the Scottish coast, apart from a few MOD firing ranges to contend with, but none are in areas of good waves. There are a few breaks that rely on the goodwill of the local landowner for access, such as Brimms Ness. Access to the reefs is through the farmer's yard, so for the sake of those that follow, be as courteous and polite as possible and remember it's a working farm so do not block machines or gates. Access can be an issue in remote areas, there is little tourist infrastructure so beach car parks, toilets etc are rare; that said, having to walk in to remote beaches is a pleasure that's hard to find in the rest of Europe.

L'accès à la côte est libre et aisé sur une grande partie du littoral, à l'exception de quelques zones militaires mais qui n'abritent heureusement pas de bonnes vagues. Certains spots sont accessibles suivant l'humeur du propriétaire, comme Brimms Ness. En Ecosse la majorité des accès se font via des exploitations agricoles, soyez donc aussi poli que respectueux vis-à-vis des personnes qui y travaillent. Ne bloquez pas les machines et engins agricoles. Parfois les accès sont complexes, et les infrastructures (parking, toilettes…) généralement rares. Mais marcher pour accéder à une plage désertique reste un plaisir, assez hypothétique en Europe.

Hazards

Scotland is a great place to surf because it's so raw and wild. As it sits squarely in the path of marauding Atlantic storms the Scottish weather can be a genuine hazard. Six-berth caravans are roped to the ground for a good reason; they can and have blown away. It can get ferociously windy and wet and keeping a firm eye on the weather forecast is recommended. Things can get hairy in the surf as well; the Western Isles in particular are home to some of the strongest currents in the world. Always make sure someone knows before venturing off on a solo session as even tame looking beachbreaks can hide strong currents rushing out to sea. The surf can get very big and powerful and long hold-downs and unwanted up close and personal inspections of reefs await the unskilled. The winter months see little light and can be savagely cold; a good set of rubber is essential. Wildlife is abundant and friendly, seals are common, but avoid them if possible, especially when there are cubs in tow. Due to the sparse population coastal rescue service coverage is patchy in some areas.

En Ecosse, le surf a un côté sauvage et préservé qui est magique. Mais du fait de sa position dans l'Atlantique, ce pays peut aussi connaître des conditions météorologiques rudes. Si vous voyez des caravanes fixées au sol, c'est parce que d'autres se sont envolées par le passé ! Pensez à surveiller les prévisions, ça peut devenir vraiment venté et humide. Même vigilance dans l'eau, les courants peuvent être d'une puissance phénoménale surtout dans les îles à l'ouest. Pensez toujours à prévenir quelqu'un si vous partez surfer seul. Ca peut être vraiment gros, attendez vous donc à de bonnes apnées et des inspections de reef involontaires. L'hiver peut être atrocement froid, prévoyez du néoprène bien épais ! Aussi faîtes gaffe aux otaries, qui ne sont pas toujours très cool. Enfin souvenez-vous que dans certanes régions, les services de secours ne se trouvent pas tous les 2 km.

Top – **Sandside's racy lefts have always lived in the shadow of the Dounreay Nuclear Reprocessing Plant and the very real danger of surfing with radioactive particles that have been found washed up on the beach.**

Middle – **A good relationship with the farmers is essential for easy access to continue at breaks like Brimms.**

The Stormrider Guide Europe

Travel Information

Getting There

By Air

Glasgow is Scotland's main airport, from there connections onwards to the smaller regional airports are possible. International flights come in from around the world and Easyjet and BA are the main carriers coming from England. Both fly London Gatwick to Inverness, a useful starting point for north shore missions and the Bristol to Glasgow route is an easy first leg for getting to the islands or the west coast. Board policies with both these carriers are open and sensible, Easyjet have a set fee for sporting equipment and BA don't charge, providing you're within the weight limit.

Glasgow est l'aéroport principal, à partir duquel vous trouverez des vols vers divers aéroports régionaux. De nombreuses compagnies desservent l'Ecosse, Easyjet et British Airways étant les 2 compagnies majeures si vous arrivez d'Angleterre. De plus elles proposent des vols Londres Gatwick / Inverness, point de départ stratégique si vous prévoyez de partir sur le North Shore. La route allant de Bristol à Glasgow permet également de se rendre facilement dans les îles ou sur la côte ouest. De plus il n'est pas trop galère de voyager avec ces 2 compagnies : Easyjet a un tarif forfaitaire pour le transport de matériel sportif, et BA ne charge rien tant que vous ne dépassez pas le poids maximum autorisé.

By Sea

Scottish life, especially in the islands, is dependant on a good ferry service. Accordingly the Hebrides, Shetlands and Orkneys are well served by CalMac and Northlink from Ullapool, Scrabster, Aberdeen and many other small ports and the fares are reasonable if you have a full car. Ferries from Belfast in N Ireland land at Stranraer. The ferries ply their routes in most weather conditions but when it really blows up a storm the services can be cancelled, sometimes for days on end. A yacht would be an ideal surf exploration vehicle in the islands but a good skipper would be essential, as the weather and sea conditions can change quickly.

The Stormrider Guide Europe

TRAVEL INFORMATION 131

En Ecosse, et c'est encore plus vrai dans les îles, la qualité des services de ferry est primordiale. Les Hebrides, Shetlands et Orkneys sont très bien desservies par Calmac et Northlink depuis Ullapool, Scrabster, Aberdeen ou bien encore d'autres petits ports. Même avec une voiture, les prix sont raisonnables. IL existe également une liaison entre Stanraer et Belfast en Irlande du Nord. Il faut vraiment une grosse tempête pour que les ferries ne naviguent pas. Un yacht est un excellent moyen pour explorer les spots dans les îles, mais un skipper expérimenté est indispensable car les conditions de navigation peuvent changer en un instant.

By Train
Some of the most spectacular train routes in Europe traverse the highlands of Scotland, what they lack in speed they make up for in scenery. Stations are rare in the surf areas but there is a train to Thurso and to Ullapool for the ferry to the Western Isles.

Les lignes ferroviaires des 'Highlands' comptent parmi les plus beaux trajets en train d'Europe. Mais la vitesse des trains est proportionnelle à la beauté des panoramas. Les gares sont rares dans les zones où l'on surfe, mais il est possible de prendre un train pour Thurso ou encore Ullapool afin de prendre ensuite le ferry direction les îles occidentales.

Visas
EU nationals can enter with a national ID card and can stay as long as they like. US, Canadian, Australian and New Zealand nationals need a passport and can stay for six months. All other visitors contact the relevant British embassy as rules vary.

Les ressortissants européens peuvent entrer et rester avec une seule carte d'identité. Un passeport offrira une possibilité de séjour de 6 mois aux Américains, Canadiens, Australiens et Néo-Zélandais. Les autres visiteurs doivent contacter leur ambassade car les règles varient suivant la nationalité.

Getting Around
Driving in Scotland is a real pleasure, the roads are well maintained, the scenery spectacular and in the main surf areas the roads are blissfully empty. The only motorways are in the lowland belt around Glasgow and Edinburgh. This is also the home of traffic jams and the last semblance of 24-hour culture. Once out in the country keep the petrol tank full when possible as the open-all-hours culture of the rest of the UK has not hit rural Scotland and many garages shut early and on Sundays. Garages are also few and far between in the Highlands and islands. The pace of life is slow in the country and speeds should be the same. Single lane roads are normal and passing places should be respected as such, not used as parking spaces. Sheep are common on the roads and other wildlife like deer can be a problem at night. In winter it is essential to have survival supplies as higher routes can get snowed in and stranding is a definite possibility. Take a sleeping bag, food, water and if possible a flask of something warm to drink, just in case. Free camping in a van is fairly easy up north, but be prepared for a damp time. Coach services are available, National Express operate an efficient network like in the rest of the UK but don't guarantee to carry boards.

La conduite en Ecosse est un réel plaisir : les routes sont en bon état, les panoramas à couper le souffle et les zones de surf désertes. Les seules autoroutes se trouvent plus au Sud, vers Glasgow et Edinburgh. Là où vous trouverez également plus d'animations et quelques bouchons. Une fois hors de cette zone pensez à faire le plein régulièrement, car les régions rurales n'ont pas adopté le même rythme et la plupart des stations services ferment tôt, ainsi que le dimanche. Aussi les garages sont peu nombreux et donc loins les uns des autres. Ici la vie est à la cool, et donc sur la route c'est aussi relax. Les voies de dépassement sont à respecter, et à ne pas confondre avec des parkings. Les moutons ont l'habitude de squatter les routes, et d'autres animaux sauvages comme les cerfs peuvent représenter un danger la nuit. En hiver prévoyez de quoi survivre dans votre voiture au cas où vous seriez coincés par la neige. Il est judicieux d'avoir avec vous un sac de couchage, à manger et à boire (idéalement un thermos avec une boisson chaude). Si vous avez un van il possible de se poser un peu partout dans le N, mais ça sera humide ! Des bus existent, avec un bon réseau pour National Express, mais vous n'êtes pas certain de pouvoir mettre vos boards dans les soutes.

Currency
Scotland has its own version of the British pound that is legal tender in the rest of the UK, no matter what some people say. In towns ATMs are easily found, out in the country make sure you take adequate cash as most villages are unlikely to have them and plastic may not be accepted.

L'Ecosse possède sa propre version de la livre sterling. Les distributeurs automatiques d'argent sont aisés à trouver, tout du moins quand il y en a! C'est-à-dire plus facilement dans les villes que les villages. Gardez donc toujours une base de cash sur vous, vous ne pourrez pas payer avec des cacahuètes.

Airport Information
www.ba.com
Tel: 0870 8509850
www.easyjet.com
Tel: 0870 6000000
www.flybe.com
Tel: 0871 7000123
www.bmibaby.com
Tel: 0870 264 2229
www.ryanair.com
Tel: 0871 246 0000

International Ferries
www.calmac.co.uk
Tel: 08705 650000
www.northlinkferries.co.uk
Tel: 0845 6000 449
www.irishferries.com
Tel: 0818 300400

Trains
www.firstscotrail.com
Tel: 0845 6015929
www.nationalrail.co.uk
Tel: 0845 7484950

Coach/Bus Companies
www.nationalexpress.com
Tel: 08705 808080

Tourist Information
www.visitscotland.com
www.visitbritain.com

Telephone Info
International Country Code: 44
Dial Out Code: 00
Emergencies: 999
International Operator: 155
International Directory: 118505
Directory Enquiries: 118500
Operator: 100

Top – The Highlands provide an epic backdrop to surfing in Sutherland, but travelling is long and slow along single lane tracks with passing places.

Middle – Getting to some waves means a long trek over peat and farmland, like the four mile walk to Sandwood Bay.

Bottom – Scottish weather is legendary and can have a severe impact on travelling times. Go prepared.

Weather Statistics		J/F	M/A	M/J	J/A	S/O	N/D
ABERDEEN	Total rainfall	48	42	51	80	64	60
	Consistency (days/mth)	16	15	15	17	17	18
	Min temp. (°C)	1	2	7	11	8	3
	Max temp. (°C)	6	9	15	18	14	8
THURSO	Total rainfall	60	42	54	82	67	59
	Consistency (days/mth)	16	12	12	14	15	18
	Min temp. (°C)	-1	2	9	13	8	2
	Max temp. (°C)	3	7	16	19	15	6
OBAN	Total rainfall	128	87	77	118	150	159
	Consistency (days/mth)	19	16	16	19	20	21
	Min temp. (°C)	2	3	6	11	8	4
	Max temp. (°C)	7	10	15	17	14	8

The Stormrider Guide Europe

Southeast Scotland

1. Coldingham Bay
Punchy, hollow beachbreak needing a large NE swell to work. Tight peak that can get busy at weekends. Some rocks. Good pub accommodation in village. Pay to park.

Beachbreak puissant et creux nécessitant une bonne houle de NE pour fonctionner. Quelques cailloux. Le pic peut être encombré durant les week-ends. De bons pubs dans le village, parking payant.

2. Pease Bay
Surprisingly long, peeling righthanders over sand and cobble at the south end plus a left sandbar at north end. Often slow breaking but fun, accessible waves that get fin-snappingly shallow as the tide drops out. Very consistent so often crowded. Other options for advanced surfers in the area. Caravan park with full facilities by the beach.

Droite étonnamment longue déferlant sur fond de sable et cailloux à l'extrémité S de la baie, au N une gauche sur un banc de sable. Vagues ludiques et accessibles, généralement lentes avec toutefois peu d'eau lorsque la marée se retire. Vagues consistantes donc généralement beaucoup de monde, d'autres possibilités s'offrent aux alentours pour les surfers plus expérimentés. Parking caravaning et infrastructures sur la plage.

3. White Sands
Hollow, fast but fickle beachbreak in shadow of a cement works. Rippy and rocky.

Beach break creux, rapide mais inconstant à proximité d'une usine de ciment. Du courant et des rochers.

4. Dunbar
Inconsistent, weak, beginner-friendly beach. Park and access at Belhaven or John Muir Country Park.

Plage offrant des vagues faiblardes et peu régulières, idéales pour les débutants. Parking et accès depuis Belhaven ou le parc John Muir.

5. Kingsbarns
Range of rarely surfed beach and reef options that work on big N/NE swells and SW winds. Walking required so crowds are rare.

Avec une grosse houle de N/NE et du vent SO, un éventail de plages peu fréquentées avec différentes options de reef. La marche d'approche dissuade la foule.

6. St Andrews East
Inconsistent beachbreak that can get epic when a big swell wraps in. Closes out on dropping tide. Suss water quality when golf crowd in town due to overburdened sewage system. Paddle out by harbour wall. Park in the St Mary's Street area.

Beachbreak plutôt irrégulier qui peut cependant devenir épique quand un bon gros swell se présente. Tendance à fermer à la marée descendante. Qualité de l'eau très médiocre à cause de problème d'égouts. Ramer via la jetée du port.

7. St Andrews West
Mellow, shifty, slow-breaking peaks, great for beginners. Occasionally lines up but only moderately consistent. Free parking in north side of town.

Divers pics changeants, peu puissants et plutôt lents, parfaits pour débuter. Des vagues bien rangées à l'occasion, mais peu consistantes. Parking gratuit dans la partie Nord de la ville.

8. Arbroath
3km of very sheltered beachbreak south of town and the left point at north end has potential. Needs a large N/NE or a small SE swell. Park south side of town.

3km de beachbreaks abrités au Sud de la ville, à l'extrémité Nord une gauche avec un bon potentiel. Nécessite une houle forte de N/NE, ou faible de SE. Parking au Sud de la ville.

9. Lunan Bay
Beautiful bay with shifting beachbreak peaks. Left point and south end good on N swells and north end good on S swells. Can have bad rips, especially on the dropping tide near rivermouth. Watch out for salmon nets and unexploded WWII bombs! Park considerately behind the dunes.

Superbe baie composée de différents pics changeants, sur fond de sable. Avec un swell de Nord préférez le Sud de la baie, et inversement. Courants dangereux potentiels, en particulier à marée descendante près de la rivière. Attention aux filets à saumons et aux bombes oubliées lors de la 2ème guerre mondiale. Se garer derrière les dunes.

10. Johnshaven
Fickle, exposed slab reef working only in big NE swells. Hard access, thick waves and rocks make it a spot for advanced surfers. Park at the harbour.

Dalle de reef inconstante et exposée, fonctionnant seulement avec des gros swells propres de NE. L'accès difficile, les vagues de taille et les rochers en font un spot réservé aux surfers expérimentés. Se garer au niveau du port.

11. Inverbervie
Rare, long, left breaking boulder point. Works best in S swells. Park in town.

Une gauche longue mais rare qui casse sur fond de galets. Fonctionne mieux avec une houle de secteur Sud. Parking dans le centre.

12. Stonehaven
Good right reef at south end and pebble/sand beachbreak. Works in SE and big NE swells. Easy paddle out in rivermouth. Full facilities in town. Car and caravan park by beach.

Plage de sable et de galets offrant une bonne droite de reef sur la partie Sud. Marche par houle de SE ou grosse houle de NE. La rame est facilitée par la rivière. Parking pour caravanes à proximité de la plage, et l'on trouve tout ce qu'il faut en ville.

13. Nigg Bay
Classy, fast, hollow boulder reefs each end of the bay and good beachbreak peaks in the middle. Needs a big swell to fire but can handle the most size on this stretch of coast. Water quality poor after E winds. Park in the car park by beach or on hill to the south. Camping.

Vagues de qualité rapides et creuses sur les reefs de galets aux extrémités de la baie, ainsi que de bons beachbreaks plus au centre. Un spot qui nécessite un bon swell pour envoyer, mais capable d'encaisser les plus grosses houles sur cette partie de la côte. Eau polluée après un vent d'Est. Se garer au parking de la plage ou sur la colline au Sud. Camping.

14. Aberdeen Harbour
Mythical, flawless, barrelling right in harbour mouth of the River Dee. Needs a solid NE swell. Sketchy currents, boat traffic, water cops and shocking water quality are hazards. Park on the esplanade.

Une droite tubulaire parfaite si ce n'est mythique, au niveau de la sortie du port (River Dee). Requiert un bon swell de NE. Courant potentiellement craignos, beaucoup de bateaux, des gardes-côtes antipathiques et une eau ignoble.

SOUTHEAST SCOTLAND

15. Aberdeen Beach
Fast, hollow waves breaking on sandbars held in place by groynes on this 1.5mile stretch of beach. Hollow peaks at low to mid tide and good rights into the River Don. Watch out for groynes and backwash off the seawall at high tide. Cross-shore currents and shipwrecks. Park on esplanade.

Bancs de sable maintenus par des épis sur cette section de plage d'environ 2km, offrant des vagues rapides et creuses, surtout de marée basse à mi-marée. De bonnes droites à la rivière Don. Attention aux épis à marée haute. Courants latéraux forts, des épaves et de la ferraille à éviter. Se garer à l'esplanade.

16. Balmedie to Newburgh
Remote stretch of rarely surfed beachbreaks. Picks up the same swell as Aberdeen. Beware of salmon nets and kiters. Access from Balmedie Country Park.

Morceau de plage avec des beachbreaks rarement surfés, qui fonctionnent avec le même swell qu'Aberdeen. Attention aux filets à saumons dérivants et aux kitesurfers. Accès depuis le Balmedie Country Park.

17. Cruden Bay
Good, low tide, river-sculpted sandbar peak by the harbour at north end, best on E to S swells. Picks up plenty of swell, but is a shoredump at high. Watch out for salmon nets. Park in town or walk over dunes to the beach.

Près du port à l'extrémité N se trouve un bon banc de sable sculpté par la rivière, idéal à marée basse et avec des swells d'E ou S. Faites gaffe aux filets à saumons. Parking en ville puis passer par les dunes.

18. Sandford Bay
Sucky, hollow left reef at north end and average beachbreak peaks. Water is warm from outflow from Boddam power station. Large seal population, respect their space, especially in mating season.

Gauche creuse qui suce bien à l'extrémité N de la baie, plus quelques beachbreaks. Eau particulièrement chaude grâce aux rejets de la centrale thermique de Boddam. Grande population d'otaries qui faut respecter, surtout à la saison des amours.

19. Peterhead to St Combs
Hard to access, rarely surfed stretch of coast with point and beach potential. Few roads in, strong currents and the St Fergus gas terminal is Europe's largest.

Section de plage difficile d'accès et rarement surfée, offrant pourtant un bon potentiel de pointes rocheuses et plages. Peu de routes, des courants forts et le plus grand terminal de gaz d'Europe à St Fergus!

20. St Combs to Inverallochy
A quiet area with several reefs and beaches to explore.

Zone calme avec son lot de reefs et beachbreaks qui peuvent valoir le détour. A checker!

The Stormrider Guide Europe

Moray Firth

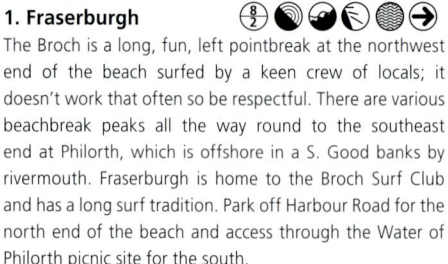

1. Fraserburgh
The Broch is a long, fun, left pointbreak at the northwest end of the beach surfed by a keen crew of locals; it doesn't work that often so be respectful. There are various beachbreak peaks all the way round to the southeast end at Philorth, which is offshore in a S. Good banks by rivermouth. Fraserburgh is home to the Broch Surf Club and has a long surf tradition. Park off Harbour Road for the north end of the beach and access through the Water of Philorth picnic site for the south.

Au NE de la plage, « the Broch » est un pic offrant une gauche aussi longue qu'amusante surfée par quelques locaux. Ca ne marche pas très souvent donc respect les bons jours! Suivant le vent, différents beachbreaks en allant au S jusqu'à Philorth. Aussi de bons bancs de sable à l'embouchure. Fraserburgh est le fief du Broch Surf Club, riche d'une longue tradition surf. Pour un accès N se garer à Harbour Road, au S passer par le site de pique-nique.

2. West Point
Fickle right pointbreak west of Fraserburgh. Can offer long rides, with hollow sections when on. Most reefs on this stretch are rocky and rippy. Park in Broadsea.

A l'ouest de Fraserburgh, un spot changeant avec des droites parfois longues et des sections creuses les bons jours. Du courant et de la caillasse pour la plupart des reefs. Se garer à Broadsea.

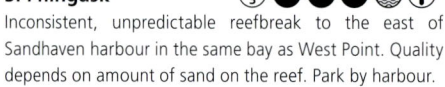

3. Phingask
Inconsistent, unpredictable reefbreak to the east of Sandhaven harbour in the same bay as West Point. Quality depends on amount of sand on the reef. Park by harbour.

Spot de reef aussi changeant qu'imprévisible, situé dans la même baie que West Point, à l'E du port de Sandhaven (où l'on se gare). La qualité dépend de la quantité de sable sur le reef.

The Stormrider Guide Europe

MORAY FIRTH

4. Wisemans
A thick, hollow and heavy left ledge breaking to the west of the harbour. Needs a clean N swell and light S wind to be perfect. Park by the harbour. Nasty place to get caught inside, advanced surfers only.

Une gauche sérieuse et creuse qui casse à l'ouest du port. Pour être parfaite il faut un swell de N propre avec léger vent de S. Pour bons surfeurs uniquement, une gamelle à l'inside peut vite être sérieuse. Se garer au port.

5. Pennan
Two good peaks over a sandy/rock bottom in the small cove below the village. N to E swells and any tide but more sucky at low. Difficult entry and exit. Park by the harbour, which provides a paddle-out channel when big.

Deux bons pics sur fond roche/sable dans la petite anse en dessous du village. Pour swells de N et E, toutes marées mais ça suce plus fort quand c'est bas. Mise à l'eau et sortie difficiles. Se garer au port, le chenal restant le meilleur moyen pour sortir à la rame surtout si c'est fat.

Banff 6-8
6. Point
Fickle right pointbreak breaking off a reef at east end of beach. Rarely gets the SE wind/big N swell combo it needs. Full facilities in Banff town.

Une droite qui casse sur un reef, à l'est de la plage. Le combo gagnant « vent de SE / gros swell de N » reste rare. Infrastructures dans la ville de Banff.

7. Palmercove
Long, fast, occasionally hollow sandbar wave breaking into the mouth of the river Deveron. Needs a decent swell and low tide to get going. Roadside and car parks in Banff.

Vague de sable longue et rapide, parfois creuse, à l'embouchure de la rivière Deveron. C'est mieux avec un swell copieux et une marée basse. Parking à Banff.

8. Beach
Good low tide beachbreaks at the harbour end of beach, shelter from SW winds. Access by metal stairs leading down to harbour.

Différents pics pour marées basses à coté du port, à l'abris des vents de SO. Accès par l'échelle métallique au niveau du port.

9. Boyndie Bay
Shifting beachbreak peaks in a bay just west of Banff. Reef potential at north end of beach.

Divers pics changeants dans la baie juste à l'ouest de Banff. Petit reef sur la partie N de la plage.

10. Sandend Bay
Peaks in middle of sheltered cove and occasional left off the reef by the harbour on west side. Concrete pipe can be used to access peak called Shit Pipe in large swells. Timing essential; note conveyer belt rip alongside rocks. Occasional sucky rights at east end. None too consistent or crowded. Park at campsite.

Au milieu de l'anse abritée vous trouverez quelques pics, et une gauche occasionnelle sur le reef près du port. Un tuyau d'égouts (miam) permet d'accéder au pic surtout si c'est gros. Timing essentiel; un tapis roulant le long des rochers pour remonter. Parfois des droites qui sucent fort à l'est. Spot ni trop copieux, ni blindé. Se garer au camping.

11. Sunnyside Bay
Rarely surfed triangular reef in a secluded bay overlooked by the ruins of Findlater Castle. Park at the castle and follow the cliff walk to the beach.

Reef en triangle rarement surfé, dans une baie isolée dominée par les ruines du château Findlater, où l'on se gare pour un accès par le chemin des falaises.

12. Cullen
Fast beachbreaks visible from A90, works on all tides. Main peak A-frames and a couple of fickle reefs, around the rocks known as the 'Three Kings'. Also a hefty right off harbour wall and a left reef to the west in Smugglers Cove. Hazards are rocks and currents. Park in town.

Beachbreaks rapides pour toutes marées, visibles depuis l'A90. Pic principal gauche/droite, plus quelques reefs corrects autour des rochers appelés les '3 Kings'. Egalement une droite solide vers le mur du port, et une gauche de reef à l'ouest (anse Smugglers). Faites gaffe aux rochers et courants. Parking en ville.

13. Spey Bay
Large stretch of beachbreak peaks, rivermouth gives bars some shape. Park in the village. Access to the middle of Spey Bay can be limited by military firing range.

Large section de beachbreaks qui bénéficient de l'influence de la rivière. Parking dans le village. L'accès au milieu de la baie Spey peut être restreint par la zone de tir.

14. Lossiemouth
Sheltered beach needs a really big swell to get going. Can have good, lined-up left at north end. Not very consistent so it is often crowded. Park in town.

Plage abritée nécessitant un swell bien fat pour fonctionner. Peut produire de bonnes gauches rangées sur la partie N. Spot peu exigeant et donc souvent encombré. Se garer en ville.

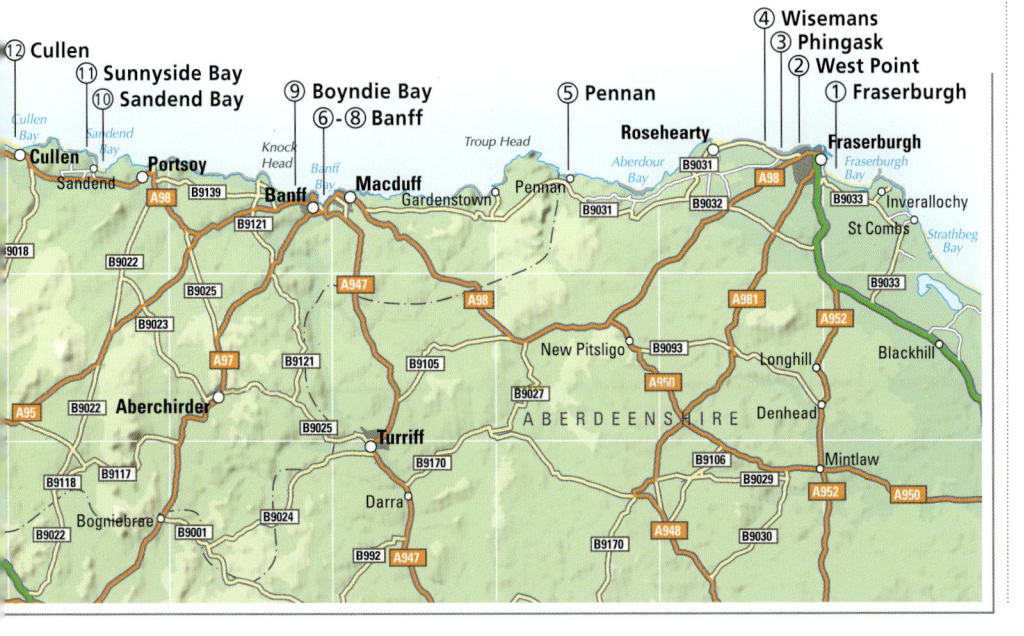

The Stormrider Guide Europe

Caithness – East

1. Ackergill
Two incredibly inconsistent, short, sharp and heavy reefs that work in big (i.e. extremely rare) SE swells. Park near the jetty at Ackergillshore. Paddle out through the harbour.

Deux reefs bien cartons, courts et acérés pour les très rares swells consistants de SE. Se garer près de la jetée à Ackergillshore, puis ramer depuis le port.

2. Sinclair's Bay
High quality beachbreak visible from the A99, rivermouth gives the banks good shape in middle of beach. More shelter from wind at south end. Park at the end of lanes leading to the beach.

Beachbreak de grande qualité visible depuis l'A9. Au milieu de la plage la rivière configure idéalement les bancs de sable. Plus abrité du vent sur la partie S. Se garer au bout de la voie menant à la plage.

3. Keiss
Long, left reef point at north end of Sinclair's Bay, needs a big swell to break. Low consistency and crowd factor. Car park at Stain.

Reef produisant une longue gauche à l'extrémité N de la baie, mais qui nécessite une bonne houle. Vague facile attirant du monde, parking à Stain.

4. Freswick Bay
Sheltered low tide beachbreak peaks and mid tide right off rocks at south end of bay. Inconsistent as needs massive N swell to work. Park in the lane by the beach.

Divers pics abrités à marée basse, et une droite sur la roche au S de la baie qui marche par mi-marée. Peu exposée d'où la nécessité d'une bonne houle de N pour marcher. Parking à proximité du spot.

5. Skirza
Classic, long, leg-burning pointbreak working in big N swells and W-N winds. Can be sectiony depending on swell direction – it actually lines up nicely on a SE swell. Skirza is the most northerly spot on the east coast. Park considerately in the village, paddle out through the harbour.

Par gros swell de N et vents offshore (O ou N), le spot le plus au N de la côte offre une bonne vague longue à vous faire chauffer les jambes ! Suivant la direction de houle ça peut sectionner, mais les vagues restent bien rangées par swell de SE. Se garer dans le village, ramer depuis le port.

6. Gills Bay
Heavy, hollow, sectioning point that fires on big NW swells. Best at mid tide when the long sections may link up. Experts only. Park by the pier or park on main road and walk over headland.

Vague creuse et copieuse qui déroule par sections avec des gros swells de NO. Meilleure à mi-marée où les longues sections peuvent se connecter. Pour experts seulement. Se garer vers la jetée ou la route principale, puis couper à travers les champs.

7. Brunt Skerries
Fast, shallow lefts run down the reef at Brunt Skerries in N swells or wall up in W swells. Sometimes a right breaks as well. Lower tides usually best. In front of Castle of Mey.

En face du château de Mey, des gauches rapides sur un reef avec peu d'eau qui fonctionnent avec les houles de secteurs N et W, de préférence à marée basse. Parfois une droite se forme.

CAITHNESS – EAST

8. Harrow Harbour
Inside Tang Head a left reef bends lined-up lefthanders in towards the harbour. NW swells align perfectly with the rocks. Handles more size on the outside and more SW wind on the inside. Rocky outcrops and currents. Park at the harbour and walk up the point.

Inside Tang Head est un reef offrant des gauches rangées du côté du port. Les houles de NO s'alignent parfaitement sur la dalle. L'extérieur accepte mieux la taille, alors que l'intérieur supporte mieux le vent de SO. Affleurements rocheux et courants. Se garer au port puis marcher.

9. Scarfskerry Reefs
There are more reef slabs in Scarfskerry that are visible from the road. Check The Haven or the triangular Kirk o' Tang in smaller NW to NE swells and any S wind. Empty and challenging, for experienced surfers only. Park considerately, don't block farmers' gates.

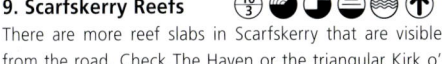

La plupart des dalles de reef sont visibles depuis la route. Allez checker The Haven, ou encore le reef triangulaire Kirk o' Tang avec des swells plus petits de NO à NE et vent de S. Spot désert et audacieux, pour surfeurs expérimentés seulement. Ne pas bloquer les accès aux fermes en se garant.

10. Ham
Ham works in big NW swells and handles plenty of W wind, making it a stormy favourite. Powerful and shallow in places. Gets big as the destroyed harbour can testify. Access from Ham harbour.

Ham fonctionne par grosse houle de NO, tout en acceptant un max de vent d'O (spot de repli). Puissant et peu profond par endroits. Peut être aussi gros qu'en témoigne le mur du port ! Accès depuis le port de Ham.

The Orkneys Islands
A short high-speed ferry trip from Gills Bay to Stromness on The Mainland in the Orkney Islands will uncover some more great waves breaking over slabs of slate and sedimentary rock. Picks up W-N Atlantic swells plus NE-SE North Sea swells on the eastern islands although they remain unsurfed. Winds are strong and constant so getting the required E winds takes patience. Highlights include Skara Brae, a long consistent left point, opposite Skail Bay; an equally long perfect righthander over flat reef. Further north around Marwick are moody slab reefs that amplify the swell and a boulder right point. These are just the known, easy to get to spots and the potential is enormous.

Un ferry rapide vous mènera de Gills Bay à Stromness, dans les îles Orkney. Sur place de bonnes vagues cassant sur des dalles d'ardoise et des roches sédimentaires. Les îles reçoivent des houles atlantiques d'O et N, ainsi que des houles peu surfées de la mer du Nord (NE et SE) pour les îles les plus à l'est. Vents forts et constants, il faut se montrer patient pour choper le bon vent d'est. Meilleurs spots: Skara Brae une gauche longue et consistante, à l'opposé de Skail Bay une droite parfaite et tout aussi longue qui déroule sur un plateau. Plus au N vers Marwick quelques dalles de reef variables amplifiant le swell, et une droite sur des galets. Ce ne sont que les spots principaux et accessibles, partez explorer le potentiel énorme !

The Stormrider Guide Europe

Caithness – West

1. Point of Ness
Long, fun, bowly point in lee of Dunnet Head. Some shelter from N wind. Limited parking near jetty.

Bol générant une vague longue, sous le vent de Dunnet Head (donc à l'abri du vent du N). Parking restreint vers la jetée.

2. Dunnet Bay
Below average beachbreak, home to various beginner-friendly peaks in small swells. Park in car park in middle of the bay or near harbour at Castlehill end.

Terrain de jeu offrant divers pics de beachbreak, idéal pour les débutants quand c'est petit. Se garer au milieu de la baie ou vers le port à la fin de Castlehill.

3. Castlehill to Murkle
Rarely surfed stretch of heavy reefs for the experienced and inquisitive. Nothing Left, Silos and The Pole are three of the thick ledgey lefts on offer. Park at Castlehill, walk west and explore.

Section rarement surfée de reefs violents, réservés aux plus expérimentés et aventureux. Nothing Left, Silos et The Pole sont 3 gauches épaisses qui se forment rapidement. Se garer à Castlehill, marcher vers l'O et explorer.

4. Murkle Point
Heavy, swell-exposed, rarely surfed pointbreak breaking off a rocky outcrop known as The Spur. Some protection on the inside from SW to W gales. Watermen only. Access from lane south of the bay. The closer lane coming from the east, ends in private land.

Effleurement connu sous le nom de The Spur, qui crée un pic copieux et bien exposé au swell. Rarement surfé, réservé aux watermen. L'inside est un peu protégé des vents de SO et O. Accès depuis le S de la baie. La route plus proche qui arrive de l'E terminant dans un terrain privé.

CAITHNESS – WEST

Brims Ness 7-9
7. The Point
Fickle, long, left point needs specific swell direction and light winds to work. Parking either in the farmyard or out on the point depending on the state of the track and the goodwill of the landowner. Drive into and out of the area slowly as the residents are sick of speeding surfers.

Longue gauche capricieuse qui requiert une direction de swell particulière et un vent léger. Se garer vers les champs ou plus près du spot suivant l'état de la piste et l'humeur du proprio. Roulez au pas, les surfeurs qui passent à donf gavent les résidents.

8. The Cove
Short, peaky right between the Bowl and the Point. Mellower and easier than The Bowl.

Pic droit court entre The Point et The Bowl. Vague plus relax que cette dernière.

9. The Bowl
Jacking, shallow, hollow righthand tube, for experts only. Rippy, boily and rocky. The Brims reefs pick up the most swell in the area, if it's flat here, then it's flat everywhere.

Des tube soudains et bien creux, dans peu d'eau donc pour les experts. Craignos, y'a du rocher et du courant! Les reefs de Brimms sont ceux qui chopent le plus de swell dans le coin, si c'est flat ici ça le sera partout.

10. Sandside Bay
Quality left reef south of harbour in Sandside Bay. Dredging, thick, hollow first section and a long, whackable inside wall. Handles strong SW-W winds. Car park overlooks the wave. Occasional radioactive particles from Dounreay found on beach, supposedly do not present a significant hazard, providing contact with the sand is avoided!

Dans la baie de Sandside, au S du port, c'est un reef avec une gauche de qualité. La 1ère section suce à mort pour une vague bien épaisse et creuse, ça termine sur un mur long à déchirer. Supporte des vents forts de SO et O. LE parking surplombe la vague. Quelques particules radioactives arrivent à l'occasion sur la plage depuis Dounreay, il paraît que ce n'est pas dangereux!

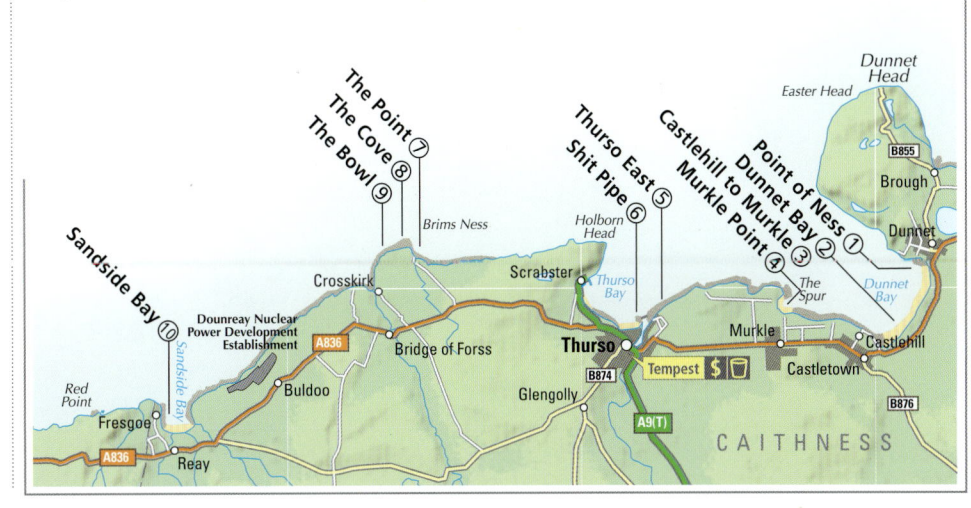

5. Thurso East
Scotland's premier righthand reefbreak and a world-class barrel on its day. In NW swells at mid tide a relatively simple drop leads into one of the longest, hollowest rides in Europe. Even the biggest W swells won't get in without a touch of N; WNW swells are hollowest and the more N in the swell the mellower the wave. SW winds blow into the barrel and bump it up but it can still be fun in an onshore. As crowds increase, locals are less tolerant of groups and those that don't wait their turn. Park responsibly in farmyard in front of the break, as there's not much room with the new barn. Alternatively, park by the harbour in town and paddle out in the peat-stained river that brings seriously cold water to the line-up in winter.

La première droite de reef d'Ecosse, et un spot à barrels de classe mondiale dans ses grands jours. Avec du swell NO à mi-marée, un drop plutôt cool pour une vague parmi les plus longues et creuses d'Europe. Un gros swell d'O ne donnera rien si c'est pas un minimum N, si c'est O-NO c'est super creux, et plus c'est N plus ça devient soft. Le vent de SO permet de lisser et amplifier le tube, avec du onshore ça reste cool. Locaux moins tolérants avec les groupes et les taxeurs! Se garer où vous pouvez vers les champs (respectueusement), ou alors vers le port et venir en ramant par la rivière qui amène de l'eau bien gelée en hiver.

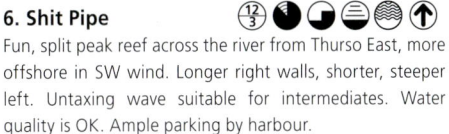

6. Shit Pipe
Fun, split peak reef across the river from Thurso East, more offshore in SW wind. Longer right walls, shorter, steeper left. Untaxing wave suitable for intermediates. Water quality is OK. Ample parking by harbour.

Bon reef qui envoie en gauche et droite en travers de la rivière. Ca sera offshore par vent de SO. Droites plus longues, gauches plus courtes mais plus raides. Bien pour les débutants, et l'eau n'est pas si dégueux. Grand parking vers le port.

The Stormrider Guide Europe

Sutherland

1. Melvich
Short, fun, high tide left reef into the rivermouth, doesn't handle much size. Reasonable river groomed sandbars at lower tide but closes out when overhead. Offshore at west end in SW. Park in car park on west side behind dunes, short walk in. Strong rips on dropping tide.

Une gauche de reef courte mais bonne, à l'embouchure. Des bancs de sable corrects à marée plus basse grâce à la rivière, ça a tendance à fermer quand y'a trop de taille.

2. Strathy
Classy, fast beachbreak, good shelter from W winds at western end, where rivermouth can create a fine left bank. Park by graveyard at top of the hill. Walk down the dunes.

Un bon beachbreak rapide, bien protégé du vent d'O sur la partie la plus à gauche. La rivière peut créer une superbe gauche. Se garer au sommet de la colline vers le cimetière et descendre par les dunes.

3. Armadale Bay
Rarely surfed beachbreak in small swells. Gets chaotic when big. Good right on east side with wedge off the cliffs. Best at mid tide, gets too deep at high. Small car park on south side of main road, follow path down small stream.

Beachbreak peu fréquenté par petites vagues, chaotique quand c'est fat. Une bonne droite à l'E près des falaises, meilleure à mi-marée. Petit parking coté S de la route principale, puis suivre le sentier le long du petit ruisseau.

4. Farr Bay
Poor beachbreak, good for beginners in small swells. Reefs on either side of the small bay may produce. Park by the junction in Bettyhill and walk across to the beach.

Beachbreak moyen, bien pour les débutants par petit swell. Vagues possibles sur les reefs aux extrémités de la petite baie. Se garer au croisement à Bettyhill puis marcher.

5. Torrisdale
Fast, hollow, rivermouth sandbar rights at east end of large bay, various peaks along rest of the beach and a left rivermouth at western end. All tides will work somewhere although low to mid is best for the rivermouths. Strong currents make this an advanced spot. Park responsibly along the lane above the beach, respect the local residents and leave no litter.

SUTHERLAND   141

Kyle of Tongue

Sango Bay

A l'E de la grande baie se trouve un banc de sable à l'embouchure, avec des droites rapides et creuses. Divers pics dans la baie et une gauche à l'embouchure de l'extrémité O. Toutes marées, de préférence bas à mi-marée pour les embouchures. Spot sélectif à cause des forts courants. Se garer (bien) le long de la plage, respecter les résidents, pas de détritus.

6. Kyle of Tongue
Deep bay with mythical long left and right peeling up each side in huge N swells. Sweeping currents. Inconsistent and always empty. Park at Talmine for the left, Coldbackie for the right.

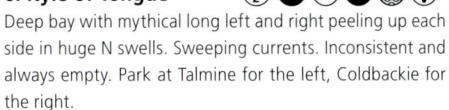

Baie profonde avec une gauche mythique, et des droites par gros swell de N. Courants violents. Fréquence faible et quasi personne ici. Pour se garer : à Talmine pour la gauche, à Coldbackie pour la droite.

7. Sango Bay
Pretty beach at the village of Durness. Wedgy right off cliff at east end and longer lefts in wrapping NW swells. Cross-offshore in W winds. Best in small swells. Consistent and never crowded. Park above the beach.

Belle plage dans le village de Durness. A l'E près de la falaise une droite puissante, mais aussi des gauches plus longues par swells de NO. Fonctionne mieux par petites houles, bonne fréquence et fréquentation faible. Se garer au dessus de la plage.

8. Balnakeil
Long stretch of exposed, average, west-facing beachbreak. Handles some N wind. Park by the craft centre.

Longue section de beachbreaks moyens exposés ouest. Ca tolère le vent de N. Se garer au centre artisanal.

Sandwood Bay

9. Sandwood Bay
Secluded beachbreak, open to most swell, reached by a four mile walk. Couple of small reefs, a rivermouth and much potential. Regarded as one of Britain's finest beaches and the most remote beach in *The Stormrider Guide*. No facilities. Can be rippy and it's a long way from help. Park at Blairmore and hike.

Un beachbreak isolé qui chope quasi tous les swells, accessible par une bonne marche. Des petits reefs par endroits, une embouchure et un grand potentiel ! Super spot qui est aussi le plus éloigné de tout accès. Pas d'infrastructures une fois sur place, vous êtes loin de toute assistance. Courant occasionnel. Se garer à Blairmore puis crapahuter.

10. Oldshoremore
Inconsistent but scenic SW-facing beach needing big NW/W to wrap in. Park by the cemetery overlooking the break.

Plage panoramique orientée SO qui requiert une bonne grosse houle de NO ou O pour se mettre en route. Se garer vers le cimetière qui surplombe.

The Stormrider Guide Europe

Outer Hebrides

1. Tolsta
East coast beachbreak that picks up any N swell and is directly offshore in the prevailing SW winds. Can be hollow and fast peeling, especially at low tides. Medium consistency and rarely crowded. Pristine stretch of sand. Car park and toilets at north end.

Beachbreak de la côte E qui choppe bien les houles de N et reste offshore par vents dominants de SO. Ca peut dérouler vite et creux, surtout à marée basse. Consistance moyenne, peu de monde à l'eau. Somptueuse plage avec parking et toilettes à l'extrémité N.

2. Port of Ness
Protected pocket of sand facing the mainland that bends N swells onto sandbars and a scattering of rocks. Banks are always moving although the southern end gets a right off the rocks. Quick check from Europie if wind is W. Rips can be strong.

Orienté face à la terre ferme, ce recoin de sable voit les houles de N s'enrouler sur des bancs de sable changeants et quelques enrochements à l'extrémité S qui produisent une droite. Jetez un œil depuis Europie si le vent est O. Courants forts probables.

3. Europie
Consistent, fast, hollow beachbreak. In a N swell and SE wind the long right tubes are a sight to behold. Extremely rippy at size, which it can handle. Park behind the dunes or on the grassy hill overlooking the south end of the beach by the cemetery.

Beachbreak rapide, des vagues creuses et une bonne consistance. De longs tubes qui valent le détour par houle de N et vent SE. Ca tient la taille mais avec grave de courant. Se garer derrière les dunes ou sur la bute d'herbe qui domine la partie S de la plage, vers le cimetière.

4. Barvas
Long, reeling, right boulder reef visible from the main road from Stornaway to the west coast. Can get big and heavy. Drive to Barvas, follow the road down the north side of the loch, go through the gate and close it, then follow the track. Park on the grass above the break.

Visible depuis la route principale, c'est un reef de grosses pierres qui génère une droite longue qui envoie du bois. Peut devenir franchement copieux! Allez à Barvas, suivez la route au N du lac passez la barrière et suivez la piste. Se garer sur l'herbe au dessus du pic.

5. Bus Stop
Superb, ultra-long left point, breaking on boulders across the bay from Barvas. Named for the old green bus used by wildlife rangers but also called Bru. Handles the prevailing SW winds. Powerful and punishing. Same access as Barvas, drive round to the left by the bus.

Magnifique et longue gauche qui déferle sur le fond rocheux de la baie de Barvas. Le spot, alias Bru, est surnommé ainsi en référence au bus vert des gardes forestiers. Puissant et sans appel, il supporte les vents dominants de SO. Même accès que Barvas, tourner à gauche au bus.

OUTER HEBRIDES 143

Dalmore

6. Bragar
Good pointbreak with shelter from SW winds. Fast outside ledge then peels into the bay. Hard to find; drive to cemetery on east side of the bay then along the grassy track behind the beach and park up at the west end. Walk out to the point. Tricky in and out due to rocks.

Pointbreak de qualité protégé des vents de SO. Vague rapide sur un haut fond, qui vient s'enrouler dans la baie. Difficile à trouver : se rendre au cimetière dans la partie E de la baie, puis emprunter la piste en herbe derrière la plage pour aller se garer à l'extrémité O, finir en marchant. Mise à l'eau et sortie craignos à cause des rochers.

7. Dalbeg
Dalbeg is protected by a long jutting headland to the north and is usually a bit smaller than Dalmore. Hollow, thumping waves over changeable sandbars, sculpted by strong rips. Best in peaky, summer swells – out of control at double overhead. Consistent and uncrowded.

Dalbeg est protégé par une longue avancée de terre au N. C'est généralement plus petit qu'à Dalmore. Les courants déplacent les bancs de sable, qui peuvent produire des vagues creuses et puissantes. Meilleur dans les swells d'été, trop gros c'est insurfable. Spot consistant et peu fréquenté.

8. Dalmore
Dalmore is a well-formed beachbreak that's fun when small, but serious and rippy at size. Walled up peaks speed over changeable sandbars. Follow the road signs to Dalmore car park (with toilets) by cemetery overlooking the bay. Sometimes crowded since it is one of the most popular breaks on the island.

Dalmore est un beachbreak de qualité, amusant par petit swell. Avec de la taille ça devient sérieux et il y a du courant. Suivre les panneaux du parking de Dalmore (il y a des toilettes) depuis le cimetière qui domine la baie. Il y a parfois du monde, c'est l'un des spots les plus populaires de l'île.

9. Cliff
Fast, hollow beachbreak, good tubes at low tide and long rides at other stages. Can handle more size than any other UK beachbreak. Consistent and regularly surfed. Seriously heavy, rippy and dangerous when big. Pack your gun and park on the grassy knoll above the beach.

Vagues rapides et creuses avec de bons barrels à marée basse, et de la longueur aux autres marées. C'est le spot qui tient le mieux la taille parmi les beachbreaks du Royaume Uni. Bonne fréquence et un peu de monde. Si c'est gros ça devient craignos, avec du jus. Garez vous sur la butte d'herbe devant la plage.

Cliff

10. Mangersta
Small sandy beach exposed to any W swell and wind. A couple of peaks, best around mid tide providing the swell is around headhigh. Rarely clean or crowded. Access along rough track from southern side.

Petite plage de sable exposée aux houles et vents d'O. Plusieurs pics marchent bien à mi-marée vers 1.50m, mais c'est rarement propre. Peu de monde, accès par la mauvaise piste au Sud.

11. Scarasta
Long drive down from Stornaway to this NW-facing crescent beach that can handle some SW wind in the lee of the southern corner. May be smaller than the northern spots but still breaks with power. Beautiful, isolated beach for solo surfing. Rips on bigger days.

Long trajet depuis Stornaway pour rejoindre cette plage en forme de croissant orientée NO. Le coin Sud est abrité du vent de SO. Si c'est généralement plus petit que les spots plus au N, ça reste puissant. Plage isolée idéale pour surfer seul ou presque. Du courant les gros jours.

The Stormrider Guide Europe

The West Coast

TIREE

1. Balephetrish
Reasonable beachbreak peaks in a rock-littered, north-facing bay. Park by the beach.

Beachbreaks corrects dans une baie rocailleuse orienté N. Parking sur le spot.

2. Balevullin Bay
Good peaky beachbreak picking up any W swells but very exposed to the prevailing onshore winds. S to E winds will see firing low tide barrels and fuller high tide walls. Large group of rocks near centre of beach and ultra strong rips at high. Very consistent and a small friendly crowd in summer. Easy parking at the SW end of the beach.

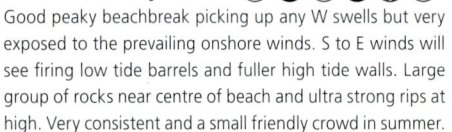

Ce bon beachbreak chope les houles de secteur O, malheureusement c'est très exposé aux vents dominants. Par vent de S à E, vous aurez même de bons tubes à marée basse. Ca marche aussi à marée haute, mais avec de forts courants. Rochers au centre de la plage. Très bonne fréquence et une fréquentation plus qu'acceptable en été. Parking aisé au SO de la plage.

3. The Hough
NW-facing beachbreak with reef potential at the south end. Park behind dunes.

Un beachbreak orienté NO, avec un petit potentiel de reef tout au S. Stationner derrière les dunes.

4. The Maze
Beachbreak and heavy slab reef, the long bay has been the site of British windsurf nationals. Access from south end of bay near Kilkenneth. Beach can be checked from old radar station on Ben Hough.

Cette baie fut le spot du championnat national de windsurf. Beachbreak et bonne dalle rocheuse au programme. Possible de checker le spot depuis l'ancienne station radar de Ben Hough.

5. Port Bharrapol
Range of reef options and rocky beach in a magnificent bay. Visible from the road south of Middleton. Access on the track between Bharrapol and Middleton.

Diverses options de reef au sein d'une baie magnifique, visible depuis la route au S de Middleton. Accès par la piste en Bharrapol et Middleton.

6. Balephuil
1.5-miles of S-facing beachbreaks with reef potential at west end. Access from village at east end of bay.

Plus de 2 km de plage orientée au S, avec un potentiel de reef tout à l'O. Accès depuis le village côté E de la baie.

ISLAY

7. Ardnave Bay
Rare, sheltered, rivermouth sandbar wave needing a massive NW swell to wrap in. Access from Ardnave. Long walk. Watch out for currents on the dropping tide.

C'est une vague abritée sur un banc de sable crée par une embouchure, qui requiert un bon swell de NO pour se mettre en route. Accès depuis Ardnave, la marche est longue. Attention aux courants à marée descendante.

8. Saligo Bay
Heavy beachbreaks in a small bay, rights at north end, lefts at south end. Sucky and rippy, can be heavy at size, onshores dominate. Walk down stream from houses at Saligo.

Bon beachbreaks pour cette petite baie, choisissez entre des droites au N et des gauches au S. Ca suce fort, et ça peut être chaud quand c'est gros. Les vents onshore dominent... Suivre le ruisseau depuis les maisons de Saligo.

THE WEST COAST

9. Machir Bay
Punchy beachbreaks, well lined-up left off the point to the north. Beware of rips. Access down small lane to the beach from Machrie. Free camping possible.

Beachbreaks pêchus avec des gauches bien rangés vers le N. Faites gaffe au jus ! Emprunter la voie qui conduit à la plage depuis Machrie. Camping sauvage possible.

10. Lossit Bay
Remote beachbreak, rippy and dangerous at size. Park at Lossit Farm, if possible, and hike in.

Un beachbreak retiré, pouvant être dangereux avec de la taille. Stationner à Lossit Farm si c'est possible, puis crapahuter.

11. Laggan Bay
Six kilometres long beach with various peaks. Good banks by rivermouths located along its length. Access from Kintra or Machrie Hotel.

Longue plage avec de nombreux pics. Aux embouchures il y a de bons bancs de sable (au N et au S). Accès depuis Kintra ou depuis le Machrie Hotel.

MULL OF KINTYRE

12. Caravans
Fickle right at the rivermouth, with a shorter, hollower left. Surfed when Westport is too big. Overlooked by caravan park with facilities.

Une droite un peu mollasse à l'embouchure, et quelques gauches plus courtes et plus creuses. On vient ici quand Westport est trop gros. Un parking caravaning équipé domine le spot.

13. Graveyards
Rocky strewn beachbreaks not suitable for beginners. Many peaks to choose from in the area. Located opposite the cemetery. Parking above the beach.

Divers beachbreaks avec plus de cailloux au line-up et un large choix de pics éparpillés dans la zone. Débutants s'abstenir. A l'opposé du cimetière, parking à proximité.

14. Middle Beach
Seasonally shifting sandbars and peaks between Westport and Bellochantuy Bay. Access at various points along road.

La route principale permet l'accès à plein de pics et bancs de sable, qui changent suivant les saisons. Entre Westport et Bellochantuy.

15. Westport
Sandbar rights at north end of Macrihinish Bay. Fickle tide-dependant spot that can be epic. Car park on corner of A83 overlooking the beach.

Au nord de la baie Macrihinish, c'est un spot très changeant suivant la marée mais qui peut être incroyable. Un parking sur l'A83 domine la plage.

16. Machrihanish
Good rivermouth peaks although smaller than Westport. Protected from SW gales at south end. Right pointbreak below pub as well. Parking, camping and facilities in Machrihanish.

Bien que plus petits qu'à Westport, les pics de l'embouchure sont de bonne qualité et protégés des vents SO vers le S. Une droite vers le pub. Parking, camping et commodités à Machrihanish.

17. Dunaverty
Rare beachbreak requiring big NW swells or Irish Sea windswells to create some low tide close-outs that become makeable at mid. Often onshore. Camping close by in Southend.

Beachbreak occasionnel nécessitant une bonne grosse houle de NO, ou alors un swell issu du vent en mer d'Ecosse qui produira des close-outs à marée basse et des vagues surfable à mi-marée. Souvent onshore. Camping a proximité côté sud.

The Stormrider Guide Europe

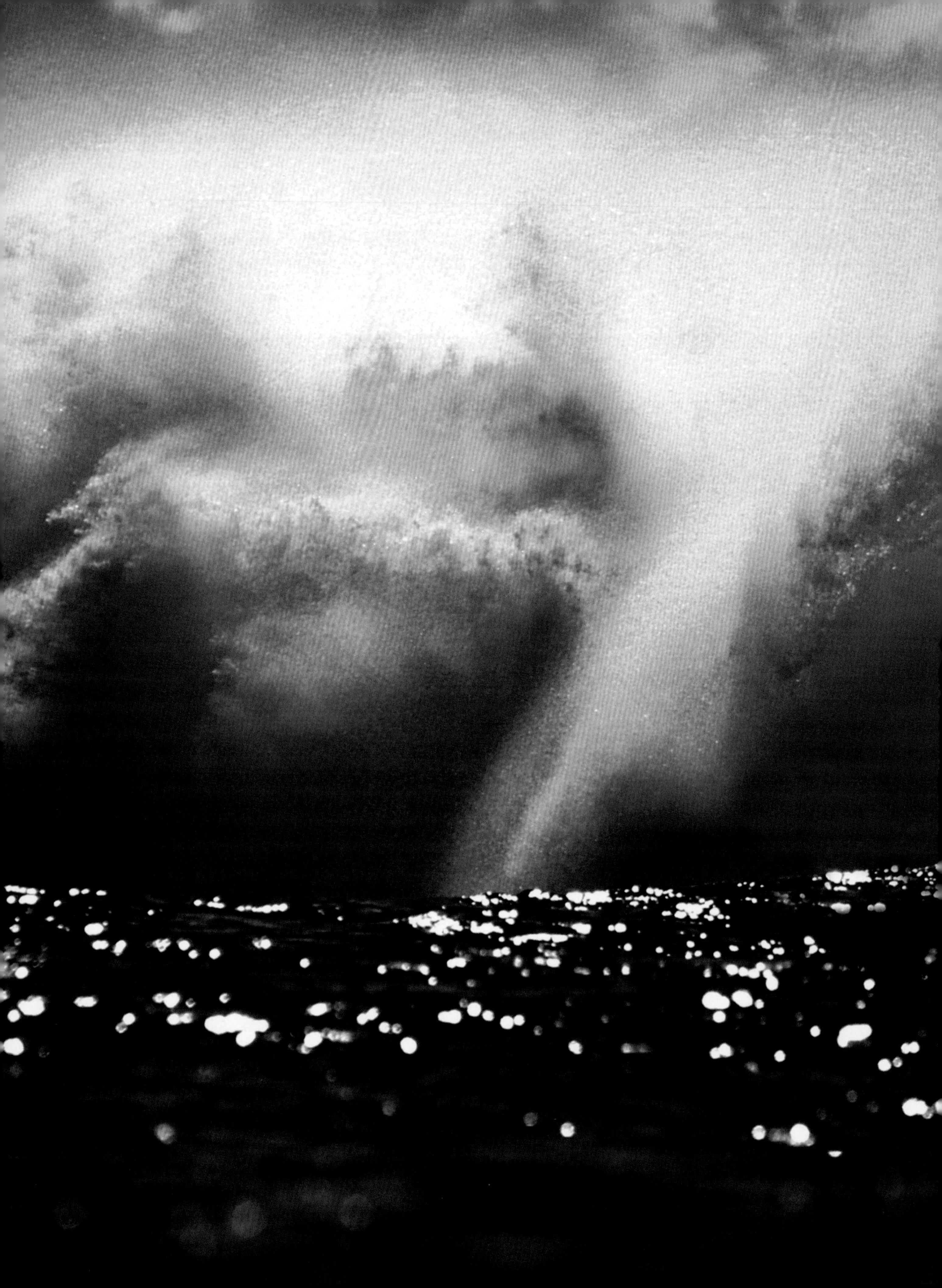

Surfboards:

Pukas - Peter Daniels - Chilli - Pat Rawson - Günther Rohn - JP Stark - Luke Short (LSD) - AL Merrick - Erik Arakawa - Mark Richards - Greg Noll - Jed Noll - Lost - DHD - Lufi - Tuflite - Salomon - Koala - Spo - Watsay - Bic - Nsp

Additional brands:

From the 58 Shop Germany:
Billabong, Rip Curl, Roxy, Volcom, Gravis, Analog, Hurley, Lost, Pukas, Insight, Reef, Nikita, Light, FCS, Gorila Grip, Vans, Von Zipper, Fifty-Eight

From the 58 Shop Portugal:
Quiksilver - Billabong - Oneill - Roxy - Pukas - Lost - Hic - Hurley - XCEL - FCS - Gorila Grip - Dakine - Fox - Monument Time-zone - Sector 9 - Oakley - Dragon - Von Zipper - Vans - Reef - Sanük - Havaianas - Daimon - B-side - Island-style Fifty-Eight

58 surf

www.fifty-eight.de
www.fifty-eight.pt

surf skate snow
shop service camp

The Stormrider Guide Europe

Azores

Rising from the abyssal plain to pierce the vastness of the North Atlantic, the nine major islands of the Azores are actually some of the tallest mountains on the planet. These volcanic peaks appear directly in the oceanic path of winter low pressures and scoop up the swell onto lava slabs, basalt boulders and the odd black sand beach. Isolated by 1600kms of angry Atlantic from Portugal and often encircled by the "Azores High" pressure system, winds are unpredictable and swells can come from a multitude of directions. A small population of cool locals patrol the main line-ups, but there is plenty of scope for discovery, making the Azores a mysterious, hardcore destination for adventurous surf-trippers.

Les neuf îles majeures qui constituent l'archipel des Açores émergent dans l'immensité de l'Atlantique depuis une plaine abyssale. Considérées ainsi, elles comptent parmi les montagnes les plus élevées au monde ! Leurs sommets se trouvant sur la route des systèmes dépressionnaires hivernaux, les dalles volcaniques, reefs de galets et autres beachbreaks de sable noir reçoivent de plein fouet les houles. A 1600km des côtes portugaises, les vents y sont imprévisibles, les directions de swell multiples et les anticyclones fréquents. Les surfers locaux, bien cool, s'expriment sur les spots principaux et le potentiel exploration est énorme. Une destination aussi hardcore que mystérieuse!

Curvaceous symmetry, yawning barrels and a bloodthirsty reef gave Santa Catarina its "Deadly Princess" nickname.

The Stormrider Guide Europe

AZORES

The Surf

Spread over 600kms of ocean and some 1500kms from Lisbon, these marine mountain tops are perfectly situated to pick up swell from 360°. Depending on the season and the trajectory of the jet stream, low-pressure systems will spin across the Atlantic somewhere to the north of the islands. The so-called Azores High is the major meteorological factor and if strongly established will hold off any storms from swinging straight over the top of the islands. This means winter swells usually arrive from the W-NW and slowly shift to N and then NE, before the next system moves through. Summer can see freak long-distance S swells all the way from the southern hemisphere or lined-up hurricane swell from the SW, along with localised windswells from just about any direction. Being so close to the systems means winds can be strong and variable and swells a bit raw and disorganised, jumping in size with little warning. Tides only move about 1.9m but will affect many of the shallow reefs, while the beaches and points are generally unfazed.

Dispersés sur 600km et situés à 1500km de Lisbonne, les Açores sont les sommets de montagnes sous-marines idéalement situées pour recevoir le swell à 360°. Suivant la saison et la trajectoire du jet stream, les systèmes dépressionnaires s'enroulent dans l'Atlantique en passant au Nord de l'archipel. L'anticyclone des Açores est un facteur météorologique majeur qui, lorsqu'il est bien établi, empêche les tempêtes de passer sur l'archipel en les repoussant au Nord. Cela signifie que les houles d'hiver arrivent habituellement de l'O-NO, puis N et enfin NE, avant qu'un nouveau système se présente. En été il peut se produire des houles de longue distance en provenance directe de l'hémisphère Sud, ou bien un enchaînement de swells de SW générés par la route des cyclones, ou encore des houles de vent aux directions variables. La proximité avec les systèmes dépressionnaires se traduit par des vents potentiellement forts et changeants, ainsi que des houles parfois désorganisées pouvant changer de taille brusquement. L'amplitude des marées n'excède pas 1,9 m, ce qui affectera les reefs peu profonds mais généralement pas les beachbreaks et pointbreaks.

Eastern Group

Santa Maria is the easternmost island and has an exposed right reefbreak on the NW coast plus some rocky beachbreak on the south coast at Praia. **São Miguel** is the biggest island and home to the most surfers. It is the only island in the chain with north-facing beachbreaks at Ribeira Grande and probably has the greatest variety of surf spots. Both the western and eastern ends of São Miguel are very cliffy as the land drops away sharply from the volcanic peaks that used to be two separate islands. This means the centre of the island is lower and allows for the beaches to form on the north and south coasts. Big waves in heavy-water situations characterise the north coasts of the Azores and São Miguel has its share, but few are surfed and many are at the base of cliffs and only accessible by boat – Baixa de Viola being the exception. Rabo de Peixe now breaks inside the harbour wall (that destroyed a better reef outside) but it is still a focal point for winter swells thanks to ease of access and ride compared to the many unridden breaks visible from the cliffs. Mosteiros has the only regularly surfed breaks out west and nothing much happens on the SW coast until Ponta Delgada. Populo is just that, perfectly named

São Miguel						
SURF STATISTICS	J/F	M/A	M/J	J/A	S/O	N/D
Dominant swell	NW-N	NW-N	NW-N	NW-N	NW-N	NW-N
Swell size (ft)	6	5-6	4-5	3	5	6
Consistency (%)	70	60	60	50	70	60
Dominant wind	S-NW	S-NW	S-NW	W-NE	SW-N	S-NW
Average force	F5	F5	F4	F3	F4	F4
Consistency (%)	65	63	61	59	56	53
Water temp.(°C)	16	17	18	22	22	19
Wetsuit						

Middle – Terceira has the most east-facing breaks, which are offshore in the prevailing NW winds yet still pick up any N swell. Praia da Vitória lining up in the foreground with huge tow-in reef showing way outside.

Bottom – When the swell picks up, more outside reefs start breaking, but few are ever ridden.

Outside Rabo de Peixe, São Miguel

The Stormrider Guide Europe

THE SURF 151

Populo, São Miguel

as the city beach where everyone learns to surf. With a wide swell window and adaptable sandbanks, it gets especially good on summer S swells. The south coast has way more accessible breaks and fewer surfers riding them, all the way out to the heavy seawall breaks at Ribeira Quente. The east coast is a let down except for the rare challenging lefts of Faja do Araujo. This island is pretty flexible and should be considered a **year-round** destination with its mix of big swell reefs and exposed summer beachbreaks.

Santa Maria est l'île la plus orientale, elle possède une droite de reef sur sa côte NO ainsi que quelques beachbreak rocheux au S, à Praia. **Sao Miguel** est l'île la plus grande, c'est aussi le repère de nombreux surfers. L'île possède la plus grande variété de spot, notamment grâce à l'unique beachbreak orienté Nord à Ribeira Grande. Les extrémités Ouest et Est de Sao Miguel sont très escarpées, avec les immenses falaises des pics volcaniques qui autrefois formaient 2 îles distinctes. Le centre de l'île est donc moins élevé, permettant ainsi la formation de plages sur les côtes N et S. De grosses

> The south coast of São Miguel can pump on long distant, southern hemisphere swell in the middle of summer.

Azorean Surf Culture

History
In recent years the tourist board has been promoting the Azores as a great place to spot sperm whales and other species on their Atlantic migratory paths, but not so long ago it was a major base for the whaling industry. The local whalers would often go and work in the Pacific or the east coast of the USA, meeting up with their Hawaiian counterparts and were probably exposed to surfing but no evidence exists of any boards making it back to the Azores pre-WWII. It seems the first surfers were US servicemen based on Terceira in 1957, who would leave their boards behind after surfing the breaks inside the harbour at Praia Vitoria and much later at the south coast beach of Praia on Santa Maria. A group of locals on Faial, including the Fraga brothers, were stand-up surfing heavy, home-made equipment from as early as 1963, although wooden bellyboards had been used for decades before. The '60s were also the period that surfing took off on São Miguel, pioneered on the north and south coast beaches. On São Jorge, it wasn't until the early '90s that the local Soares brothers regularly started riding the north coast fajas after the earthquake of 1980 had left the small coastal communities virtually abandoned. Earlier forays by Terceira surfers Jose Fernandes and Joao Monjardino in the summer of '86 found waves and a twilight zone where no reliable supplies could be bought except for beer kept in the church at Faja dos Cubres.

During the '80s, one American military surfer, Kenny, sent through all the sex wax from the mainland USA that the locals in Terceira needed. Sponsored by Quiet Flight and able to do three 360ºs on one wave, he was also famous for being the only guy to be attacked by a small provoked shark at Ponta Negra, Porto Martins.

Today
Azoreans have taken to the water in recent years, as equipment from the mainland, a few local shapers and the advent of the bodyboard have made the waves more accessible. There are surf shops in Ponta Delgada and Angra but equipment is limited and most often imported from Lisbon or even America through the internet. Surf schools are limited to the beaches of São Miguel. On the rocky, sandless islands, the surf population is noticeably smaller as learners have to contend with powerful reefs in conditions that would challenge most intermediates.

The Azores is a heavy surf destination and the locals have learned in a daunting arena, thereby earning the respect required to share waves with them. Some spots on São Miguel and Terceira will have a vibe, especially the dangerous, experts-only breaks, but a low profile and waiting on the shoulder should be rewarded with some wide sets. Crowds can be expected at the summer beachbreaks and at the reefs that are the only spot working in certain conditions. Other islands have less surfers so visitors will be immediately identified – be friendly and the Azoreans will reciprocate because there really are too many waves going unridden in this fabulous archipelago.

espèces durant leur migration en Atlantique. Mais il n'y pas si longtemps, les Açores accueillaient une importante industrie baleinière. Si la main d'œuvre se rendait souvent en Pacifique ou sur la côte Est américaine, rencontrant parfois leurs homologues Hawaiiens, aucun témoignage ne parle de planche de surf importée avant la 2ème guerre mondiale. Il semblerait que le surf commença ici en 1957 avec les officiers américains basés à Terceira, qui surfèrent d'abord à l'intérieur du port de Praia Vitoria puis bien plus tard à Santa Maria. A Faial, un groupe de locaux (dont les frères Fraga) s'essaya dès 1963 au stand-up surf avec du matériel artisanal et très lourd. Toutefois des bodyboards en bois existaient déjà depuis des décennies. Durant les années 60, João Garoupa essaya de reproduire à partir de magazines étrangers une planche de surf en bois à Sao Miguel. Mais il abandonna rapidement, car seul à pratiquer et la planche étant trop lourde. Puis il ne se passa plus grand-chose jusqu'aux années 80. La légende raconte que la première vraie planche arriva à Flores depuis les US, non par avion mais grâce au Gulf Stream. A Sao Jorge, c'est seulement au début des années 90 que les frères Soares commencèrent à surfer régulièrement les fajas de la côte Nord (le tremblement de terre de 1980 avait laissé les populations côtières dans l'abandon). Un peu avant, durant l'été 86, les surfers de Terceira Jose Fernandes et Joao Monjardino découvrirent une zone de vagues intéressante, mais où l'on ne pouvait trouver que des bières gardées au frais dans l'église de Faja dos Cubres.

Durant les années 80 Kenny, un surfer américain sponsorisé par le shop Quiet Flight et capable de faire deux 360° sur une même vague, fit importer autant de wax que nécessaire pour les locaux. C'est aussi le seul à s'être fait attaquer par un requin à Ponta Negra, Porto Martins.

Ces dernières années, le comité du tourisme a largement promotionné l'archipel comme un haut lieu d'observation des cachalots et autres

Avec l'approvisionnement possible en matos, l'apparition de shapers et l'avènement du bodyboard, les Açoriens se sont mis à pratiquer les vagues ces dernières années. On trouve des surfshops à Ponta Delgada et Angra, mais l'équipement reste limité et souvent importé de Lisbonne ou des US via internet. Les écoles sont cantonnées aux plages de Sao Miguel.

Sur les îles rocheuses où le sable est absent, la population surf est restreinte, les débutants devant apprendre sur des reefs et points puissants, avec des conditions déjà difficiles pour un surfer intermédiaire!

Les Açores étant une destination surf « rude », les locaux ont appris dans des conditions intimidantes et il est plus que jamais nécessaire de gagner leur respect pour partager les mêmes vagues. Certains spots de Sao Miguel et Terceira, dangereux et réservés aux experts, ont une ambiance particulière. Profil bas et patience seront récompensés par des séries sauvages ! Certains spots peuvent être bien fréquentés, comme les beachbreaks en été ou les uniques reefs fonctionnant dans des conditions spécifiques. Il y a moins de surfers sur les autres îles, les visiteurs se font donc rapidement calculer. Soyez sympathiques avec les locaux, ils le seront aussi tant il y a de vagues vierges dans ce fabuleux archipel.

The Stormrider Guide Europe

vagues en eaux "profondes" sont caractéristiques des côtes N aux Açores, et Sao Miguel n'est pas en reste sur ce point. Mais peu de ces vagues sont surfées, et beaucoup se trouvent au pied de falaises, rendant l'accès possible uniquement en bateau (excepté Baixa de Viola). Rabo de Peixe déferle maintenant à l'intérieur de la digue du port, la construction de cette dernière ayant détruit un reef extérieur meilleur. C'est toujours un bon spot d'hiver, facile d'accès comparé aux nombreux spots vierges visibles aux pieds des falaises. Mosteiros possède les uniques vagues surfées à l'O, ensuite il faut longer la côte SO jusqu'à Ponta Delgada pour trouver d'autres spots. Populo porte bien son nom, avec une plage où les débutants viennent apprendre. Avec une large fenêtre de swell et des bancs de sables mobiles, c'est un spot judicieux en été par houle de S. La côte S possède des spots plus accessibles et peu fréquentés, et ce jusqu'au mur de Ribeira Quente. Il faut oublier la côte Est, sauf les gauches copieuses de Faja do Araujo. Les reefs pour grosses houles et les beachbreaks pour l'été offrent à Sao Miguel une grande diversité, qui devrait être considérée comme une destination surf à part entière, toute l'année.

Central Group

Terceira simply means the third island but some of its waves are first class. Its north coast waves are super-heavy from the bombie at Vila Nova to the crunching lefts at Quatro Ribeiras where deep, sharky waters meet huge boulders beneath towering cliffs. The rest of the north and west coasts are just as inhospitable while the south coast action focuses on Terreiro, a sectioney right over a jumble of rocks and rubbish. The east coast has the concentration of breaks from the tip at Contendas to the user-friendly and most crowded spots inside the harbour at Praia da Vitória. In between are some hollow, shallow spots including the incredible A-frame tubes of Santa Catarina. Because the action is concentrated on the east coast, Terceira works **year-round** but it's the big winter NW swells that really get the east coast spots going. The trouble will be a concentration of surfers at the weekends as only a couple of spots will probably be working.

São Jorge is long (56km), thin (8km at widest point) and extremely steep (1053m at the central peak). Short, rocky platforms called 'fajas' are the dominant coastal feature, formed by either lava flowing into the sea or piles of rocks that have fallen from the sheer cliffs that rise up to 400m in places. Of the 46 fajas (30 on the north coast) only five are ever surfed regularly by the locals. There's little need to explore further as there are more waves in a 3km stretch than the small population of locals can handle. Faja dos Cubres has been touted as Portugal's longest wave yet it must be in close competition for the leg-burner crown with the Faja da Caldeira do Santo Cristo when it links up from the tip of Feiticeiras to the tail of Lago do Linho. These fajas work in all size swells and break with power over the boulders. One feature of the island's geology means a SW wind may be 35km/h on the south coast but accelerates over the mid-island ridge and descends at almost double that speed on the north side. W-NW winds can follow the cliffs cross-shore and basically behave in an erratic way. Faja dos Vimes is the only regular south coast option when SW swells and N winds combine. Like its neighbours, São Jorge is also a **year-round** proposition, handling the biggest winter swells but also picking up whatever is coming from the W to E swell window in summer. N winds are a bummer and exposes the island's lack of options, but the fajas at Cubres and Santo Cristo are often rideable in onshore conditions.

Graciosa is the most northern and smallest island in the Central Grupo and has a few east coast breaks between Praia and the port of Barra near Santa Cruz da Graciosa. The northwest coast has a couple of reefs to search out. Visible from all the other islands in the central group, **Pico** is Portugal's highest mountain and hides a few north coast breaks for those willing to walk some of the tracks or lucky enough to have access to a boat. Lajes do Pico has a SW-facing reef that picks up all the W and S swell action. Just 8kms across the sea to the west lies **Faial** and the rocky east coast breaks at Praia do Almoxarife that take big N and some S wind swells. Praia do Norte is the main attraction open to all swells but best on W-NW to wrap down the left point.

Top – **Plane view line-up as the swell links through three breaks on São Jorge, arguably creating Portugal's longest wave.**

Middle – **Some waves are better tackled on a bodyboard thanks to jacking air-drops, double sucks and compression tubes over a ragged lava reef.**

Terceira signifie la 3ème île, mais certaines vagues sont de 1ère classe ! Sur la côte N c'est du sérieux, à l'image de Vila Nova ou encore les gauches imposantes de Quatro Ribeiras, issues de la rencontre entre des eaux profondes et riches en sharks et de grosses pierres au pied d'une falaise abrupte. Les côtes N et O sont hostiles au surf, mais au S l'action se passe à Terreiro, où des sections de droites cassent sur fond de roches et d'ordures. La concentration de spots se trouve à l'E, de Contendas à Praia da Vitoria, dont le port abrite un spot facile et souvent blindé. Entre les deux se trouvent quelques vagues creuses et avec peu d'eau, comme les incroyables tubes A-frame de Santa Catarina. Terceira fonctionne toute l'année, mais ce sont surtout les grosses houles hivernales de NW qui réveillent les spots de la côte Est, cœur de l'action. Le risque est donc une concentration importante le weekend, d'autant plus que seuls quelques spots fonctionneront en simultané.

Longue (56km), étroite (8km au plus large) et escarpée (point culminant à 1053m), Sao Jorge se caractérise par la présence de 'fajas', sortes de plateformes rocheuses qui parsèment la côte et les fonds. Ces dernières se sont formées soit à partir de lave, soit d'effondrements des falaises (qui atteignent 400m par endroits). On en dénombre 46, dont 30 sur la côte Nord et 5 régulièrement surfées par les locaux. Il n'est guère utile d'aller explorer plus loin, étant donné qu'il y a plus de spots répartis sur 3km qu'il n'en faut pour satisfaire la faible population locale. Faja dos Cubres a été qualifiée comme la vague portugaise la plus longue, ce qui la met en étroite compétition avec la vague de Faja da Caldeira do Santo Cristo lorsqu'elle connecte depuis la pointe de Feiticeiras jusqu'à Lago do Linho. Les 'fajas' fonctionnent avec toutes tailles de houle et cassent avec puissance sur fonds rocheux. Le shape de l'île joue le rôle d'accélérateur pour le vent. Une brise de SO de 35km/h sur la côte S va accélérer vers le milieu des côtes, pour finalement doubler sa vitesse en atteignant le N. Les vents d'O-NO longeront les falaises de façon désordonnée. Faja dos Vimes est l'unique option sur la côte S lorsque houle SW et vents de N se combinent. Comme ses voisines, Sao Jorge est une destination à l'année, ouverte aux grosses houles d'hiver mais aussi à une fenêtre de swells d'Ouest à Est en été. Les vents de N ne facilitent pas toujours la chose, mais la zone Cubres/Sto Cristo supporte bien les conditions onshore.

Graciosa, l'île la plus au N et la plus petite du groupe central, dispose de plusieurs spots répartis entre Praia et le port de Barra près de Santa Cruz de Graciosa. Les reefs de la côte NO ne demandent qu'à être explorés. Visible depuis toutes les autres îles du groupe central, Pico abrite le plus haut sommet du Portugal et recèle de quelques bons spots sur la côte N pour ceux qui se donneront la peine de s'y rendre à pied, ou qui ont la chance de pouvoir y accéder en bateau. Le reef orienté SO à Lajes do Pico reçoit les houles d'O et S. 8km à l'O se trouve l'île de Faial, avec ses spots rocheux à Praia do Almoxarife, idéaux pour les gros swells de N ainsi que les swells de vent en provenance du S. Praia do Norte est l'attraction principale, ouverte à toutes les houles, et plus particulièrement de secteur O-NO qui s'enroule en gauche sur le point.

Western Group
The far-flung reaches of the archipelago include the Western Group islands of **Flores** and **Corvo**. Very few venture this far out and the potential for discovery is high. Corvo is a logistical nightmare in bad weather for planes and boats and the cliffs prevent rideable surf along most of the coast – only the southern tip has any waves. Flores has far more potential and the place to start exploring is the west coast and the rocky peaks around Faja Grande and Fajazinha.

Enfin vient le groupe occidental, avec **Flores** et **Corvo**. Peu s'y aventurent, et le potentiel est fort ! Par mauvais temps Corvo est un réel cauchemar pour les avions et bateaux, et les falaises empêchent souvent la pratique du surf, excepté sur la partie S de l'île. Flores possède un potentiel bien plus important, que l'on découvrira au départ de la côte O, après avoir ridé le reefs de Faja Grande et Fajazinha.

Top – Fajas are formed when either lava flows into the sea or rocks build up a platform as they fall from the sea cliffs. São Jorge has in excess of 50 fajas and only five are ever surfed. Local charging a new break aptly named Rocky Left.

Bottom – 50 years ago, Capelinhos on Faial witnessed a violent undersea eruption that formed an islet 600m wide by 100m tall. A few weeks later the waves had completely washed the islet away and continue to pummel the exposed western coast.

The Ocean Environment

Pollution
Being in the middle of the ocean and fairly devoid of major industry, the Azorean waters are on the whole, very clean. Some money is going into sewage infrastructure, but the ocean has long been the dumping ground for the Azores' population of 250,000 where sewage outfalls can be described as "just a drop in the ocean". With depths of 3000m just offshore, dilution has been the main treatment tool for the city's residential waste. The São Miguel beachbreak of Monte Verde suffers from primary treated sewage via an outfall pipe, and the general Ponta Delgada city outflow off the harbour affects Santa Clara on the south coast. On Terceira where three separate pipes run out into one of the hollowest peaks in Europe the stench of animal waste from factories and archaic sewage settling tanks is overpowering. The large US military presence brings up to date technology but implementation is slow. Most of the islands' rural towns and villages are on septic tanks or cess-pit systems, which often try to re-use the organic solid waste as fertiliser.

Les Açores étant en plein milieu de l'Atlantique et démunies d'industries majeures, la qualité de l'eau est dans l'ensemble très bonne. Quelques investissements sont faits pour le retraitement des eaux usées, mais l'océan a depuis toujours été utilisé comme déversoir par les 250.000 habitants de l'archipel. Les rejets s'effectuant jusqu'à 3000m de fond, la dilution en mer de ces derniers constitue l'outil de traitement majeur des

the harbour until the pressure caused the rock and tetrapod construction to collapse in a seawards direction. Harbours have destroyed a great peak at Rabo da Peixe although a lower quality wave appeared inside the harbour. For years, construction companies removed sand by the truck load from the beaches on São Miguel with governmental approval but sand is a finite resource in these islands and beach widths have dropped dramatically.

Top – **Unfortunately, these aren't the only pipes found at Monte Verde, where primary treated sewage is discharged just off the rocks.**

Middle – **One of the best waves in the Azores showcases the worst environmental problems around. Four different types of effluent flow from factories and sewage tanks while breakwall construction continues to destroy waves.**

Bottom – **This harbour construction at Rabo da Peixe extinguished what was a freight train right barrel off a peak and reputedly one of the best waves on the island. The new left that appeared inside the harbour when it was completed is not in the same league.**

eaux usées des villes. A Sao Miguel, le beachbreak de Monte Verde souffre du rejet d'égouts prétraités via un conduit proche. Aussi les rejets de Ponta Degalda via sa zone portuaire affectent Santa Clara sur la côte Sud. A Terceira, où 3 conduits majeurs se déversent dans les profondeurs, la puanteur des rejets d'industries animalières se coordonne avec celle de réservoirs archaïques d'eaux usées. La présence militaire US favorise l'apport de technologie, mais la mise en place est lente. La majorité des villes et villages ruraux utilisent encore des fosses septiques et/ou d'aisances, et souvent tentent d'employer les matières organiques récupérées comme fertilisants.

Erosion
The Azores are basically tips of volcanoes that have formed where three tectonic plates are pulling apart along the Mid Atlantic Ridge. Volcanic eruptions have sent rivers of lava to the sea, while earthquakes have helped shape some of the fabulous fajas by shaking rocks off the steep sides of the mountains, forming surfable reefs below. This cooled lava, or basalt is incredibly hard and dense so natural erosion progresses at a slow rate. Human intervention is when the problems occur and some big scale harbours like the one at Praia Vitória on Terceira have taken out some surf breaks. This 1400m breakwater was extended to leave the minimum gap of 600m for both the largest US naval ships and the swell to get in to the Praia Vitória reefs. A large NE swell blew a big hole in the wall by filling up

The Stormrider Guide Europe

THE OCEAN ENVIRONMENT

Faja dos Cubres, São Jorge

Top – **Access to the coast is often blocked by sheer cliffs and steep terrain, corralling surfers to the few spots where a road makes life simple.**

Middle – **The rocks range from smooth basalt boulders to hideously pitted lava shelves while the one consistent factor is the power of the waves.**

Les Açores sont en fait les sommets de volcans qui se sont formés suite au détachement de 3 plaques tectoniques le long de la faille atlantique. Les éruptions ont fait couler des rivières de lave dans l'océan, tandis que les tremblements de terre ont contribué à la formation des fajas en secouant les falaises, formant ainsi des reefs surfables. La densité du basalte empêche fortement l'érosion. C'est l'intervention humaine qui peut poser problème, avec notamment la construction de ports gigantesques comme à Praia Vitoria (Terceira). Une jetée de 1400m y a été construite puis étendue, laissant un espace de 600m pour permettre l'accès aux plus imposants navires de la Navy et par la même occasion laisser le swell rentrer sur les reefs de Praia Vitoria. Un gros swell de NE a fortement endommagé ce mur, mais il s'est effondré du port vers l'océan et non l'inverse ! De la même façon un superbe pic a disparu à Rabo do Peixe, même si une nouvelle vague de qualité inférieure s'est formée à l'intérieur du nouveau port. Des sociétés de construction ont durant des années et avec l'aval du gouvernement dragué le sable des plages de Sao Miguel, réduisant de manière dramatique la largeur des rares plages.

Access

Steep is an understatement when describing the coastal fringe of the Azores and the vertiginous landscape is the greatest access barrier. Large swathes of coast on all the islands are inaccessible from land with the north coast of São Jorge being the most obvious. Here, walking trails wind down the mountainsides and link the tiny faja communities, although quad bikes are beginning to replace the traditional donkeys. A boat would be ideal but in winter the ferry services stop and the fishing boats stay in the harbours until the calmer seas arrive in the spring. The locals are beginning to explore and ride the reefs that can be spotted from the main roads and miradours (viewpoints), plus many more that hide beneath the cliffs. Farmland and no roads often lie between surfer and wave – always ask permission before crossing private land and find out if it is possible to get down to the water from the prevalent sea cliffs. Getting in and out of the water at many spots is very tricky, especially at high tide when large shoredumpers implode on the volcanic rocks and boulders.

Escarpé est un moindre mot pour décrire les côtes des Açores, les paysages vertigineux constituent à eux seuls une barrière d'accès aux spots. De larges sections côtières sur toutes les îles sont inaccessibles par la terre, à l'image de la côte Nord de Sao Jorge. Ici quelques sentiers sillonnent les montagnes pour relier les communautés vivant en contrebas. Mais les quads commencent à remplacer le traditionnel âne... Un bateau serait idéal, mais ce n'est pas sans raison si les ferries et bateaux de pêche cessent leur activité en hiver pour attendre des eaux plus calmes. Les locaux commencent à explorer les reefs visibles depuis les routes et miradors, ainsi que d'autres plus cachés. Il y a souvent des champs mais pas de routes pour rejoindre les spots, pensez à demander le droit de passage et renseignez-vous également sur l'accès au niveau de la mer (falaises). Les mises à l'eau et sorties sont souvent délicates, et encore plus à marée haute lorsque ça brasse fort dans les roches volcaniques !

Hazards

The Azores don't register on the world shark attack file but that doesn't mean they are not there. There are many unsubstantiated reports of the largest white shark ever caught, including one that was harpooned; a 29.25ft giant with a pectoral span of nearly 14ft and teeth as long as three inches. Sharks are known to frequent the waters off Quatro Ribeiras, making an already dangerous spot more so, but no attacks on surfers have occurred (yet). Far more dangerous is the fickle nature of the ocean and swell conditions, which can change from head high to triple overhead in a matter of minutes. Currents are often stronger than paddle power and the rocks are either sharp lava ledges, huge basalt boulders or smooth, slime-covered slippery stones. Man-o-war can invade every shore on the islands in summer and legions of other species of stinging jellyfish are common.

Si les Açores ne sont pas référencées comme un lieu d'attaques de requins, ces derniers ne sont pas absents pour autant ! De nombreux rapports non officiels rapportent des captures de grands blancs, dont un qui mesurait 9m (envergure « pectorale » de 4.6m et dents de 8cm). Les requins sont réputés pour fréquenter les eaux de Quatro Ribeiras, rendant le spot encore plus craignos (aucune attaque à ce jour). Le plus grand danger réside dans les conditions météo. Ici, la houle peut tripler de taille en quelques minutes... Le courrant dépassera souvent votre force de rame, et les roches ne sont vraiment pas accueillantes (lave coupante, blocs de basalte, roches vaseuses et glissantes). Les fameuses méduses man-o-war peuvent envahir les côtes en été, ainsi que de nombreuses autres espèces de méduses, parfois en masse.

The Stormrider Guide Europe

AZORES

Travel Information

By Air

All European year-round scheduled flights to the Azores go via Lisbon with TAP or on charters from Norway, Sweden, Denmark, Boston and Toronto. From April to Oct, Sata Internacional run direct flights from London, alongside charters from Switzerland, Spain, Finland, Germany and Oakland, USA. SATA Air Açores handle all inter-island flights, which are expensive for tickets and surfboards (100Euro return). TAP also charges for boards. Weather conditions can cause flights to return to Lisbon and SATA flights often have to redirect to another island if the wind is from the wrong direction.

Tous les vols programmés à l'année sont soit depuis Lisbonne avec la TAP, soit des charters depuis la Norvège, la Suède, le Danemark, Boston et Toronto. D'avril à octobre, Sata Internacional opère des vols directs depuis Londres ainsi que des charters depuis la Suisse, l'Espagne, la Finlande, l'Allemagne et Oakland (USA). Sata Air Açores propose des vols inter îles, chers avec des boardbags. La TAP surtaxe également les boards. Les conditions météo peuvent forcer à revenir se poser à Lisbonne, et les vols SATA finissent souvent sur une île voisine offrant une piste dans le sens du vent.

By Sea

Unless it is a trans-Atlantic cruise ship or a private yacht, there is no way of travelling by sea from the Portuguese mainland. Like the domestic planes, inter-island ferries are at the mercy of the weather and only the Faial to Pico service runs year-round on the protected (30min) crossing. Timetables are flexible and tickets are available at the harbour or the Transmacor offices in the main towns. The website doesn't show all routes and timetables are very flexible. Cheaper than flying, no board charges but it takes time and rental cars are not allowed on the ferries that have car-carrying capacity.

Top – **Finding a route to the waves on the small rural roads can be tricky and slow but speed is essential to safely negotiate many of the line-ups.**

Middle – **Pico is Portugal's highest mountain (2351m) and is usually visible above the clouds from the inter-island flights that charge almost as much for a board as they do for a ticket.**

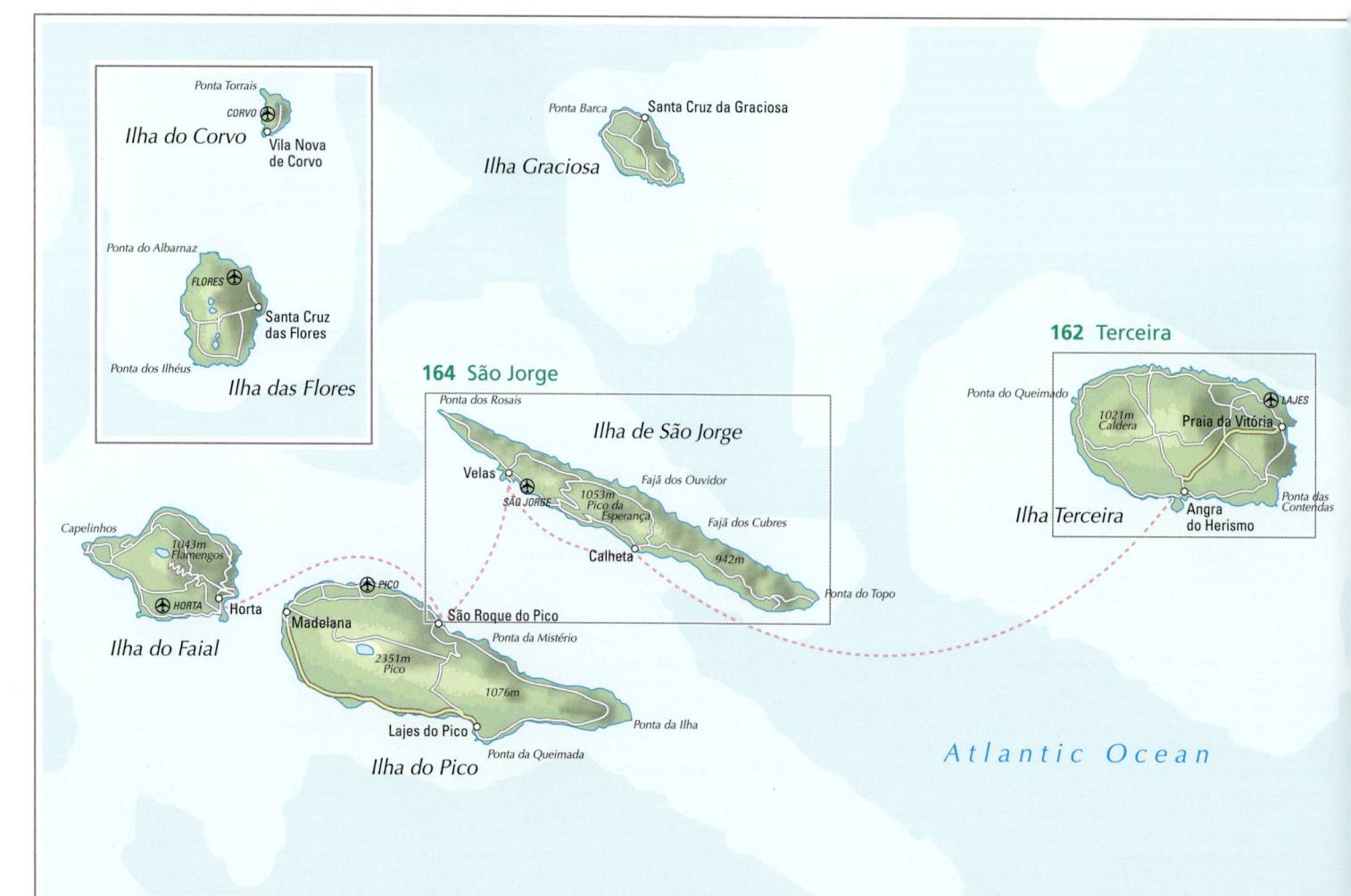

The Stormrider Guide Europe

TRAVEL INFORMATION

A moins d'être sur une croisière transatlantique ou un yacht privé, il n'est pas possible de rejoindre les Açores en bateau depuis le Portugal. Tous comme les avions, les liaisons maritimes inter îles sont sujettes aux conditions météo et seule la ligne Faial/Pico fonctionne à l'année (30min). Les horaires sont variables, les tickets s'achètent directement au port ou en ville aux guichets Transmacor. Le website ne comprend pas toutes les liaisons existantes. Plus économique que les vols et pas de surtaxe pour les boards, mais c'est plus long et les voitures de loc ne sont pas acceptées.

Visas
Portugal is part of the Schengen visa scheme so Europeans, North Americans and Antipodeans get 90 days and the rest get a visa first.

Le Portugal faisant partie de l'espace Schengen, les Européens, Nord-Américains et habitants des antipodes peuvent séjourner librement 90 jours. Pour les autres il faut une demande de visa.

Getting Around
As with most European surf destinations, a car is indispensable as breaks are spread out and conditions dictate surfing different sides of the island. It would be possible to arrive in São Miguel and just surf the beachbreaks around Populo staying in pensions or camping and the same goes for São Jorge at Faja dos Cubres after an airport transfer. Car rentals are on the expensive side and getting a vehicle that is large enough to take boards will add to the cost but a 4x4 is not necessary to access the breaks on most islands. Rentals lack roof racks and can't be taken to another island on the ferries but some companies like Ilha Verde are represented on all islands. Road quality varies greatly from some new four lane tarmac to narrow, rough, twisting switchbacks around the steep mountainous terrain. Journey times can be very slow behind tractors, trailers and horse-drawn carts, while cows represent a real danger crossing roads at night. Speed limits are 120/90/50km/h, and badly signed roadworks are common. Valuables are targetted in rental cars. Hotels and pensions are plentiful but often fully booked in July and August. Winter is the opposite with empty rooms and deals available. Seasonal Parques de Campismo Municipais are available on all islands except Corvo where a freecamp field is provided next to the airport and only beach. Freecamping has become an issue in remote villages like Santo Cristo on São Jorge where the locals take offence to excessive partying and overt drug use. Access time to this faja has been drastically reduced by the use of quad bikes and a summer taxi service will transport surfers from the car park in Cubres, avoiding the one hour walk. Limited bus services run on the main islands and are an option but board policy may vary.

Comme pour la plupart des destinations européennes, une voiture de location est nécessaire. Les spots sont souvent distants, et les conditions météo dictent où il faut se rendre. Il est possible d'arriver à Sao Miguel et surfer les beachbreaks de Populo, avec logements possibles en pension ou camping. Il en est de même à Sao Jorge, où l'on peut surfer Faja do Cubres après un transfert depuis l'aéroport. Les véhicules de location sont onéreux, surtout s'il faut de la largeur pour les boards. Un 4x4 n'est pas indispensable. Pas de galeries de toit prévues, ni de transfert possible entre les îles. Toutefois une compagnie comme Ilha Verde est présente sur toutes les îles. La qualité des routes va de quatre voies toutes neuves à des pistes montagneuses bien trash ! La journée vous serez souvent ralentis par des tracteurs, des caravanes, des charrettes… et la nuit le risque vient des vaches qui ont tendance à traverser, sans phare. Limitations de vitesse basses (120/90/50km/h), et travaux sur les routes souvent mal signalés. Les hôtels et pensions sont nombreux, mais souvent complets en juillet et août. C'est tout l'inverse en hiver. Des Parques de Campismo Municipais saisonniers existent sur toutes les îles à l'exception de Corvo, où le camping s'improvise vers l'aéroport (plage). Le camping sauvage peut exister dans des villages reculés comme Santo Cristo (Sao Jorge), où les locaux se mettent d'ailleurs bien la misère. Le temps d'accès à cette faja a été nettement réduit avec l'arrivée de quads. En été un taxi évitera 1h de marche aux surfers en les conduisant depuis le parking de Cubres. Quelques services de bus existent sur les îles principales, la tarification pour les boards peut varier.

Currency
The Euro is the currency and cash machines are only available in the main cities/towns.

L'Euro est la devise aux Açores, les automates se trouvent uniquement dans les villes principales.

Airlines
www.flytap.com
Tel: 707 20 57 00
www.sata.pt
Tel: 707 22 72 82

Ferries
www.transmacor.pt
Tel: 292 20 03 80 (Horta, Faial)
Atlanticoline

Tourist Information
www.visitazores.org
www.azorestourism.com
www.azores.com

Telephone Info
International Country Code: 351
Dial Out Code: 00
Emergencies: 112
International Operator: 171
International Directory: 177
Directory Enquiries: 118

Top – The one hour walk to get to Faja da Caldeira de Santo Cristo can be cut to 10mins on the back of a quad bike, the modern replacement for the donkey.

Bottom – Valuables in rental cars are an easy target for opportunistic thieves, but the local surfers are generally laidback and welcoming.

The Stormrider Guide Europe

São Miguel – North

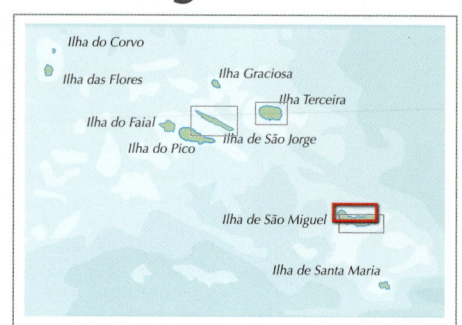

1. Baixa de Viola
Serious, big-wave peak, east of the town of Maia. Jacks-up over a bombora style reef with power and purpose, then rumbles along for a good distance, but must be big to start breaking properly. Makes the most of the swell so big boards and experience needed. Very exposed to the wind. Not the place to surf alone but it is always empty. Medium consistency due to size range. Big rocks and rip currents. New concrete access road and car park. There's also a small swell, hollow wedge just out in front of Maia.

Une vague de gros située à l'Est de Maia. C'est un reef au large qui déferle avec beaucoup de puissance et sur une longue distance. Il faut une bonne grosse houle pour mettre le spot en route. Ne pas s'y aventurer sans expérience ni une planche adaptée. Très exposé au vent, ce n'est pas un spot où l'on surfe seul bien que ce soit souvent désert. La houle requise conditionne la fréquence de la vague, plutôt moyenne donc. Gros rochers vicieux agrémentés d'un fort courant. L'accès est difficile (pas de route ni parking). Vous trouverez une vague creuse pour petits swells juste devant Maia.

2. Santa Iria
Long, left pointbreak where cliffs and a large headland provide protection from SW-W winds. Can be powerful and lined-up with wrapping, bowly sections over rocks but can also be easier performance walls suitable for beginner/ improvers. Gets a bit sectioney at low tide and at high tide access is blocked. Park east of Ribeirinha at beginning of dirt road, cross fields and follow river to coast, then follow coast east into bay – 20mins minimum. Beware of crumbling rocks and landslides at corner of last bay. Check from miradour at Santa Iria.

Longue gauche pour ce point-break protégé des vents de SO-O par les falaises et le promontoire. Parfois c'est puissant avec des sections type bol, d'autres fois c'est plus calme avec de bonnes faces parfaites pour les débutants et intermédiaires. Sectionne un peu à marée basse, plein haut l'accès n'est plus possible. Accès en 20 minutes : garez vous à l'E de Ribeirinha (au début de la piste), traversez les champs et suivez la rivière jusqu'à la côte, puis longez la côte vers l'E jusqu'à la baie. Attention aux glissades et éboulis. Pensez à checker le spot depuis le mirador de Santa Iria.

3. Monte Verde
The only north-facing beachbreak in the Azores. Quality, black sand beachbreak that picks up a huge range of swells, but works best with a NW. Can be powerful with various peaks and a semi-permanent right at the western end. Currents and a scattering of rocks about. Highly consistent so sometimes crowded, especially in summer. All kinds of pollution from the town and river. Ribeira Grande has facilities including a surf shop.

L'unique plage (de sable noir) orientée N aux Açores offre un beachbreak de qualité qui reçoit beaucoup de houle, l'orientation idéale étant de NO. De nombreux pics tout le long, parfois puissants, et une droite quasi permanente à l'extrémité Ouest. Prudence avec les courants et éventuels rochers. Le spot marchant souvent, il peut y avoir du monde, surtout en été. Pollution due à la rivière et à la ville. On trouve tout à Ribeira Grande, même un surfshop !

4. Santa Barbara
Separated from Monte Verde by a small rocky headland, Santa Barbara's excellent beachbreaks are fast, hollow and bowly. The outer reef is part of an extinct volcano crater rim, causing heavy swell refraction and wedging peaks to come in from different directions. Escapes the pollution from Ribeira Grande but suffers heavy rips and currents. Car park behind Ribeira Seca.

Séparés de Monte Verde par un petit promontoire rocheux, les beachbreaks de Santa Barbara vous surprendront par leur qualité. Un reef au large, qui n'est autre que le bord d'un cratère de volcan éteint, entraîne une forte réfraction de la houle. La pollution de Ribeira Grande est absente, mais pas les courants forts. Parking derrière Ribeira Seca.

5. Rabo de Peixe
Semi-pointbreak almost inside harbour wall that destroyed a better wave of the same name outside the wall. Only breaks at lower tides and very close to the rocks when smaller but sneaker sets and bigger swells will break further out and wider. Vertical take-offs, powerful pockets and fast sections can change into easier drops and cutback shoulders depending on size, direction and tide. Easy access from car park at end of harbour wall and tight take-off zone make this a localism hotspot. Residential pollution from ramshackle, cliff-top homes includes sewage, stormwater and broken glass from kids throwing bottles off cliffs.

Faux point-break quasiment dans le port, dont la construction a entrainé la disparition d'une meilleure vague à l'extérieur de la jetée. Fonctionne seulement à marée basse. Par petite houle ça pète près des rochers, quand c'est plus gros c'est mieux. Le take-off vertical et les sections rapides peuvent se transformer en une vague plutôt facile suivant la taille, la direction et la marée. Accès facile depuis le parking vers la jetée. Localisme prononcé. Pollution due aux maisons délabrées sur les falaises, aux égouts, aux orages et au verre cassé par les enfants qui jettent les bouteilles depuis les falaises.

SÃO MIGUEL – NORTH

6. Mosteiros Right

Fun, workable righthand pointbreak on north side of bay also called Direita do Porto. Has 180° swell window and lines up best in N swell. Can be long rides but watch out for dry rocks popping up in the face. Mid tide incoming and any E wind. Less intense than north coast reefs and good for intermediates unless big. Currents in NW swells. It's a beautiful, unspoilt bay that's very consistent in summer swells and rarely crowded. More big-wave spots in this area of the island.

Egalement appelé Direita do Porto, c'est un bon point-break qui se trouve côté N de la baie. Reçoit les houles à 180°, mais le swell de N offre la meilleure configuration. La vague peut être longue, tout dépend si des rochers émergent devant vous. Meilleur à mi-marée sur le montant et vent d'E. C'est moins intense que les reefs de la côte N, mais nickel pour les surfers confirmés si pas énorme. Courants par houle de NO. Magnifique baie préservée, avec une bonne fréquence et rarement du monde. Nombreux spots de gros dans le secteur.

Rabo de Peixe
Mosteiros Right
Praia dos Mosteiros

7. Mosteiros Left

Another rock-strewn line-up holding average lefts that can be fast and hollow when the conditions come together. Mid tide, W swell and SE winds are the best combination so although it breaks consistently, it is rarely good. Too rocky and rippy for beginners. No crowds, no facilities but easy parking.

Avec les bonnes conditions, ce spot sur fond de roche offre des gauches correctes parfois creuses et rapides. La combinaison idéale inclus un vent de SE, une houle d'O et mi-marée. Ca déferle souvent, mais c'est rarement bon. Trop craignos pour les débutants. Spot calme, rien aux environs et parking facile.

8. Praia dos Mosteiros

Cruisey righthander off the northern headland of Praia dos Mosteiros. Easy take-off into a long wall – best on high tide. Steep performance walls with plenty of power in the pocket. Shallow. Rare beach facilities include lifeguard, showers, restrooms and camping nearby.

Une droite tranquille vers le promontoire le plus au Nord de Praia dos Mosteiros. Le take-off est facile, et vous emmènera sur une longue vague meilleure à marée haute. La face est facile à manœuvrer, elle offre une bonne puissance mais il y a peu d'eau en dessous. Plage surveillée, douches, toilettes et camping à proximité.

The Stormrider Guide Europe

São Miguel – South

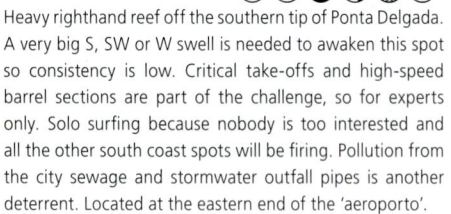

1. Santa Clara
Heavy righthand reef off the southern tip of Ponta Delgada. A very big S, SW or W swell is needed to awaken this spot so consistency is low. Critical take-offs and high-speed barrel sections are part of the challenge, so for experts only. Solo surfing because nobody is too interested and all the other south coast spots will be firing. Pollution from the city sewage and stormwater outfall pipes is another deterrent. Located at the eastern end of the 'aeroporto'.

Une vague de reef bon calibre à la pointe la plus au S de Ponta Delgada, qui nécessite une très grosse houle de S, SO ou O pour s'enflammer. Ca ne marche donc pas très souvent. Les pros se mettront de serieux take-offs suivis de sections tubulaires rapides. Attendez vous à être seul, c'est un spot sélectif et tout le monde sera sur les spots au S. Un point noir, la pollution par les eaux usées de la ville et de pluie via des conduites immergées. Situé à l'extrémité E de l'aéroport.

2. Populo
Extremely flexible, city beachbreak with a massive swell window and many moods. Sometimes small and junky in the regular SW and W windswells with crumbly faces in the onshore breezes – but always rideable. The best swells come from due S, often spawned in the southern hemisphere, hitting the rock-anchored sandbanks just right and lining up powerful, hollow peaks in the long period swell. Handles plenty of size. The most crowded spot in the Azores with beginners and expert locals sharing the waves so localism can rear its head. Big city amenities including surf shop and surf school. More beachbreaks in the next bay to the east.

Un beachbreak citadin aux multiples options, la fenêtre de houle étant très large. C'est parfois onshore par swells de vent de SO ou O, mais toujours surfable. La meilleure houle arrive directement de l'hémisphère Sud. Avec une longue période, cette houle de S réveillera les bancs de sable ancrés sur les rochers pour offrir des vagues creuses et puissantes, quelle que soit la taille. C'est le spot le plus blindé des Açores, avec des débutants comme des pros sur les mêmes vagues, et un certain localisme. En ville, école et surf shop à proximité. Vous trouverez d'autres beachbreaks dans la baie suivante à l'Est.

3. Santa Cruz/Lagoa
Rocky left in the middle of town that needs a strong, clean S-SW swell. A short, fast and tubular ride over shallow reef. There's a second point that needs 10ft of swell to start breaking. Medium consistency and rarely crowded. Like all south coast spots, jellyfish can be a problem in summer. Situated below the church.

Située en pleine ville, cette gauche de reef s'activera par houle propre de S-SO. Au programme, des rides certes courts mais rapides et tubulaires. Il y a une autre vague, qui déferle à partir de 3m. Consistance moyenne et rarement du monde sur ces spots. Comme partout sur la côte S, les méduses peuvent devenir un problème durant l'été. Situé à proximité de l'église.

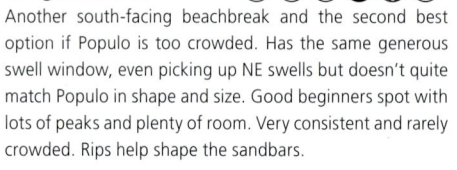

4. Agua de Alto
Another south-facing beachbreak and the second best option if Populo is too crowded. Has the same generous swell window, even picking up NE swells but doesn't quite match Populo in shape and size. Good beginners spot with lots of peaks and plenty of room. Very consistent and rarely crowded. Rips help shape the sandbars.

Un autre beachbreak orienté S, constituant une 2ème option si c'est gavé de monde à Populo. La fenêtre de houle est tout aussi large, acceptant même le swell de NE. En revanche les vagues sont inférieures à Populo en qualité et taille. Idéal pour les débutants, il y a de la place et les pics ne manquent pas. Très bonne fréquence. Les courants aident à la formation des bancs de sable.

5. Vila Franca
Reef peak in the shadow of Ilheu da Vila, but still picks up swell from many directions. Punchy and sucky, with good length of ride, especially at sub-mid tides. High tide is fuller on the face and much more ripable. Best on due S swells so only medium consistency. Dangerously shallow at dead low tide. Some pollution from the town.

Bien que dans l'ombre d'Ilheu da Vila, cette vague de reef chope un large éventail de swells. Longue, pêchue, elle aspire bien surtout en 1ère phase de marée montante. Plein haut il y a plus de jus. Une houle de S est idéale, ce qui explique la faible fréquence de cette vague. Très chaud à plein bas, il n'y a pas d'eau. Pollution légère de la ville.

6. Ponta Garça
East of the town of Ponta Garca is a stretch of rocky beaches below cliffs. Usually mellow and unchallenging, it's a good place for learners who aren't afraid of a few rocks. All tides and peaky S windswells are best. Breaks consistently, even on the NE wrap-around. Solo surfing spot. Head for the end of the road after Ponta Garça and turn right.

A l'Est de Ponta Garcia se trouve une section de plages rocheuses aux pieds des falaises. Un débutant n'ayant pas peur des rochers y trouvera des vagues peu exigeantes. Toutes marées, swell de vent de S optimal. Ca déferle souvent, et même quand la houle NE s'enroule jusqu'ici. Peu fréquenté. Aller au bout de la route après Ponta Garca puis tourner à droite.

7. Ribeira Quente Left
Heavy left peeling down side of large jetty construction. The wave detonates on the end of the sea defences unless it is big, when longer rides end in the beachbreak. Best on high tide and a southern hemi S, SE or wrapping E-NE.

SÃO MIGUEL – SOUTH   161

8. Ribeira Quente Right
Long pointbreak style right breaking down the heavily armoured seawall/jetty that protects the town. Needs a strong swell to break far enough off the boulders and should be better on S-W swells. Chunky, vertical walls that can run for a long way and challenge intermediates. Not very consistent and rarely ridden.

L'imposante jetée qui protège la ville abrite une droite de pointbreak, à condition d'avoir un swell suffisamment puissant qu'elle casse assez loin des roches. Préférez une houle de S ou O. La vague est bien raide et longue, de quoi satisfaire un surfer intermédiaire. Fréquence moyenne, mais peu de monde.

9. Faja do Araujo
The only wave on the east coast and pretty much reserved for experts only. Needs a huge NW swell of at least 15ft to start breaking at half that size as it refracts thru 90°. Once it clears the big rocks that litter the line-up, serious big-water drops lead into cavernous barrels over tricky slabs of rock. When it is on, it's a world-class freight train for hundreds of metres and the best wave on the island. Low to mid tide only. Extremely isolated and a mission to get to. Can be checked from the miradours to the south. Take the logging road to a few houses then a half hour walk up the rocky shoreline. Difficult entry and exit to the water from the rocks 15 minutes paddle south of the point. Very low consistency.

L'unique vague de la côte E se mérite, elle est réservée aux meilleurs. Avec une bonne grosse houle NO d'au moins 4m, la réfraction à 90° générera une vague de taille moitié inférieure. Une fois passés les rochers qui parsèment le line-up, les vagues offrent des take-offs engagés suivis de gros tubes générés par le fond en dalles rocheuses. Quand ça fonctionne, c'est une vague très longue et de qualité internationale, mais aussi la meilleure vague de l'île. Surfable seulement de marée basse à mi-marée. Le mirador au S permet d'observer le spot, très reculé et accessible par une demi heure de marche. Entrées et sorties délicates, comptez 15 min de rame pour rejoindre le pic. Marche très rarement.

Thermal spring runs into sea hence the name "Hot River". The wave breaks along the edge of the big car park and helipad. Good restaurants in town and camping at Furnas.

Gauche de bon calibre déroulant le long d'une large jetée. Quand c'est gros, la vague déferle plus longtemps et ce jusqu'à la plage. Meilleur à marée haute, ce spot fonctionne soit avec une houle de S ou SE. Une direction E-NE marche également puisque ça s'enroule jusqu'ici. La source thermale qui se jette dans l'océan est surnommée la rivière chaude. La vague déferle le long du grand parking, vers l'héliport. Quelques bons restos en ville, et un camping à Furnas.

The Stormrider Guide Europe

Terceira

1. Vila Nova
Banana-shaped bombora reef that picks up and magnifies W-N swells into super heavy rights and the odd left. Fast, thick barrels wedge up and bend around this gnarly offshore reef. Handles huge conditions and is always bigger than it looks. Low tide is suicide and only experts with big everything should join the very few who have ridden this wave. Needs medium to big swells and light S winds so it's only a medium consistency spot. Solo surfing mostly because it is a boat-access spot. Talisca is another dangerous righthander, 200m paddle from the port, that looks good but the currents are treacherous.

Reef en forme de banane qui chope et amplifie les swells d'O à N en droites sérieuses (et quelques gauches). Des tubes rapides et épais s'enroulent autour de ce reef offshore exposé. Supporte bien le gros, toujours plus fat que ça ne parait. Suicidaire à marée basse, seuls les plus couillus rejoindront le clan restreints des surfers de Vila Nova. Nécessite un swell moyen à gros ainsi qu'un léger vent du S, d'où une fréquence moyenne. Surf en petit comité, le spot n'étant accessible qu'en bateau. Talisca est une autre droite craignos à 200m de rame du port, mais forts courants.

2. Quatro Ribeiras
North coast focal point with choice of powerful, challenging set-ups. Lefts break off deep-water cliffs, wall up and speed across bay before closing out on a boulder beach. The righthander to the east is a bit mellower, but still very powerful. Needs to be overhead to start breaking. Nasty currents, big sharks all year and very isolated. Extremely difficult to get out of the water, especially after mid tide. Experts only – so rarely crowded.

Spot majeur de la côte N, avec un large choix de configurations. Les gauches cassent aux pieds des falaises, puis se reforment et accélèrent pour finir sur une plage rocheuse. La droite plus à l'E est plus douce, mais reste puissante. Déferle à partir d'une certaine taille. Mauvais courants, du shark à l'horizon et très isolé. La sortie est très difficile, surtout passé la mi-marée. Réservé aux meilleurs donc pas trop fréquenté.

3. Ponta do Queimado
Sketchy spot with left at south end and more usable right at north end. Exposed and rocky in front of cliffs, needs just the right swell and wind to work. Desperation check only – usually no waves at this end of the island. Inconsistent, rippy and isolated.

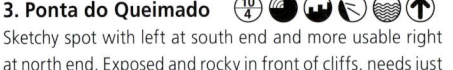

Spot correct avec des gauches à l'extrémité S, et de meilleures droites au N. Au pied des falaises c'est exposé et bien rocheux. Nécessite le bon combo swell/vent pour fonctionner. A checker, mais les vagues sont rares de ce côté de l'île. Faible fréquence, brassé et isolé.

4. Terreiro
High-performance righthander offering plenty of steep face to work with. Picks up all S swells but wraps in best on a W. Rocks can pop up in the face depending on the tide, making for a sectioney ride. Often crowded with some localism vibes because it is inconsistent and the only reliable south coast spot. Man-o-war, urchins, broken bottles, rusty nails, steel bars, construction rubbish, and some residential pollution from São Mateus da Calheta.

Droites de qualité avec des faces bien raides. Chope les houles de S, mais préfère celles d'O. Suivant la marée des rocheux peuvent apparaître, ce qui limite alors à certaines sections. Spot fréquenté, un brin de localisme du fait de la faible fréquence et du fait que ce soit le seul spot fiable de la côte S. Méduses vicieuses, oursins, verre cassé, objets rouillés, déchets en tous genres, et légère pollution résidentielle en provenance de Sao Mateus da Calheta.

5. Salga
South coast pointbreak that needs a SW-W swell to line up properly. Changes with the tide from slopey shoulders to peeling walls. A perfect looking set-up that rarely delivers, thanks to badly placed rocks and a tendency to back off.

10. Santa Catarina

The Azorean version of Pipeline explodes on a shallow reef, close to shore, just south of the harbour jetty. Jacking air-drop take-offs into a cavernous pit that peels both ways for a short but intense barrel ride. Perfect for bodyboarders and pros, this wave is not for everyone. No room for error as dry reef is barely metres from the peak. If caught inside swim as fast as you can with the direction of the current. Needs a medium to big NW swell to wrap in and any W in the wind. Ultra polluted by outfalls coming from an abattoir, fish factory, chicken and cow food factory and a small third world primary treatment sewage plant. Overpowering stench, flocks of seagulls and fisherman are the clues, however locals report no one has been sick, amazingly! Fairly consistent and sometimes crowded on weekends when localism is more likely. Respect required.

Le pipeline local pète sur un reef eu profond et proche du bord, au S de la jetée du port. Take-off vertigineux direction une caverne qui déferle des 2 côtés, un tube court mais intense ! Idéale en morey ou pour les pros, c'est une vague sélective. Pas de place à l'erreur, le reef découvert est à quelques mètres du pic. Si vous êtes pris à l'inside, ramez à fond dans le sens du courant. Requiert une houle moyenne à grosse de NO pour rentrer, et un vent avec quelque chose d'O. Très pollué à cause des rejets proches d'abattoirs, d'une usine de poisson, d'une de bouffe pour vaches et poulets, et aussi d'une station d'épuration archaïque. Ca fouette sévère, c'est gavé de mouettes, mais étonnamment personne n'a jamais chopé de daube. Vague relativement fréquente, du monde le weekend avec un localisme plus marqué. Plus que jamais faîtes preuve de respect.

11. Praia da Vitória

Assorted reef waves easily accessed from the beach inside the harbour at Praia da Vitoria. Dereitas (The Right) and Esquerda do Chines (Chinese Left) break off either side of an exposed rock and the left is a perfect hotdog wave in smaller N swells at high tide. Vietnam is the main left breaking wider than Chines. Fun, rippable walls plus the odd cover-up section and good length of ride on the lefts. Mid tide, big NW, N and NE swells and any W winds will be the best conditions. Another left, Baixa breaks further outside Vietnam a couple of times a year. Probably the busiest spot on the island, but the shifting take-off zone can spread the crowd a bit. Good learning spot as the reef is not too shallow or sharp and currents are minimal. Some stormwater and residential pollution in the harbour.

Assortiment de vagues de reef facilement accessibles depuis la plage à l'intérieur du port de Praia da Vitoria. Dereitas et Esquerda do Chines (la gauche des changs) déferlent de chaque côté d'un rocher bien exposé, la gauche étant une excellente vague à manoeuvres par petit swell et à marée haute. Vietnam est la gauche principale : plus longue que Esquerda do Chines, et quelques tubes à se mettre. Conditions idéales à mi-marée, houle copieuse de NO, N ou NE, et tout vent en provenance de l'O. Occasionnellement déferle Baixa, une autre gauche plus à l'extérieur. Certainement le spot le plus fréquenté de l'île, mais la foule se répartie sur les différents pics. Idéal pour apprendre, le reef est assez profond et les courants faibles. Pollution légère (orages + résidentiel) dans le port.

Inside section will stand up in front of pool. Dangerous when big. Low consistency and crowds. Tough entry and exit with swirling currents and shoredump around pool at higher tides.

Point-break sur la côte S, aux vagues bien rangées par houles de SO-O. Suivant la marée, une simple épaule molle ou des murs qui déferlent. Configuration attrayante mais qui envoie rarement, à cause de rochers mal placés et une tendance des vagues à s'essouffler. La section intérieure se forme face à la piscine. Craignos si c'est gros, faible fréquence et du monde à l'eau. Entrée et sortie difficiles avec du courant près de la piscine à marée haute.

6. Contendas

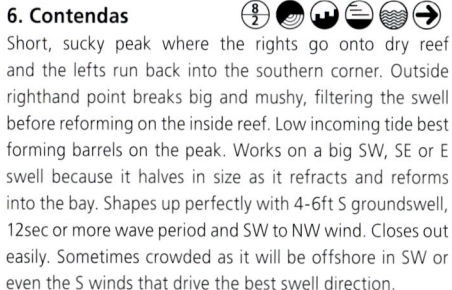

Short, sucky peak where the rights go onto dry reef and the lefts run back into the southern corner. Outside righthand point breaks big and mushy, filtering the swell before reforming on the inside reef. Low incoming tide best forming barrels on the peak. Works on a big SW, SE or E swell because it halves in size as it refracts and reforms into the bay. Shapes up perfectly with 4-6ft S groundswell, 12sec or more wave period and SW to NW wind. Closes out easily. Sometimes crowded as it will be offshore in SW or even the S winds that drive the best swell direction.

Vague creuse et courte, la droite se détériore vite et ferme, la gauche déferle jusqu'au corner Sud. L'autre droite à l'extérieur est grosse et désordonnée, elle filtre la houle qui se reforme ensuite sur le reef intérieur. Meilleur à marée basse montante pour les tubes. Accepte des grosses houles de SO, SE et E car la taille diminue de moitié du fait de la réfraction puis de la reformation dans la baie. Magnifique par houle de S d'1.2 à 1.8m, période de 12 secondes ou plus, et vent de SO à NO. Ferme facilement. Spot souvent fréquenté car offshore par SO et même S.

7. São Fernando

A small wave spot that works best on N swells and is sheltered from NW winds. Easy, workable walls with a tendency to back off, especially as the tide pushes in from mid. Sometimes crowded as it is popular with the local bodyboarders and learner/improvers. Lots of rocks to avoid. Just north of the harbour.

Spot de petites vagues au N du port, fonctionnant mieux par houle de N et protégé des vents de NO. Vagues facilement exploitables, mais qui ramollissent facilement de mi-marée à marée haute. Avec les bodyboarders, débutants et niveaux intermédiaires, il y a parfois du monde. Beaucoup de rochers à éviter.

8. Pescadore

Full-on sucky barrels breaking next to big rock on the inside of Ponta Negra. Seriously shallow, dangerous wave for experts only who can hold their own with the tight local crew. A huge, long period, wrapping NW swell should light it up. Less consistent than surrounding spots but often crowded. Watch out for urchins, locals and the nasty reef.

Des barrels bien creux déferlant vers le gros rocher à l'inside de Ponta Negra. Très peu profond, c'est une vague dangereuse réservée aux meilleurs qui devront faire leur place auprès des quelques locaux. Se met en route par grosse houle de NO de période longue. Vague moins consistante que ses voisines, mais souvent fréquentée. Prudence avec les oursins, les locaux et le reef agressif.

9. Ponta Negra

Excellent, long, lefthand pointbreak on big NW swells and winds from W-NE. Breaks hard and fast, bending over shallow sections of reef and throwing some big tubes. Handles NE winds and all tides but will be dangerously close to the rocks in smaller swells and higher tides. The mid tube section and the closeout at the end of the wave, close to Pescador, has sent dozens to the hospital. Kick out before the end if it is the first wave of the set on big days. Often crowded and localised. Intermediates on smaller days, experts when it gets double overhead. There's also a mushy right point in front of the swimming pool around the corner in Porto Martins.

Un point-break en gauche aussi long que plaisant, fonctionnant par gros swell de NO et vent d'O-NE. La vague déferle avec vitesse et puissance sur un reef peu profond, avec de gros tubes à la clé. Accepte le vent de NE et toute marée, même si ça se rapproche dangereusement des rochers par petite houle et plein haut. La section tubulaire du milieu comme la vague qui ferme (vers Pescador) ont déjà envoyé du monde à l'hosto. Sortez avant la fin sur la 1ère vague de la série les jours de gros. Souvent du monde : surfers confirmés quand c'est petit, pros quand c'est gros. Egalement une droite correcte face à la piscine (Porto Martins).

São Jorge

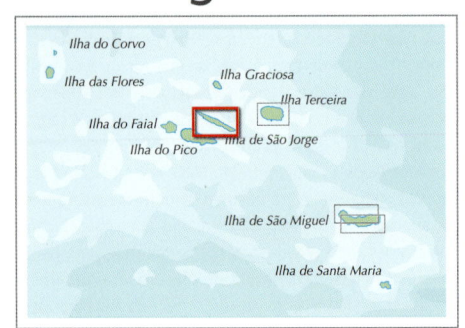

1. Lago do Linho
Very long, powerful left, rolling down the eastern flank of the Faja da Caldeira do Santo Cristo. Needs a solid swell to break off the rocks but it will handle huge. Steep take-offs at the peak but more shoulder towards the outside for intermediates. Gets hollower inside near the large rock that can only be passed when double overhead. When smaller, it is a rock slalom. Handles more W wind than the other fajas while WSW is perfect. Getting in and out is a mission at size. Can get really strong currents pushing down the point. Urchins.

Gauche tres longue et puissante qui vient s'enrouler sur le flan Est de la Faja da Caldeira do Santo Cristo. Nécessite une grosse houle pour déferler, et peut encaisser du très gros. Le take-off au pic est raide, mais une bonne épaule plus à l'extérieur pour les surfers intermédiaires. Inside plus creux vers le rocher, il faut de la taille pour passer. Si c'est trop petit c'est un slalom entre les cailloux. Tolère mieux le vent d'O que les autres spots, OSO étant l'orientation parfaite. Entrées et sorties craignos quand c'est gros. Un courant fort peut vous pousser vers le point. Oursins.

2. Esquerda da Igreja
The Left of the Church is the outer peak of the faja, picking up all available W-N swell. Fun summer spot for long walls, cutback shoulders and the odd cover-up in offshores. Once in a while it links up with Lago do Linho for the ultimate leg-burner. Handles onshore winds and even has the occasional right into the rocks. Super consistent and mellow enough for beginners when small. Heavy currents and shifting line-up at size. All the breaks at Santo Cristo are at least 40mins walk from the car park in Cubres. There's a quad bike taxi service that takes 10mins.

La gauche de l'église est le pic le plus extérieur de la faja, il reçoit toutes les houles d'O à N. Spot parfait en été avec de bons murs, une épaule à travailler et même quelques tubes par vent offshore. A l'occasion ça connecte avec Lago do Linho, de quoi chauffer les mollets. Tolère le vent onshore. Droite occasionnelle vers les rochers. Vagues très consistante, plutôt soft par petite houle pour les débutants. La taille s'accompagne de courants forts et séries qui décalent. Tous les pics de Santo Cristo sont à 40min de marche du parking de Cubres, mais seulement 10 avec le service de quad.

3. Feiticeiras
Another excellent, intense wave off the NW tip of the faja. Sucks in all swell from 180° to a peak that runs right for a few hundred metres and a much shorter left. Works from tiny to towering, when it's very fast, very hollow and very shallow. It's always bigger than it looks and if it's flat, everywhere on the N coast is. Can link up to Igreja with NW swell and Direita do Passe with NE making for some very long rides.

Un autre spot de qualité à la pointe NO de la faja, qui chope la houle à 180°. La droite fait quelques centaines de mètres, la gauche est plus courte. Un spot rapide, creux et dans peu d'eau qui marche à toutes les tailles. C'est toujours plus gros qu'il ne parait, et si c'est flat ici alors ça l'est sur toute la côte N. Pour notre plus grand plaisir ça peut connecter avec Igreja par houle de NO, et avec Direta do Passe par NE.

4. Direita do Passe
Righthander that breaks in front of the opening to the lagoon. Prefers swells from the NE which will wall up nicely. When big, there's a couple of rocks that provide short barrels. Generally predictable, medium pace peeler that is a fun ride. Size drops a bit on the inside making it a good place for beginners, despite the currents. Closest break to the Santo Cristo car park. No pollution from the tidal lagoon (at Cubres, the lagoon is not open to the sea).

The Stormrider Guide Europe

SÃO JORGE

Expert and ballsy intermediates will revel in the barrels and easy-going vibe. Not difficult to get through the rocks and paddle out but coming back in much trickier. Rocks, current and jellyfish occasionally invade. Only 20mins walk from Cubres car park.

Une gauche sous-estimée, que vous trouverez entre les 2 plus grosses fajas. Le take-off est vertical, la vague rapide avec de longues sections tubulaires. Les forts vents de SO tendent à s'orienter S ici, mais ça reste mieux protégé qu'à Santo Cristo et Cubres. Les experts et intermédiaires couillus tireront la quintessence de ce spot. Il n'est pas dur d'enter via les rochers et ramer au pic, en revanche le retour est plus délicat. Attention aux rochers, courants et autres méduses. A seulement 20min à pied du parking de Cubres.

6. Faja dos Cubres

World-class left pointbreak, wrapping down the rocks of the Faja dos Cubres. Wide swell window but when a NW swell hits just right and the three sections connect, this is probably the longest wave in Portugal. Heavy and super powerful with freight-train sections and wide open barrels. Breaks closer to the rocks than the other fajas with boils and dry rocks on smaller days. Prefers low tide incoming and lighter SW winds as it is very exposed out the back. Won't handle the massive stuff but triple overhead will test even the experts on longer boards. Timing the sets makes entry safe but exiting the water can be an ordeal with sweeping currents and big whitewash through the rocks. Board and body damage is common.

Point-break de qualité internationale, la gauche vient s'enrouler parfaitement sur les roches de Faja do Cubres. Large fenêtre de houle, mais un swell de NO permettra aux 3 sections de connecter pour obtenir la vague la plus longue du Portugal. Très puissante, elle envoie du pâté et de grands barrels ! Elle casse plus près des rochers que les autres fajas, ça bouillonne en surface et quelques rochers émergent quand c'est plus petit. Préférez une marée basse sur le montant, avec un vent léger de SO. Ce n'est pas un spot de gros proprement dit, mais jusqu'à 3 fois votre taille ça passe avec un gun et du niveau ! Calculez les séries pour entrer, la sortie peut être un défi. Faites gaffe aux courants. Casse matérielle et physique fréquente.

5. Faja do Belo

Overlooked and underrated left between the two larger fajas. Challenging vertical drop into speed walls and big barrel sections. Strong SW winds tend to turn S here and it's a bit more protected than Santo Christo and Cubres.

7. Faja dos Vimes

The only regularly surfed spot on the south coast picks up swell from the SE-W and is offshore in any N wind. Best with due SW swell when it gets fast and hollow over the reef but is a much shorter ride than the fajas on the north coast. Medium consistency because W winds destroy it and rarely crowded because not many locals bother to ride it.

Ouvert aux houles de SE à O et offshore par vent de N, c'est le spot le plus régulièrement surfé sur la côte S. Préférez une houle de SO pour une vague rapide et creuse, même si le ride sera plus court que sur une faja de la côte Nord. Fréquence moyenne à cause du vent d'O qui vient perturber l'histoire. Peu de monde à l'eau, les locaux ayant d'autres préférences.

Une droite proche de l'entrée du lagon qui, avec une houle de NE, offrira de bonnes faces à surfer. Avec de la taille quelques tubes sont possibles grâce aux rochers. Vague prévisible au déferlement régulier. Elle perd un peu en taille à l'inside, ce qui en fait une bonne vague de débutant malgré les courants. C'est le spot de Santo Cristo le plus proche du parking. Pas de pollution.

The Stormrider Guide Europe

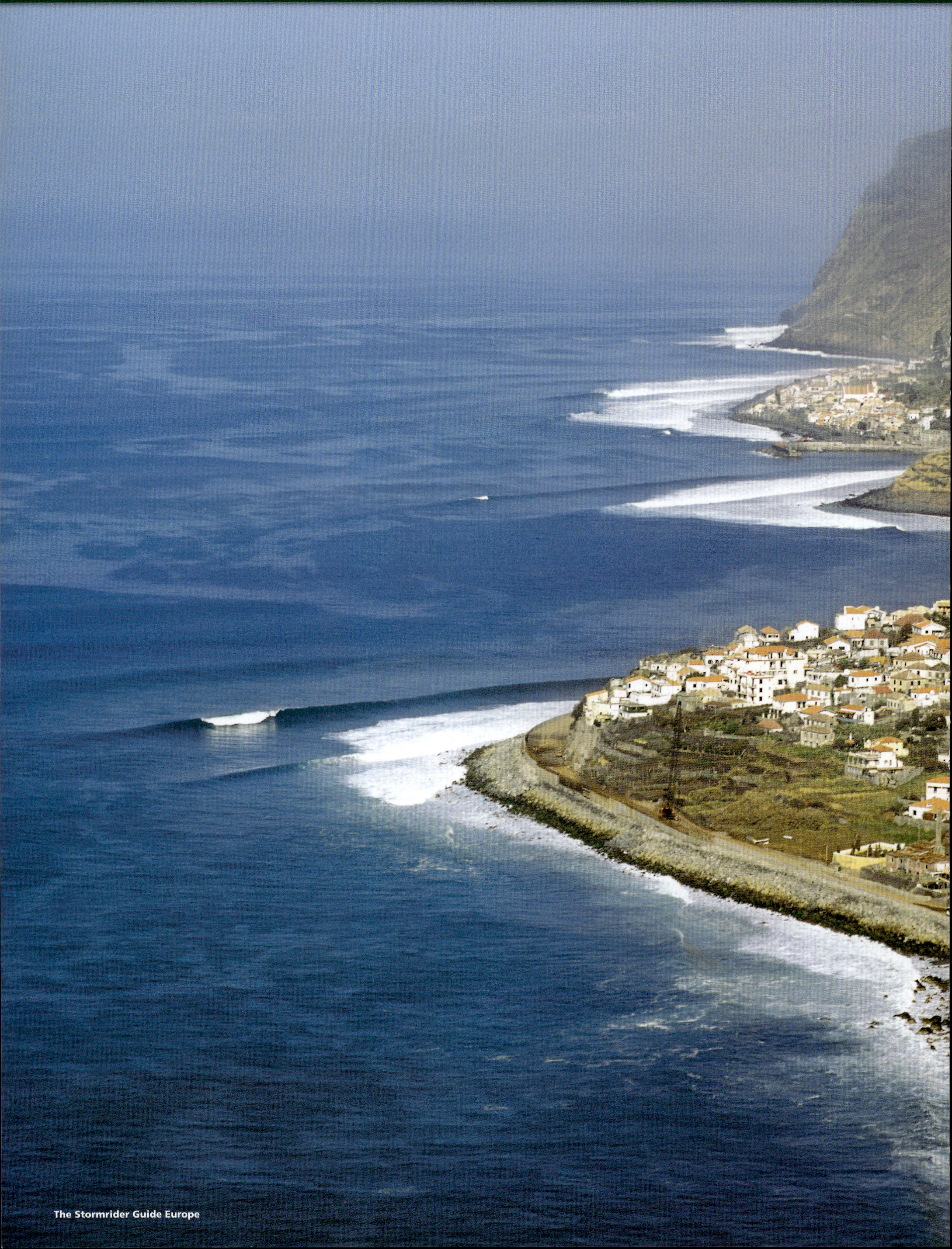

Madeira

Madeira means "wood" in Portuguese but this island should really have been called "cliff" after the incredibly tall, vertical faces that encircle the interior. These same words are also perfect to describe the waves that rumble over deep reefs and points, creating one of Europe's most respected big-wave venues. Jardim do Mar may be famous for all the wrong reasons as coastal armouring has threatened to extinguish this world-class wave but there are many other acts in town for those that seek power and size. The ability to navigate big waves and big rocks on big boards requires big cojones, so the tight local crew are welcoming of respectful chargers that make the pilgrimage to ride the wild surf.

Madeira signifie "bois" en portugais...drôle de nom pour cette île, à qui le nom de "falaise" correspondrait mieux! A Madère tout est grand et vertical, y compris les vagues. Avec ses divers reefs et pointbreaks, l'île constitue l'une des principales destinations de surf de gros en Europe. On a beaucoup entendu parler de Jardim do Mar, LE spot de gros de classe mondiale, malheureusement en danger à cause du développement côtier. Mais c'est loin d'être le seul spot capable de satisfaire les surfers en quête de sensations! Grosses vagues, gros cailloux, grosses boards: un cocktail sélectif qui nécessite d'avoir des grosses cojones! Les quelques locaux qui chargent à Madère accueillent avec respect les pèlerins du surf de gros.

Perfect ponta procession from Jardim to Paul.

The Surf

The island of Madeira sits in the North Atlantic Ocean about 400 miles west of Tangier in north Morocco, a prime location for receiving wintertime swell without the nasty weather that plagues most of Europe during those months. The swells arrive from the W-N and are generally lined-up, while the wind rarely deviates more than 45° of N. Being a steep sea mount, the swell needs extra size in order to break over many of the large bouldered reefs and points, making Madeira a focal point for big-wave chargers and lovers of powerful waves. Tidal range is 2.6m, which is a problem on smaller to medium days but big days will break right through the tide.

L'île de Madère est située dans l'Atlantique Nord à environ 650 km à l'ouest de Tanger au Nord du Maroc. C'est une position privilégiée pour recevoir les houles d'hiver sans avoir le mauvais temps qui sévit sur la majorité de l'Europe à cette période. La houle vient du secteur N à O et elle est en général bien rangée, tandis que le vent s'écarte rarement à plus de 45 degrés du plein N. Madère étant une montagne qui tombe à pic dans l'océan, il faut une bonne taille de houle pour que ça puisse casser sur les reefs et autres pointbreaks de gros galets, ce qui fait de cette île une destination plutôt recherchée par les chargeurs de gros et les amateurs de vagues puissantes. L'amplitude de marée se situe autour de 2.60m, ce qui est un inconvénient quand c'est petit ou moyen, mais les jours de gros les spots marchent quelle que soit la marée.

Most visiting surfers stay on the southwest coast, either in the villages of Jardim do Mar or Paúl do Mar, as the area offers consistent surf at a variety of spots, and is usually protected from the prevailing NE winds.

If the wind turns onshore on the south coast, which can happen during stormy weather, the north shore is only a 40-minute drive away and usually protected from the southerly winds. Sometimes, however, due to the high coastal cliffs, the wind can actually wrap around the whole island, which will blow just about every spot out and make for a frustrating day of driving.

The most consistent spots on the island are Ponta Pequena and Paúl do Mar on the southwest shore, and Faja da Areia on the north shore. Small swell or strong wind conditions often dictate that only one spot on the island will be working, which can become problematic on weekends when everyone is in the water. Conversely, when a big swell hits and lots of breaks are firing, it can be hard to find someone to surf with on weekdays. Every surf spot on Madeira is powerful and dangerous. There are no beachbreaks and gentler east coast waves like Machico break over rocks, which explains why there are still not many local surfers. Faja da Areia is generally regarded as the best place to learn on the island, and hence is also the most crowded. Despite being the 'beginner spot', it's still a steep, ledgy wave that can pound the snot out of anyone. Welcome to Madeira! On the neighbouring island of Porto Santo, a craggy, unpromising north coast gives way to a very long, south-facing beachbreak that occasionally offers beginner peaks in NE-SW windswells.

The surf season runs from **October through March** with November to February considered as the prime months. Summers are generally flat, with few breaks able to make much of locally generated windswells on the east coast or Atlantic hurricane swells that tend to sweep further north. Unlike the Azores, Madeira is shadowed by Africa for any long-range southern hemi swells.

Madeira						
SURF STATISTICS	J/F	M/A	M/J	J/A	S/O	N/D
Dominant swell	W-N	W-N	N	N	W-N	W-N
Swell size (ft)	5-6	5	4	1-2	4-5	5-6
Consistency (%)	60	50	30	20	50	40
Dominant wind	N-E	NW-NE	NW-NE	N-NE	N-NE	N-E
Average force	F4	F4	F4	F4	F4	F4
Consistency (%)	50	62	76	77	52	56
Water temp.(°C)	16	17	19	22	21	19
Wetsuit						

Middle – **Bigger boards are a good idea for racing the speed walls and getting into the sets.**

Bottom – **The picture perfect line-up masks a dark side of sneaker sets and poundings on the rocks getting in and out.**

Madeiran Surf Culture

History
Surprisingly, the surfing world was completely unaware of the waves in Madeira until the mid-1990s, when an article appeared in Surfer magazine depicting Evan Slater and Ross Williams surfing monster waves in Jardim do Mar. According to the villagers, the first person to surf Ponta Jardim was Gibus de Soultrait, who travelled alone from his home country of France on a whim in the late '70s. Gibus scored perfect surf but kept his discovery a secret for almost two decades, even though he never returned. The next surfers to arrive were Portuguese explorers João Valente and Zé Seabra in 1993, who also kept tight-lipped about Madeira's gold. The article in Surfer appeared the following year, and despite the fact that the destination was not identified as Madeira, a small number of surfers began to trickle in over the ensuing years.

Curieusement, le monde du surf a complètement ignoré les vagues de Madère jusqu'à ce qu'un article paraisse dans Surfer Magazine au milieu des années 90, avec Evan Slater et Ross Williams surfant des vagues monstrueuses à Jardim do Mar. D'après les habitants du village, le premier a avoir surfé Ponta Jardim est Gibus de Soultrait, qui partit tout seul pour Madère sur un coup de tête à la fin des années 70. Il surfa des conditions parfaites mais garda le secret pendant presque 20 ans, même si il n'y retourna jamais. Les surfers suivants furent les Portugais João Valente et Zé Seabra en 1993, qui gardèrent aussi la bouche cousue à propos du potentiel de Madère. L'article dans Surfer Magazine fut publié l'année suivante et des surfers commencèrent à arriver ensuite au compte-gouttes.

Today
By 2000 there was a loyal crew of surfers who were returning every year, still pledging to keep the place a secret. Some of the locals started to pick up the sport, a few surfers moved over from mainland Portugal, and a local scene began to take shape. These days there are perhaps 200 Madeiran surfers, although only a handful of them ride the really big stuff. Localism rears its ugly head from time to time, but good manners and a bit of patience should keep the vibes mellow. Madeiran surfers are generally very friendly to outsiders, and crowds are rarely a problem. The protests against the seawall constructions have helped polarise the local surfers and strengthened the sense of community.

There are a few surfing clubs on the island, occasional competitions, one shaper and a single surf shop, which is located in Funchal. Bring extra equipment and leave it with the locals because things like leashes and wax are still hard to find.

En 2000 il y avait des surfers accros qui y retournaient chaque année et qui priaient encore pour que l'endroit reste secret. Certains locaux commencèrent à se mettre au surf, quelques surfers habitant au Portugal vinrent s'installer, et une communauté surf locale commença à prendre forme. Aujourd'hui il y a environ 200 surfers habitant à Madère, mais seule une poignée d'entre eux va à l'eau quand c'est vraiment gros. Le localisme montre son mauvais côté de temps en temps, mais avec du respect et un peu de patience on devrait avoir une bonne ambiance à l'eau. Les surfers madériens sont en général accueillants envers les étrangers et le monde à l'eau est rarement un problème. Les manifestations organisées contre la construction de la digue ont favorisé le rassemblement des surfers entre eux et renforcé leur identité.

Il y a quelques clubs de surf sur l'île, quelques compétitions, un shaper et un seul surf shop, qui se trouve à Funchal. Emportez avec vous du matériel supplémentaire et laissez-le sur place pour les locaux car les leashes et la wax par exemple sont encore difficiles à trouver.

Jardim mural of a heavenly line-up.

Contreiras

Ribiera da Janela

La plupart des surfers de passage restent sur la côte sud-ouest, dans les villages de Jardim do Mar ou de Paul do Mar, car les vagues y sont fréquentes, avec différents spots généralement abrités du vent de NE dominant.

Si ça passe onshore sur la côte sud, ce qui peut arriver au passage d'une dépression, il ne faut que 40 mn en voiture pour aller sur la côte nord, qui est d'habitude abritée du vent de sud. Mais il arrive parfois que le vent tourne tout autour de l'île car le littoral est fait de grandes falaises ; ce sera alors trop venté sur tous les spots et on aura passé une journée frustrante à faire de la voiture. Les spots qui marchent le plus souvent sont Ponta Pequena et Paul do Mar sur la côte sud-ouest, et Faja da Areia sur la côte nord. Si c'est petit ou que le vent est fort, on aura souvent qu'un seul spot qui marche sur l'île, d'où quelques problèmes le weekend quand tout le monde va surfer.

Inversement, quand il y a un gros swell et que beaucoup de spots marchent bien, on aura parfois du mal à trouver un autre surfer à l'eau en semaine. Tous les spots de Madère sont puissants et dangereux. Il n'y a pas de beachbreaks et les vagues plus faciles sur la côte est, comme Machico, cassent sur des rochers, ce qui explique qu'il n'y ait pas beaucoup de surfers locaux. Faja da Areia est en général considéré comme le meilleur endroit pour apprendre à surfer sur l'île, c'est donc là qu'on trouve le plus de monde. Mais bien que ce soit le 'spot pour débutants', ça reste une vague qui jette bien redressée où on peut bien ramasser. Bienvenue à Madère! Sur l'île voisine de Porto Santo, une côte nord découpée et sans grand potentiel laisse la place à une très longue plage orientée sud, qui peut donner de temps en temps des pics pour débutants par houle de vent de NE à SO.

La période pour le surf s'étend d'*octobre à mars*, la période allant de novembre à février étant considérée comme la meilleure. Il n'y a pas de vagues en été en général, seuls quelques spots arrivent à marcher par houle courte de vent sur la côte est, ou lors de houles de cyclones qui ont tendance à passer plus au nord. Contrairement aux Açores, Madère est protégée par l'Afrique qui l'empêche de recevoir les houles longues de l'hémisphère sud.

Bottom – **Madeira does lefts too – thick, long and powerful, just like the rights.**

Middle – **Clean, windless days with a moderate swell are needed for the north coast lefts to fire.**

The Stormrider Guide Europe

MADEIRA

The Ocean Environment

Ponta Delgada — photo by JOAO VALENTE

Top – This freight train left has been derailed by a seawall, built to protect a saltwater pool.

Middle – There's a nasty new backwash coming off the recently completed seawall that has all but killed the wave on smaller swells and at higher tides.

Pollution

Like the Azores, Madeira has few noticeable pollution issues when it comes to water quality in the line-up, because the smaller towns use septic tanks, cesspits and some biological treatment systems that don't discharge into the sea. However, the sewage plant at Funchal is a poorly designed primary treatment type, with a capacity to treat only 60-70% of the volume of sewage from the city, before being discharged via a short ocean outfall. Open streams can often carry sewage from illegal connections directly to the sea. Despite not coming up to EU regulations, Madeira's deep nearshore waters quickly dissipate the sewage and there are no surf spots near the outfall. The steep terrain can deliver some agricultural and stormwater pollution to the sea via the many rivers and streams. On the plus side, an ingenious system of irrigation canals called levadas carry water from the wet western end of the island to the populated eastern end, generating hydro-electricity along the way.

Comme les Açores, Madère a peu de problèmes importants de pollution quant à la qualité de l'eau au line-up, car les petites villes sont équipées de fosses septiques et de systèmes de retraitement biologiques qui ne déversent rien en mer. Malgré tout, la station d'épuration de Funchal de type primaire est mal conçue, avec une capacité de retraitement de seulement 60 % à 70 % des eaux usées produites par la ville, avant de rejeter le tout en mer par un court tuyau de rejet. Les cours d'eau peuvent souvent charrier des eaux usées venant de rejets illégaux directement vers la mer. Bien que Madère ne soit pas au niveau des exigences européennes en la matière, les eaux profondes qui l'entourent dispersent rapidement la pollution et il n'y a pas de spot de surf près du tuyau de rejet. Le relief en pente raide peut entraîner un ruissellement vers la mer d'eaux polluées par l'agriculture ou les fortes pluies via le réseau de rivières et de petits cours d'eau. D'un côté positif, un ingénieux système de canaux d'irrigation appelés levadas apporte l'eau de l'extrême ouest plus humide jusqu'à l'extrémité est de l'île qui est plus peuplée, tout en générant de l'électricité sur son parcours.

Erosion

A huge investment of European Union (EU) money in developing Madeira's infrastructure meant importing large earth-moving machinery, which the big contracting companies needed to keep busy. Once most of the tunnelling and road building was completed construction of seawalls became the latest project in many parts of the island, which the government claimed were needed to protect the shoreline from erosion. Made of giant cement blocks, they have buried much of the natural lava shoreline, and also caused damage to some of the surf spots, particularly in Jardim do Mar, Ponta Delgada, Porto da Cruz and Lugar de Baixo. These seawalls usually create backwash at higher tides and have cut the maximum surfing window from 12hrs in a tide cycle to as little as 4hrs at some breaks. Erosion has had a major role in shaping the volcanic origins of the island but the basalt rocks will undoubtedly be there long after the concrete has gone.

Les investissements énormes faits par l'Union Européenne pour développer les infrastructures de Madère se sont traduits par l'importation de gros engins de terrassement, que les grosses entreprises contractantes ont dû continuer à faire travailler. Une fois que la plupart des tunnels et des routes furent terminés, la construction de digues fut le dernier projet en date dans de nombreuses parties de l'île, avec le soutien du gouvernement à chaque fois qu'il fallait lutter contre l'érosion. Les immenses blocs de béton ont recouvert une grande partie du littoral naturel constitué de lave, et aussi quelque peu gâché certains spots comme Jardim do Mar, Ponta Delgada, Porto da Cruz et Lugar de Baixo. Ces digues créent en général du backwash à marée haute et le créneau de surf maximum sur certains spots est passé de 12h (correspondant à un cycle de marée) à 4h seulement. Si l'érosion a joué un rôle majeur dans la formation de cette île volcanique, on peut être certain que les roches basaltiques seront toujours là bien après que le béton a disparu.

Jardim do Mar — photo by WILL HENRY

Access

The roads on the island are a testament to the wonders of modern engineering and when Portugal joined the EU, the tunnel-digging began. In the 1990s, the 48km drive from Funchal to Jardim do Mar took over three hours, but now takes only 40 minutes, most of which is spent underground. 3kms separates the neighbouring towns of Jardim do Mar and Paúl do Mar, yet the drive on the old roads took over 40 minutes to complete. Often surfers would make the drive only to learn that conditions had deteriorated in the interim. The new tunnel now makes it possible to get there in 10 minutes, but the old stretches of road around the island are dangerously steep and narrow. Some spots are only accessible by either long, winding tracks down sheer mountainsides or by boat only.

Les routes de l'île sont un exemple des merveilles que peut réaliser le génie civil moderne; on commença à percer des tunnels quand le Portugal rentra dans l'Union Européenne. Dans les année 90, faire les 48 km de Funchal à Jardim do Mar prenait plus de 3 heures; seulement 40 minutes maintenant, que l'on passe pour la majorité sous terre. Il n'y a que 3 km qui séparent les villages voisins de Jardim do Mar et Paul do

The Stormrider Guide Europe

Hazards

The entire island is surrounded by some of the highest sea cliffs in Europe, and despite its relatively small size (57km x 22km), the highest peak is a lofty 1862m high. The cliffs are a constant threat to safety. Large boulders and landslides can fall at any time, making walking along the shore and sometimes even driving a worrisome experience, especially after heavy rain. Many people have been killed over the years by falling rocks, even while in their cars. Surfers are safer in the water than on land, and many refuse to hang out after a session at some of the more precarious spots. The biggest hazards in the surf zone are the same as on land: rocks. Most of the island's waves break over large round boulders, and many are extremely close to shore. For this reason, some of the spots are less dangerous when bigger, because there is more room for error. But then again, getting caught inside on a big day can be a terrifying experience. Many surfers have broken bones after being pounded into the rocks. Getting in and out of the water can also be perilous, as many of the spots do not have a well-defined channel, with big waves pounding against rocks that are slippery with moss. Good timing and patience are essential in order to get in and out of the water safely. Pay close attention at all times, and never rush into a session, or it might result in a rush to the hospital.

Mar, et pourtant il fallait conduire pendant 40 minutes pour les faire. Il arrivait souvent que les surfers fassent la route juste pour voir en arrivant que les conditions s'étaient détériorées pendant le trajet. Le nouveau tunnel permet d'y aller en seulement 10 mn, mais les vieilles portions de routes autour de l'île restent dangereuses car elles sont raides et étroites. Ceratins spots ne sont accessibles que par de longues pistes pleines de virages directement le long d'un flanc de montagne ou par bateau seulement.

L'île entière est entourée de falaises parmi les plus hautes d'Europe, et malgré sa taille relativement réduite (57 km x 22 km), son point culminant est imposant avec ses 1862 m. Les falaises représentent un danger constant. De gros blocs peuvent se détacher et il y a des glissements de terrain, ce qui peut rendre une balade à pied ou juste le fait de conduire le long de la côte assez angoissants, surtout après de fortes pluies. Il y a eu beaucoup d'accidents avec des gens tués par des chutes de pierre, même dans leurs voitures. Les surfers sont plus en sécurité dans l'eau qu'à terre, et beaucoup refusent de rester dans le coin après la session sur certains spots suspects. Le plus gros danger en surfant est le même qu'à terre : les rochers. La plupart des vagues cassent sur des gros blocs arrondis, qui sont en général extrêmement près du bord. C'est pourquoi certains spots sont moins dangereux quand c'est gros car la marge d'erreur est plus grande. Mais encore une fois, se faire prendre à l'inside quand c'est gros peut avoir de quoi vous terroriser. Beaucoup de surfers ont eu des fractures en étant projetés sur les rochers. La mise à l'eau et la sortie peut devenir aussi perilleuse, car de nombreux spots n'ont pas une passe clairement définie, avec des grosses vagues qui cassent sur des rochers moussus et glissants. Un bon timing et de la patience sont essentiels pour rentrer et sortir de l'eau sans se mettre en danger. Gardez l'oeil ouvert en toute occasion, et ne vous précipitez jamais pour aller à l'eau, ou vous finirez peut-être par vous précipiter à l'hôpital.

Patience and timing is required for getting in and out over the slippery boulders.

Travel Information

Getting There
By Air
Regular flights leave from many European cities, most frequently from Lisbon or London. Travel time is about 1.5hrs from Lisbon. In addition to British Airways or TAP, there are often charter flights that are much cheaper, especially from the UK and Scandinavia. Sata fly from the Azores and other Potuguese cities. TAP, Sata and the charters will charge for boards.

Il y a des vols réguliers depuis de nombreuses villes en Europe, le plus souvent depuis Londres ou Lisbonne. Il faut compter environ 1h30 depuis Lisbonne. En dehors de British Airways ou de la TAP, il y a des vols charters beaucoup moins chers, surtout depuis l'Angleterre ou la Scandinavie. La Sata a des vols depuis les Açores et d'autres villes au Portugal. Il faut payer pour les planches sur la TAP, la Sata et sur les vols charters.

By Sea
There is no longer a regular ferry service to Madeira from the mainland. Naviera Armas run a seasonal weekly ferry service from Funchal to Lanzarote, Tenerife and Gran Canaria in the Canary Islands. The neighbouring island of Porto Santo is serviced by a local ferry from Funchal.

Il n'y a plus de liaison régulière en ferry pour aller à Madère depuis le continent. Naviera Armas a des ferries hebdomadaires en saison de Funchal jusqu'à Lanzarote, Tenerife et Gran Canaria aux Canaries. Il y a un ferry depuis Funchal pour aller sur l'île voisine de Porto Santo.

By Train
No trains, although there are cable cars to some small settlements at the bottom of huge sea cliffs.

Ils sont inexistants; il n'y a que des téléphériques pour rejoindre certains petits hameaux au pied de gigantesques falaises en bord de mer.

Visas
Portugal is part of the Schengen visa scheme so Europeans, North Americans and Antipodeans get an automatic 90 days. Other nationalities must get a visa first.

Le Portugal fait partie de la zone Schengen au niveau visa, donc les Européens, Nord-Américains, Australiens et Néo-Zélandais n'en ont pas besoin pour un séjour inférieur à 90 jours. Visa obligatoire pour les autres nationalités.

Getting Around
Having a rental car will maximise surfing time although it's possible to get a taxi or bus to Jardim do Mar or Paúl do Mar, and get good waves without needing to drive. The new road system has massively cut driving times but traversing the island is still a time consuming and sometimes dangerous activity. Narrow steep roads, rock falls and dangerous driving are common. Speed limits are 40-50km/h in the towns and villages, 80km/h outside town and 120km/h on the new dual carriageways. Cobbled roads can be ultra slippery in the rain. Rentals are on the expensive side and getting guns into small hatchbacks is impossible – pack soft racks. Accommodation ranges from 4-star hotels to rooms in local houses and winter package deals can be good value. There are campsites at Porto Moniz and on Porto Santo. There is a decent public bus system, but they don't always allow surfboards.

Avoir une voiture de location vous donnera plus de temps pour surfer, bien qu'il soit possible de prendre un taxi ou un bus pour aller à Jardim do Mar ou Paul do Mar, et surfer de belles vagues sans avoir à prendre la voiture. Le nouveau réseau routier a fortement réduit les temps de trajet, mais la traversée de l'île prend toujours du temps et peut être parfois risquée. On trouve souvent des petites routes tortueuses et étroites, avec des éboulements et des conducteurs dangereux. La vitesse est limité à 40-50km/h dans les villes et villages, 80km/h en dehors des villes et 120km/h sur les nouvelles routes à quatre voies. Les rues pavées peuvent être ultra glissantes par temps de pluie. Les prix pour les voitures de location sont plutôt élevés, et il est impossible de mettre des guns à l'arrière (coffres trop petits): emportez des soft racks. Pour se loger, on trouvera tout depuis l'hôtel 4 étoiles jusqu'aux chambres chez l'habitant, et les packages promotionnels en hiver peuvent être aussi intéressants. Il y a des campings à Porto Moniz et sur Porto Santo. Les bus fonctionnent assez bien, mais ils ne prennent pas toujours les planches.

Currency
Euros are the currency and cash machines are only available in the main cities/towns.

La monnaie utilisée est l'Euro et les distributeurs ne se trouvent que dans les villes principales.

Airlines
www.flytap.com
Tel: 707 20 57 00
www.sata.pt
Tel: 707 22 72 82
www.flypga.com
Tel: 707 78 70 70

Ferries
www.portosantoline.pt
Tel: +351 291-210 300
www.navieraarmas.com
Tel: +34 902-456500

Tourist Information
www.madeiratourism.com
www.madeira-tourism.com

Telephone Info
International Code: 351
Dial Out Code: 00
Emergencies: 112
International Operator: 171
International Directory: 177
Directory Enquiries: 118

New tunnels have drastically reduced travelling times between coastal towns

MADEIRA

North Coast

1. Ponta do Pargo

Another spot that is extremely difficult to access. This is a break on the westernmost point of the island. First surfed by Portuguese surfers To Gama, Tiago Oliveira, Miguel Fortes and a few others, and has been rarely surfed since. There is a treacherous trail down the steep cliffs that is very difficult to find, and would require super-human strength to climb up after a session. Best access is by boat. The point can handle huge swells and there is an outside bommie that breaks when it is over 20ft. You can check it from the lighthouse at Ponta do Pargo, which is some 500m above the spot. One of the few spots that can handle a strong E wind, which tends to blow out the other spots on the south shore.

Encore un spot avec un accès extrêmement difficile. Il est situé à l'extrémité O de l'île. Surfé en premier par les surfers portugais To Gama, Tiago Oliveira, Miguel Fortes et quelques autres, mais rarement resurfé depuis. Il y a un sentier exposé qui descend raide le long des falaises, qui est très difficile à trouver et qui demanderait une force surhumaine à remonter après une session de surf. Le meilleur moyen d'accès est par bateau. Ce pointbreak peut tenir des swells énormes, et il y a un reef au large qui commence à casser à partir de 20 pieds. On peut le checker depuis le phare à Ponta do Pargo, qui est à peu près à 500m au-dessus de la mer. Un des seuls spots à tenir le vent fort d'E, qui a tendance à pourrir les autres spots de la côte S.

2. Achadas da Cruz

Two righthand points, side by side, but the one to the south is more frequently surfed. Nice spot to go when the wind is E and the swell is not too big. With big swell the north point can be excellent, while the south point closes out, but getting in and out of the water safely is nearly impossible. Sharks are more likely around here. A cable car goes down the cliff, and also a long, winding trail.

Deux pointbreaks en droite, côte à côte, mais celui qui est au S est le plus souvent surfé. Bon spot à checker quand le vent est E avec une houle pas trop grosse. Quand c'est gros la pointe au N peut devenir excellente, tandis que celle du S sature, mais il est quasiment impossible de se mettre à l'eau ou d'en sortir sans se mettre en danger. La présence de requins est plus fréquente ici. Un téléphérique descend au pied de la falaise, et il y a aussi un long sentier qui descend en zigzag.

3. Ponta do Tristão

Another rarely surfed spot with difficult access. Critical drops into fast, hollow walls. Usually too fast with unmakeable sections, but can be good with just the right swell direction. Requires a long paddle west from the northern end of Porto Moniz.

Contreiras

Encore un spot rarement surfé avec un accès difficile. Gros drop avec ensuite une épaule creuse et rapide, en général trop rapide avec des sections infaisables, mais ça peut devenir bon avec la bonne orientation de houle. Il faut ramer longtemps vers l'O depuis l'extrémité N de Porto do Moniz pour rejoindre le spot.

4. Ribeira da Janela

A great left pointbreak towered over by a 300ft seamount just behind the wave. The take-off is also breathtakingly steep and the barrel sections come thick and fast. Protected from storm SW-W winds that blow out the south shore so it's sometimes crowded. Big boulders litter the line-up and the roadside parking below the cliffs.

Un bon pointbreak en gauche surplombé par une montagne qui sort à 90 m au-dessus de l'eau juste derrière la vague. Le take-off est bien raide, et les tubes sont épais et rapides. Protégé des coups de vent forts de SO à O qui rendent la côte sud trop ventée, donc il y a parfois du monde. De gros blocs éparpillés au line-up. Se garer sur le bord de la route en dessous des falaises.

5. Contreiras

Also known as Bruxas (which means 'witches' in Portuguese), this left point often breaks below sea-level. Medium sized, due N swells will rear into hollow tube sections over the shallow reef and has caused many injuries. Requires exacting swell direction and usually looks deceptively easy to ride from shore. Beware of rocks in the line-up. Take the old highway from Porto do Moniz towards São Vicente to access the break.

Connue également sous le nom de Bruxas (qui veut dire "Sorcières" en portugais), cette gauche casse souvent sous le niveau de la mer et beaucoup s'y sont blessés. Avec une houle de taille moyenne et orientée plein N, ça jette en formant une section à tube dans peu d'eau. Il faut que la houle soit vraiment bien orientée, la vague est trompeuse car elle semble facile à surfer vue du bord. Attention aux rochers au line-up. Prendre l'ancienne autoroute de Porto do Moniz à São Vicente pour y aller.

6. São Vicente

An uneven reef with lots of boulders in the line-up. Sometimes good on just the right NW swell, but it's usually better elsewhere. Less daunting and more accessible to intermediates than other north coast lefts. Low consistency and very few takers. Good seafood restaurants along the oceanfront in the town.

Reef au fond accidenté avec beaucoup de gros blocs au line-up. Peut devenir bon avec une houle vraiment bien NO, mais c'est en général mieux ailleurs. Moins impressionnante et plus accessible pour les surfers moyens que les autres gauches de la côte nord. Marche rarement, très peu de candidats. Bons restaurants le long du front de mer en ville.

7. Fajã da Areia

A.k.a. 'Chickens' this spot is perhaps the most frequently surfed on the island, due to its relatively low danger level compared with other breaks. A hollow bowl at the peak leads into whackable performance walls on small to medium N swells. Beginner/improvers favourite so often crowded. Always bigger than it looks from shore.

Appelé aussi "Chickens", ce spot est peut-être le plus surfé de l'île, car c'est aussi le moins dangereux comparé aux autres spots. Un bowl creux au pic avec ensuite un bon mur à manœuvres par houle petite ou moyenne de N. Spot préféré des surfers débutants ou de niveau moyen, donc souvent du monde. Toujours plus gros que ça ne paraît vu depuis le bord.

8. Ponta Delgada

What used to be an incredible pointbreak has been all but buried by a new seawall built only for the protection of a salt water swimming pool. Locals report that the outside section of the wave still breaks on the right days, but the long freight-train rides are no longer. Low consistency, if at all, and experts only.

Ce qui était avant un incroyable pointbreak a été quasiment détruit par une nouvelle digue construite uniquement pour protéger une piscine d'eau de mer. Les locaux disent que la première section au large casse encore par bonnes conditions, mais les longs murs qui déroulaient avant ont disparu. Marche rarement ou pas du tout, pour très bons surfers seulement.

9. São Jorge

A rarely surfed wave that can get good with N swells and S winds. Not much is known about this spot because it is remote and has only been surfed by a few locals, who claim it can get quite good. A very long drive from other spots. Access difficult. Experts only.

Vague rarement surfée qui peut bien marcher par houle de N et vent de S. Peu d'infos à propos de ce spot car il est isolé et n'a été surfé que par quelques locaux, qui disent que ça peut être assez bon. Beaucoup de route à faire depuis les autres spots, donc endroit rarement checké. Accès difficile. Pour très bons surfers seulement.

10. Porto da Cruz

Porto da Cruz used to be a fairly user-friendly wave and was popular with younger surfers from Funchal until the government built a seawall next to it. Now it is more dangerous and only rideable at dead low tide. Needs a N swell and S winds, and even then there's probably some place better to surf. A long way to go for a low consistency spot. Large sea pool nearby.

Porto da Cruz était une assez bonne vague avant, avec pas mal de jeunes surfers de Funchal, jusqu'à ce que le gouvernement décide de construire une digue juste à côté. Maintenant c'est devenu plus dangereux et surfable seulement au plein bas. Demande une houle de N et du vent de S pour marcher, mais même par bonnes conditions il y a mieux à surfer ailleurs. Beaucoup de route à faire pour un spot qui ne marche pas souvent. Grande piscine d'eau de mer à côté.

South Coast

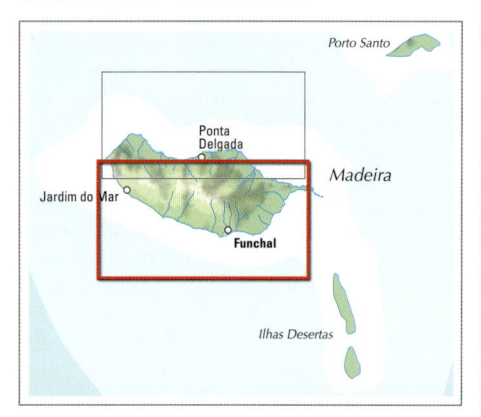

1. Faja da Ovelha
This wave has only been seen and never ridden. It is not visible from any town and can only be accessed by boat. Reports indicate it is yet another heavy wave and not for the faint of heart.

On a déjà vu marcher cette vague mais elle n'a jamais été surfée. Elle n'est visible depuis aucune ville et on ne peut y accéder que par bateau. Apparemment c'est encore une vague costaud qui n'est pas pour les petits joueurs.

2. Ponta Paul
A rarely surfed wave due to its high danger factor. The point is visible from the coastal road at the north end of Paúl do Mar, and looks deceptively rideable when it breaks. Very fast and hollow and breaks almost on the rocks. On a big swell it can produce mind-bending monster barrels. To add to its difficulty, it starts off a freight train and just keeps on going, making it nearly impossible to paddle into. Surfers failing to make the drop or a section end up on the rocks - guaranteed. A few people have reputedly surfed this wave over the years and there have also been some very close calls with others who have attempted it and failed.

Vague rarement surfée car très dangereuse. La pointe est visible depuis la route côtière du côté N de Paul do Mar, et on croit qu'elle est facile à surfer en la voyant casser. Très rapide et creuse, casse quasiment sur les rochers. Par grosse houle elle peut envoyer des tubes monstrueux incroyables. Pour augmenter son niveau de difficulté, elle est rapide dès le départ et ne ralentit pas ce qui rend le take-off quasiment impossible. Les surfers qui n'arrivent pas à faire le drop ou une section finissent à chaque fois sur les rochers. La rumeur veut que certains aient surfé cette vague pendant des années mais il y a eu aussi des tentatives ratées qui ont vraiment failli mal se terminer.

3. Paúl do Mar
Paúl do Mar is almost like a beachbreak that breaks over boulders. Depending on swell direction, it can form nice rights along any part of the coast in front of the village, although the most reliable section is at the southern end of the seaside road. At low tide it is extremely shallow and dangerous. At high tide with a big swell it can be ferocious. A very consistent spot. Sometimes gets a crowd because it's the only place to surf in small NW swells. Watch out for shallow sections on the paddle-out.

Paul do Mar est presque comme un beachbreak qui casserait sur des gros galets. En fonction de l'orientation de la houle, il peut y avoir de belles droites à n'import quel endroit de la côte en face du village, même si la section la plus fiable et à l'extrémité S de la route côtière. Très peu d'eau et dangereux à marée basse. Peut devenir très méchant à marée haute quand c'est gros. Marche très souvent. Un peu de monde à l'eau parfois quand c'est le seul spot qui marche par petite houle de NO. Attention aux sections creuses qui cassent devant quand on passe la barre.

4. Ponta Pequeña
Equidistant from Jardim and Paúl do Mar, it looks deceptively mushy and easy from afar. Best on big W swells and low tide when it can dish out extremely long rides, where speed is essential, especially on the inside barrel section. Defined channel so the paddle out is less daunting than some other spots. Ponta Pequena is one of the most consistent spots on the island so it's sometimes crowded. Long walk under cliffs prone to landslides and falling rocks.

Situé à la même distance de Jardim et de Paul do Mar, on a l'impression que c'est mushy et facile vu de loin. Meilleur quand c'est gros par houle d'O à marée basse où ça peut donner des vagues extrêmement longues, où la vitesse est un facteur-clé, surtout dans la dernière section à tube. La passe est bien définie donc le spot est moins impressionnant que d'autres. Ponta Pequena est un des spots qui marchent le plus souvent sur l'île donc il y a parfois du monde. Longue marche sous les falaises propices aux glissements de terrains et aux chutes de pierre.

SOUTH COAST

Jardim do Mar

Jardim do Mar

5. Jardim do Mar
Once named the best big-wave pointbreak in the world by Surfer magazine, Ponta Jardim now suffers severe backwash at mid to high tide from a new seawall built in 2003. The break still has its days when the critical drops lead into long, fast, powerful walls, but they are much less frequent and only last for a few hours around dead low tide. Experts with pintails only. Getting in and out of the water on a big day can be downright frightening and the new seawall has made the waves break even closer to shore, so beware. Best shot is to paddle out from the backside of the point, to the west of the village.

Autrefois cité comme un des meilleurs pointbreaks du monde par Surfer Magazine, Ponta Jardim est maintenant gâchée par un backwash de mi-marée à marée haute par la nouvelle digue construite en 1993. Le spot marche encore parfois, avec un take-off tendu et une épaule longue, rapide et puissante, mais c'est beaucoup plus rare et ça ne dure que quelques heures au plein bas. Surfers de très bon niveau avec des pintails seulement. La mise à l'eau et la sortie quand c'est gros peut être vraiment flippante et la nouvelle digue fait casser les vagues encore plus près du bord, donc faites attention. Le mieux est de ramer depuis derrière la pointe, à l'O du village.

6. Madalena do Mar
An outside bommie-style peak that breaks on the larger W swells. Mushy and slow with big shoulders and plenty of depth making it a fun and playful spot for intermediates. Never crowded, because somewhere else is probably better. Visible from the main road along the south coast.

Un pic qui casse au large et qui marche par grosse houle d'O. Mushy et mou avec une épaule plate et beaucoup d'eau, ce qui en fait un spot sympa et facile pour les surfers de niveau moyen. Jamais trop de monde, car c'est en général mieux ailleurs. Visible depuis la route qui longe la côte sud.

7. Lugar de Baixo
An excellent spot, but the construction of a seawall has severely compromised its quality. It once was all-time at high tide, a perfect freight-train barrel, but now there is a strong backwash when the tide is up. Still gets good an hour or so before or after high tide. Take-off zone is next to or just inside of a large rock on the outside. Very steep drops and fast, hollow sections. Low tide is dangerously shallow. Experts only. Sometimes crowded, especially on weekends, due to its proximity to the city of Funchal.

Excellent spot, mais la construction de la digue a fortement altéré sa qualité. C'était avant une super vague à marée haute, avec des sections parfaites à tube, mais maintenant il y a un fort backwash à marée haute. Reste encore bon une heure environ avant ou après la marée haute. La zone de take-off est située juste à côté ou un peu à l'inside d'un gros rocher au pic. Drops très raides avec des sections rapides et creuses. Dangereux à marée basse car peu d'eau. Très bons surfers seulement. Parfois du monde, surtout le weekend, car c'est à côté de Funchal.

8. Cabo Girão
Below the 2nd highest sea cliffs in Europe are two fickle pointbreaks, usually only breaking on large W swells. They both tend to be a bit mushy and there are large rocks in the line-up, but sometimes they produce a nice right wall. No real hazards for intermediates up. Only accessible via a cable car, which is worth the trip for the scenery alone.

Deux pointbreaks assez capricieux en contrebas de la deuxième plus grande falaise d'Europe, qui marchent seulement par grosse houle d'O. Ça a tendance à être un peu mushy et il y a de gros rochers au line-up, mais on peut avoir parfois une bonne épaule. Pas vraiment de danger pour les surfers de niveau moyen et plus. Accessible seulement par un téléphérique, ce qui vaut le détour rien que pour la vue.

- Faja da Ovelha ①
- Ponta Paul ②
- Paul do Mar ③
- Ponta Pequeña ④
- Jardim do Mar ⑤
- Madalena do Mar ⑥
- Lugar de Baixo ⑦
- Cabo Girão ⑧

The Stormrider Guide Europe

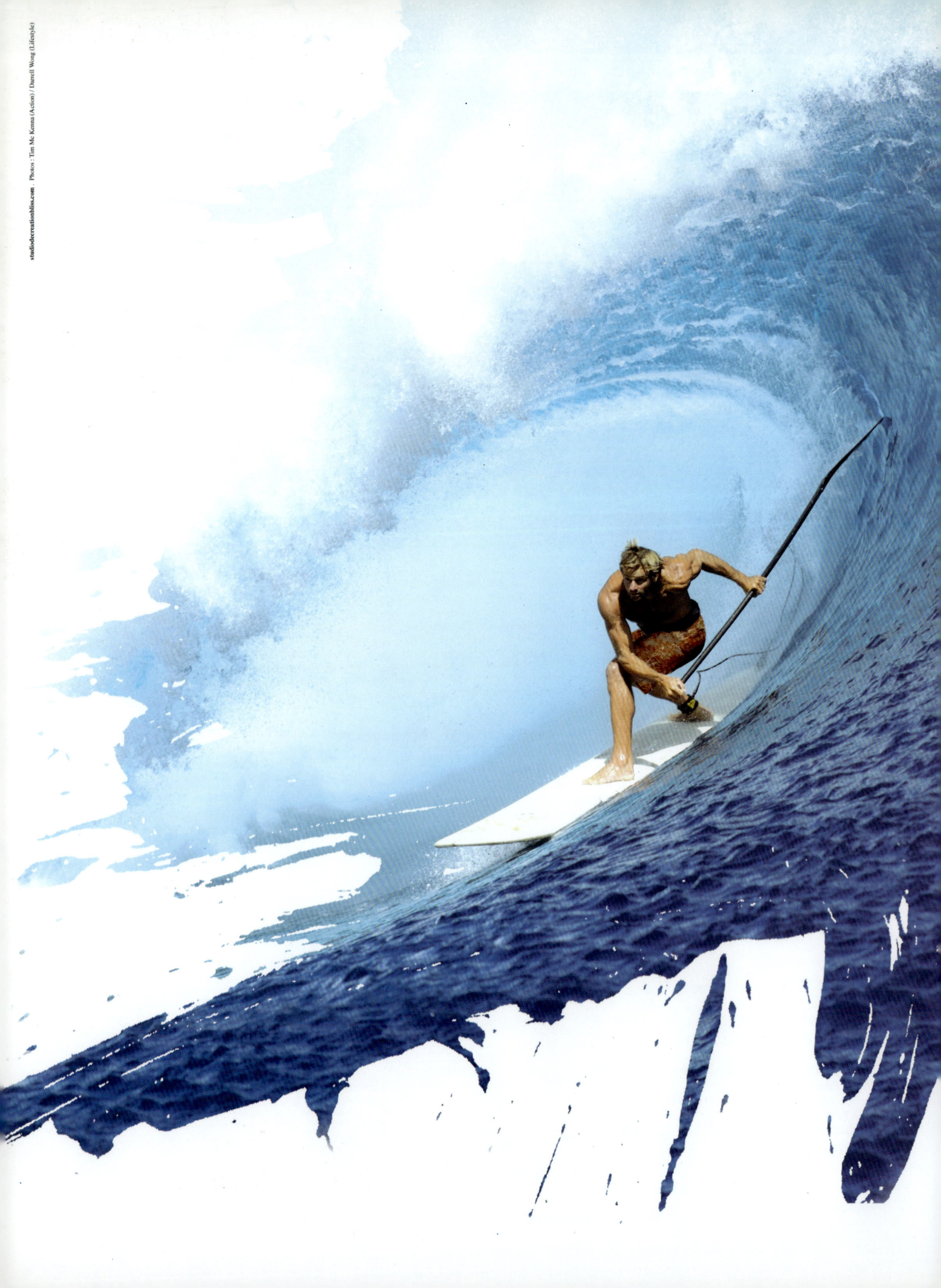

→ TOTEM BOARDSHORT LAIRD'S PRO MODEL

TEAHUPOO / LAIRD HAMILTON
OUR QUEST: MAKING WHAT'S DIFFICULT EASY, FINDING THE UNTHINKABLE, GOING WHERE NO-ONE'S BEEN BEFORE, ENJOYING IT AND STARTING OVER.

THE PERFECT DAY, A QUEST

OXBOW

WWW.OXBOWORLD.COM

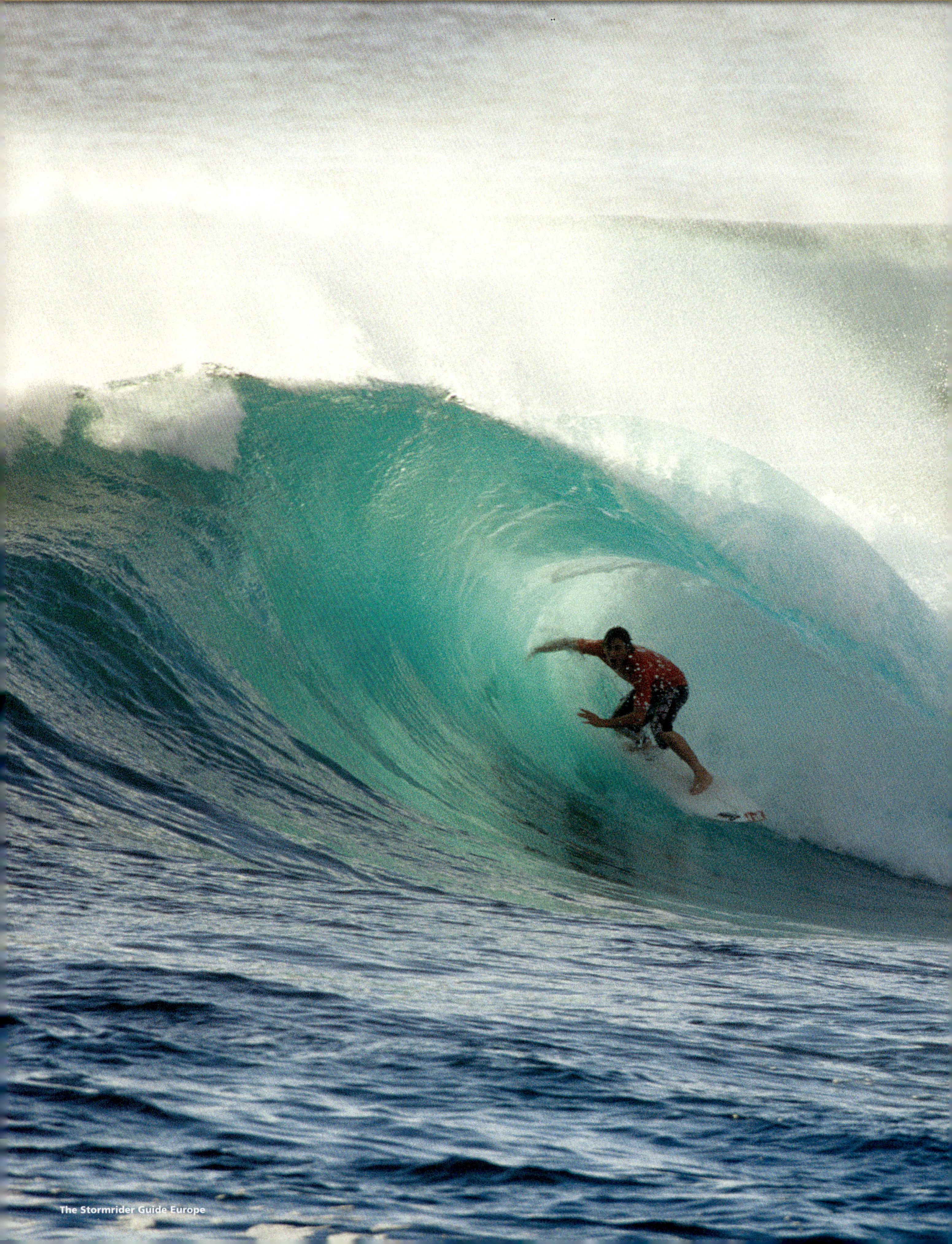

The Canary Islands

Despite being more Africa than Europe, 'las Islas Canarias' have been the proving grounds for a generation of the Continents' surfers. The Canaries are blessed with warm water, volcanic reefs and a winter swell pattern that has earned them constant comparisons with Hawaii. North Atlantic swells march south unimpeded, before striking the volcanic islands with challenging power and purpose. It's not all heavy waves and many islands have mellow beachbreaks for the increasing number of beginners and locals taking to the water. While the strong 'locals only' culture can cause problems at some spots, there are plenty of options around all the islands to get away from the crowds and go surfing 'island style'.

Géographiquement plus proches de l'Afrique que de l'Europe, les Iles Canaries sont le terrain de jeu d'une génération de surfers de tous horizons. Des eaux chaudes, de bons reefs volcaniques et des swells hivernaux souvent comparés à ceux d'Hawaii sont autant d'atouts de ces îles. Les houles de l'Atlantique Nord, qui ne rencontrent pas d'obstacles jusque là, viennent percuter avec puissance les îles volcaniques de l'archipel canarien. Mais il n'est pas question que de grosses vagues, puisqu'on trouve également des beachbreaks faciles qui conviennent à merveille au nombre croissant de débutants, étrangers comme locaux. Si la forte culture latino et le sang chaud de certains locaux peuvent amener à des tensions, toutes les îles possèdent suffisamment de spots pour facilement s'éloigner des vagues trop fréquentées. Island style!

Turquoise Tunnel, El Confital, Gran Canaria

The Stormrider Guide Europe

The Surf

Sprinkled across 500kms of ocean, the seven main islands of the Canaries are in the path of just about any swells the North Atlantic can generate. The islands enjoy perfect bathymetry, being volcanic mountains that rose from a "hotspot" in the seabed some 16 million years ago and abruptly focus the deep ocean swells onto the shallow lava reefs. The winter swell pattern extends from the W around to the N and the same low pressure system can produce waves for the breaks that take W swell and then move through the compass points until the N swell breaks are firing. Summer sees constant N to NE trade-wind swells and onshore conditions for the north and east coasts. Occasional E to S windswells driven by the desert Sirocco winds can appear, but the fetch is only 100kms between Morocco and Fuerteventura, so these swells are short-lived. The Canaries miss out on any southern hemisphere groundswell as it is shadowed by West Africa, unlike other islands in the Macaronesia chain like the Azores and Cape Verde. The two metre tidal range is enough for high or dry conditions on many of the volcanic slab reefs while the few beachbreaks around are less affected and usually break through the tide.

Dispersées dans l'océan sur près de 500km, les 7 îles principales de l'archipel des Canaries sont exposées de manière privilégiée aux diverses houles que l'Atlantique Nord a à offrir. La bathymétrie est idéale, les îles étant des montagnes volcaniques ayant émergées du fond de l'océan il y a près de 16 millions d'année. Les swells arrivent ainsi bien lancés pour arroser généreusement les reefs volcaniques. Le passage de dépressions génère des houles de direction O à N, dont bénéficient successivement les divers spots aptes à les recevoir. En été des vents constants de secteur N à NE s'établissent, sources de petites houles et conditions onshore sur les côtes orientées N et E. Le Sirocco du désert génère occasionnellement des houles E à S, mais éphémères du fait de la moindre distance séparant le Maroc et Fuerteventura. Contrairement aux Açores ou au Cap Vert, les Canaries ne bénéficient pas des houles en provenance de l'Atlantique Sud car elles en sont protégées par l'Afrique de l'Ouest. Les divers reefs s'animent suivant les marées (dont l'amplitude atteint 2m), tandis que les beachbreaks sont moins affectées et fonctionnent généralement à tous les stades de la marée.

Lanzarote

It's the power and magnificence of the autumn, winter and spring swells that really have given Lanzarote its "Hawaii of Europe" renown. Double to triple overhead conditions regularly hit the reefs and many of the spots produce waves of intensely high quality on even the most average of swells. The predominant NE trade winds can be a problem and although this wind is fine for Famara beach and La Derecha in La Santa, it can grow in intensity until all the island is under virtual shutdown. Likewise the Sirocco, a desert wind that comes from the E or S can cause havoc to the surf and the island too, but its worth noting that there are times during the Sirocco when a number of north coast breaks like El Quemao can be at their finest. East coast breaks are inconsistent and often cross/onshore in the NE/E winds but occasionally show form when the winds back off. Jameos del Agua is rideable in NE winds and is also the longest wave on Lanzarote.

The surf is consistent throughout most of the year with pretty much constant swell from September to May. The optimum months from **October to April** are most likely to have lighter, offshore winds. When the Atlantic summer flat spells arrive, then surprisingly, the northwestern and northeastern breaks of Lanzarote can receive waves from the constant NE trade winds.

Lanzarote s'est forgée sa réputation "d'Hawaii européen" grâce à la puissance et la qualité des swells qui l'arrosent de l'automne au printemps. Les divers reefs offrent des vagues intenses et de qualité, dont la taille sera régulièrement 2 à 3 fois la votre ! Les vents prédominants de NE, parfois très forts, peuvent parfois

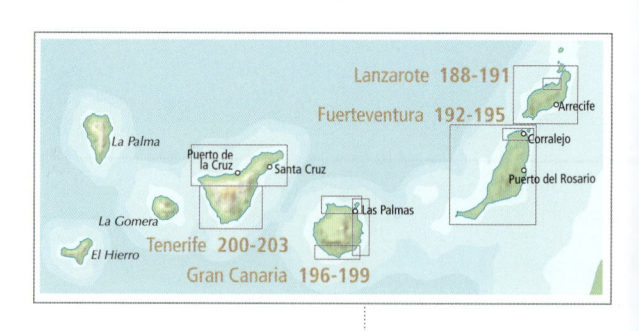

This serious slab is only rideable by the most proficient surfers and visitors are not made welcome.

Canary Islands						
SURF STATISTICS	J/F	M/A	M/J	J/A	S/O	N/D
Dominant swell	W-N	W-N	N	N	W-N	W-N
Swell size (ft)	5-6	5	4	2	4-5	5-6
Consistency (%)	80	70	40	40	80	70
Dominant wind	N-E	N-NE	N-NE	N-NE	N-NE	N-E
Average force	F4	F4	F4	F4	F3-F4	F4
Consistency (%)	73	68	81	91	72	74
Water temp.(°C)	18	18	19	22	22	20
Wetsuit						

La Santa Izquierda

THE SURF 181

nuire aux conditions de surf. Des spots comme Famara ou la droite de la Santa en sont toutefois bien protégé. D'autres vents en provenance du désert comme le Sirocco, généralement d'E à S, peuvent aussi venir perturber certains spots. Notons toutefois que ces mêmes vents peuvent littéralement mettre le feu à des vagues comme El Quemao. Les spots de la côte E sont plutôt inconsistants et souvent victimes des vents dominants, mais lorsque ces derniers sont inexistants ça peut envoyer sévère. Jameos del Agua tolère le vent de NE, c'est aussi la vague la plus longue de Lanzarote.

On surf à Lanzarote tout au long de l'année ou presque, avec toutefois une période plus favorable allant de septembre à mai. Les meilleurs mois, qui vont d'*octobre à avril*, sont statistiquement moins ventés et plutôt offshore. Et quand le flat de l'été se pointe, les spots du NO et NE de l'île peuvent offrir quelques bonnes vagues dues aux vents dominants.

Feurteventura

Fuerteventura presents an arid, almost lunar landscape and is home to far more sandy beaches than the other islands. Strong winds are part of the deal, making this island a world-renowned windsurfing spot, but there are plenty of waves to be found in the calmer winter months. The north coast is packed with exposed reefs that pick up all the swells from W round to E and the waves range in intensity from the challenging tubes of Lobos to the mellow walls of Derecha de los Alemanes. The long west coast offers open, rock-strewn beachbreak that is offshore in NE winds but anywhere south of Cotillo is isolated and currents can be extreme. The far south has a couple of quality set-ups waiting for the right conditions but it is a long drive down and the chance of getting skunked is high. The east coast is surfed up near Corralejo where bright white sands cover some nice little reefs and beginners can get some space but if the NE'er is blowing then the wind and kite rigs will be flying all over the place. Summer can get surprisingly big on the east coast and there is potential for exploration but it is usually onshore.

The depths of **winter** are going to be the best bet when the wind is lighter and more E than N. Early starts are advisable to beat the wind and the crowds, while siesta time matches the strongest wind period of the day. Summer can still have some good waves on the west and east coast beaches.

Fuerteventura se caractérise par des paysages arides voire lunaire, mais également par un nombre bien plus conséquent de plages que sur les îles voisines. Les vents forts sont habituels ici, ce qui en fait une destination windsurf et kite de renommée mondiale. Toutefois les mois d'hiver sont moins ventés et offrent de bons créneaux surf. Les nombreux reefs de la côte N accueillent avec plaisir tous les swells de provenance O à E, offrant ainsi tous types de vagues allant des droites molles de Los Alemanes aux bons vieux tubes de Lobos. Côté Ouest de l'île, les nombreux beachbreaks (souvent rocailleux) bénéficient d'une bonne protection aux vents de NE. Les spots au S de Cotillo sont en revanche isolés et brassés par des courants extrêmes. La route est longue jusqu'à l'extrémité S de l'île, on y trouve de bonnes options lorsque les conditions sont bonnes. Sur la côte E, ça se passe plutôt sur les reefs ensablés de Corralejo. Mais lorsque le vent rentre, c'est l'invasion des kites et autres engins à voile. Etrangement le surf peut y être assez gros en été, le potentiel d'exploration est conséquent mais c'est souvent onshore.

Top – **Aerial view of Lanzarote from El Quemao in the foreground, to Famara cliffs and Isla Graciosa in the distance.**

Middle – **Los Lobos is a highly regarded, long and hollow right, but it rarely gets the big N swells it needs to line up perfectly.**

Bottom – **The arid southwest of the island has plenty of empty but treacherous, small-swell beachbreak, while big swells can wrap around the peninsula and light up some hidden reefs.**

Les mois d'*hiver* demeurent la meilleure période, les vents sont alors moins forts et plus orientés E que N. Le surf se pratique tôt, tant pour éviter le vent que la foule, et la sieste se pratique lorsque le vent est au plus fort. On trouvera quelques bonnes vagues en été sur les plages à l'Ouest et à l'Est de l'île.

The Stormrider Guide Europe

THE CANARY ISLANDS

Gran Canaria

Research by Siracusa University (EEUU) describes Las Palmas de Gran Canaria as the city with the best weather in the world and the island displays both sub tropical and arid landscapes that typify the island chain. Gran Canaria's most popular surfing area is Las Canteras with a variety of beach and reefbreaks, from El Confital to El Lloret. Countless spots can be seen along the north shore but many of them are dangerous and have difficult access like the slab reefs around Galdar. This coast is a swell magnet and can pick up small summer swells at beaches like Los Enanos, El Roque and Vagabundos. The west coast is a wall of sea cliffs so surf spots are almost non-existent. Tauro, Arguineguin and Maspalomas are the best spots in the south, working on large W swells, but this area is nowhere near as consistent as the north. The east coast breaks receive swell all year round and offers many good quality spots, including La Izquierda del Muelle, which works in the dominant NE winds.

Autumn and winter is the best season for travelling to Gran Canaria but there can be waves on any of the coasts at any time of year.

Si l'on en croit les études menées à l'université de Syracuse, la ville de Las Palmas à Gran Canaria bénéficie de la meilleure météo dans le monde. L'île a pour particularité d'offrir des paysages sub-tropicaux mais également arides. La zone la plus fréquentée pour le surf se trouve à Las Canteras, avec un bon mix de reefs et de beachbreaks d'El Confital à El Lloret. On trouve une multitude de spots sur toute la côte Nord, mais la plupart sont dangereux et à l'accès difficile, à l'image du reef de Galdar. Cette côte est très consistante, et même un timide swell d'été générera quelques vagues sur des plages comme Los Enanos, El Roque ou encore Vagabundos. Quasiment aucun spot sur la côte Ouest, principalement faîte de falaises. Tauro, Arguineguin et Maspalomas constituent les meilleures options au Sud. C'est toutefois moins consistant qu'au Nord, et il faut compter sur une grosse houle d'O pour que ça envoie. Quant à la côte Est, la houle est présente toute l'année et les spots de qualité ne manquent pas. Citons par exemple la gauche d'El Muelle, qui en plus marche par vent de NE.

L'automne et l'hiver sont les saisons les plus propices pour surfer à Gran Canaria, même si l'on trouve des vagues un peu tout le temps, un peu partout.

Tauro

Tenerife

Tenerife is the biggest and most populated island in the chain, towered over by the snow-capped Pico de Teide (3718m) and countless coastal high-rise tourist developments. The two main surf zones couldn't be further apart: Bajamar in the northeast is home to some solid reefs in N swells and S winds plus the reliable beachbreak at Almáciga, while way down on the southern tip lie the waves of the overdeveloped Playa de las Americas resort. This area is crowded both on land and in the water and localism is rife at the famous La Izquierda reef, but other options in the immediate vicinity spread the crowd and keep the travellers wet. The NW swell window is narrow but the NE wind is almost dead offshore so clean conditions are commonplace. There are more spots to search for on the south-facing coast especially

Gran Canaria seems to be over-endowed with reef draining pits, perfect for bodyboarding.

Canarian Surf Culture

History

There are numerous, unsubstantiated claims as to exactly who was the first surfer in the Canaries and this goes back to the pioneering journeys of Peter Troy in the mid '60s. US servicemen were probably the first to surf on Gran Canaria in 1970 at La Cicer, which used to be known as La Punta Brava. Authorities banned surfing at what was then considered peligrosa (dangerous) Playa de las Canteras and the ban was strictly enforced by the Guardia Municipales. Pioneering locals included the talented Juan Ignacio Barreto who was radical enough to surf against the world's best and in 1974, Jose Luis Navarro, Pedro Quintana and Miguel Ortega organised the first surfing championships in Gran Canaria and also set up the National Surf Association. Basque surfers Raul Dordal and Jose Carlos Urrestarazu relocated and the latter opened the first surf shop on Gran Canaria in 1980. Most of the early travelling surfers in the '70s were a mixture of Basque, French, Australian and British surfers, who may have found out about the islands in a 1978 *Surfer* magazine article alluringly named "Atlantis". The Canaries first magazine Rompeolas hit the shops in 1992. Ortega, Pedro Izquierdo and Mario Hernandez also founded the environmental watchdog ADES in 1993 to oppose the uncontrolled coastal developments that were destroying surf breaks on Gran Canaria and Tenerife.

Difficile de savoir qui fut le premier à surfer aux Canaries, les histoires à ce sujet son nombreuses même si l'on en revient souvent à parler de Peter Troy dans le milieu des années 60. A Gran Canaria, ce sont probablement les officiers américains qui ont défloré en premier les vagues de La Cicer, spot autrefois dénommé La Punta Brava. La pratique du surf à Playa de las Canteras, jugée trop dangereuse, a été fermement interdite par les autorités municipales. Parmi les pionniers locaux figure Juan Ignacio Barreto dont le style radical lui a permit d'affronter les meilleurs mondiaux. C'est en 1974 que Jose Luis Navarro, Pedro Quintana et Miguel Ortega ont organisé les premiers championnats à Gran Canaria, en montant parallèlement l'Association Nationale de Surf. Les surfers basques Raul Dordal et Jose Carlos Urrestarazu s'y sont exilé, ce dernier ayant même ouvert le premier surf shop à Gran Canaria en 1980. Les premiers surfers visiteurs durant les seventies étaient Basques, Français, Australiens et Anglais. Puis paru en 1978 dans le magazine *Surfer* un article attrayant intitulé "Atlantis". Le premier magazine Canarien, Rompeolas, était disponible dans les shops à partir de 1992. Ortega, Pedro Izquierdo et Mario Hernandez ont fondé en 1993 l'organisation ADES dont le but était de protéger les spots de Gran Canaria et Tenerife de l'urbanisation côtière démesurée.

Today

As the years have gone by, local surfers have become the majority in the line-up and the performance level has gone sky high. Given the incredible nature of the waves the average Canarian surfer often attains a solid ability level and the best surfers are truly excellent. Bodyboarding attracts large numbers willing to take on the heaviest tubes that hit the lava slabs. The recent and rapid growth of the local surfing population on all the islands has led to crowds on all the most well known reefbreaks where the critical take-off zones are often small. A staunch localism has evolved which has its roots in a short history. Travelling surfers of the distant past were sometimes known to display a certain arrogance in the water and a few of the local surfers declared a just war. There has yet to be a ceasefire. Even when respect is shown this may not be enough to placate the few who sometimes use intimidation or violence and it often seems that the fun has been forgotten. Sadly, some breaks have become 'locals only' and it is wiser to seek somewhere else to surf. Vehicles are often targeted and boards and belongings cannot be left unattended. Recently, the pack has started turning on itself, heralding a serious problem for locals and visitors alike. Surfing the beachbreaks is usually no problem and increasing numbers of female surfers are to be seen in the line-up, often learning with one of the burgeoning number of surf school operators. Surfboards are mainly imported but there is some small-scale local production as surf shops and hire outlets increase in the towns and the capital cities. Prices are usually high, thanks to expensive import duties and freight costs. Contests are few and far between but the WQS visit both Gran Canaria and Lanzarote in September.

Avec les années, les surfers locaux ont envahi les lineups, et le niveau de surf est incroyable. Il faut dire que la nature et la variété des vagues de l'archipel permettent aux surfers canariens moyen d'atteindre un niveau enviable. Quant aux meilleurs, ils sont tout simplement hallucinants ! Le bodyboard connaît également un grand succès, puisqu'il permet d'aller charger les tubes les plus engagés qu'offrent les dalles volcaniques. Le succès récent et grandissant qu'a rencontré le surf auprès des locaux de toutes les îles a pour conséquence une fréquentation importante des principaux reefbreaks… qui souvent possède une zone de take-off vraiment petite ! Un localisme certain a émergé, favorisé par l'attitude arrogante de certains surfers de passage au cours des dernières années. Une minorité de locaux a alors choisi de déclarer la guerre ! Aujourd'hui ça devient parfois du n'importe quoi. Le respect des autres à l'eau n'est parfois plus suffisant pour être accepté ou au moins toléré, et les manifestations d'intimidation et de violence sont malheureusement fréquentes. A tel point que certains spots sont maintenant réservés aux locaux uniquement, et il vaut mieux les éviter ! Les véhicules sont parfois lâchement dégradés, et il ne vaut mieux pas laisser traîner sa boards ou ses affaires sans surveillance. On voit même des cas de localisme 'interne', locaux contre locaux, ce qui est plutôt flippant ! Il n'y a pas de problème pour surfer les beachbreaks où l'on rencontre de plus en plus de filles au lineup, souvent en stage avec l'une des nombreuses écoles de surf. Les planches sont généralement importées, bien qu'il y ait quelques shapers locaux poussés par la présence grandissante de surf shops dans les principales villes. Toutefois les prix sont élevés, les matériaux devant être importés. Il y a peu de contest organisés, mais le circuit WQS inclut quand même deux étapes à Gran Canaria et Lanzarote au mois de septembre.

One slogan that has leapt the language barrier and is used on all the islands, along with intimidation and occasional violence.

THE SURF 183

Top – **Tenerife bombie that needs skill and extra inches to negotiate.**

Middle – **There are quite a few breaks called "The Left" in the Canaries so this one has the nickname of Spanish Left, in the built up resort of Playa de las Americas, Tenerife.**

Bottom – **While crowds are guaranteed at the banner breaks on the main islands, there's still room to explore on the outer islands, although don't expect to be totally alone.**

in summer SE-SW wind swells. The east coast is largely poor to average beachbreak but it gets a lot better way up north at Igueste de San Andres.

The best north coast spots and the Playa de las Americas reefs prefer NW swells so it makes sense to go in **winter** when these swells are prevalent. There are fewer breaks that work on NE swells/winds but both the north and south coasts have some beaches perfect for peaky summer windswells.

Ténériffe est l'île la plus grande mais aussi la plus populaire de l'archipel. Principales caractéristiques : un sommet parfois enneigé qui culmine à 3718m, et des infrastructures touristiques en masse et au développement incessant. On y trouve 2 zones de surf principales. Au NE c'est Bajamar avec de bons reefs par houle de N et vent de S, plus un bon beachbreak à Almáciga. L'extrémité Sud propose des vagues dans la zone surdéveloppée de Playa de las Americas : c'est blindé de monde aussi bien à terre que sur l'eau, et le localisme est souvent une réalité comme en témoigne le reef de La Izquierda. Toutefois la foule disparaît dès que l'on s'éloigne un peu de cette zone. Si la fenêtre de houle NO est étroite, le vent de NE est majoritairement offshore, d'où de bonnes conditions pour le surf. La façade Sud de l'île permet de dénicher de bons spots, particulièrement avec les houles de vent estivales de SE-SO. Côté Est c'est pas grandiose avec seulement des beachbreaks pourris à moyen, mais ça s'améliore plus au Nord à Igueste de San Andres.

Les meilleurs spots de la côte N ainsi que la zone de Playa de las Americas préfèrent les houles de secteur NO, il est donc judicieux de s'y rendre en **hiver**. Les côtes N et S ont toutes deux des plages idéales pour les petits swells de vent estivaux.

The Other Islands

La Palma, Gomera and Hierro are far less touristy and harder to get to and consequentially, have remained off the Canaries surf radar. La Palma's volcanoes are still active and plunging sea cliffs are one obstacle to surfing on the north and west coast. The black sand beaches in the Porto Naos area like Los Guirres are worth a look for both beach and reef peaks in W–N swells. The coastal plain on the east coast is jagged and twisting, leaving few options for quality waves. On the NE-facing coast Nogales beach has some peaks that are difficult to get to but break all year round. Gomera is even more cliffy, with some amazing basalt flutes (Los Organos) on the north coast but quality surf spots are few and far between. There are pocket beaches around the island that might have the odd wave but the main spot to check is the various peaks at Hermigua. The story is the same for Hierro with some rocky beaches on the northwest and east coasts that rarely offer quality, but west of Restinga in the south is a righthand reef worth searching out when the trades are blowing.

Les îles de La Palma, Gomera et Hierro sont bien moins touristiques, plus difficiles d'accès et par conséquent moins pointées du doigt par les surfers. Les volcans de La Palma sont encore actifs, et les falaises des côtes N et O constituent un obstacle majeur pour le surf. Les plages de sable noir vers Porto Naos, comme celle de Los Guirres (qui cache quelques reefs) valent le détour par houles d'O à N. La plaine côtière qui s'étend à l'E est déchiquetée et sinueuse, laissant ainsi peu de place pour des vagues de qualité. A Nogales, la plage orientée NE offre de bons pics certes difficiles d'accès mais consistants toute l'année. L'île de Gomera a encore plus de falaises, ainsi que des formations basaltiques impressionnantes (Los Organos) au Nord. Les bons spots sont peu nombreux, et très espacés les uns des autres. A divers endroits on trouve des petites plages pouvant offrir quelques vagues, mais le spot principal se trouve à Hermingua. Même histoire pour l'île d'Hierro : on trouve quelques plages rocheuses au NO et à l'E avec des vagues médiocres, et tout de même une bonne droite de reef à l'Ouest de Restinga (côte Sud, fonctionne avec les vents dominants).

The Stormrider Guide Europe

The Ocean Environment

La Izquierda, Tenerife

Top – **Many breaks have been destroyed or altered by breakwalls in the obscenely over-developed Playa de las Americas, but the government is now considering replacing lost waves with artificial reefs.**

Middle – **New tourist developments are threatening access to Confital, one of the first reefs to be ridden in the Canaries.**

Pollution

Water quality is usually good throughout the Canaries but this is more down to good luck than planning. The rampant coastal development of the last four decades has left a network of sewage outfall pipes throughout the archipelago that rely on dilution rather than treatment. A handful of beaches fail to meet EU bathing directive standards and more are being added to the list as tourism and microbiological tests increase. On Gran Canaria, Bocabaranco and Caleta Arriba have seen heavy residential and commercial pollution issuing into the surf for decades, but despite protests, the untreated filth continues to flow. La Cicer, the most popular break on Gran Canaria, suffers from heavy stormwater contamination during periods of rain and sewage affects the Bay of Canteras. Other beaches on all the islands suffer but many are in the tourist resorts on the east coasts and don't have regular surf. A new treatment plant in Lanzarote shows the government's willingness to uphold the island's Biosphere status, while the new Salto del Negro municipal waste treatment plant in Las Palmas de Gran Canaria processes garbage and sewage in a digester, which produces methane gas. The gas is then used to fuel generators that produce both electricity and heat. The constant winds have driven some islands to plan for near total wind power, but at present, only 20% of Lanzarote's electricity needs are supplied by wind power, leaving the ugly and polluting oil-burning power station in Costa Teguise operating.

The same trade winds blow a constant supply of rubbish and plastic debris from northern climes and vessels dumping in the busy shipping lanes. Passing tankers are known to illegally clean their tanks on route to the major oil terminals, even though the Canarian Government is pushing for the offshore waters to be designated as a Special Area (which means free of oil discharges) by the International Maritime Organization. This is also at odds with the oil prospecting being carried out by Repsol between Lanzarote and Fuerteventura.

La qualité de l'eau est habituellement bonne aux Canaries, mais il est tout de même possible d'avoir des mauvaises surprises. L'important développement côtier des 4 dernières décennies a généré la mise en place d'un réseau d'évacuation à travers l'archipel qui fonctionne sur la dilution des eaux usées et non leur traitement. Un grand nombre de plages ne répondent pas aux critères de qualité établis par l'Union Européenne, et la liste ne fait que s'allonger avec le nombre croissant de touristes et de tests bactériologique. A Gran Canaria, les spots de Bocabaranco et Caleta Arriba sont depuis longtemps victimes d'une pollution tant résidentielle qu'industrielle, et malgré une contestation forte les eaux non traitées continuent d'être déversées allègrement dans l'océan. La Cicer, spot le plus populaire de l'île, souffre d'une forte pollution après chaque grosse pluie et le débordement des égouts affecte toute la baie de Canteras. Sur les autres îles, la plupart des plages sont également concernées. Mais ces dernières se trouvant généralement dans les zones hôtelières sur la côtes Est, les spots de surf sont moins concernés. Une nouvelle station d'épuration a vu le jour à Lanzarote, ce qui démontre bien la volonté de l'île pour conserver son statut de réserve de la biosphère. A Las Palmas de Gran Canaria, l'usine de retraitement des déchets de Salto del Negro

El Confital, Gran Canaria

rejette du méthane qui est ensuite réutilisé pour alimenter des générateurs d'électricité et des chaudières. Le vent constant incite les îles à opter pour le 100% éolien, mais à présent l'électricité ainsi générée à Lanzarote ne représente que 20% de la production totale. Raison pour laquelle l'horrible et très polluant groupe électrogène de Costa Teguise est encore en fonctionnement.

Les vents dominants amènent également de nombreux déchets et plastiques sur les côtes, en provenance des terres voisines mais aussi dû à l'important trafic maritime. Les dégazages sauvages des pétroliers sont coutume, malgré l'insistance du gouvernement Canarien pour protéger ses eaux auprès de l'Organisation Maritime Internationale. Quant à Repsol, ils cherchent à extraire du pétrole entre Lanzarote et Fuerteventura…

Erosion

Volcanic rocks like basalt are extremely hard and not easily eroded but man-made structures have greatly impacted on the surf zones around the Canaries. Construction of the huge tourist infrastructure on Tenerife and Gran Canaria has altered many beaches and large marina or harbour developments have wiped out dozens of surf breaks. Breakwalls, jetties and artificial beaches have been built, purely to create a calm swimming environment and sea-water swimming pools have had an adverse effect on many a reef. Examples include Los Gigantes, La Fitenia and Las Galletas on Tenerife. New applications to add to the eight existing seawalls in Playa de las Americas are now being rejected by the government, which is investigating artificial surfing reef technology, thanks to Save The Waves campaigning. After years of environmental activism and calls for a sustainable tourism plan, led by famous local artist Cesar Manrique, Lanzarote won the World Ecology and Tourism Award in 1978 and finally received World Biosphere Reserve status from UNESCO in 1993. Unfortunately, the other islands have not followed Lanzarote's lead and it seems that the lessons of overdevelopment haven't been learned as current projects include; 25,000 new hotel rooms and two new marinas for La Palma; Gran Canaria will see large hotel developments around Confital and Tauro, as well as port enlargement at Arinaga; Fuerteventura could see an incredible 24,000 rooms built on the west coast at Pajara, no less than 23 urban developments on the wild north coast including 750 houses, 1,500 hotel rooms, a golf course and campsite at Majanicho plus a further 9000 tourist rooms, golf course and water park at El Tamboril and El Faro. These projects are all likely to have some impact on the surf around them either directly (seawalls, jetties, etc) or indirectly (pollution, access, crowding, etc.).

Les roches volcaniques comme le basalte ne souffrent guère de l'érosion, mais les installations artificielles ont en revanche eu un impact notoire sur les zones de surf aux Canaries. La construction de structures touristiques surdimensionnées à Tenerife et Gran Canaria a altéré de nombreuses plages, et la création de ports ou marinas sont responsable de la disparition de douzaines de spots. On a construit des brise-lames, jetées et autres plages artificielles dans le but de rendre les eaux agitées propices à la baignade. Au détriment des spots de surf. Les exemples ne manquent pas, à commencer par les reefs de Los Gigantes, La Fitenia et Las Galletas à Tenerife. Heureusement les demandes d'extension des 8 jetées à Playa de las Americas ont été rejetées par le gouvernement, qui se penche désormais sur la construction de reefs artificiels grâce à l'appui de Save The Waves. Après des années d'activisme environnemental et une demande de mise en place d'un plan de développement touristique durable (à l'initiative du célèbre artiste local Cesar Manrique), Lanzarote a obtenu en 1978 le prix mondial d'économie et du tourisme. L'île s'est également vue décerner par l'UNESCO le statut de réserve mondiale de la biosphère en 1993. Malheureusement les autres îles n'ont ni suivi l'exemple de Lanzarote, ni assimilé les leçons d'un développement non maîtrisé. Il est question de construire 25000 chambres d'hôtel et deux nouvelles marinas à La Palma, de nouveaux hôtels à Gran Canaria vers Confital et Tauro, ainsi qu'un agrandissement du port d'Arinaga. A Fuerteventura on prévoit la construction de 24000 chambres à Pajara sur la côte Ouest, et surtout 23 zones de développement urbain sur la côte N jusqu'ici préservée (incluant 750 maisons, 1500 chambres d'hôtel, un golf et un camping à Majanicho, plus 9000 chambres, un autre golf et un parc aquatique à El Tamboril et El Faro. Tous ces projets auront un impact direct sur le surf aux Canaries, qu'il soit direct (digues, jetées…) ou indirect (pollution, accès, foule…).

Access

There are usually no legal hassles involved with getting to the water's edge as beaches are public and private property is rarely an obstacle. Each island has different topography and therefore different problems. Lanzarote's breaks on the northwest coast are easy access and the same is true of Fuerteventura's northern spots, unlike the west coast which is cliff-backed and confusingly criss-crossed with rough tracks. Off-roading into the sand can be perilous down south at Cofete and travelling times are always far longer than expected. Gran Canaria is well tarmacked along the north and east coasts, as is Tenerife, where north coast breaks like Los Patos are a long hike in and inaccessible at high tide. La Palma, Gomera and Hierro all have some really steep terrain and although waves might be visible from the cliffs above, there's no way to get to them without a boat.

Normalement il n'y a aucun problème pour accéder aux différents spots, dans la mesure ou les plages sont publiques et les propriétés privées rares sur le rivage. Chaque île possède sa propre topographie, et donc des particularités qui leur sont propres. Les spots du NO de Lanzarote tout comme ceux qui se trouvent au N de Fuerteventura sont faciles d'accès, alors que la côte Ouest est plus isolée: falaises, pistes sinueuses, etc. Les accès en sable peuvent jouer des tours, notamment vers Cofete, et les trajets prennent toujours plus de temps que prévu. Gran Canaria dispose de bonnes routes sur ses côtes N et E. Il en est de même sur Tenerife, où certains spots de la côte N comme Los Patos se gagnent au prix d'une longue marche impossible à marée haute. La Palma, Gomera et Hierro ont un relief très marqué et certains spots, même s'ils sont visibles depuis les falaises, ne sont en fait accessible que par bateau.

Hazards

Many species of sharks can be found in the waters off the Canaries but there are no recorded attacks. Water temperatures are fairly constant throughout the year ranging between 18-22°C so cold is not a problem, but sunburn is. Gnarly lava reefs, often urchin infested are the real danger in the Canaries, along with the type of waves that can even punish an experienced surfer. El Quemao, The Bubble, El Fronton and K16 are just a few of the truly awesome reefbreaks that can seriously injure the less skilled. Avoid these heavier breaks as the local crew will be all over them and do not appreciate the added danger of visiting surfers out of their depth.

On peut rencontrer dans les eaux canariennes de nombreuses espèces de sharks, mais aucune attaque n'a été recensée à ce jour. La température de l'eau est relativement constante tout au long de l'année, avec des variations allant de 18 à 22°C. Si le froid n'est pas un problème, le soleil peut en être un! Mais les vrais dangers aux Canaries, ce sont les reefs volcaniques souvent infestés d'oursins et les vagues capables de secouer les surfers les plus expérimentés. El Quemao, The Bubble, El Fronton et K16 comptent parmi les vagues capables de broyer du surfer et de la board! Laissez ces spots aux nombreux locaux, qui perçoivent généralement les visiteurs comme des dangers supplémentaire.

El Quemao

North Lanzarote and Graciosa

Middle – **Besides the obvious danger posed by the waves themselves, getting in and out over the urchin infested, sharp lava reefs qualifies as the main hazard.**

Bottom – **Sometimes just getting to the waves is a mission best done in a boat, which is why breaks like Isla Graciosa are dominated by boatloads of locals.**

# THE CANARY ISLANDS

Travel Information

Getting There

By Air
Madrid is the main international hub for the Canaries, but the bulk of the surfers arriving will be on cheaper charter flights and package deals from all over Europe. There are over 50 airlines that service the four big islands with all the major international and European carriers offering routes. Surfer-unfriendly Iberia is not the only Spanish airline choice for the Canaries as Air Europa, Binter Canarias, Islas Airways, Naysa and Spanair fly between the mainland, Madeira and north African countries, while Binter Canarias and Islas Airways are the inter-island carriers. All these airlines charge for boards, which should also be pre-booked for space in the hold.

Madrid constitue le hub principal pour se rendre aux Canaries, bien que la plupart des surfers se rendent désormais dans l'archipel en vol low cost depuis toute l'Europe. Plus de 50 compagnies desservent les 4 principales îles, des plus connues aux anonymes. Iberia, plutôt antipathique avec les surfers, n'est pas la seule compagnie espagnole à voler sur l'archipel : Air Europa, Binter Canarias, Islas Airways, Naysa et Spanair propose des vols depuis l'Espagne, Madère, les pays d'Afrique du Nord, etc. Binter Canarias et Islas Airways proposent quant à elles des vols domestiques inter-îles. Toutes ces compagnies taxent les boardbags, et il faut même les en informer dès la réservation.

By Sea
The ferries provide a crucial link between the islands and there are 58 ferry routes between the Canary Islands plus three from Spain. These weekly sailings with Transmediterranea from Cadiz in Andalucia to Lanzarote, Gran Canaria and Tenerife take around 48hrs to make the crossing. The same company does all the inter-island ports along with Naviera Armas and Fred Olsen. Crossing times can be surprisingly long – it takes about 20hrs from La Palma to Arrecife. Most car rental companies will not allow their vehicles to travel inter-island.

Les ferrys jouent un rôle primordial aux Canaries, puisqu'il existe près de 58 routes inter-îles plus 3 depuis l'Espagne. Proposées par Transmediterranea au départ de Cadiz en Andalousie, ces lignes hebdomadaires desservent Lanzarote, Gran Canaria et Tenerife. Comptez 48h pour la traversée. Cette même compagnie propose également des liaisons entre les différentes îles, tout comme Naviera Armas et Fred Olsen. Les temps de traversée sont souvent surprenants: il faut par exemple 20h de La Palma à Arrecife. La majorité des loueurs de voitures n'autorise pas le transfert d'un véhicule sur une île voisine.

By Rail
There are no rail services on the Canaries although proposals to build do exist.

Il n'y a pas de réseau ferroviaire aux Canaries, même si quelques projets sont à l'étude.

Visas
The Canaries are part of Spain which is a Schengen state and citizens of most EU countries do not need a visa. Citizens of USA, Australia, Canada and New Zealand do not require visas for visits up to 90 days. All others including South Africans and those planning to stay more than three months, must obtain a visa from the Spanish consulate in their home country.

L'Espagne fait partie de la zone Schengen et la plupart des citoyens européens peuvent entrer dans le pays sans visa. Ceux des Etats-Unis, du Canada, de l'Australie et de la Nouvelle-Zélande n'ont pas besoin de visa pour les séjours de moins de 90 jours. Tous les autres, y compris les ressortissants d'Afrique du Sud et ceux désirant rester dans le pays plus de 3 mois, doivent se procurer un visa au Consulat d'Espagne de leur pays de résidence.

The Lobos ferry has limited sailing times, but it seems to have little effect on the crowds that arrive in private vessels when it pumps.

Airlines
www.aena.es
Tel: 902 404 704
www.iberia.com
Tel: 807 12345
www.aireuropa.com
Tel: 902 401 501
www.islasairways.com
Tel: 902 477 478
www.naysa.es
Tel: 928 137 048

Ferries
www.trasmediterranea.es
Tel: 902 454 645
www.navieraarmas.com
Tel: 902 456 500
www.fredolsen.es
Tel: 922 628 200
www.garajonayexpress.com
Tel: 902 343 450
www.lineas-romero.com
Tel: 902 401 666

Buses
www.tiadhe.com
Tel: 928 850 951 Fuerteventura
www.titsa.com
Tel: 922 531 300 Tenerife
www.globalsu.net
Tel: 902 381 110
www.guaguas.com
Tel: 928 446 499 Gran Canaria
www.arrecifebus.com
Tel: 928 811 522
www.lanzarotebus.com

Tourist Information
www.turismodecanarias.com

Telephone Info
International Country Code: 34
Dial Out Code: 00
Emergencies: 112
International Operator: 1005
International Directory: 11825
Directory Enquiries: 11818
Operator: 1009

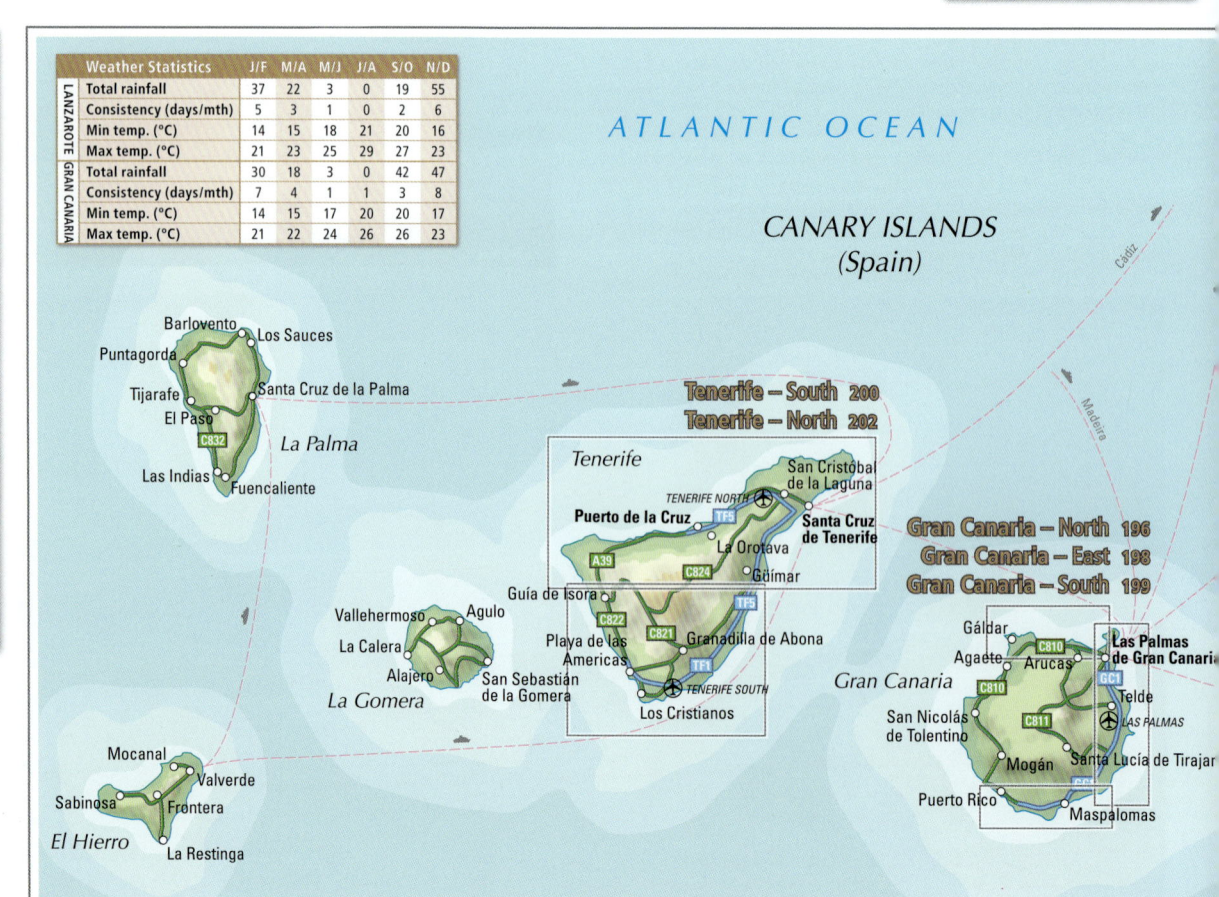

Weather Statistics		J/F	M/A	M/J	J/A	S/O	N/D
LANZAROTE	Total rainfall	37	22	3	0	19	55
	Consistency (days/mth)	5	3	1	0	2	6
	Min temp. (°C)	14	15	18	21	20	16
	Max temp. (°C)	21	23	25	29	27	23
GRAN CANARIA	Total rainfall	30	18	3	0	42	47
	Consistency (days/mth)	7	4	1	1	3	8
	Min temp. (°C)	14	15	17	20	20	17
	Max temp. (°C)	21	22	24	26	26	23

Tenerife – South 200
Tenerife – North 202
Gran Canaria – North 196
Gran Canaria – East 198
Gran Canaria – South 199

Getting Around

Each island usually has a surf hub where there is enough variety of waves to stay put and not need a car. La Santa/Famara, Corralejo, Las Canteras and Playa de las Americas all fit the bill but also tend to be crowded and a long taxi-ride from the airport. Rental cars are on the cheap side for Europe and there are dozens of operators to choose from. Road infrastructure is improving on the main routes but back roads can be very rough, with the west coast of Fuerteventura being the worst. Flat tyres, broken windscreens and battered suspension can result, so some companies have a dirt road clause. Distances are deceptive and average speeds can be low – don't rush on the narrow, twisting, mountain switchbacks. Speed limits are 50/100/120km/h and blood alcohol limit is 0.05%. Breath tests are carried out randomly and non-residents are subject to substantial on-the-spot fines. Freecamping is possible at the quieter spots away from towns but few campervans arrive on the ferry from Spain and tents (along with rental cars) are a bit of a target for thieves. Package flight and accommodation deals are often great value but the hotel is usually in a tourist resort on the east coast. Apartments in the smaller surf towns can be sourced by asking around locally. There are fairly reliable bus services (called guaguas) on Tenerife (Titsa), Gran Canaria (Global) plus the city buses (Guaguas Municipales), Fuerteventura (Tiadhe) and Lanzarote (Arricefe Bus, Lanzarote Bus) but most won't carry surfboards and are often timetabled for people going to and from work. Taxis from the airport are plentiful, will take boards and have fixed rates.

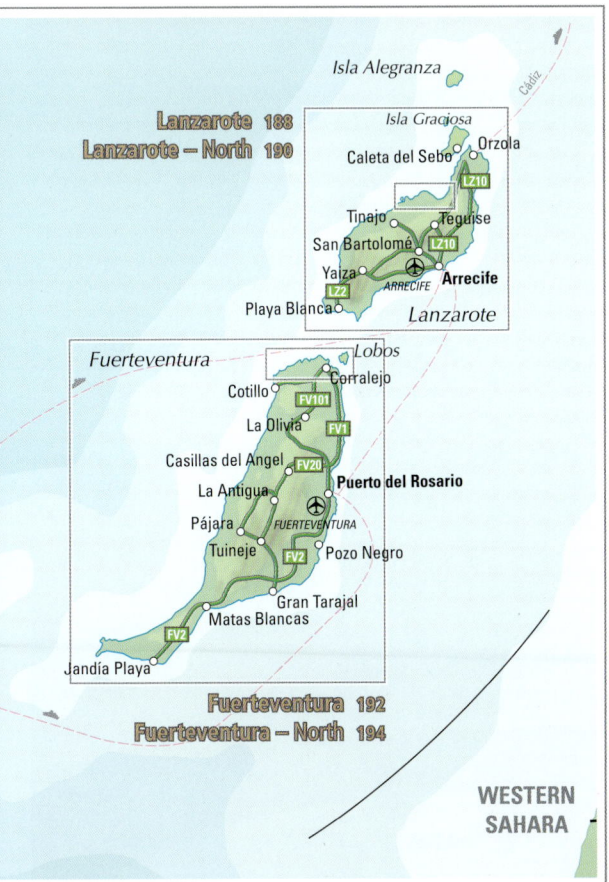

Chaque île possède des zones de surf où les spots sont généralement suffisamment concentrés pour ne pas avoir à louer de voiture. C'est le cas à La Santa/Famara, Corralejo, Las Canteras et Playa de las Americas. Mais les spots sont souvent très fréquentés, et les trajets en taxi depuis l'aéroport longs. Les loueurs de voitures foisonnent, avec des prix attractifs. Si l'état général des routes s'est bien amélioré, certaines pistes sont vraiment trash, la côte Ouest de Fuerteventura étant la pire. Crevaisons, pare-brise éclatés, et suspensions endommagées peuvent se produire : certaines compagnies ont une clause interdisant la conduite sur piste. Les distances sont parfois longues, les limitations de vitesse basses (50/100/120 km/h), et il vaut mieux prendre son temps sur les routes sinueuses. Le taux d'alcool toléré et fixé à 0.05%, et les contrôles sont aléatoires. Les non-résidents payent les amendes sur le champ. Le camping sauvage est possible dans les coins reculés, peu viennent en van depuis l'Espagne, et les voitures de loc comme les tentes sont souvent la cible des voleurs. Les offres vol + hébergement sont attractives, mais vous vous retrouvez souvent dans les zones touristiques de la côte Est. Vous trouverez des apparts à louer proches des spots en vous rencardant auprès des locaux. Les services de bus sont corrects à Tenerife (Titsa), Gran Canaria (Global), Fuerteventura (Tiadhe) et Lanzarote (Arricefe Bus, Lanzarote Bus). Mais c'est souvent galère pour emmener une board avec vous, et les horaires sont souvent calés sur ceux des travailleurs (matin/soir). Il y a abondance de taxis dans les aéroports, ils prennent les boards et pratiquent des tarifs fixes.

Currency

Spain uses the Euro and most equivalents in Spanish pesetas have all but disappeared. Automatic Cash Machines are plentiful in the bigger towns.

L'Euro est en vigueur en Espagne et les équivalences en pesetas espagnoles ont pratiquement disparu. Les distributeurs automatiques sont nombreux et ils acceptent la plupart des cartes de crédit étrangères (moyennant une comission).

Top – **Boards on rental cars are often a target for thieves.**

Middle – **Cliffs and rocky scree can be an obstacle on many of the north and west coasts on all the islands.**

Bottom – **It's often cheaper to buy a package deal to the Canaries than buy a flight and accommodation seperately.**

The Stormrider Guide Europe

Lanzarote

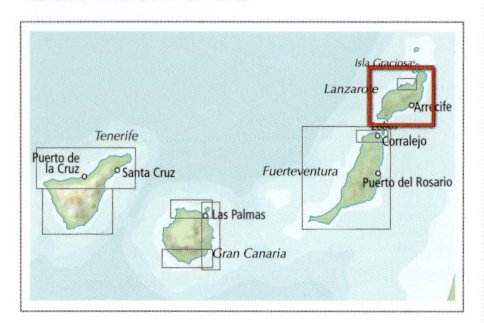

1. Isla Graciosa

A ferry plies the 2km wide El Rio straits to Isla Graciosa the smallest inhabited islands of the archipelago (27km/sq) and part of the Parque Nacional de los Islotes del Norte, which includes the uninhabited and out-of-bounds smaller islands of Montaña Clara, Roque del Este/Oeste and Alegranza. Playa de las Conchas is the only long beach, a 1.5hr walk to the north-western shore, but it is more of a tourist beach and the surfing conditions are poor. There are several heavy reefs dotted around the island but this is a super hardcore place where the reefs are really sharp, shallow and urchin infested, making entry and exit a real hassle. Many of the waves are experts only and the locals from both the island and by the boatload from Lanzarote are not very gracious. Expect severe hassles and remember how isolated Graciosa is. There are no roads, only dirt or sand tracks so options include the 4X4 taxi service, hiking in or renting mountain bikes at the harbour in Caleta del Sebo, where there's a couple of simple pensiónes, bar-restaurants, supermarkets, a bank ATM, a post office and an internet café for the 700 permanent residents.

Isla Graciosa est la plus petite île habitée de l'archipel (27 km2), et on peut la rejoindre par un ferry qui traverse le détroit d' El Rio (2 km de large). Elle fait partie du Parque Nacional de los Islotes del Norte, qui comprend les îles inhabitées et difficiles d'accès de Montaña Clara, Roque del Este/Oeste et Alegranza. Playa de las Conchas est la seule grande plage, à 1h30 à pied sur la côte NO, mais c'est plutôt une plage à touristes qui n'est pas adaptée pour le surf. Il y a plusieurs reefs assez méchants autour de l'île, mais qui sont vraiment hardcore à surfer vu qu'ils sont bien coupants avec peu d'eau et plein d'oursins, ce qui rend la mise à l'eau et la sortie problématiques. Beaucoup de ces spots sont réservés aux surfers confirmés et on peut dire que les locaux de l'île et ceux qui arrivent en bateau depuis Lanzarote ne sont pas très «gracieux». Attendez-vous à une ambiance assez hostile et souvenez-vous que l'île est bien isolée. Il n'y a pas de routes, seulement des pistes en terre ou en sable, donc c'est soit le taxi 4X4, soit la marche à pied ou la location de VTT au port de Caleta del Sebo, où il y a quelques pensions de base, des bars-restaurants, des supermarchés, un distributeur de billets, un bureau de poste et un café internet pour les 700 résidents permanents.

2. Playa de la Canteria

A small, sandy bay nestled beneath cliffs at the northern tip of the island. From mid to high tide a peak breaks in the centre of the bay over a sand bottom. At high tide this becomes a more defined left. Also at high tide on the eastern side of the bay a righthander can peel down the rocks giving a fast and sometimes hollow ride. Swells over 6ft tend to close-out the bay. Strong rips and side drift. Sometimes crowded.

Petite baie nichée au pied des falaises de la pointe nord de l'île. De mi-marée à marée haute il y a un un pic qui casse au centre de la baie sur fond de sable. A marée haute ça se transforme en une gauche plus marquée. Egalement à marée haute, à l'E de la baie, il peut y avoir une droite qui déroule le long des rochers, rapide et parfois creuse. La baie a tendance à saturer à partir de 2m. Forts courants avec du courant latéral. Parfois du monde

3. Jameos del Agua

Mainly a left point but on the biggest and cleanest of swells a solid right can also be found at the very end of the point. N swells wrap around the headland, lining up sectioney walls and shoulders that lack a bit of power. On classic days, it's definitely the longest wave on the island. Better at higher tides. Often surfable in the strong N winds that blow out the rest of the island so it can get very crowded although the length of the wave will spread the crew. Other nearby reefs are heavily localised and best avoided.

Plutôt une gauche en pointbreak mais parfois lors des swells les plus gros et les plus propres il peut y avoir une droite costaud tout au bout de la pointe. Les houles de N viennent s'enrouler autour de la pointe, produisant des murs qui sectionnent avec une épaule qui manque un peu de puissance, mais quand c'est joli c'est sans aucun doute la plus longue vague de l'île. Meilleur quand la marée est haute. En général c'est surfable quand tout le reste de l'île est trop venté par fort vent de N, donc il y peut y avoir beaucoup de surfers, même si la longueur de la vague a tendance à étaler un peu le monde. Il y a beaucoup de localisme sur les autres reefs autour, mieux vaut les éviter.

4. Punta de Mujeres

Perfect right and left peak that breaks on N swells and E windswells. Hollow both ways but very shallow with rocky fingers sticking up occasionally. Better at high tide. Due to its quality it is extremely localised and absolutely always crowded when it's on. South of the village.

Pic droite-gauche parfait qui marche par houle de N et houle de vent d'E. Creux des deux côtés mais avec très peu d'eau et des pitons de roche qui sortent à certains endroits. Meilleur à marée haute. Beaucoup de localisme vu la qualité du spot, toujours gavé de monde quand ça marche. Situé au S du village.

5. Playa de la Garita

Beachbreak that is mainly a slamming shoredump but the occasional wave will peel. Short, fast and hollow and a favourite for the local bodyboarders. Can produce waves on both N storm winds and E Sirocco winds. Always crowded when it's good, but with less takers at the southern end of the beach. There are some marginal little reef waves around Arrieta that the local kids ride, but are generally not worth the effort.

Beachbreak qui n'est en général qu'un shorebreak qui claque sur le bord mais ça peut ouvrir de temps en temps. Vagues courtes, creuses et rapides, fréquentées par les bodyboarders locaux. Marche à la fois par tempête de N et vent d'E de Sirocco. Toujours du monde quand c'est bon, mais moins de surfers du côté S de la plage. Il y a aussi quelques reefs marginaux autour d'Arrieta surfés par les kids du coin, mais en général ils ne valent pas le déplacement.

LANZAROTE

6. East Coast
This coast between Arrieta and Arrecife rarely works at all but strong N-E windswell can awaken a number of small wave spots. Most are rock scattered playas or the odd reef that work only on the rising tide and are all very fickle. Over-development has brought hotels, apartments and harbours for a backdrop around Arrecife and Costa Teguise but further north the coast is barren and rocky with few surfable spots. The only crowds will be the package holiday tourists, not surfers.

Cette côte entre Arrecife et Arrieta marche très rarement, mais un vent fort de N à E peut lever une houle courte qui peut faire marcher pas mal de spots de petites vagues. Il y a des rochers un peu partout sur la plupart des plages avec quelques reefs. Marche seulement à marée montante et reste très capricieux. Le développement à outrance de la côte a changé le cadre naturel avec hôtels, appartements et ports autour d'Arrecife et Costa Teguise, mais plus loin vers le N la côte redevient rocheuse et désertique, avec peu de spots surfables. S'il y a du monde, ce ne sera pas des surfers mais plutôt des touristes ayant acheté un voyage tout compris.

7. Playa Honda
A long stretch of beach parallels the airport runway offering small yet powerful beachbreak peaks and closeouts on howling N-E winds. The surf grows in size at the south end but it is very exposed to the wind. Medium consistency and no crowds.

Une grande plage parallèle à la piste de décollage de l'aéroport avec des petits pics qui peuvent fermer mais qui restent puissants, quand ça souffle fort de secteur N à E. C'est plus gros vers le S mais beaucoup plus exposé au vent. Fréquence moyenne, pas grand monde à l'eau.

8. Los Piccolos
Only works on the windiest days when swell is pushed down the east coast and into a long crescent of sandy beach. Lefts and rights with at times a half-decent longboard wave at the north end. Better exposure than Playa Blanca. Be aware of the flags and talk to the multi-lingual lifeguards.

Ne marche que lors des jours les plus ventés lorsqu'un swell se crée le long de la côte E et rentre sur cette longue plage en arc-de cercle. Des droites et des gauches, avec parfois une vague assez correcte pour le longboard du côté N. Mieux exposé que Playa Blanca. Tenez compte de la couleur des drapeaux et allez parler aux MNS (qui parlent plusieurs langues).

9. Playa Blanca
Situated in Puerto del Carmen and not to be confused with the wave-less resort to the south. This south-facing beach only really has waves during screaming onshore Sirocco easterlies or the strongest of N-NE winds. The peaks in front of McDonalds (hence the nickname Mac-a-Dee's) are usually best. Low consistency and when there are waves the lifeguards will red flag the beach - ask their permission before you surf.

Il s'agit d'une plage à Puerto del Carmen, à ne pas confondre avec la station balnéaire sans vagues située au S. Cette plage orientée S ne reçoit de la houle qu'avec un vent violent d'E de Sirocco, ou quand le vent de N-NE est au plus fort. Les pics sont meilleurs en face du Mac Donald's (d'où le nom du spot appelé Mac-a-Dee's). Marche rarement, et quand il y a des vagues les MNS mettent le drapeau rouge, donc demandez la permission avant d'aller surfer.

10. West Coast
The west-facing beach/reef breaks of El Golfo and Playa de Janubio are so exposed to swell and strong currents that they are usually too dangerous to surf. The ultra hollow, sucky reefs may look inviting but the reality is they are usually unmakeable. Rips are strong and the line-up is disorganised – avoid.

Les plages et les reefs exposés O d'El Golfo et de Playa de Janubio sont tellement exposés à la houle et aux courants qu'ils sont en général trop dangereux à surfer. Les reefs ultra-creux sont tentants mais ils sont d'habitude insurfables. Les courants sont forts et le line-up bouge - à éviter donc..

The Stormrider Guide Europe

Lanzarote – North

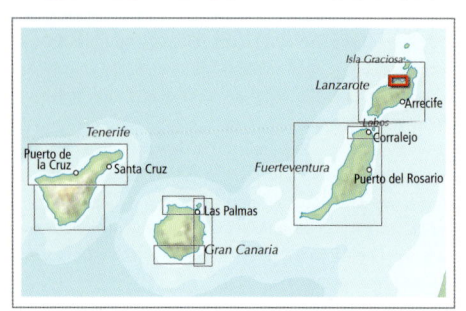

1. El Quemao
Known as Pipeline's Atlantic sister. Lefts and rights reel down a short and shallow reef with intense power and ferocity. Sensitive to swell direction, a small W makes the rights more makeable, which resemble Backdoor by closing out on the sharp lava reef. A rarer SW will fire up the lefts. When it's on, it's packed with the best of the islands' stand-up and bodyboarders and a Coliseum atmosphere pervades. One of the most photographed spots in the Canaries, but also one of the most localised. Does have its quieter moments on less epic days however the surfing level required to ride here is very high.

C'est la sœur jumelle de Pipeline version Atlantique. Droite et gauche qui déroulent dans peu d'eau sur un petit reef. Puissant et méchant. Sensible à la direction de la houle car un petit swell d'O fera plus ouvrir la droite, qui ressemble à Backdoor car elle ferme à la fin sur un reef de lave coupant. Une houle de SO, plus rare, va faire fonctionner la gauche. Quand ça marche c'est gavé de monde avec les meilleurs surfers et bodyboarders de l'île, ambiance gladiateurs dans une arène. Un des spots les plus photographiés des Canaries, mais aussi celui où le localisme se fait le plus ressentir. Il peut y avoir des moments plus tranquilles quand c'est moins bien, mais le spot exige quand même un très bon niveau technique.

La Santa Izquierda

2. La Santa Izquierda
Seriously thick left and right peak breaking over "The Slab" with the left being the longer and the more fought over of the two. Both waves produce classic powerful tubes, hold a lot of wind and swell directions but certainly not a crowd. The most ridden wave on the island but with a localism problem to match. Always crowded, always heavy and off limits to most. Leave nothing in the car.

Gauche vraiment épaisse avec un pic en droite qui casse sur « le Hachoir », la gauche étant la plus longue et la plus disputée. Les deux côtés peuvent donner de très bons tubes puissants, ils tiennent bien le vent et des houles de directions différentes, mais le spot s'accommode mal du monde à l'eau. C'est la vague la plus surfée sur l'île, avec le problème de localisme qui y correspond. Toujours du monde, chaud à surfer et inaccessible pour la plupart. Ne rien laisser dans la voiture.

La Santa Derecha

3. La Santa Derecha
A long righthand point with a couple of distinct sections that link up on the best days. This wave can be hollow on E winds and with the best NW-N swell directions but often provides large open faces. Handles size and even some N wind but W swells will section and bring nasty sneaker sets. Often crowded but the length of the wave can thin out the mix of tourists and locals. Take extra time with exit and entry and beware of very shallow spots on smaller days. Formerly known as Morro Negro.

Long pointbreak en droite avec quelques sections distinctes qui peuvent connecter les bons jours. Peut devenir creux par vent d'E et une bonne direction de houle N-NO, mais c'est souvent une grosse épaule à manœuvres. Tient bien la taille et même un peu de vent de N, mais la houle d'O a tendance à sectionner avec des sales séries qui décalent. Souvent du monde mais la longueur de la vague peut disperser le mix de locaux et de touristes. Prenez bien votre temps pour la mise à l'eau et la sortie et faites attention aux sections avec très peu d'eau quand c'est petit. Le spot s'appelait avant Morro Negro.

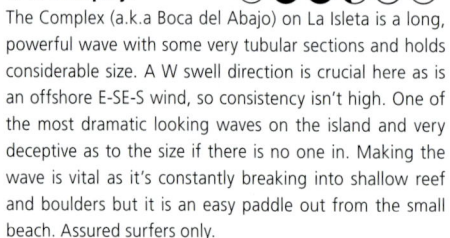

4. El Complejo
The Complex (a.k.a Boca del Abajo) on La Isleta is a long, powerful wave with some very tubular sections and holds considerable size. A W swell direction is crucial here as is an offshore E-SE-S wind, so consistency isn't high. One of the most dramatic looking waves on the island and very deceptive as to the size if there is no one in. Making the wave is vital as it's constantly breaking into shallow reef and boulders but it is an easy paddle out from the small beach. Assured surfers only.

Le Complexe (ou Boca del Abajo) sur la Isleta est une longue vague puissante avec des sections très tubulaires et qui tient très bien la taille. Il faut absolument un swell d'O avec également du vent offshore d'E, SE ou S, donc les bonnes conditions ne sont pas si fréquentes. Une des vagues les plus spectaculaires de l'île, qui paraît beaucoup plus petite vue du bord tant qu'il n'y a personne à l'eau. Mieux vaut ne pas tomber car elle casse toujours dans peu d'eau sur le reef et des galets, mais c'est assez facile de rejoindre le line-up à la rame depuis la petite plage. Seulement pour les surfers qui sont sûrs d'eux.

Caleta de Caballo 5-6

5. Izquierda
A very ordinary left by Lanzarote standards that breaks on the west side of the bay. Has an interesting rock that often pops up in the middle of the ride, which keeps things exciting. Often crowded with local crew when W winds blow out the La Santa breaks. Usually not worth it and best left to the local kids. Urchins everywhere.

Gauche très ordinaire comparé au reste de Lanzarote, qui casse côté O de la baie. Il y a un bon rocher à éviter et qui sort souvent au milieu de la vague, ce qui ajoute un peu de piment. Souvent du monde et des locaux qui viennent quand le vent d'O pourrit les spots de La Santa. Ne vaut pas le détour en général, à laisser au kids du coin. Infesté d'oursins.

6. Derecha
A hollow right breaking in a small bay. It takes only a few surfers here to make a crowd but numbers are often low due to the fierce nature of the wave. Powerful and fast breaking in very shallow water with a distinct take-off spot. Only medium consistency as it needs a mid-size N swell and S winds to work.

Droite creuse qui casse dans une petite baie. Il faut peu de surfers pour que ça fasse du monde au line-up, mais il y a souvent peu de candidats vu que la vague est assez féroce : puissante et rapide dans très d'eau avec une zone de take-off réduite. Marche moyennement souvent car il faut un swell de taille moyenne de N et un vent de S pour que ça marche.

Caleta de Caballo

LANZAROTE – NORTH   191

Intermediates and advanced will also have fun. Be aware of strong sideshore drift and currents. Isolated, so care with belongings is required.

Plage incurvée de 6km de long qui reçoit les houles d'O à N et qui tient le vent de SO à E. Le centre de la baie concentre mieux la houle, mais les bancs saturent à partir de 2.5-3m. Le côté N peut devenir creux et rapide à marée basse, tandis que le côté S est plus petit et plus facile, mais il vaut mieux y surfer à marée haute en général. La houle y est très fréquente et il y a relativement peu de problèmes de localisme. Parfait pour les surfers plus ou moins débutants, et beaucoup de place pour les écoles de surf. Les surfers de niveau intermédiaire à bon pourront aussi y trouver leur compte. Attention au fort courant latéral et aux autres courants. Plage isolée, donc faire attention à vos affaires.

10. Las Bajas
In the bay of Famara a set of rocks, known as Las Bajas, sits 200m out to sea and here breaks one of the most spectacular big waves in the Atlantic. When sizable swells hit the reef an enormous peak breaks top to bottom and is spellbinding to watch. This wave has been towed into recently and provides the stuff of future legends. Dangerous spot - for hellmen only.

C'est sur le haut-fond rocheux appelé Las Bajas, à 200m du bord dans la baie de Famara, que casse une des vagues les plus spectaculaires de l'Atlantique. Quand ça rentre gros un pic énorme se met à jeter sur le reef, une vague fascinante à regarder. Elle a été surfée en tow-in récemment et il y a de quoi y surfer des vagues qui rentreront dans l'histoire du surf. Dangereux, pour chargeurs extrêmes seulement.

7. San Juan
One of the most popular reefs on the island starts as an A frame peak running into a long left hand wall while the right peters out immediately. The lower the tide the faster the wave and the more critical the drops. Very consistent and often crowded as it's rideable on small swells, plus it can handle a light onshore wind. Shallow, urchin-infested reef and some localism.

Un des reefs les plus surfés sur l'île, qui commence par un pic en triangle, une gauche avec une longue épaule et une droite qui s'éteint tout de suite. Plus la marée est basse, plus c'est rapide et plus le take-off est engagé. Marche très souvent et souvent bondé de monde car c'est surfable même par petite houle et avec un léger onshore. Peu d'eau, plein d'oursins et un peu de localisme.

8. La Caleta de Famara
Dredgy, intense left over shallow reef that needs N swell to line-up. Inconsistent and when it is on, the locals are not up for sharing. Best to surf somewhere else away from the always aggressive crowd. Dangerous below mid-tide.

Gauche intense qui suce sur un reef avec peu d'eau et qui demande une houle de N pour bien se caler. Marche peu souvent ; il vaut mieux surfer ailleurs à cause des locaux agressifs. Dangereux entre marée basse et mi-marée.

9. Playa de Famara
6kms of curving beach that receives swell from W-N and handles wind from SW-E. Centre of the bay receives the most of the swell, but the sandbanks will close out at around 8-10ft faces. North end can get fast and hollow at lower tide, while the south end is smaller and easier, but higher tides are generally better. Super consistent and relatively free of localism hassles. Perfect for learner/improvers and plenty of space for the surf school operators.

The Stormrider Guide Europe

Fuerteventura

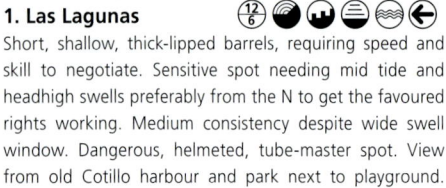

1. Las Lagunas
Short, shallow, thick-lipped barrels, requiring speed and skill to negotiate. Sensitive spot needing mid tide and headhigh swells preferably from the N to get the favoured rights working. Medium consistency despite wide swell window. Dangerous, helmeted, tube-master spot. View from old Cotillo harbour and park next to playground. A.k.a. Spew Pits.

Vague courte avec des tubes bien épais, qui casse dans peu d'eau et demande vitesse et technique pour pouvoir passer. Spot sensible qui se surfe à mi-marée avec une houle d'1.5/2m, de préférence de N pour prendre les droites, qui sont meilleures. Fréquence moyenne malgré une large fenêtre d'exposition à la houle. Spot dangereux, pour chargeurs de gros casqués. Visible depuis le vieux port de Cotillo ; se garer près de l'aire de jeux. Le spot est aussi appelé Spew Pits.

2. Cotillo Beach
Powerful beachbreak with barrel sections when sandbanks return after winter scouring. Often closes out when swell is overhead or tide is wrong for the banks. North end offers some N-NE wind protection but it's often crowded. Good intermediate spot. Turn left after passing the football stadium. Thieves operate in cliff car parks.

Beachbreak puissant avec des sections à tube lorsque les bancs de sable sont à nouveau en place après avoir été balayés pendant l'hiver. Ferme souvent quand la houle dépasse les 2m ou que la marée n'est pas bonne pour les bancs. Le côté N est un peu abrité du vent de N-NE mais il y a souvent du monde. Bon spot pour les surfers de niveau intermédiaire. Tournez à gauche après le stade de foot. Attention aux voleurs qui visitent les parkings en haut des falaises.

3. Playa de Esquinzo
More swell exposed beachbreak that's tucked in under high cliffs giving great wind protection. Like Cotillo, there's usually not enough sand in winter. Powerful wedges when it's on. Often crowded - expect some localism and thievery. Isolated and hard to find. 5kms south of Cotillo, just before the Esquinzo Canyon. Take a spare tyre and extra water.

Encore un beachbreak bien exposé à la houle, niché au pied de grandes falaises qui abritent bien du vent. Comme à Cotillo, il n'y a pas assez de sable en hiver en général. Pics en wedge puissants quand ça marche bien. Souvent du monde – attendez-vous à un peu de localisme et à des vols. Isolé et difficile à trouver. Situé à 5km au S de Cotillo juste après le canyon d'Esquinzo. Emportez une roue de secours et suffisamment d'eau en plus.

4. Playa del Mujer
Exposed bay that's only any good if winds are light or E-SE. A large rock in the middle helps waves to peel off either side but it's often a close-out. Punishing at size. Ideal for beginner/intermediates in small swells, despite the dangerous currents for swimmers. Popular summer freecamp with Spanish holidaymakers. Sometimes crowded when the surf school shows up. Rough track from Tindaya town 3kms west then 3kms south or 2kms north of Los Molinos.

Baie exposée qui ne vaut le détour que si le vent est faible ou léger d'E-SE. Un gros rocher au milieu fait casser les vagues de chaque côté mais c'est souvent un close-out. Chaud quand il y a de la taille. Idéal pour les débutants et surfers moyens par petite houle, malgré les courants qui sont dangereux pour les baigneurs. Fréquenté en été par les campeurs espagnols en vacances. Parfois du monde quand il y a l'école de surf. Piste chaotique depuis Tindaya en faisant 3 km vers l'O et ensuite 3km vers le S, ou 2 km au N de Los Molinos.

5. Shipwreck
Easy beachbreaks that pick up any summer pulse when the north coast is flat. Choice of broken up peaks when small but becomes rippy and messy over 6ft. Some localism but there's more peaks either side of the rotting American Star. Beatiful bay surrounded by wind-cutting cliffs. Gets loaded with local campers. Hard to find down track beside riverbed south of Pajara.

Beachbreaks faciles qui prennent la moindre ondulation en été quand la côte N est flat. Offre un choix de pics distincts quand c'est petit, mais devient vite juteux et en vrac à partir de 2m. Du localisme mias il y a d'aures pics de chaque côté de l'American Star qui part en ruine. Devient envahi de campeurs locaux. Piste difficile à trouver à côté d'un lit de rivière au S de Pajara.

6. Playa de Pared
Off the tourist track beach with average peaks and good NW swell exposure. Best early morning before N winds destroy it. Good beginner beach despite the strong rips. Some scattered rocks to avoid.

Pics de qualité moyenne sur une plage bien exposée à la houle de NO, en dehors des parcours touristiques. A surfer tôt le matin avant que le vent de N ne vienne pourrir le plan d'eau. Bon spot pour débutants malgré les forts courants. Quelques rochers éparpillés à éviter.

7. Playa de Cofete
Northern half of an extensive golden crescent of sand that extends to the southern tip of the island. Soaks up swell but suffers from horrendous long-shore drift and rips. Mini headland separates Cofete from Playa Barlovento. Usually messy and wind-blown, it will be best on small, peaky swells and glassy or sirocco winds. The sand swallows cars and the sea swallows careless swimmers. Never a crowd but avoid solo surfing.

C'est la moitié N d'une grande plage en arc de cercle qui s'étend à la pointe S de l'île. Prend très bien la houle mais la plage est balayée par des courants atroces au large et au bord. Une mini-pointe sépare Cofete de Playa Barlovento. Les vagues sont en général en vrac avec du vent, donc privilégiez les petites houles qui font des pics, quand il n'y a pas de vent ou avec du Sirocco. Le sable y engloutit les voitures et la mer engloutit les nageurs imprudents. Jamais grand monde à l'eau mais éviter de surfer seul.

8. Punta del Tigre
Very inconsistent reefs on the southern tip that work in NW swells. The west-facing reefs need SE winds and the right can peel for over 300m, plus there's a left and another long right. A shallow reef directly in front of the lighthouse, can have fast hollow peelers for bodyboarders in NW swells and N winds. Experienced reef surfers only who don't mind urchins and rips. Long way down the dirt track starting at Morro Jable..

Reefs situés au S de la pointe de l'île qui marchent par houle de NO, mais très rarement. Les reefs orientés O ont besoin d'un vent de SE et la droite peut dérouler sur plus de 300m. Il y a aussi une gauche et une autre longue droite. Juste en face du phare, il peut y avoir des vagues rapides et creuses pour les bodyboarders, sur un reef avec peu d'eau, par houle de NO et vent de N. Pour surfers expérimentés seulement qui n'ont pas peur des oursins et du courant. Se trouve à une bonne distance sur la piste de terre qui part de Morro Jable.

FUERTEVENTURA

Las Salinas

9. Las Salinas
A few times a year when big NW swells max out the north coast, Salinas starts working. An excellent right that's fast, hollow and very shallow at low tide. Not for the faint-hearted, especially when the crowd of weekend locals show up. Rips, urchins and in-your-face reef. A long way from nowhere so take water, not valuables.

Salinas marche quelques fois par an quand un gros swell de NO fait saturer la côte N. Excellente droite, rapide et creuse, qui casse dans très peu d'eau à marée basse. Pas pour les petits joueurs, surtout quand les locaux arrivent le week-end. Du courant, des oursins, et un reef prêt à vous manger. Eloigné de tout, donc emportez de l'eau mais aucun objet de valeur.

10. Cruz Roja
Only a strong NW swell brings waves to this famous windsurfing stretch of sand. Angle of beach to swell means it's exclusively rights at low tide only. Nice predictable walls perfect for cutbacks. Best early morning before the windsurfers descend for afternoon sea breezes. Sometimes crowded. It rarely works so the locals are aggressive. Facilities include toilets, showers and a lifeguard.

Plage connue pour le windsurf qui ne marchera qu'avec un gros swell de NO. L'angle que fait la plage avec la houle donne uniquement des droites, et seulement à marée basse. Bonnes vagues faciles à anticiper, parfaites pour s'entraîner au cutback. Meilleur tôt le matin avant que les windsurfers arrivent pour profiter de la brise de l'après-midi. Parfois du monde car ça ne marche pas souvent, avec des locaux agressifs. Toilettes, douches et poste de surveillance.

11. El Burro
A good summer reefbreak on the east coast that works on any big N swell and W wind. Lower tides will make the A-frames more hollow but it is more of a performance wave suitable for intermediates. The soft beach sand belies the hard reef although there are some beachbreaks nearby. Urchins, locals and flying wind/kite surf rigs in the afternoons. Rock walls to shelter from the wind, snack bar, lifeguard and board rental. A.k.a. Glass beach.

Bon reef d'été sur la côte E qui marche par n'importe quel gros swell de N et du vent de N. Le pic en triangle est plus creux à marée basse, mais à reste une vague à manœuvres adaptée pour les surfers de niveau moyen. Le fond de sable est trompeur car il recouvre un reef compact, bien qu'il y ait d'autres beachbreaks dans les environs. Des oursins, des locaux et des voiles de kite et de windsurf l'après-midi. On y trouve des murs en pierre pour s'abriter du vent, un snack, un poste de surveillance et des locations de planches. Spot appelé aussi Glass beach.

12. Flag Beach
Works on any type of E windswell or a big N groundswell. When the NW winds blow offshore there are some easy cover-ups among the various peaks. Fairly mellow and easy for beginner/improvers on most days. Closest beach to Corralejo so all action with bars, restaurants, board hire, surf school, lifeguard, etc. The Blue Flag beach in front of the hotels prohibits surfing.

Marche par n'importe quel type de houle de vent d'E ou un gros swell de N. Quand le vent souffle de NO offshore, on peut prendre quelques petits tubes faciles sur les différents pics. Spot assez tranquille et facile pour les surfers plus ou moins débutants la plupart du temps. C'est le plus près de Corralejo donc c'est assez développé avec des bars, restaurants, locations de planches, poste de surveillance, etc. Il est interdit de surfer sur les plages Drapeau Bleu en face des hôtels.

The Stormrider Guide Europe

Fuerteventura – North

1. Derecha de los Alemanes
Consistent swell magnet reef that can even pull in a SW swell and offer long, performance walls for intermediates. Holds shape in light onshores. Long paddle-out and there's strong low tide currents into the next bay. Lots of summer campers from Gran Canaria and other islands but it is rarely crowded out. There are more reefs and peaks to the west for the inquisitive.

Reef qui concentre la houle et qui peut même marcher par houle de SO, avec de longs murs à manœuvres pour les surfers de niveau moyen. Reste bien par léger onshore. Longue rame pour y aller, avec un fort courant à marée basse tirant vers la petite baie d'à côté. Beaucoup de campeurs en été qui viennent de Gran Canaria et d'autres îles, mais il y a rarement trop de monde. Il y a d'autres reefs et des pics plus à l'O pour ceux qui savent chercher.

2. La Izquierda
Just west of the Bubble but a much easier wave to ride with fuller walls and the odd hollow section. Handles some E wind and like most north-coast breaks, prefers NE swells, but picks up anything going. Very consistent and always crowded with travellers who don't want the hassle of surfing next door. Blanket of urchins at low tide.

Juste à côté à l'O de the Bubble, c'est une vague beaucoup plus facile à surfer avec une épaule moins redressée et parfois une section plus creuse. Tient un peu le vent d'E et comme les autres spots de la côte N, préfère la houle de NE, mais prend n'importe quelle houle. Marche très souvent avec toujours du monde (des surfers étrangers qui ne veulent pas se prendre la tête avec le spot d'à côté). Tapis d'oursins à marée basse.

3. La Derecha – The Bubble
Explosive tubular peak with perfect bowly rights and peeling lefts over super-shallow reef. Most famous spot on the island and competition site so locals are all over it. Dawn patrol is only option to catch some set waves. Mid to high tide only. Only those able to make the air drops and take-off deep should paddle-out. Spiky reef, urchins and locals.

Pics très puissants avec des bowls parfaits en droite et des gauches qui déroulent sur un reef à fleur d'eau. Spot le plus connu de l'île et site de compétition : tous les locaux y sont. Le seul moyen de prendre les bonnes vagues de série est de surfer aux aurores. De mi-marée à marée haute seulement. Seulement pour ceux qui arrivent à faire des take-offs verticaux et à partir bien à l'intérieur. Reef coupant, des oursins et des locaux

4. Majanicho
Picks up any swell from the north and bends it down a straight reef into the deep bay at the old village of Majanicho. Long rides that shoulder-off predictably and give plenty of cutback practice for intermediates and cruisers. Gets rammed with wind rigs if it's blowing E. Only sometimes crowded - the long paddle out deters a few. Urchins and currents. Big apartment complex development may affect the pristine environment when completed.

Prend tous les swells de N, qui viennent s'aligner ensuite le long d'un reef rectiligne à l'intérieur d'une baie profonde devant le vieux village de Majanicho. Vagues longues avec une épaule facile à lire, idéale pour les cutbacks, pour surfers moyens et ceux qui surfent tranquilles. Devient gavé de voiles de toutes sortes quand ça souffle d'E. Du monde seulement de temps en temps (la longue rame en dissuade quelques uns). Des oursins et du courant. Une fois terminée, la construction d'un gros complexe immobilier risque de détériorer ce cadre préservé.

5. Mejillones
Swell magnet outer reef with plenty of water over it and lots of take-off spots. Works well in a small, peaky W swell, but when it is double overhead plus, Mejillones becomes a real challenge. Shifty, powerful and some fast hollow sections, it's always bigger than it looks. Only serious riders with extra inches should take on the tricky rock and urchin-infested entry and exit. Low tide currents are strong. Sometimes crowded with protective locals.

Reef au large qui concentre bien la houle avec beaucoup d'eau et plein de zones différentes de take-off. Marche bien par petite houle en pic d'O, mais quand ça monte à plus de 3m50, Mejillones devient un vrai challenge : line-up mouvant, sections puissantes, parfois creuses et rapides ; paraît toujours moins gros que la réalité. Seuls des surfers avertis avec des planches assez grandes pourront négocier le rocher traître ainsi que la mise à l'eau et la sortie infestées d'oursins. Courant fort à marée basse. Parfois du monde, avec des locaux territoriaux

6. Suicidios
Can be suicide below mid tide but when an overhead W swell hits there can be hollow, high tide rides. Super fickle and rarely gets the weird combo of conditions. Experts only will make up the rare crowd. 1km west of Generosa.

Peut devenir suicidaire quand la marée n'est pas aux trois quarts pleine, mais quand un swell de plus de 2m est prévu on peut avoir des vagues creuses à marée haute. Très aléatoire, arrive rarement à réunir toutes les conditions pour marcher. Peu de monde: les seuls à l'eau seront de très bons surfers. Situé à environ 1km à l'O de Generosa.

FUERTEVENTURA – NORTH

Mejillones

7. Generosa
Close to the road but shielded by a hill, Generosa is a long, lazy wall perfect for longboards and intermediates. It's well-covered and can back off at higher tides but length of ride and user-friendliness attracts regular crowds. Handles W winds and lines up on NE swell. Spot the cars and climb down in the centre of the bay. Cliffs to the east prevent access.

Près de la route mais cachée par une colline, Generosa est une vague longue et facile parfaite pour les longboards et les surfers moyens. Il y a beaucoup d'eau et la vague peut s'éteindre à marée haute, mais la longueur de la vague et sa facilité attirent la foule. Tient le vent d'O et devient propre par houle de NE. Repérez les voitures et descendez vers le centre de la baie. Des falaises empêchent l'accès par l'E.

8. Bristol
Punchy, hollow reef inside bay protected from W winds. Prefers NE swells and is far less dangerous at higher tides. Always crowded with local bodyboarders, campers from the Shooting Gallery and travellers who don't have a car. Watch out for urchins and rocks popping up at low tide.

Reef puissant et creux dans une baie protégée du vent d'O. Marche mieux par houle de NE, bien moins dangereux à marée haute. Toujours du monde : des bobyboarders locaux, des surfers qui campent devant Shooting Gallery et des voyageurs qui n'ont pas de voiture. Attention aux oursins et aux rochers qui sortent à marée basse.

9. El Muelle
Left point/reef set-up that offers some fast barrel sections down towards the harbour wall. Best on a big NW, dropping to low tide, but the critical take-offs and uneven nature of the reef and line-up mean this is for more experienced surfers only. Shallower and more dangerous at high. Restaurants, cafes and Ineika surf camp overlooks the break.

Gauche de reef sur une pointe qui offre quelques tubes rapides qui déroulent vers la digue du port. Marche mieux par grosse houle de NO, à marée descendante en allant vers le plein bas, mais les take-offs verticaux, le relief accidenté du reef avec un line-up mouvant en font une vague réservée aux surfers expérimentés. Moins d'eau sur le reef et plus dangereux à marée haute. Restaurants, cafés et l'école de surf Ineika surplombent le spot.

10. Bajo del Medio
When the north coast is maxed-out on big swells, a peak breaks out in the bay off Corralejo. Starts outside as a big, bombora-style, right shoulder, but inside there's a faster and shallower left. Long rides, deeper water and easy paddle-outs make "Rocky Point" perfect for intermediates and longboarders. Gets rammed when it works which isn't that often. Some bad rocks getting in and out. Difficult to find (down one-way road) from town. Look for the empty plot to access the reef. Don't leave anything in the car.

Quand la côte N sature par grosse houle, un pic casse au large de la baie de Corralejo. La vague commence par une grosse épaule en droite style vague du large, mais il y a une gauche plus rapide avec moins d'eau à l'inside. Vagues longues avec pas mal d'eau et un accès facile, ce qui fait de « Rocky Point » un spot parfait pour les surfers moyens et les longboarders. Devient bondé quand ça marche, ce qui n'est pas si fréquent. Quelques rochers traîtres pour rentrer et sortir de l'eau. Difficile à trouver, le long d'une route à sens unique qui part de la ville. Repérez le terrain non construit pour accéder au spot. Ne laissez rien dans la voiture.

11. Los Lobos
World-class righthand point that peels for up to 400m down side of small uninhabited island next to Corralejo. Very sectioney when small but a big N swell will line up 3 great tube sections and long rides. Always crowded because it is a low to medium consistency spot making the locals a little more ruthless when it fires. Various ferries leave mid morning and the last return is around 16.30. Permits required to camp overnight. Take all necessary supplies. 20min hike from ferry port.

Droite de pointbreak de classe mondiale qui déroule sur parfois 400m le long d'une petite île inhabitée près de Corralejo. Sectionne beaucoup quand c'est petit mais avec un gros swell de N les vagues sont longues avec 3 belles sections à tube. Toujours du monde car la fréquence y est faible à moyenne, ce qui rend les locaux encore plus impitoyables quand ça marche. Il y a plusieurs ferries en milieu de matinée et le dernier revient vers 16h30. Il faut une autorisation pour camper sur place. Prendre tout ce qu'il faut comme provisions. Le spot est à 20mn du port d'arrivée.

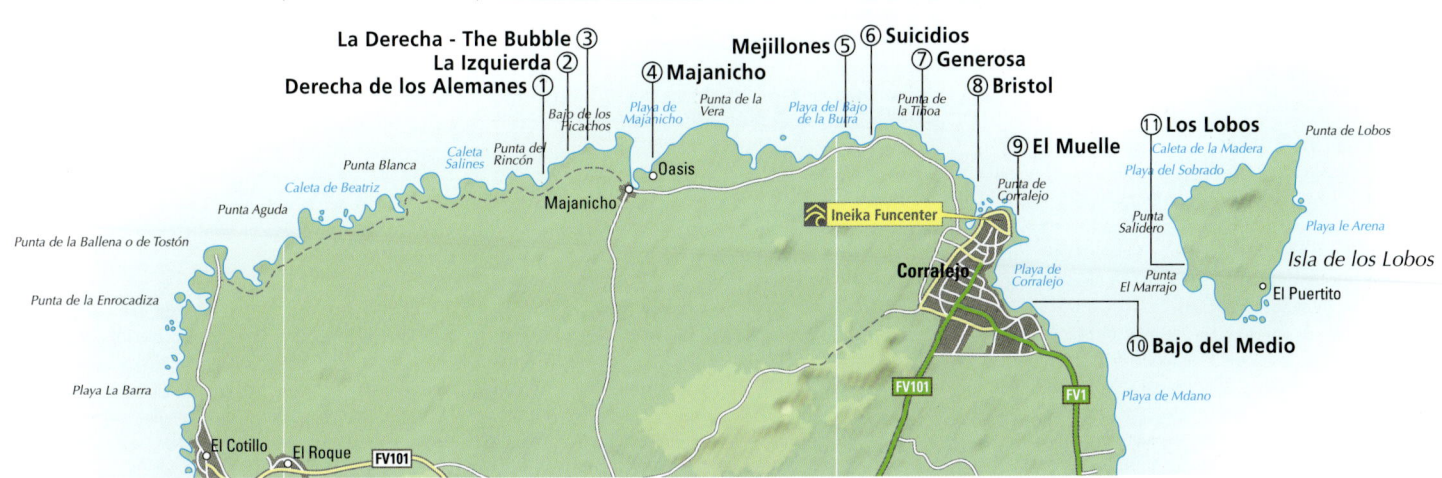

Los Lobos

The Stormrider Guide Europe

Gran Canaria – North

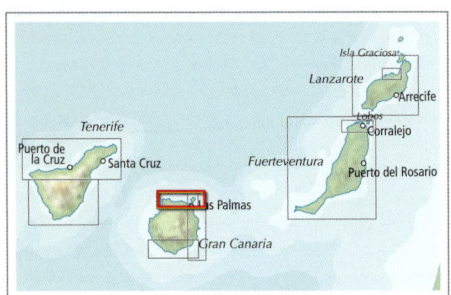

1. Bocabarranco
Below-average beachbreak peaks over rock and sand. Poor quality of wave compounded by volumes of raw sewage. A black spot on the Gran Canaria surfing map. Outfall pipes have been discharging tons of sewage for years but despite many legal challenges, nothing seems to change. Avoid.

Pics assez médiocres sur un beachbreak sur fond de sable et de rochers. Qualité de vague assez faible, avec en plus des évacuations d'eaux usées sur le spot. Point noir sur la carte du surf de Gran Canaria. Les tuyaux d'égout y ont déversé des tonnes d'eaux usées pendant des années mais malgré de nombreuses atteintes à la loi, rien ne semble changer. A éviter.

2. El Agujero
A powerful Galdar right created by submerged tongues of volcanic rock. One of the heaviest barrels in Gran Canaria when it breaks and definitely not for beginners. The left is nowhere near as good as the right, which is a true board and bone breaker. High tide and NW swells best. The localism can be heavy. Low consistency.

Encore une droite puissante créée par des langues de roches volcaniques submergées. Un des tubes les plus chauds de Gran Canaria quand ça marche bien, vraiment pas pour les débutants. La gauche n'a rien à voir avec la droite au niveau qualité, qui peut vous broyer les planches et les os. Meilleur à marée haute et par houle de NO. Le localisme est à la hauteur de l'engagement de la vague. Ne marche pas souvent.

3. La Guancha
Another heaving, top class peak favouring short, intense, barrelling rights. Heart-in-mouth drops, thick lips and a super-shallow reef platform. A bit inconsistent because it works on N-NE swells. Not surprisingly, there's some localism. Clean water and the tidal pool is the perfect spot for observing the superb sunsets.

Une autre pic qui jette de très bonne qualité, avec plutôt des droites courtes et intenses qui tubent. Drop vertical à vous faire remonter l'estomac, lèvre épaisse avec un reef à fleur d'eau. Ne marche pas si souvent car il faut un swell de N-NE. Comme on pouvait s'y attendre, il y a du localisme. Eau propre avec une piscine naturelle qui est le spot idéal pour regarder les superbes couchers de soleil.

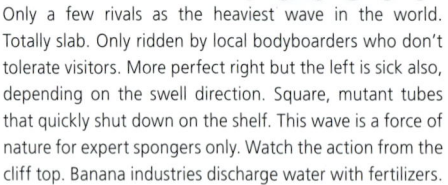

4. El Fronton
Only a few rivals as the heaviest wave in the world. Totally slab. Only ridden by local bodyboarders who don't tolerate visitors. More perfect right but the left is sick also, depending on the swell direction. Square, mutant tubes that quickly shut down on the shelf. This wave is a force of nature for expert spongers only. Watch the action from the cliff top. Banana industries discharge water with fertilizers. Just east of La Guancha. Restricted parking.

Vague ayant seulement quelques rivales pour le titre de la vague la plus méchante du monde. Un vrai hachoir. Seulement surfé par des bodyboarders qui n'apprécient pas les visiteurs étrangers. La droite est plus marquée mais la gauche est également incroyable en fonction de la direction de la houle, avec des tubes mutants et carrés qui s'écrasent sur la dalle. Cette vague est une force de la nature pour bodyboarders experts seulement. A regarder depuis la falaise. Les exploitations de bananes déversent des engrais dans la mer. Spot situé à l'E de Guancha. Parking limité.

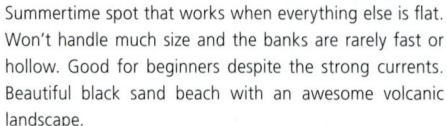

5. Vagabundo
Summertime spot that works when everything else is flat. Won't handle much size and the banks are rarely fast or hollow. Good for beginners despite the strong currents. Beautiful black sand beach with an awesome volcanic landscape.

Spot d'été qui marche quand tout est flat ailleurs. Ne tient pas bien la taille avec des bancs qui donnent rarement des vagues rapides ou creuses. Bien pour les débutants malgré les forts courants. Belle plage de sable noir avec un paysage volcanique imposant.

6. El Circo
Small swell peaks over boulders in front of houses east of Playa Vagabundo. Slopey walls and short, easy rides although it can get shallow. Respect the locals and the seafront properties. Walk over the boulders to reach the water. Exposed drainpipes and rubbish can be found here.

Pics marchant par petite houle sur des galets devant des maisons à l'E de Playa Vagabundo. Vagues molles et courtes, faciles à surfer, bien qu'il y ait certains endroits avec moins d'eau. Respectez les locaux et les propriétés privées sur le front de mer. Marchez sur les galets pour se mettre à l'eau. Il y a des tuyaux d'évacuation à l'air libre et des déchets.

7. El Paso
Awesome big-wave spot and proving ground for the gun brigade in Gran Canaria. Good for tow-in surfing when triple overhead plus. NW swell will see some fast, scary barrel sections on both sides of the peak and rides can be long. Water is affected by some underwater outfall pipes. Better to take photos than chances.

Spot de gros incroyable, zone de test pour la tribu de chargeurs de Gran Canaria. Bon pour le tow-in quand ça dépasse les 4-5m. Sections tubulaires rapides et impressionnantes de chaque côté du pic par houle de NO, avec des rides pouvant être longs. L'eau est polluée par des rejets d'eaux usées arrivant sous l'eau par des tuyaux. Il vaut mieux y prendre des photos que des risques inutiles…

8. El Roque
Good small swell left that breaks behind a big rock at mid tide only. Easy going take-offs, mellow walls and plenty of cutback practice for improvers. Sometimes crowded and only medium consistency. Some rubbish on the rocks.

Bonne gauche qui marche par petite houle derrière un gros rocher, à mi-marée seulement. Take-off facile avec une épaule tranquille et de la place pour faire des cutbacks pour les surfers moyens. Parfois du monde, ne marche que moyennement souvent. Quelques déchets sur les rochers.

9. El Alto
Good quality spot that thrives on big NW swells to fire. Long, fast, steep walls with some bowl sections - the bigger the better. Confident intermediates will manage. A bit inconsistent and sometimes crowded.

Spot de bonne qualité qui dépend des grosses houles de NO pour bien marcher. Longues vagues rapides et creuses avec des sections qui forment des bowls – plus c'est gros mieux c'est. Surfable par des surfers de niveau moyen en confiance. Ne marche pas tout le temps, parfois du monde.

10. El Picacho
It's a long paddle to this hollow and powerful A-frame that chucks out big barrels. Positioning is crucial as the impact zone is heavy - experts only! Popular with bodyboarders but it's a low consistency spot, needing overhead NE-E swells and calm or S wind conditions. Clean, deep water surrounds the shallow reef.

GRAN CANARIA – NORTH

El Lloret

Il faut ramer longtemps pour rejoindre ce pic en triangle puissant, qui envoie de gros barrels. Le placement au line-up est crucial car la zone d'impact est violente – seulement pour surfers avertis ! Pas mal de bodyboarders mais c'est un spot qui ne marche pas très souvent et qui demande une houle de 2m d'E-NE sans vent ou un léger vent de S. Eau propre, beaucoup de fond autour d'un reef peu profond.

11. Boquines
Spring and summertime are best seasons for this excellent right pointbreak. Fun, playful walls for all kinds of manoeuvres and good length of ride when the swell has some E in it. Only medium consistency because of the E swell factor. Sometimes crowded with locals from Moya and other north coast towns.

Excellente droite sur une pointe qui marche mieux au printemps et à l'automne. Vague sympa et facile pour tous types de manoeuvres, avec une bonne longueur quand le swell est un peu E. Ne marche que moyennement souvent à cause de ce dernier facteur. Parfois du monde à l'eau à cause des locaux qui viennent de Moya et d'autres villes de la côte N.

Boquines

12. El Comedor
Another small swell spot with a wide swell window offering slopey walls and crumbly sections down a boulder reef. N swells should line up best but high tide kills it. Beware of urchins among the boulders. Nice landscape and good water quality.

Encore un spot de petites vagues avec une large fenêtre d'exposition à la houle, assez mou avec des sections qui s'écroulent sans puissance sur un reef de gros galets. Meilleur avec une houle de N mais ça ne casse plus à marée haute. Attention aux oursins entre les galets. Joli cadre et bonne qualité de l'eau.

13. Molokai
Good small swell spot on any pulses from the W all the way round to E windswells. Occasional good quality waves perfect for longboarders and beginners. No crowds or hassles in a friendly neighbourhood. Clean water.

Bon spot quand c'est petit, marche par n'importe quelle houle de vent venant d'une fenêtre allant de l'O jusqu'au secteur E. Vagues pouvant être parfois de bonne qualité, parfaites pour le longboard ou les débutants. Peu de monde et aucun problème à l'eau, ambiance tranquille autour. Eau propre.

14. Los Enanos
One of the most popular beachbreaks in summertime when everything is flat. Defined lefts at the west end with easy, whackable walls. Good vibe and friendly locals. Super consistent and often a spread-out crowd. Located at the refreshingly undeveloped Playa de San Andres.

Un des beachbreaks les plus fréquentés en été quand c'est flat partout ailleurs. Des gauches bien marquées côté O avec une épaule facile à surfer, bien pour les manoeuvres. Bonne ambiance à l'eau avec des locaux accueillants. Marche très souvent, avec du monde, mais en général bien étalé. Spot situé à San Andres, plage qu'il est agréable pour une fois de trouver sans urbanisation.

15. Quintanilla
An underrated lefthander that can be seen while driving the main north coast highway. Steep, fast, performance walls that get better when bigger, but not recommended for weak paddlers. Rarely crowded. Hazards include urchins and rocks but not locals. Beautiful beach with volcanic mountain backdrop.

Gauche au potentiel sous-estimé, visible depuis l'autoroute principale de la côte N. Creuse et rapide, avec de quoi faire des manoeuvres, meilleure avec de la taille, mais il vaut mieux avoir une bonne rame. Rarement du monde. Des oursins et des rochers, mais pas de localisme. Jolie plage avec à l'arrière plan un beau relief volcanique.

16. El Lloret
El Lloret is a good quality pointbreak with fast, punchy walls that peel down the boulders for up to 200m. Needs overhead NW swell to get going. There's also a fine left pointbreak across the channel. Often crowded with some localism vibes so dawn patrol is best option. Water quality vastly improved since the old fish factory disappeared although rubbish is usually found among the rocks.

Bon pointbreak assez puissant avec une épaule rapide qui déroule sur de gros galets et qui peut faire 200m de long. Il faut un swell de 2m de NO pour que ça marche. Il y a aussi une gauche correcte sur une pointe de l'autre côté de la passe. Souvent du monde à l'eau, avec un peu de localisme, le mieux est donc de se lever tôt pour surfer. La qualité de l'eau s'est bien améliorée depuis que l'ancienne usine de poisson a disparu, même si on trouve souvent des déchets sur les rochers.

17. La Cicer
The most popular surfing area in Gran Canaria. Plenty of crowded, performance peaks, (El Piti Point, El Bufo, Los Muellitos) rideable 365 days a year. Suitable for every type of surfcraft and ability from local pros to beginners. Dawn patrols highly recommended. This area of the city has changed from rundown and neglected to one of regeneration with a growing commercial interest. A new avenue has damaged the sandbanks and on rainy days stormwater pipes dump gallons of dirty water into the line-up so surfing is ill advised.

Endroit le plus surfé sur Gran canaria. Plein de pics (El Piti Point, El Bufo, Los Muellitos) avec des vagues à manoeuvres et du monde, surfable 365 jours par an. Pour tous les niveaux, du pro au débutant, et toutes les disciplines. Il est fortement conseillé d'y surfer très tôt. Cette partie de la ville autrefois délaissée et à l'abandon s'est modernisée avec de plus en plus de commerces. La construction d'une nouvelle avenue a rendu les bancs de sable moins bons, et par temps de pluie des tonnes d'eau polluée sont rejetées au line-up par les tuyaux de collecte; il vaut mieux alors s'abstenir de surfer.

The Stormrider Guide Europe

Gran Canaria – East & South

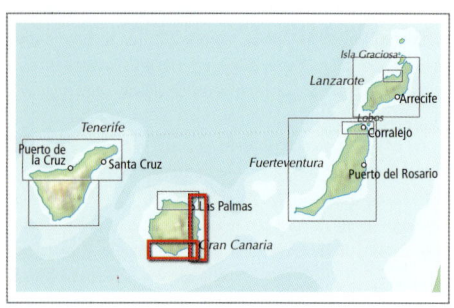

1. La Barra - Las Canteras
A natural reef that protects Las Canteras Beach, but only rideable on high tide. It's a decent paddle from the shore to reach the hollow peaks. The peak at La Puntilla to the north is closer to shore. The reef is progressively eroding and sandbanks are growing on the lee side, compounded by shoreline development. A plague of urchins have colonised the reef and rocks can pop up. High consistency and crowds.

Récif naturel qui protège la plage de Las Canteras, mais qui se surfe seulement à marée haute, avec des pics qui peuvent bien creuser. Il y a une bonne rame pour rejoindre le pic depuis la plage. Celui de La Pontilla au N est le plus près du bord. L'érosion attaque le récif petit à petit et les bancs de sable s'accumulent du côté sous le vent, avec une aggravation due aux aménagements sur le littoral. Une colonie d'oursins a envahi le récif et il peut y avoir des rochers qui sortent de l'eau. Marche très souvent, avec du monde.

2. El Confital
Considered one of the best righthanders in Europe, thanks to its wedging barrels and fast walls. Localism remains but not as heavy as years ago. Venue for the WQS circuit. El Confital is surrounded by one of the most beautiful landscapes in Gran Canaria, which is now being threatened by urban development.

Réputée comme étant l'une des meilleures droites d'Europe, c'est une vague tubulaire et puissante avec un déferlement rapide. Le localisme est toujours présent mais pas autant qu'il y a quelques années. Étape du circuit WQS. Le cadre autour d'El Confital est un des plus jolis sur Gran Canaria, mais il est aujourd'hui menacé par le développement urbain.

3. Derecha del Castillo
Fun, rolling righthander which peels down a boulder strewn reef. A good choice for E swell conditions. Sometimes crowded. A very polluted spot suffering residential outflow and city stormwater. Beautiful spot in front of a submerged castle built centuries ago to defend Las Palmas coast from pirates. There are a couple of lefts either side of here.

Droite sympa qui déroule tranquillement le long d'un reef parsemé de gros galets. Bonne option par houle d'E. Parfois du monde. Spot très pollué à cause des rejets dus aux habitations et aux évacuations d'eau de la ville par fortes pluies. Joli spot en face d'un château submergé construit il y a plusieurs siècles pour défendre las Palmas contre les pirates. Quelques gauches aussi de chaque côté du spot.

4. Los Pescadores
Las Palmas spot that needs strong E swell. Fun wave with steep walls and whackable lips. Difficult access with a tricky jump off the rocks. Suffers water pollution from stormwater pipes. Next to the fishing village of San Cristobal. There's also a right up at the harbour.

Spot situé à Las Palmas qui demande une grosse houle d'E pour marcher. Vague sympa avec une épaule redressée et une bonne lèvre à taper. Accès difficile, attention au saut assez délicat depuis les rochers. Pollution due aux rejets des tuyaux d'évacuation par fortes pluies. Situé à côté du village de pêcheurs de San Cristobal. Il y a aussi une droite vers le port.

5. Pico de la Laja
Lefts and rights breaking over lava reef shaping good barrels. The lefthander is better with longer tube time after critical drop. Super shallow and dangerous so dominated by bodyboarders. More beachbreaks at the southern end. Visible from the highway south of the city.

Droites et gauches cassant sur un reef de lave qui donne de bons tubes. La gauche est meilleure avec un tube plus long après un take-off vertical. Très peu d'eau, dangereux, donc domination des bodyboarders. D'autres beachbreaks à l'extrémité S. Visible depuis l'autoroute au S de la ville.

6. La Garita
A close-out which sometimes offers an exit. Fast, hollow, shallow and short. Best for bodyboards and tricks above the lip. Always a crowd of un-sharing locals. Very strong rip currents and turbid, sandy water stirred up by backwash. More black sand beach in the area at Playa San Borondon.

Close-out qui peut parfois ouvrir un peu. Rapide, court et creux avec peu d'eau. Plutôt pour les bodyboarders et les tricks au-dessus de la lèvre. Toujours du monde avec des locaux peu partageurs. Très forts courants, eau teintée avec du sable brassé par le backwash. Il y a un autre beachbreak sur du sable noir dans le secteur à Playa San Borondon.

7. Playa del Hombre
Telde's most famous beachbreak and regular contest site. Cruisey peaks plus Bunker Point, a wedgy, powerful, right barrel off the southern end, protected from S winds. Good for beginners despite the crowds at this residential beach.

Beachbreak le plus connu de Telde, souvent retenu pour les compets. Pics faciles avec à côté Bunker Point, une droite en wedge puissante qui tube à l'extrémité S, protégée du vent de S. Bien pour les débutants bien qu'il y ait toujours du monde sur cette plage à cause des habitations.

8. Punta de Salinetas
Heavy slab wave only suitable for expert bodyboarders. Ultra-shallow spot, not recommended for boards with fins. Needs due E swell and higher tides. Very rare spot that looks like open water on a flat day. Currents.

Spot qui casse violemment sur une dalle, pour les très bons bodyboarders. Très peu d'eau, non conseillé pour des planches avec ailerons… Il faut un swell plein E et marée haute. Marche très rarement, invisible quand c'est flat. Du courant.

9. Playa de Salinetas
Heavily affected by tides, Salinetas breaks perfect for about 40 minutes around mid tide. Big right barrel over southern end reef. Experts only as the tubes come thick and fast. Always crowded for an hour.

Spot très affecté par la marée qui marche parfaitement pendant environ 40 mn vers mi-marée. Grosse droite qui tube sur un reef à l'extrémité S. Seulement pour surfers avertis car les tubes sont épais et rapides. Toujours du monde pendant une heure.

10. La Izquierda del Muelle
A very well-known spot in front of the old harbour in Arinaga. Low swell frequency but high quality on the good days. A long left breaks over a slab reef producing good barrels in NE winds and swell. There's also a right across the bay. Big crowds. Water sometimes polluted by boats using Arinaga port.

Spot très connu en face du vieux port à Arinaga. Marche peu souvent mais très bonnes vagues quand la houle rentre. Longue gauche sur une dalle qui tube bien par vent et houle de NE. Il y a aussi une droite de l'autre côté de la baie. Beaucoup de monde à l'eau. L'eau est parfois polluée par les bateaux qui sont au port d'Arinaga.

11. Mosca Point
Excellent spot and Gran Canaria's longest left. Only offers good conditions a few times a year when NE-E swells are groomed by W winds. Very long rides and also barrel sections. Gets crowded and localism is increasing. Popular windsurfing spots at nearby Pozo Izquierda. Strong E winds (Alisios) have carved an interesting eolic landscape.

Excellente gauche, la plus longue de Gran Canaria. Les bonnes conditions n'arrivent que quelques fois par an avec un swell d'E-NE lissé par du vent d'O. Très longs rides avec des sections à tube. Du monde à l'eau avec un localisme en augmentation. Spot de windsurf à côté à Pozo Izquierda. Les vents forts d'E ont sculpté ici un paysage éolien étonnant.

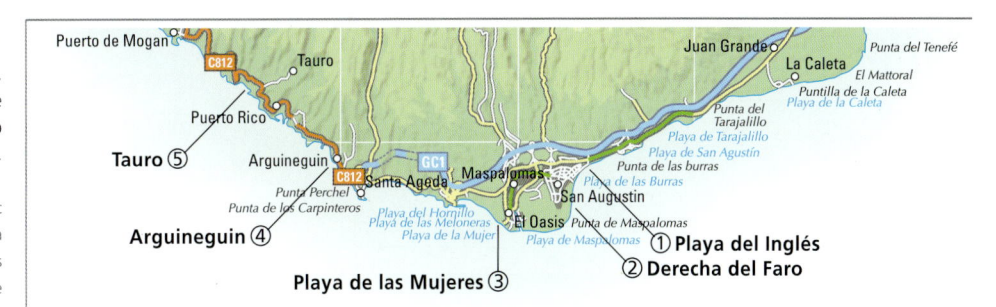

Gran Canaria – South

1. Playa del Inglés
Summertime spot that only works with a big E windswell and when this happens it is always crowded. Usually onshore and junky in the NE winds, but a fun wave for all abilities. Tourist beach with plenty of people from the concrete jungle of hotels and apartments.

Spot d'été qui ne marche qu'avec une grosse houle de vent d'E, et quand c'est le cas il y a toujours du monde à l'eau. En général onshore et en vrac avec du vent de NE, mais c'est une vague sympa pour surfers de tous niveaux. Plage fréquentée par les nombreux touristes résidant dans la jungle d'hôtels et d'appartements voisins.

2. Derecha del Faro
Located in Maspalomas, Gran Canaria's favourite beach resort, this spot rarely offers good conditions but a few times a year it gets epic. Massive W swells will create a very long righthander with over 5 different sections. Good sloping walls for performance surfing. More shorter peaks either side of the lighthouse. Often crowded and pay parking. Maspalomas is a natural protected area backed by dunes and a lake.

Spot situé à Maspalomas, la plus fréquentée des stations balnéaires de Gran Canaria, où les bonnes conditions sont rarement réunies, mais où quelques fois dans l'année ça peut devenir excellent. Avec une très grosse houle d'O, une très longue droite déroule avec plus de 5 sections différentes. Belle épaule inclinée pour taper des manœuvres. Il y a d'autres pics des deux côtés du phare. Souvent du monde, parking payant. Maspalomas est une réserve naturelle protégée avec derrière des dunes et un lac.

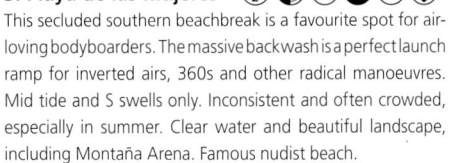

3. Playa de las Mujeres
This secluded southern beachbreak is a favourite spot for air-loving bodyboarders. The massive backwash is a perfect launch ramp for inverted airs, 360s and other radical manoeuvres. Mid tide and S swells only. Inconsistent and often crowded, especially in summer. Clear water and beautiful landscape, including Montaña Arena. Famous nudist beach.

Beachbreak isolé au S qui est le spot préféré des bodyboarders qui aiment faire des airs. Le gros backwash fait une rampe idéale pour les invert, 360 et autres manœuvres radicales. A mi-marée et par swell de S seulement. Marche très peu souvent donc du monde en général, surtout en été. Eau transparente et beau paysage (Montaña Arena). Plage de nudistes connue.

4. Arguineguin
Arguineguin has a few different breaks that work in big W swells and N to E winds. La Derecha Misteriosa is a fun, high tide right breaking off the north end of the bay at the marina. South of town, the playa holds a boulder right in front of the football pitch and a left towards the cement factory at low to mid. Long rides, good for practising manoeuvres and accessible for all levels. Always crowded when it works which isn't that often. Free camping area generates rubbish near the water.

Différents spots qui marchent par grosse houle d'O et des vents de N à E. La Derecha Misteriosa est une droite sympa qui casse à l'extrémité N de la baie vers la marina. Au S de la ville, il y a une droite sur des gros galets à la plage en face du terrain de foot, et une gauche vers la cimenterie de marée basse à mi-marée. Longues vagues, bien pour s'entraîner aux manœuvres et accessible pour tous les niveaux. Toujours du monde quand ça marche, ce qui n'est pas si fréquent. Déchets près du bord provenant de la zone pour campeurs.

5. Tauro
Short but intense ride that's simply a big barrel and then kick-out before the reef goes dry. Only for bodyboarders at high tide and a helmet is a good idea. Low consistency, always crowded and tension in the water. Situated on the southeast headland. This wave is threatened with destruction by large-scale urban development.

Vague courte et intense, juste un gros tube avec un kick out à faire avant d'arriver sur le reef à sec. Seulement pour les bodyboarders, à marée haute, le casque étant une bonne option. Marche peu souvent, toujours du monde et de la tension à l'eau. Spot situé sur la pointe SE et qui est menacé de destruction par une urbanisation massive.

Tenerife – South

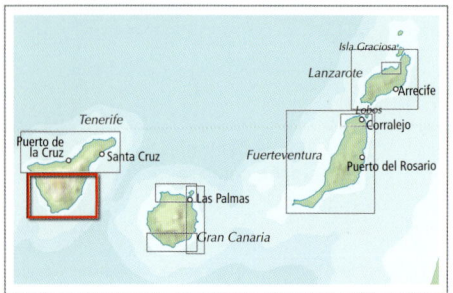

1. Punta Blanca
Top class reef peak that quickly closes out on the right leaving bowly lefts to rifle down the reef. Intense jacking take-offs, dominated by local bodyboarders and tube masters. Short, shallow and scary – experts only. Best with a wrapping NW swell. Many injuries to bodies, boards and pride from the reef and aggressive local crew. There are some other less dangerous reefs nearby including La del Medio and La del Chalet.

Pic de grande qualité cassant sur un reef avec la droite qui ferme rapidement et des bowls en gauche qui se fracassent sur le reef. Take-off tendu qui jette, dominé par les bodyboarders et les experts en tubes. Vague courte, peu d'eau, impressionnante – seulement pour les très bons surfers. Marche mieux avec une houle de NO bien alignée. Les planches, les surfers et leur ego en prennent pour leur grade à cause du reef menaçant et des locaux agressifs. Il y a d'autres spots moins dangereux à La del Medio and La del Chalet.

2. La Izquierda/ Spanish Left
Famous left in Playa de las Americas that breaks over a lava platform and spins down the line for up to 100m. Sucky and hollow on take-off leading into a smackable wall with cover-up sections. Despite the name there are also some short rights. Absolutely always crowded and localism is a major factor. Shallow and sharp rocks on the inside. Experts only when it's overhead. Intermediates should look for somewhere easier to surf.

Gauche célèbre à Playa de Las Americas qui casse sur une plateforme volcanique et s'enroule ensuite sur 100m. Ça suce au take-off avec ensuite un mur à manœuvres et des petites sections à tube. Malgré son nom il y a aussi de courtes droites. Vraiment beaucoup de monde tout le temps, le localisme se faisant bien ressentir. Peu d'eau avec des rochers pointus à l'inside. Seulement pour très bons surfers quand ça fait plus de 2m, il vaut mieux surfer une vague plus facile ailleurs pour les moins bons.

3. La Derecha del Cartel
Excellent lined-up right with peeling bowl sections offering good tube time. Longer rides than Spanish Left and handles a bit more size. Best around mid tide on a NW swell. Very shallow with rocks just below the surface in places. There are a few more peaks to the north including Bunkers. Less localism than the Left but still some bad vibes.

TENERIFE – SOUTH

Excellente droite tendue avec des sections en bowls qui s'enroulent en donnant des tubes assez longs. Plus long que Spanish Left, tient mieux la taille. Meilleur vers mi-marée par houle de NO. Très peu d'eau avec des rochers à fleur d'eau à certains endroits. Il y a d'autres pics vers le N avec notamment Bunkers. Moins de localisme que sur Spanish Left mais mauvaises vibes quand même.

La Derecha del Cartel — PAIPEL

4. El Conquistador
Consistent, fun, smaller swell peak in front of the Hotel Conquistador. The lefts are usually better, and the reef can work on S swells. Always crowded since it is suitable for improvers and intermediates unless it is big. Tourist favourite because the locals are surfing the other breaks.

Pic sympa qui marche souvent par petite houle devant l'Hotel Conquistador. Les gauches sont mieux en général. Le reef peut marcher par houle de S. Toujours du monde à l'eau car c'est surfable par les surfers plus ou moins débutants tant que ça reste pas trop gros. Spot préféré des surfers de passage car les locaux squattent les autres spots.

5. La Fitenia
Popular peak with range of moods from small cutback shoulders to big bowls and racy walls. Needs any S swell to work and the rights are usually better. Gets very crowded as it is inconsistent and often the only wave working in certain conditions. Intermediates up – some localism.

Pic souvent surfé qui peut présenter des aspects différents, de la petite vague à cutback jusqu'à de longues épaules tendues avec des gros bowls. Marche par tous types de houle de S, les droites étant en général meilleures. Beaucoup de monde à l'eau car ça ne marche pas souvent et c'est souvent la seule vague qui marche par certaines conditions. Pour surfers de niveau moyen et plus. Du localisme.

6. Las Galletas
South-facing peak that picks up spring/summer swells. Generally mellow, easy walls for beginners, longboarders and bodyboarders, but can pack some punch when it gets overhead. S swell and low tide on the lefts is best but rocks do pop up on the inside. Next to harbour wall that shortened the wave. Sometimes crowded because it is the only wave around.

Pic orienté S qui prend les houles de printemps ou d'été. Tranquille en général, vague facile pour débutants, longboarders et bodyboarders, mais qui peut envoyer un peu quand c'est plus gros. La gauche marche mieux par houle de S et marée basse, attention aux rochers qui sortent à l'inside. Casse près de la digue du port, qui a raccourci la longueur de la vague. Parfois du monde car c'est la seule vague dans le secteur.

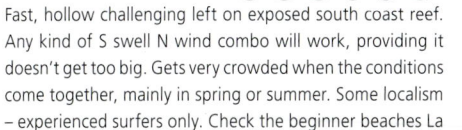

El Confital — JOSÉ GONZALES

7. El Confital
Fast, hollow challenging left on exposed south coast reef. Any kind of S swell N wind combo will work, providing it doesn't get too big. Gets very crowded when the conditions come together, mainly in spring or summer. Some localism – experienced surfers only. Check the beginner beaches La Tejitas and to the east.

Gauche rapide et creuse qui envoie sur un reef exposé S. Marche par tout type de houle de S avec vent de N, tant que ce n'est pas trop gros. Beaucoup de monde quand les conditions sont réunies, d'habitude en été ou au printemps. Du localisme; pour surfers avertis seulement. Checkez les plages pour débutants à Las Tejitas et vers l'E.

Las Americas — WILLY URIBE

The Stormrider Guide Europe

Tenerife – North

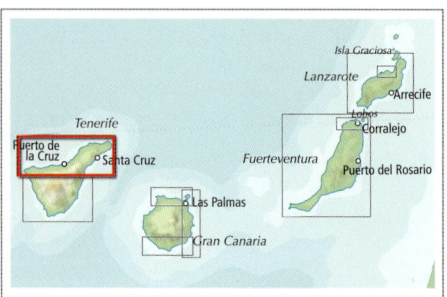

1. La Caleta
The main wave is a righthander that rumbles down the reef, offering powerful walls and snappy sections. There's a left further east and another one across the bay towards town. Threatened by proposed jetty construction. There's a lot of water moving on the right.

La vague principale est une droite qui pète sur un reef avec une épaule puissante et des sections tendues. Il y a une gauche plus loin vers l'E et une autre de l'autre côté de la baie en allant vers la ville. Spot menacé par un projet de construction d'une jetée. Beaucoup de mouvement d'eau sur la droite.

2. Playa del Socorro
This NW-facing, rocky beachbreak sucks up any N swell and holds good size. Powerful and a gruelling paddle when bigger coupled with strong rips. E winds are OK as there are high cliffs behind the beach. Sometimes crowded in summer but waves break all year round. Easy parking on the beachfront.

Beachbreak orienté NO avec des rochers, concentre très bien la houle de secteur N et tient la taille. Puissant, épuisant à la rame quand c'est gros avec beaucoup de courant. Le vent d'E ne pose pas de problème car il y a une grande falaise derrière la plage. Parfois du monde en été mais il y a des vagues toute l'année. On se gare facilement sur le front de mer.

3. Los Patos
Swell magnet beachbreak that is a good option in small peaky summer swells. Closes-out easily and suffers from strong rip currents. Long walk in and high tide can make access more difficult. Scattered rocks and nudists. Closest real option from Puerta de la Cruz beaches Playa Martianez and Jardin.

Beachbreak qui concentre la houle, bonne option par petite houle d'été croisée. Ferme souvent avec beaucoup de courants. Longue marche pour y aller avec un accès à marée haute qui peut être difficile. Rochers éparpillés. Nudistes. Reste la seule vraie option la plus proche depuis les plages de Puerta de la Cruz (Playa Martianez et Jardin).

El Charco

4. El Charco
El Charco is a long lined-up left that breaks best on NW swells and any S wind. Powerful, tubular and challenging it needs headhigh swell to start linking together the many sections that break separately in small swells. There's also an outside peak called El Pozo for big-wave chargers. Really tough break with heavy currents, localism and some shallow lava rocks to contend with. In front of the swimming pools at Bajamar.

Longue gauche tendue qui marche mieux par houle de NO et vent de secteur S. Puissante, tubulaire et difficile. Il faut un swell d'1m50 pour que les nombreuses sections qui cassent séparément par petite houle puissent connecter. Il y a aussi un autre pic appelé El Pozo pour les chargeurs de gros. Spot vraiment chaud avec beaucoup de courant, du localisme et quelques rochers de lave à fleur d'eau. En face des piscines à Bajamar.

5. El Callado
Nice rolling peak over boulders that can wall-up for a long way. There are a lot of other spots nearby including El Roquete just over the channel and a few bodyboard waves on the other side of the port. Good intermediate spot, year round consistency and fairly hazard-free, except for the occasional crowds.

Pic sympa déroulant tranquillement sur des gros galets et qui peut avoir une longue épaule. Nombreux autres spots dans le secteur comme El Roquete juste de l'autre côté de la passe et d'autres vagues pour bodyboards de l'autre côté du port. Bon spot pour les surfers de niveau moyen, marche toute l'année et à peu près sans danger, mis à part le monde à l'eau de temps en temps.

Fuera de la Bajeta

6. Fuera de la Bajeta
Renowned outside reef of mossy rocks that produces an excellent long righthander that needs an overhead N-NE swell to really get going and won't stop 'til it is very big. La Bajeta itself is a high tide right breaking closer to the sharper rocks inside, in small summer NE swells and winds. Heavy water including the outside reef at Punta del Altagay – experienced surfers only. Runs down the point past swimming pools and hotels.

Spot de reef connu situé au large et cassant sur des rochers moussus, avec une excellente droite qui déroule longtemps. Demande un swell de N-NE de plus de 2m pour vraiment bien marcher. Continue à fonctionner jusqu'à ce que ce soit vraiment très gros. Le spot lui-même de La Bajeta est une droite de marée haute qui casse plus près des rochers plus pointus à l'inside, par petite houle d'été de NE et vent de NE. Surf engagé au large, avec aussi un autre reef au large à Punta del Altagay – seulement pour surfers avertis. Déroule le long de la pointe devant les piscines et les hôtels.

7. Los dos Hermanos
North coast, high tide, bombie-style reef that catches all N swells and creates big throaty barrels. The rights are usually better but it needs a medium swell to start breaking properly and it will handle some chunky size. Skilled surfers only as the locals are intolerant, especially on the busier winter weekends. Just east of Punta del Hidalgo where there are some more challenging reefs.

Secret spot

TENERIFE – NORTH

Reef situé au large sur la côte N qui marche à marée haute et qui prend toutes les houles de N. Gros tubes bien gras. Les droites sont en général meilleures mais il faut une houle de taille moyenne pour que ça commence à bien casser. Tient une bonne taille. Pour surfers de bon niveau seulement car les locaux sont chauds, surtout pendant les week-ends où il y a du monde en hiver. C'est juste à l'E de Punta del Hidalgo, où il y a d'autres reefs du même style.

8. La Derecha de Almáciga

Fun and flexible beachbreak over sand and pebbles, plus righthander off the eastern end. Year-round reliability, picks up all swell directions going and works at all stages of the tides. Great learner/improver location despite the occasional crowd.

Beachbreak sympa et changeant sur fond de sable et graviers, avec aussi une droite à l'extrémité E. Marche toute l'année, prend toutes les directions de houle et fonctionne à toutes les marées. Bien pour surfers plus ou moins débutants malgré le monde à l'eau parfois.

Los dos Hermanos — WILLY URIBE

10. Gaviotas

Average beachbreak that works in NE to S swells and stays clean in N winds. There are lots of other inconsistent beaches on the east coast that work in wind swells from NE-S. Check around Candelaria, Poris de Abona and El Medano.

Beachbreak moyen qui marche par houle de NE à S et reste propre par vent de N. Il y a d'autres plages qui ne marchent pas souvent sur la côte E mais qui fonctionnent par houle de vent de NE à S. Checkez vers Candelaria, Poris de Abona et El Medano.

Igueste de San Andres — PATRICE TOUHAR

Secret spot — JOSÉ GONZALES

9. Igueste de San Andres

Big NE swells wrap into this spot and wall-up super long, hollow lefts over rocks and sand. Handles NW winds, which destroy the north coast. Prefers higher tides and NE swells. Doesn't work very often so it is always crowded when the conditions are right. The rocks are quite smooth, but the current can be strong. Head to Playa del Llano

Les grosses houles de NE s'enroulent ici pour faire de très longues gauches tendues et creuses sur fond de sable et de rocher. Tient le vent de NO, qui pourrit tout sur la côte N. Mieux à marée haute et houle de NE. Ne marche pas très souvent donc toujours du monde à l'eau quand c'est bon. Les rochers ne sont pas trop dangereux mais il peut y avoir beaucoup de courant. Se diriger vers Playa del Llano.

The Stormrider Guide Europe

where dreams are made, all destinations highly and carefully selected, approved schools, individual travel, girlie camps and unique vacation design, expert in surf-/kite-/wake- and snowboard travel: bali-brazil-czech-canaries-caribbeans-costa rica-france-greece-hawaii-italy-lombok-maledives-morocco-mexico-new zealand-panama-portugal-peru-south africa-spain-sri lanka-switzerland-boat trips-and many more....

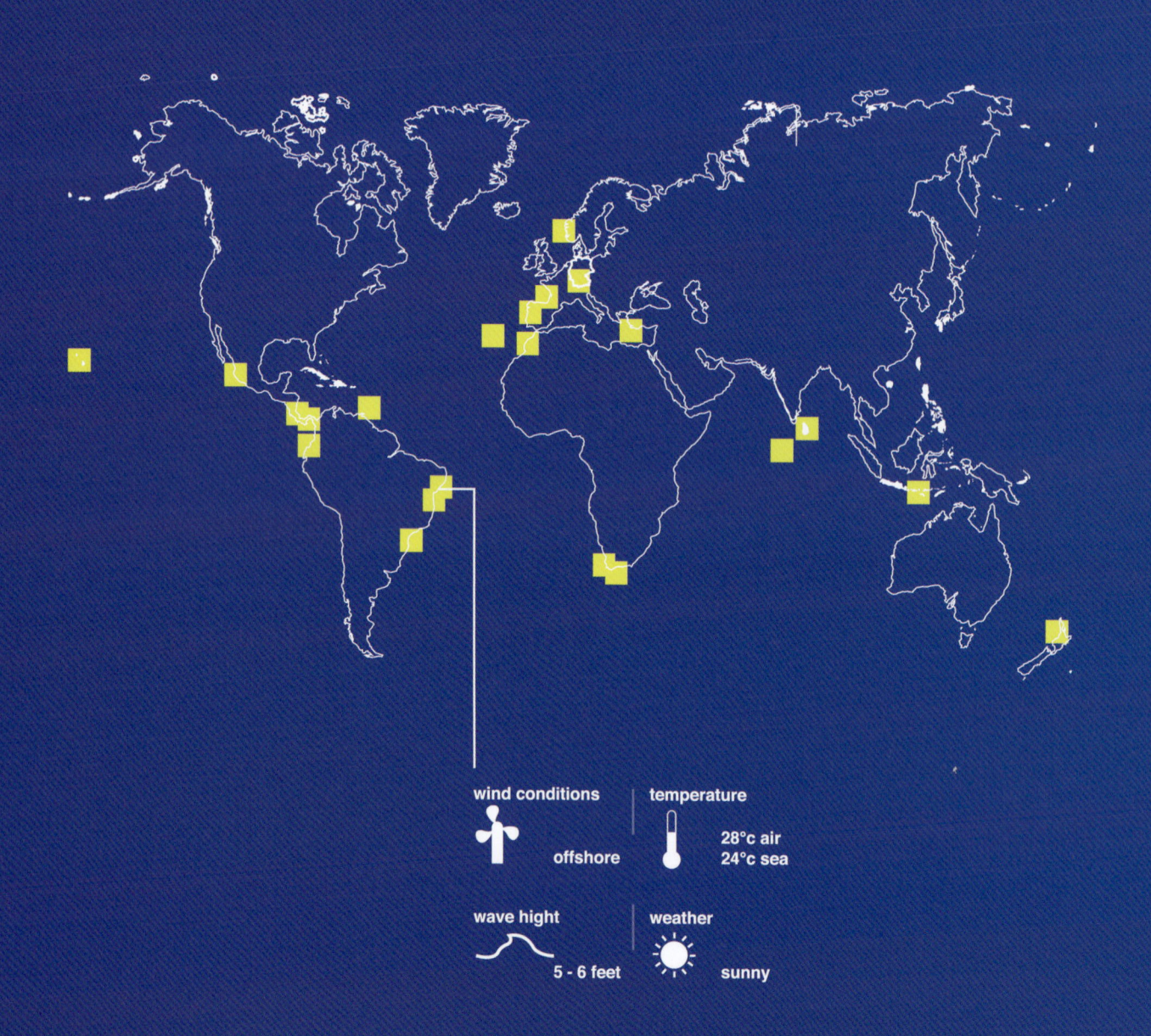

wind conditions
offshore

temperature
28°c air
24°c sea

wave hight
5 - 6 feet

weather
sunny

get your free booklet - suddenrush.com

pure passion

authentic surftravel

IRELAND

BLUE IRISH SURF CO.
Bringing surfing back to surf clothes!!
www.blueirishsurfco.com

Dream Ireland Holiday Homes
offer an incredible selection of more than 2500 self-catering holiday homes and cottages in over 100 locations all around Ireland.
Self-catering is the ideal choice for your surfing break. All our properties are located close to amenities and towns including great surf locations such as:
Lahinch / Bundoran / Enniscrone / Tramore / Dingle / Clifden / Achill
Call us for a free colour brochure.
For reservations call: 064 41170 (Ire) or +353 64 41170 (Int) or lo-call 0871 222 1424 from the UK & Northern Ire.
Email: info@dreamireland.com
www.dreamireland.com
'We'll leave the light on for you...'

SURF MOUNTAIN
12 Brunswick Street, Belfast	Tel. 028 9024 8877
106 Main Street, Bangor	Tel. 028 9145 3888
15 Castle Street, Lisburn	Tel. 028 9266 7171

Check our website @ www.surfmountain.com
Northern Irelands premier outdoor stores for surfing, bodyboarding, skateboards, kites and fashion wear. Massive range of travel wear, backpacks, rock climbing gear, tents and sleeping bags.

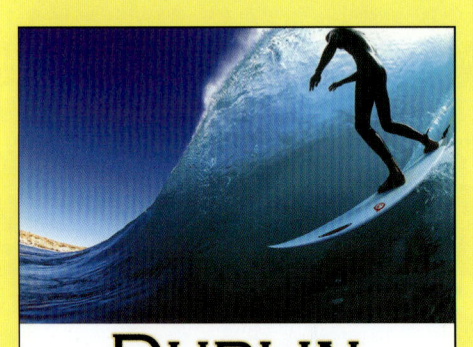

DUBLIN CITY CENTRE SURF STORE
BOARDS
WETSUITS
BOARD BAGS
ROOF RACKS
GUIDE BOOKS
ESSENTIAL INFORMATION
visit our online surf store
www.greatoutdoors.ie
GREAT OUTDOORS CHATHAM STREET, DUBLIN 2
TEL: (01) 679 4293

ADVENTURE ONE SURF SHOP & SCHOOL
Kerrykeel, Co Donegal, Ireland   Tel: 353 (0)74 91 50262
www.adventureone.net
North Donegal's only Surf Shop!! Stockists of the latest fashions by Quiksilver, Rip Curl, Billabong & O'Neill. Plus a large selection of Wetsuits & Boards for beginner and travelling Pros

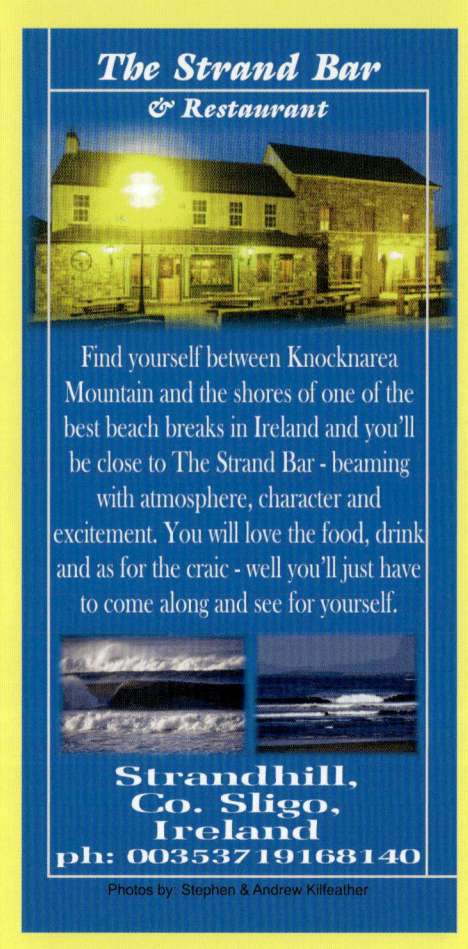

troggs.com

surfing the north shore since '64
serving the north shore since '84
teaching the north shore since '94
east strand, portrush, causeway coast

ireland's premier surf shop

surf
skate
fashion
online shop
surf lessons
surf report
equipment hire
surf cam & weather station

Quiksilver · Billabong · Rip Curl · Roxy Life · Alder · Animal · Protest

88 Main Street
Portrush, BT56 8BN
(+44) 028 7082 5476

72 Ballymoney Street
Ballymena, BT43 6AN
(+44) 028 2563 7651

SURF REPORT: 09111 680 090
SURF LESSONS: (+44) 7748 257 717
SHOP ONLINE @ WWW.TROGGS.COM

BUNDORAN · LAHINCH · FANORE
BALLINSKELLIGS · WATERVILLE

The best holiday homes... in the best surfing locations in Ireland

Trident Holiday Homes
15 Irishtown Road, Dublin 4, Ireland.
Tel: +353 6077 200
reservations@tridentholidayhomes.ie
www.tridentholidayhomes.ie

TRIDENT HOLIDAY HOMES

The Strand Bar & Restaurant

Find yourself between Knocknarea Mountain and the shores of one of the best beach breaks in Ireland and you'll be close to The Strand Bar - beaming with atmosphere, character and excitement. You will love the food, drink and as for the craic - well you'll just have to come along and see for yourself.

Strandhill,
Co. Sligo,
Ireland
ph: 0035371 9168140

Photos by: Stephen & Andrew Kilfeather

BUNDORAN SURF CO.
Main St, Bundoran, Co. Donegal
Tel: 353-71-9841968
info@bundoransurfco.com   www.bundoransurfco.com
Surf school, surf lodge and shop. Quality accommodation at budget rates. Walking distance to surf and town centre. Board and wetsuit storage. Surf lessons for all abilities.

BLUE ROCK WATERSPORTS & CHANDLERY LTD
Lynn's Terrace, Finisklin Road, Sligo
Tel: +353 (0)71 9154044
info@bluerock.ie   www.bluerock.ie
Pop-out and custom boards, accessories, wetsuits by West, C-Skins, Gul and others. Second-hand kit subject to availability. Also suppliers of BiC & RTM sit-on-top kayaks.

LAHINCH SURF SHOP
Old promenade, Lahinch, County Clare, Ireland
Tel: +353 (0)65 7081543
bear@iol.ie   www.lahinchsurfshop.com
Ireland's original surf shop right on Lahinch beach. Tel. surf report on 0818 365 180. We stock all major surf brands, clothing and accessories and lots of boards, wetsuits and all necessary accessories. Open 7 days a week all year from 11.00 to 18.00.

JAMIE KNOX WATERSPORTS
The Maharess, Castlegregory, Co Kerry, Eire
Tel: 00 353 66 7139411
jamieknox@eircom.net   www.jamieknox.com
Open all year round for all your surfing needs. Fully stocked surf shop with all the latest gear. JP Test Drive centre and surf rentals. Pop in and say hi.

The Stormrider Guide Europe

YELLOW PAGES

SURFERS COVE
Holiday Village - Bundoran

Tel/Fax: 00 353 71 9842286   Mob: 087-2463756
Web: www.surferscove.com   E-Mail: info@surferscove.com

As a guest at Surfer's Cove, close by you can indulge your passion for golf, fishing, horse riding or water-sports - including the indoor award-winning adventure playground, Waterworld. You may prefer hill walking or just to stroll on the golden sandy beaches. Either way you experience the sheer breathtaking beauty of your immediate surroundings - Up here, it's different !

Whether you choose to stay in one of our 3 Bedroom Semi-detached Cottages (sleeps 6) or a 2 Bedroom Semi-detached (sleeps 4) you will enjoy the same high standard of furnishings and specifications including:

- Fully fitted kitchen
- Dishwasher
- Microwave
- Multi channel T.V./Video
- Oil fired central heating
- Open fire
- Double glazing
- Fresh bedlinen
- Cot & highchair (on request)
- Off road car parking
- On site laundry
- Owner led, on site management
- Idyllic location

Tullan Strand Road, Bundoran, Co. Donegal. | Bord Fáilte Approved

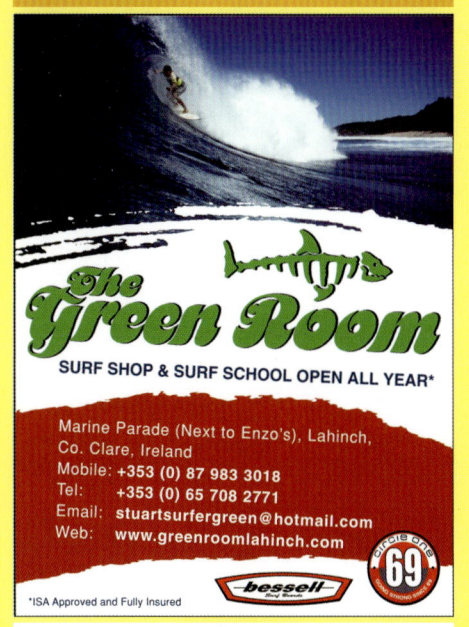

The Green Room
SURF SHOP & SURF SCHOOL OPEN ALL YEAR*

Marine Parade (Next to Enzo's), Lahinch, Co. Clare, Ireland
Mobile: +353 (0) 87 983 3018
Tel: +353 (0) 65 708 2771
Email: stuartsurfergreen@hotmail.com
Web: www.greenroomlahinch.com

*ISA Approved and Fully Insured

T-bay Surf School & Surf Club
on the beach, Tramore, Co. Waterford

CALL US NOW ON:
051 391 297

OR VISIT US AT:
WWW.SURFTBAY.COM

Irish Surfing Association Approved Surf School est. 1967. Ireland's Only Purpose Built Surfing Facility

---

WALES

WEST COAST SURF SHOP
Lon Pen Cei, Abersoch, Gwynedd, LL53 7AP, Wales
Tel: 01758 713067
surf@westcoastsurf.co.uk   www.westcoastsurf.co.uk
Surfboards, Wetsuits and Clothing for beginner to expert. Surf school, Hire and friendly advice. On Line Shop with Mail Order across Europe.

---

the surfing specialists since the beginning...

ma's surfline
straight from the beach at whitesands
0906 635 6021

online surf shop
www.masimes.co.uk

ma simes surf hut
28 High Street, St Davids, Pembrokeshire. SA62 6SD
campsite and accommodation 01437 721788

* Calls cost £1.50 per minute from a BT landline. Calls from mobile may cost more.
A2B, PO Box 413, Hants, GU14 4AQ

---

gsd SURF
OPEN ALL YEAR

www.shopgsd.com

★ 4 Star BSA surfing experience company
★ Surf coaching, guiding and equipment for all abilities
★ The 'next step' lesson for those who want to improve their surfing skills
★ Women only surf coaching available
★ 1-2-1 surf coaching available
★ Gower in West Wales, the Algarve in Portugal and Newquay in Cornwall

livesurftravel

01792 360370   British Surfing Association   Lifeguards

The Old Rectory Bed and Breakfast and Camping
Above Freshwater West, Castlemartin, Pembrokeshire SA71 5HW   Tel: 01646 661677
emma@torcastlemartin.freeserve.co.uk
www.theoldrectoryweb.com

ENGLAND

adventure CORNWALL

Surfing, kitesurfing, mountain biking, skateboarding and much, much more. **Adventure Cornwall** magazine is action-packed with ideas for making the most of the great Cornish outdoors. Pick up a copy from local newsagents or surf shops, or buy online at:

www.adventure-cornwall.co.uk

The website features the Adventure Directory - the largest database of Cornish adventure sports and activity providers.

Photography by Elliot Walker, Ian Edmondson and Mike Newman

the search starts here >>>

MAGIC SEAWEED.COM

Global Surf Forecasts
7 day forecasts, webcams & near shore reports

Online Retail Store
travel bags, books & accessories

magicseaweed.com

The Stormrider Guide Europe

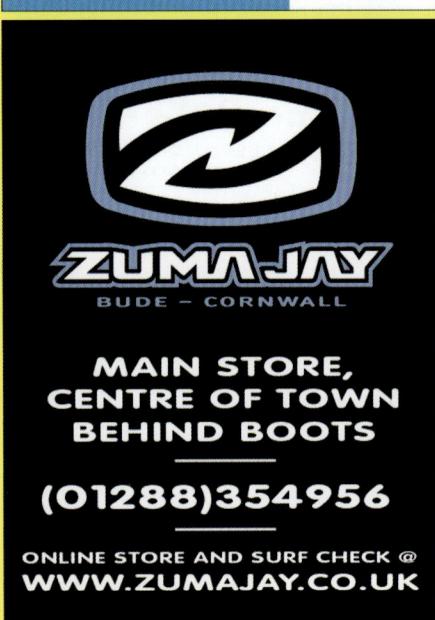

SURF SOUTH WEST
Surf holidays, surf courses and surf schools...since 1996
Tel: ++44 (0)1271 890400   www.surfsouthwest.com
Surf South West – Surfing holidays to Lanzarote, France, Portugal and Costa Rica for beginners and intermediates. Premier surf schools in Devon, England. Learn, improve and excel with the surfing professionals.

LOOSE-FIT SURF SHOP AND CAFE
THE WORLD'S 1ST CARBON ZERO SURF SHOP
The Forecourt, Exeter Road, Braunton, Devon EX33 2JP
Tel 01271 314 549   Fax 01271 314 548
sales@loose-fit.com   www.loose-fit.com
Over 100 stock surfboards by the world class shapers: McTavish; Loose-Fit; Mojito; G & S; McCoy; Wegener. Organic and original clothing by: The Ryde; RVCA; Loose-Fit; Mojito and 'Triple Certified' coffees, teas and cold drinks.

PENDORIC
St Mawgan, Cornwall, TR8 4EN
Tel: 01637 860031
info@pendoric.co.uk   www.pendoric.co.uk
Pendoric is a stylish, chintz-free B&B near Watergate Bay. With wetsuit and board storage, steaming power showers and energising organic breakfasts, Pendoric makes a fantastic base for Cornish surf adventures.

QUIKSILVER BOARDRIDER – NEWQUAY
2 Fore Street, Newquay, Cornwall, TR7 1HN
Tel 00 44 1637 859400   Fax 00 44 1637 859508
mail@surfinglifestore.com   www.surfinglifestore.com
Two Floors dedicated to Quiksilver and Roxy catering from ages 2 upwards. Clothing, Accessories, Luggage, Footwear....everything Quiksilver!!

MATT HENSHER C/O MATT'S SURF LODGE
110 Mount Wise, Newquay, TR7 1QP
Tel: 01637 874651
matt@surflodge.co.uk   www.surflodge.co.uk
Newquay's original Surf Lodge, established 1996, competatively priced and open all year. Relaxed atmosphere and close to all beaches/town centre. Bar/kitchen/carpark/pool table/videos. JOIN THE PARTY!

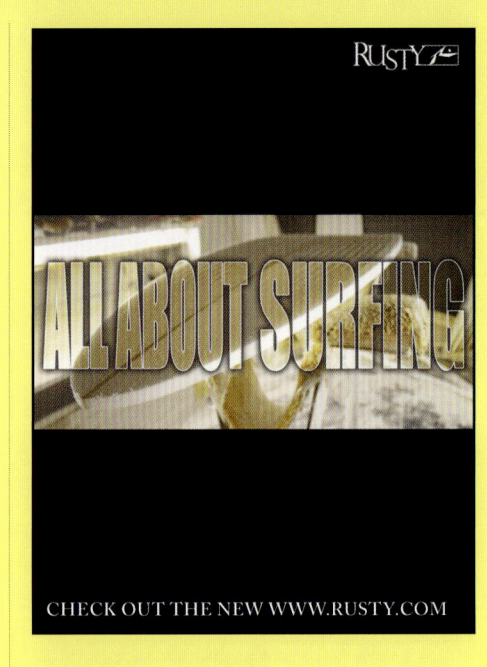

BIG WEDNESDAY SURF SHOP
26 Church Street, Falmouth, Cornwall, TR11 3EG
Tel: 01326 211159
info@bigwednesdaysurfshop.eclipse.co.uk
www.bigwednesdaysurf.com
West cornwall's largest stockists of surfboards, bodyboards, wetsuits, footwear, clothing and accessories. Also the southwest's leading wakeboard specialist. Friendly and helpful service.

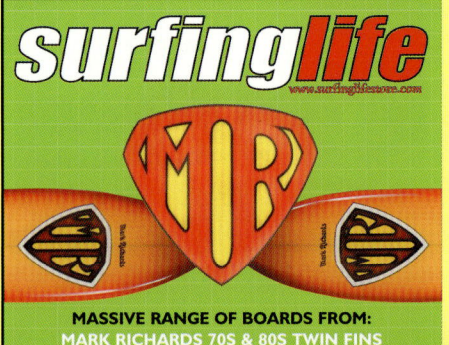

QUIKSILVER BOARDRIDER – PLYMOUTH
53 – 55 Cornwall Street, Plymouth, Devon, PL7 1NS
Tel 00 44 1752 220947   Fax 00 44 1752 220974
mail@surfinglifestore.com   www.surfinglifestore.com
Two Floors dedicated to Quiksilver and Roxy catering from ages 2 upwards. Clothing, Accessories, Luggage, Footwear....everything Quiksilver!!

BOURNEMOUTH SURFING CENTRE
127 Belle Vue Road, Bournemouth, BH6 3DJ
Surf reports: 01202 434344   Tel: 01202 433544
sales@bournemouth-surfing.co.uk
www.bournemouth-surfing.co.uk

YELLOW PAGES

the surfing museum

www.thesurfingmuseum.co.uk

Help us preserve & celebrate British surfing history sponsor the museum, donate old surfing gear, volunteer your help.

SORTED SURF SHOP

ONE OF THE LARGEST RANGES OF BOARDS, WETSUITS & ACCESSORIES IN THE COUNTRY

42 Sea Road Boscombe Bournemouth Dorset BH5 1BQ
www.sortedsurfshop.co.uk 01202 399099

OWNED & OPERATED BY SURFERS FOR SURFERS

ICELAND & SCANDINAVIA

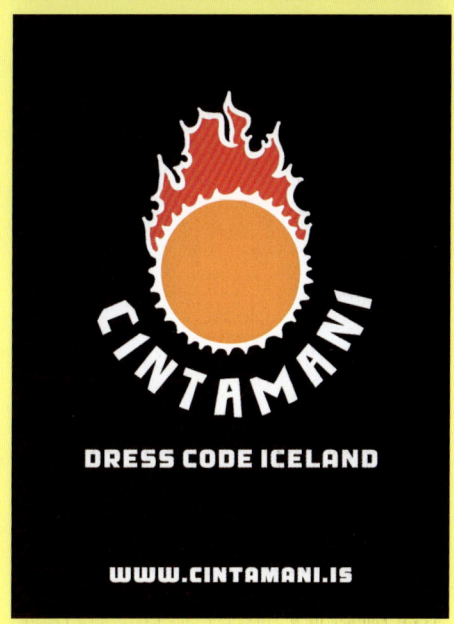

CINTAMANI
DRESS CODE ICELAND
WWW.CINTAMANI.IS

SURFSENTRUM EFTF AS
Breigt. 6, 4006 Stavanger, NORWAY
Tel: ++4751531122   Fax: ++4751528550
jorgen@surfsentrum.no   www.surfsentrum.no

SURFAKADEMIN & BACKDOOR
Guntoftavägen 104, 429 44 Särö
iwannasurf@thesurfacademy.com   www.thesurfacademy.com
Surfcamps (France, Costa Rica and Norway), surfschool in Sweden and a surfshop with at least 40 boards in stock, Xcel wetsuits, Ocean & Earth, Nixon, RVCA, Indo boards, Stormrider Guides, Ignite Beanies. Aloha Nui Loa – the Summer Never Ends!
Stormrider Guides distributor: www.backdoor.se

NORTH SEA NATIONS – DENMARK

DARK BLUE BOARD SHOP
Klostergade 8, 3000 Helsingør, DENMARK
Tel +45 49 21 03 46   Fax +45 49 21 40 46
info@darkblue.dk   www.darkblue.dk
100% PURE SURFING   HAVE A NICE SESSION

NORTH SEA NATIONS – GERMANY

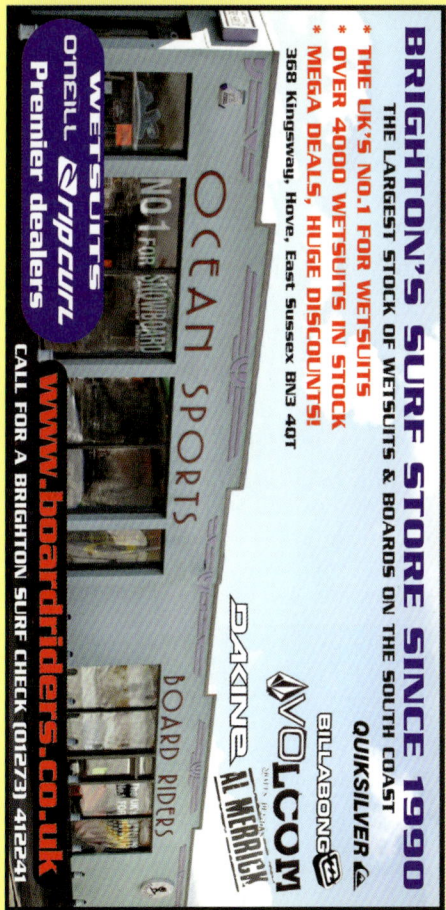

Secret Spot SURFSHOP
DEIN WEG INS WASSER!
KEHDENSTRASSE 2-10. D-24103 KIEL
+49 (0) 431 - 240 77 77
WWW.SECRET-SPOT.DE

BRIGHTON'S SURF STORE SINCE 1990

THE LARGEST STOCK OF WETSUITS & BOARDS ON THE SOUTH COAST
THE UK'S NO.1 FOR WETSUITS
OVER 4000 WETSUITS IN STOCK
MEGA DEALS, HUGE DISCOUNTS!
368 Kingsway, Hove, East Sussex BN3 4QT

WETSUITS O'NEILL RIPCURL Premier dealers
CALL FOR A BRIGHTON SURF CHECK (01273) 412241
www.boardriders.co.uk

ODYSSEY SURF. SNOW. STYLE
12 St Johns Street, Bury St Edmunds, Suffolk, IP33 1SQ
Tel: 01284 753322
odysseysurf@tiscali.co.uk   www.surfsnowstyle.com
Ride a diferent wave...A new breed of surf shop featuring designs from Rusty, Howies, Lost, Rip Curl, WESC, Ezekiel, Cult and more, in a pure independent style...

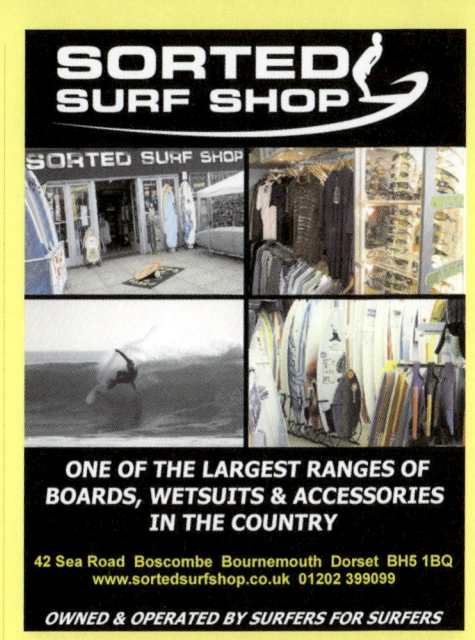

SCOTLAND

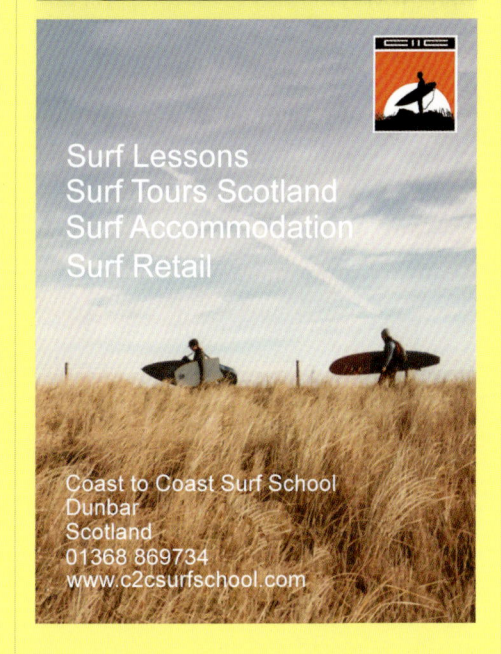

Surf Lessons
Surf Tours Scotland
Surf Accommodation
Surf Retail

Coast to Coast Surf School
Dunbar
Scotland
01368 869734
www.c2csurfschool.com

ESP
5 Moss Street, Elgin, IV30 1LU, Scotland
Tel: 01343 550129   www.espscotland.uk.com
The north of Scotland's boardsports specialists since 1992. Surf, snow and skateboards, wetsuits, footwear, eyewear, street and technical clothing. Repairs, service, rental, advice.

TEMPEST SURF SHOP AND CAFÉ
Thurso Harbour, Thurso, Caithness, KW14 8DE, Scotland
Tel: 01847 892500   www.tempest-surf.co.uk

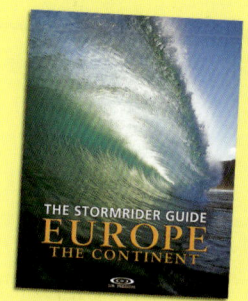

THE STORMRIDER GUIDE EUROPE THE CONTINENT

The Continent
Contains more detail, and more photos for:
North Sea Nations – Denmark, Germany Netherlands, Belgium
France
Spain
Portugal
The Mediterranean
Morocco

The Stormrider Guide Europe

YELLOW PAGES

Surfshop Cologne
Germany
www.frittboards.de
Tel: +49 (0)221 9871681

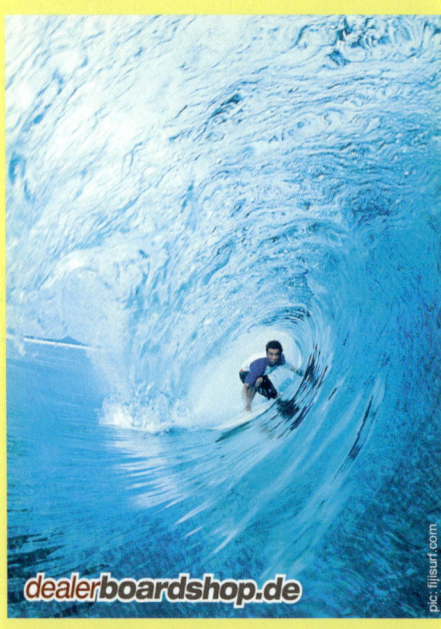

THE OLD MAN BOARDSPORTS
Dealer of: Quiksilver, Da kine, Burton, Gravis, Vans, Rip curl, Volcom, Reef, Billabong, Lost, Sector 9, Nixon and more...
open 7 days a week
www.theoldman.com
Damstraat 16, Amsterdam / Holland

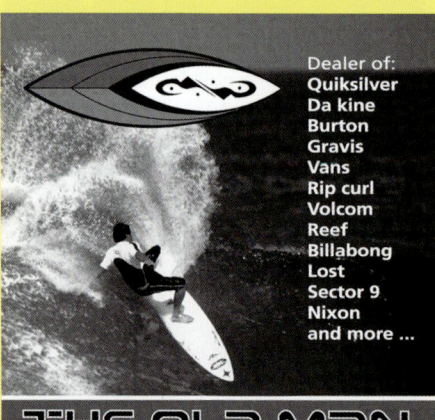

SUBLIME SURF SCHOOL
Beachclub WIJ – Beside the Scheveningen north harbour wall
Tel: +31 6 49392095
surfles@surfles.nl   www.surfles.nl
Surf lessons for beginners and advanced, including video analysis. Our certified instructors will get you standing up guaranteed! Holland's best surfers are among our team, and ready to give you that unforgettable feeling that surfing gives you! Rentals too!

WINDSURFING RENESSE
De Zoom 15, 4325 BG Renesse, Nederland
Tel/Fax: +31(0)111-462702   info@windsurfingrenesse.nl
www.windsurfingrenesse.nl   www.surfingrenesse.nl
Pro Surf & Fashion Shop. Wind-, kite-, surf-, body- & skim boards. Rental, school and repairs. World wide surfing holidays: "Surf and Travel" Agency. Clothing, wetsuits, accessories etc. etc. Rooms for rent!

SPORTSHOP DOMBURG
Weststraat 2a, 4357bm Domburg
Tel: 00 31(0)118586012
sportshop@zeelandnet.nl   www.sportshopdomburg.nl
The surf specialist - More than 90 boards in stock.
Learning to surf.... we have a surf school on the beach.
Also rentals for boards, wetsuits, skimboards and bodyboards.

HART SURFSHOP SCHEVENINGEN
Surf shop since 1971.
Open 7 days a week, always 100+ boards and wetsuits in stock, surfschool, rental, repair, skate boards, and all the major clothing brands.

Hart Beach Surf Shop
vissershavenweg 55b,
2583 DL Scheveningen
The Netherland
Surf shop +31 (70)-3545583
Surf School +31 (70)-3502591
www.hartbeach.com

WWW.SURFNED.NL
BOARDS - BAGS - BOOKS
GRIP - LEASHES - WAX

NORTH SEA NATIONS – HOLLAND

DFROST SURFSHOP ZANDVOORT
Tel: +31(0)235730038   www.d-frost.nl
This surfshop opened in spring 2006. Supplying all surfbrands and gear that the surfers needs! Tuflite's/Epoxy and Custom Surfboards. Every day open all year around.

HOTZONE.NL
Hotzone surfsupplies

CITY-SHOP
HotZone, Amsterdam
020-6123346
OR EMAIL: SHOP@HOTZONE.NL
fax. 020-6128174
Bosboomtoussaintstr.27
1054 AM Amsterdam
OPEN YEAR ROUND
11-19hr su/mo closed

BEACHSHOP
HotZone, Wijk aan Zee
0251-374141
OR EMAIL: SHOP@HOTZONE.NL
Strand Noordpier, Wijk aan Zee
OPEN, MARCH // NOVEMBER

LOW PRESSURE
Stormrider eBooks
Leaving tomorrow, need a guide?
Looking for a specific country or region?
Now there's no need to take Ireland to Indo.
Why not download and print our eBooks,
so you can travel light on your next trip.
www.stormriderguides.com

The Stormrider Guide Europe

BiCSURF

SURFING HAS NEVER BEEN EASIER

BRYCE YOUNG - 8'4" MAGNUM

ACS Technology
- Dedicated to intermediate level surfers
- Easy to ride shapes
- Unbeatable durability
- Great price

CTS Technology
- 30% more durable than regular surfboard construction
- The next generation in surfboard manufacturing
- World renowned designers
- Light weight & stiff

| 5'10" Fish | 6'7" Shortboard | 7'3" Mini-Malibu | 7'9" Natural Surf 2 | 8'4" Magnum | 7'3" & 7'9" Wahine | 6'10" Shortboard | 7'6" Performer | 9'0" Longboard | 9'4" Nat Young | 10'0" Noserider | All CTS are available in white, blue or yellow |

www.bicsurfboards.com   bicsurf@bicworld.com   BIC Sport

FRANCE

WOB SURF SHOP
40 Rue Alphonse Karr, 76790 Etretat
02 35 29 43 34 — 02 35 29 43 34
wobsurfshop.etretat@wanadoo.fr
Welcome On Board Surf-Shop. Surf, Bodyboard, Skim, Skate, Neoprene, Textile, Shoes, Vente, Location. Atelier de shape, réparations, fabrication: Slash Surfboard / Ocean Surf Report : 08 92 68 1 360

ABILITY
16 rue des Fossés, 50100 Cherbourg
02 33 94 34 11 — 02 33 94 34 11
Magasin spécialisé surf & skate – vêtements, combinaisons, chaussures et accessoires. Homme – Femme – Enfant. Volcom, Billabong, Kana Beach, Split, Reef, DC, Circa, Etnies, Es, Emerica, Globe, Nixon, RT, Omkara, Bic, Lost, Realm

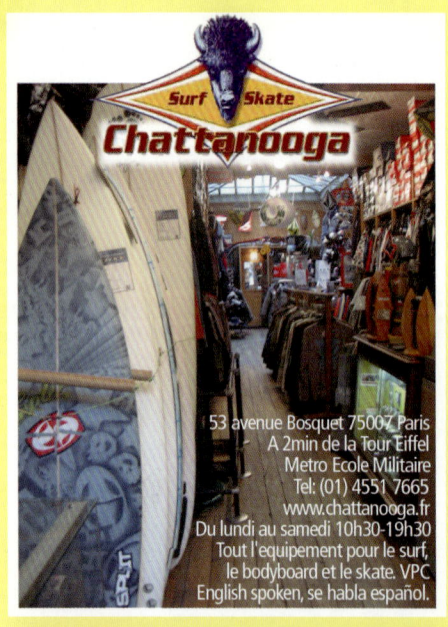

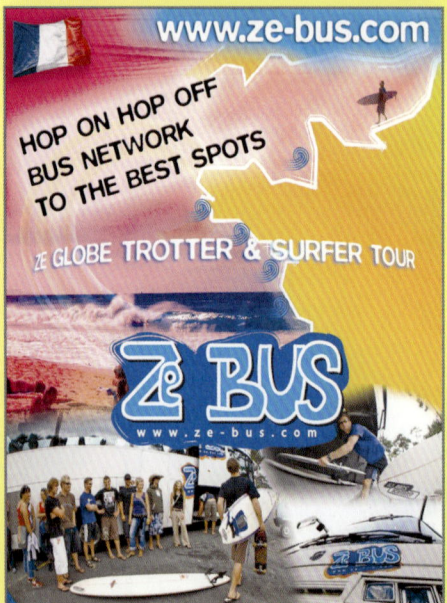

MANAMANA BACKPACKER
route de Lostmarc'h, 29160 Crozon Morgat
02 98 26 20 97
infos@mana-mana.net   www.mana-mana.net
Le vrai lodge a l'australienne! Lits individuels en chambre de 2 a 6 personnes, salon, salle a manger, cuisine entièrement équipée, jardin, bbq...Un hébergement accueillant, convivial, confortable et international. Wave check tous les matins et bons plans soirées.

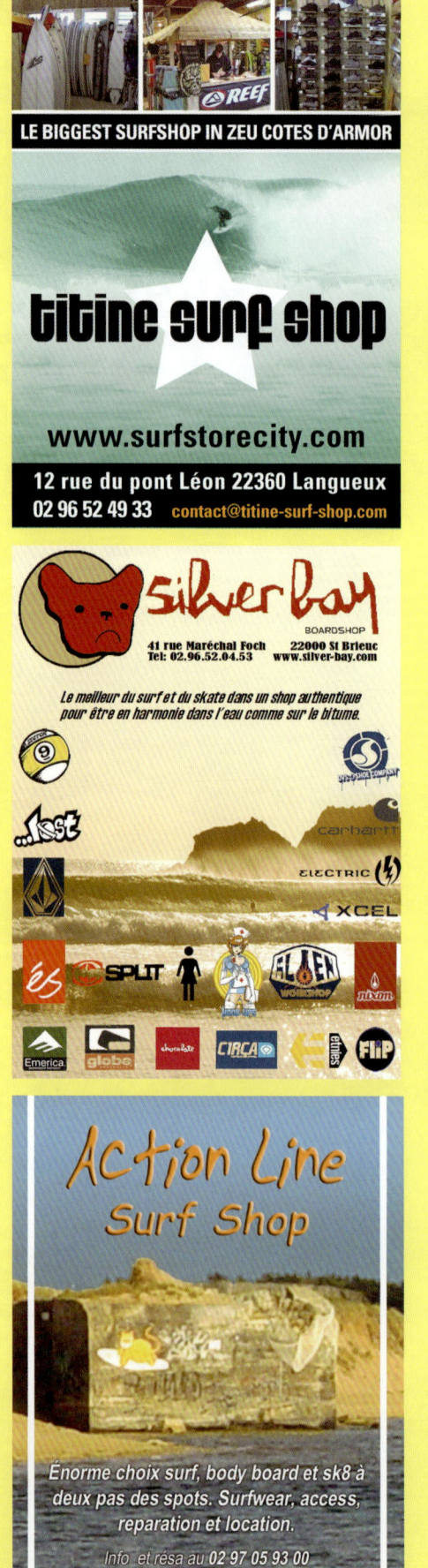

YELLOW PAGES

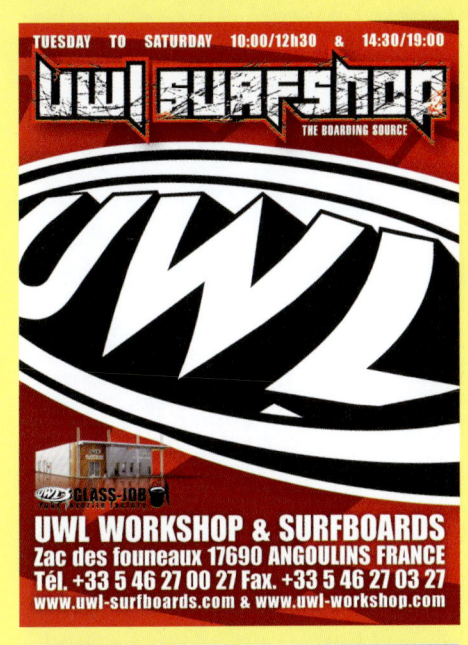

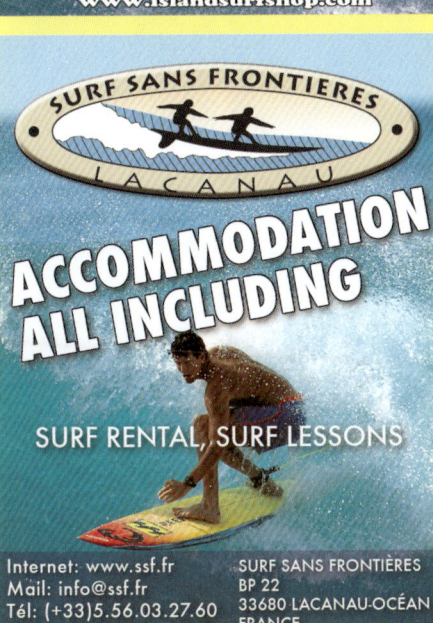

LE PALMIER
14 rue du Pertuis Breton, 85360 La Tranche S/ Mer
02 51 27 45 90   02 51 08 99 21
lepalmier.surfshop@wanadoo.fr   le-palmier.fr
LE Shop de Vendée 100% glisse : Surf, Body, Kite, Wind and Skate. Sans oublier la wear et la bonne combinaison pour votre session. La passion avant tout, le service en plus. Surf Report.

LACANAU SURF CLUB
Boulevard de la Plage, 33680 LACANAU-OCEAN
05.56.23.38.84   05.56.26.38.85
postmaster@surflacanau.com
www.lacanausurfclub.fr

SO WHAT SURFBOARDS
782, AVENUE DE LA PLAGE
40600 BISCARROSSE PLAGE
TEL ATELIER : 05 58 78 37 10
SHOP : 05 58 83 95 72
MOBIL : 06 79 77 36 29
SITE : WWW.SOWHATSURFBOARDS.COM
MAIL : SOWHAT-SURFBOARDS@WANADOO.FR

MAX RESPECT
Bvd de la Plage, BP 31, 40170 Contis
Tel: 05 58 42 45 74   Fax: 05 58 42 45 74
MOBILE: ALAIN :06-12-91-80-36 / Laurent :06-11-89-19-51
maxrespectsurf@hotmail.com   www.max-respect.com
MAX RESPECT ECOLE FRANCAISE DE SURF
Découverte initiation perfectionnement. Ouvert à tous à partir de 5 ans Avril à Décembre. Les landes (st-Girons et Contis) Méditerranée (Le Var-Marseille) Surftrip à l'étranger. Avec passion et sérieux on assure l'ambiance et la sécurité.

WISHBONE SURF SHOP
3 avenue des Pêcheurs, 40480 Vieux Boucau
05 58 48 30 70   05 58 48 30 70
jeanloup@wishbone.fr   www.wishbone.fr
Au centre ville. Ouvert tous les jours d'avril à fin octobre. Tous le matos surf et bodyboard en vente et location. Réparations, Ecole de surf. 25 ans d'expérience au service du surf.

L-M-ENTS SURF LODGE
Benesse Maremne, near Hossegor
Tel: UK 0870 068 8025   Tel: France 06 76 59 97 88
info@l-m-ents.com   www.l-m-ents.com
Comfort, quality and a great atmosphere guaranteed, coupled with Europe's best waves. B&B, half board, full board and transport options. Surf lessons and equipment available. Holidays to suit your needs.

SURF ODYSSEY – SURFBOARD FACTORY
5 rue du Pitey – Zone Artisanale, 40130 Capbreton
05.58.72.16.99
xavier@surf-odyssey.com   www.surf-odyssey.com

The Stormrider Guide Europe

YELLOW PAGES

BIDARTEKO SURF CLUB
Plage du centre, 64210 Bidart
06 15 66 15 80   05 59 47 72 20
bidarteko.surfclub@laposte.net
bidarteko.blogspot.com

BOARDRIDER SURF SHOP
Casino Municipal, 64200 Biarritz
05 59 22 03 12   05 59 24 32 44
Tous les jours toute l'année de 9h30 à 19h30 en face de la Grande Plage. Toute la collection Quiksilver. Jeff Hakman surf school. English spoken, se habla español.

ECOLE DE SURF DE GUÉTHARY
582, av du Général de Gaulle
06 08 68 88 51   Fax : 05 59 54 81 78
surf.guethary@wanadoo.fr   surf.guethary.free.fr
Surfcamp facing the famous spot of Parlementia in the village of Guéthary – Surfing lessons for all skill levels – Established 1996 – Board & wetsuit rental – English spoken – Se habla espanol – Accessories for sale – Open year round.

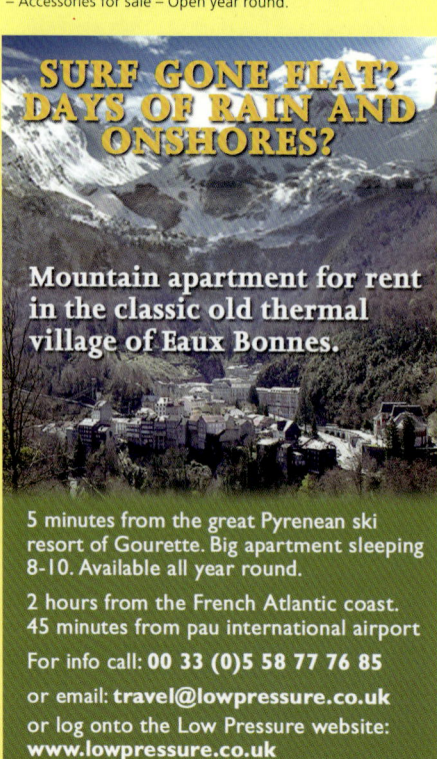

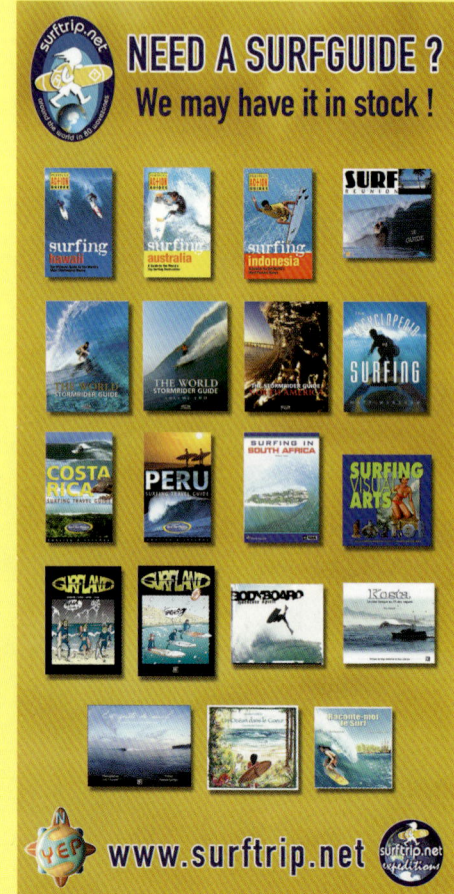

The Stormrider Guide Europe

Pukas

Adriano De Souza

SPAIN

CORTXERO BODYBOARD WEAR
Lavanda, 12, 28230 LAS ROZAS, MADRID
Tel: + 34 667575592
info@cortxero-clothing.com
www.cortxeroclothing.com

Cortxero, the first Spanish 100% bodyboarding clothing brand, presents a collection of attractive and comfortable T-shirts, sweat shirts and lycras and practical accessories (leashes for fins, caps). Cortxero, a passion for bodyboarding!

SURF CAMPS AND ACCOMODATIONS

- SAN SEBASTIAN
- BIARRITZ
- HOSSEGOR
- LANZAROTE
- FUERTEVENTURA
- CABO VERDE

SURFtoLIVE.com
info@surftolive.com
www.SURFtoLIVE.com
+34 639232230 or +39 3474291633

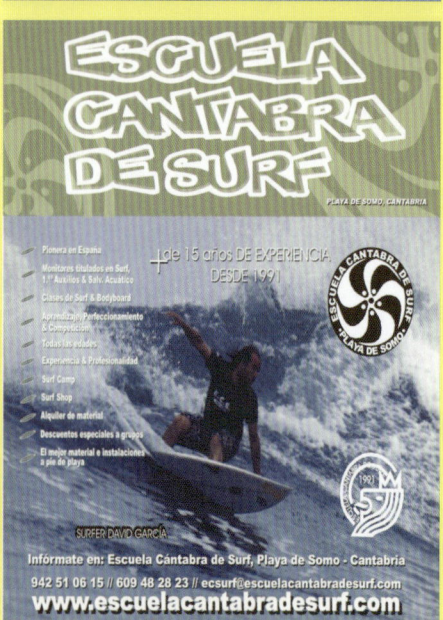

ESCUELA CANTABRA DE SURF
PLAYA DE SOMO, CANTABRIA

Pionera en España
+ de 15 años de EXPERIENCIA
Monitores titulados en Surf, 1º Auxilios & Salv. Acuático DESDE 1991
Clases de Surf & Bodyboard
Aprendizaje/Perfeccionamiento & Competición
Todos los niveles
Experiencia & Profesionalidad
Surf Camp
Surf Shop
Alquiler de material
Descuentos especiales a grupos
El mejor material e instalaciones a pie de playa

SURFER DAVID GARCIA
Infórmate en: Escuela Cántabra de Surf, Playa de Somo - Cantabria
942 51 06 15 / 609 48 28 23 | ecsurf@escuelacantabradesurf.com
www.escuelacantabradesurf.com

TABLAS SURF SHOP
- La tienda con mayor stock de España (mas de 200 tablas, 70 longboards, 50 bodyboards)
- The biggest Pro Surf Shop in Spain (more than 200 boards, 70 longs, 50 bodyboards)

TABLAS SURF SCHOOL
- Clases durante todo el año con monitores titulados.
- Lessons all year with fully qualified instructors
- Alquiler de material.
- Surf board rental.

TABLAS ON LINE SHOP
- Envíos a toda Europa. Portes Península y Baleares GRATIS (por pedido superior a 100.00 €)
- Deliveries to Europe. Shipping to Peninsula/Baleares free (order over 100.00 €)

Paseo del Muro 4, 33202 Gijón, Asturias.
Teléfono / Fax: (+34) 985.35.47.00
Jovellanos 11, 33202 Gijón, Asturias

www.tablassurfshop.com
tablas@tablassurfshop.com

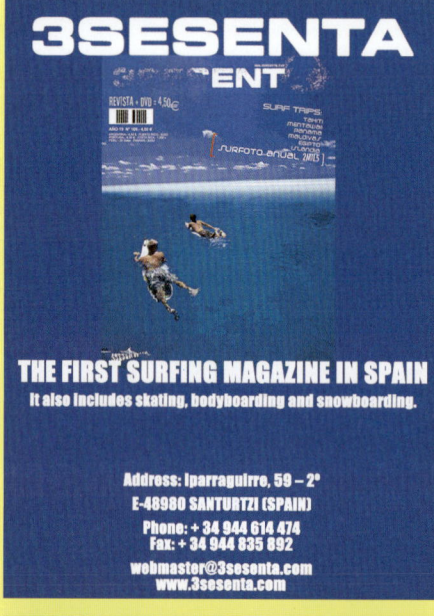

3SESENTA

THE FIRST SURFING MAGAZINE IN SPAIN
It also includes skating, bodyboarding and snowboarding.

Address: Iparraguirre, 59 – 2º
E-48980 SANTURTZI (SPAIN)
Phone: + 34 944 614 474
Fax: + 34 944 835 892
webmaster@3sesenta.com
www.3sesenta.com

Pukas
(www.pukassurf.com)

RAZ SURFCAMP
Razo beach nº 39, Carballo, A Coruña, Galicia
TLF. 00 34 659 381 300
info@razsurfcamp.com   www.razsurfcamp.com

NOVALBOS SURF SHOP
C/Pintor Laxiero N-16, 36211 Vigo, Pontevedra
C/Laureano Salgado N-5 Baiona
Tel: 986208787   Fax: 986297831
novalbos@novalbos.com   www.novalbos.com
Tienda pionera del surf en galicia, donde ademas de la mejor moda surf podras encontrar, escuela de surf, viajes organizados, previsión de olas, reparación de tablas, alojamiento, alquiler de material.

KOTADALU SURFSHOP AND INTERNET CAFÉ
Frente del Torre, El Palmar,
11150 Vejer de la Frontera, Cádiz, Spain
Tel: 34 956 232 000
savlamaison@hotmail.com   www.kotadalu.com
Surf shop, restaurant and internet café on the beach. Boards from Pukas, Surftech, Pollen. Quiksilver and Salomon wetsuits. Board rental and surf school. Breakfast and lunch on our beach front porch. Open 9 to 21.

WINTERWAVES / OCEANO SURF SCHOOL
Tel:+34 956 44 0045 (Spain) +44 207 870 9643 (UK)
info@winterwaves.com   www.winterwaves.com
Winterwaves is based in Spain's warmest driest Atlantic coastal region. Surf School. Accommodation from 95 euros per week. Surf guide and beach lifeguard service. Ding repair & custom boards. Surf Shop

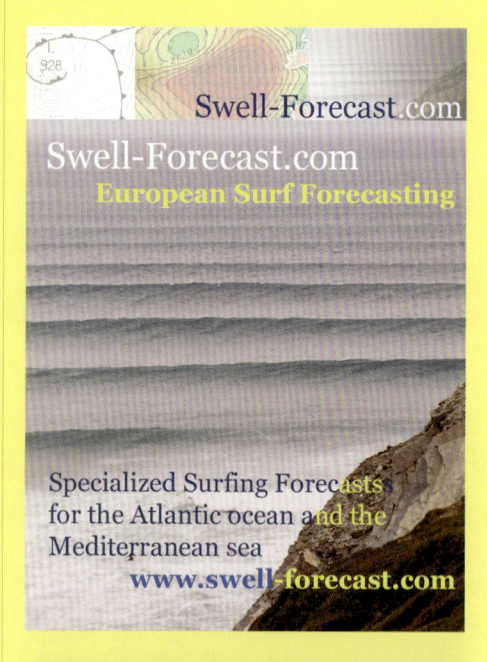

Swell-Forecast.com
European Surf Forecasting
Specialized Surfing Forecasts for the Atlantic ocean and the Mediterranean sea
www.swell-forecast.com

PORTUGAL

SURFIVOR SURF CAMP
Parque de Campismo de Cortegaça - Praia de Cotegaça
Rua C.C.C "Os Nortenhos", 3885 Cortegaça - Ovar, Portugal
TEL: +351 939 33 64 34
info@surfivorcamp.com   www.surfivorcamp.com
Adventure Surfcamp in North Portugal, Surf Camps and Surf guiding for beginners and advanced, great location right behind the dune, uncrowded surf, great atmosphere.

58 SURFSHOP.
Surf full service.
R.Infante D.Henrique. Loja-1, Lote-4. 2520-160 Baleal/Peniche
Tel: 262 769 207   WWW.FIFTY-EIGHT.PT

EUROPE MOST CONSISTENT
SURF ZONE
PENICHE Baleal Beach
Daily guided surf trips
Surf School
Surf Rentals
Surf base at the beach
Different type of accommodation
All year round
BALEAL SURF CAMP
Get info with Bruno:
call : 00351 969050546
www.balealsurfcamp.com

PENICHE SURFCAMP
LEARN OR DEVELOP YOUR SURFING IN PERFECT CONDITIONS EVERYDAY
WWW.PENICHESURFCAMP.COM

ninthbeach.com
self catering surf apartments...
Porto
Coimbra
Portalegre
Ericeira
Lisbon
Faro
Planning a surf holiday?
ninthbeach.com's self catering apartments offer you the freedom to surf Europe's no.1 wave destination, Ericeira, Portugal.
Incredible white beaches, hot weather, great nightlife and year round consistent waves for every standard of surfer. Log on to ninthbeach.com and book your holiday today.

FATUM
WWW.FATUMSURFBOARDS.COM
FACTORY & SHOWROOM:
Estrada Nacional 247, No 30
2525-005 Peniche
Portugal
SALES: 00351 967 137 806
SHAPES: 00351 967 124 494
FAX: 00351 262 769 658
closed on mondays

SURF PLANET
SAGRES
SINCE 1995
SALES
RENTALS
REPAIRS
SURF REPORT
Estrada Nacional nº268, 8650-355 SAGRES PORTUGAL
Tel/Fax. +351 282 624 815 | surfplanet@mail.telepac.pt

www.surf-experience.com
THE ORIGINAL
SURF TOUR CO.
EST.1992
PORTUGAL
O'NEILL
OCEAN/EARTH
BSA Qualified
Instructors
& Lifeguards

ALGARVE
PORTUGAL
- accommodation
- guided tours
- surf shop
- courses
- rentals
ALGARVE SURF
SHOP SCHOOL CAMP
phone: +351 964853023
info@algarvesurfschool.com
www.algarvesurfcamp.com

MEDITERRANEAN – SPAIN

SX GUITARS EUROPEAN DISTRIBUTOR
GUITARS 2 ENJOY THE OCEAN
Tel: 00.34.971280241
info@sxguitarspain.com
www.sxguitarspain.com

Huge stock of guitars, basses and acoustics for your Soul.
Ready to be shipped all over Europe.

MEDITERRANEAN – FRANCE

SURF SHOP de la GARE
dans la gare SNCF
13 960 SAUSSET LES PINS
tél : 04 42 44 78 00
www.surfshopdelagare.fr

Aloha SURF SHOP
SURF ACCESSOIRES ET TEXTILES
HOMMES • FEMMES • JUNIORS
VENTE • FABRICATION • RÉPARATION
LOCATION • STAGE...
Le plus grand choix de planches de Méditerranée
Tél. : 04 94 74 02 32
996 Promenade du Général de Gaulle
83140 SIX-FOURS

MEDITERRANEAN – ITALY

SurfNews magazine
www.surfnews.com
The Italian Magazine Since '94

mail: info@surfnews.com
phone: +39 0544 34444
fax: +39 0544 248269
more info: surfnews.com

SURFCORNERDOTIT
Italian Surfing Resource

LOCAL SURFSHOP
Via San Pietro 16, Arenzano (Liguria)
Tel/fax: +39 010 9110849
localsurfshop@tin.it   www.localsurfshop.it

MOROCCO

EXPERIENCE MOROCCO @ LA POINT SURF CAMP

The real surf feeling for beginers or advanced, combined with exotic foods in an oriental Moroccan decoration.
All this in a spacious beach front guest-house will make your surf trip unique.

For more info:
Tel: **002 126 835 1043** (outside Morocco)
068 351 043 (within Morocco)
Email: **mungamoon@gmail.com**

www.lapointsurfcamp.com

Moroccan surf adventures
The original and still the best!
www.morocsurf.com
info@morocsurf.com

YELLOW PAGES 219

surf maroc
www.surfmaroc.co.uk

Morocco's leading surf travel company

Surf Camp · Luxury · Self Catering · Coaching

E: contact@surfmaroc.co.uk   T: +44 (0) 1794 322709

CANARY ISLANDS

Costa Noroeste.com

Lanzarote
Surf & Kiteboarding School

SURFTECHCENTER.COM
ISLAS CANARIAS

Rent a Tuflite SURFTECH in Canarias. Join us, and surf the nicest waves in Europe on the best shapes ever.

Alquila tablas Tuflite SURFTECH en Canarias. Es la gran oportunidad de surfear las mejores olas de Europa sobre las tablas creadas por los mejores shapers del mundo.

MORE INFO IN / MAS INFORMACION EN
WWW.SURFTECHCENTER.COM

Surf School Lanzarote

Europe's Finest Surf School

www.surfschoollanzarote.com

BSA Level 4 Approved School with Qualified Instructors

John 3:16

INEIKA FUNCENTER
since 1994
Fuerteventura-Corralejo

Surf School for all levels
Guided Tour
Rental

www.ineika.com
+34 928 53 57 44

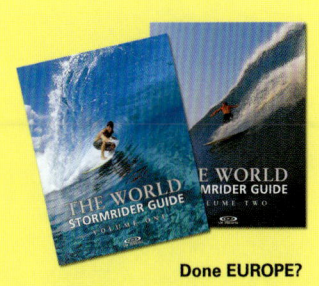

Done EUROPE?
There's a whole WORLD out there...
Guides and eBooks available from
www.lowpressure.co.uk

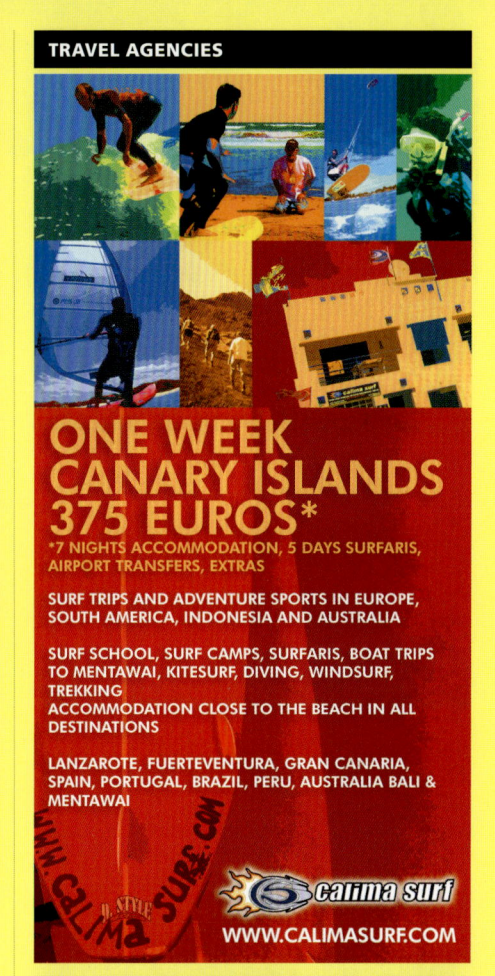

TRAVEL AGENCIES

ONE WEEK CANARY ISLANDS 375 EUROS*
*7 NIGHTS ACCOMMODATION, 5 DAYS SURFARIS, AIRPORT TRANSFERS, EXTRAS

SURF TRIPS AND ADVENTURE SPORTS IN EUROPE, SOUTH AMERICA, INDONESIA AND AUSTRALIA

SURF SCHOOL, SURF CAMPS, SURFARIS, BOAT TRIPS TO MENTAWAI, KITESURF, DIVING, WINDSURF, TREKKING
ACCOMMODATION CLOSE TO THE BEACH IN ALL DESTINATIONS

LANZAROTE, FUERTEVENTURA, GRAN CANARIA, SPAIN, PORTUGAL, BRAZIL, PERU, AUSTRALIA BALI & MENTAWAI

calima surf
WWW.CALIMASURF.COM

SURF CAMPS AND ACCOMODATIONS

SAN SEBASTIAN
BIARRITZ
HOSSEGOR
LANZAROTE
FUERTEVENTURA
LA GRACIOSA
CABO VERDE
IRELAND

SURFtoLIVE.com
info@surftolive.com
www.SURFtoLIVE.com
+34 639232230 or +39 3474291633

RAPTURE CAMPS
KEEPING YOUR SUMMER ALIVE – SURF AND SNOW camps
AROUND THE WORLD – www.rapturecamps.com

SURF SOUTH WEST
Surf holidays, surf courses and surf schools...since 1996
Tel: ++44 (0)1271 890400
www.surfsouthwest.com
Surf South West - Surfing holidays to Lanzarote, France, Portugal and Costa Rica for beginners and intermediates. Premier surf schools in Devon, England. Learn, improve and excel with the surfing professionals.

The Stormrider Guide Europe

YELLOW PAGES

Nomadsurfers
www.nomadsurfers.com
Surfcamps & Surfaris Worldwide
Surf, kite surf, snowboard, wakeboard and skydive for every level
Accommodation, schools, surfaris and boat trips
www.nomadsurfers.com
info@nomadsurfers.com
Tel: +34 / 971 20 99

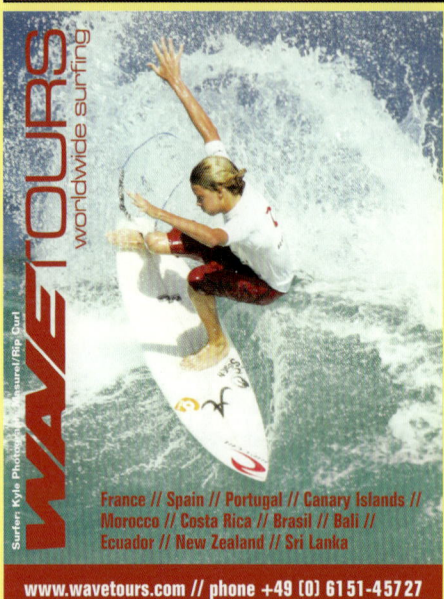

WAVETOURS - worldwide surfing
France // Spain // Portugal // Canary Islands //
Morocco // Costa Rica // Brasil // Bali //
Ecuador // New Zealand // Sri Lanka
www.wavetours.com // phone +49 (0) 6151-45727

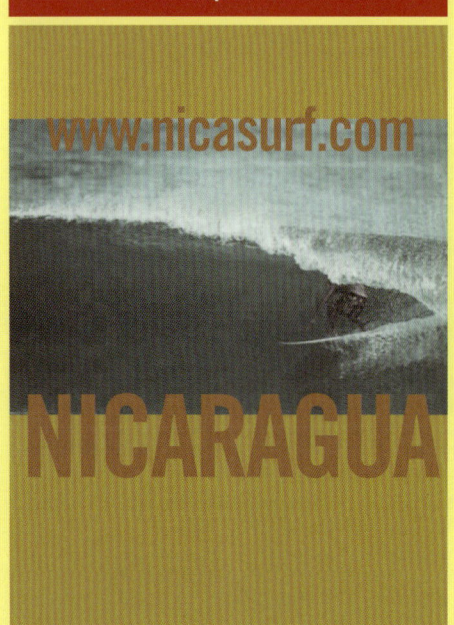

www.nicasurf.com
NICARAGUA

global surf guides
Giving you access to the best surf resorts, boat charters and personal surf guides on the planet.

Maldives — Chile
Mentawais — Peru
Bali — Australia
G-Land — New Zealand
France — Caroline Islands
Spain — Reunion Island
Portugal — Puerto Rico
South Africa — Hawaii
Brazil — Tahiti

www.globalsurfguides.com
tel: +44 (0)20 8144 2774

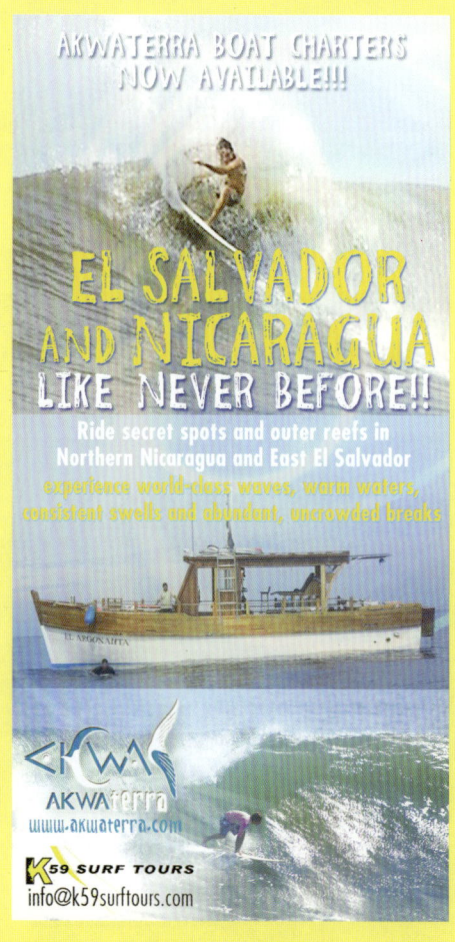

AKWATERRA BOAT CHARTERS NOW AVAILABLE!!!
EL SALVADOR AND NICARAGUA LIKE NEVER BEFORE!!
Ride secret spots and outer reefs in Northern Nicaragua and East El Salvador
experience world-class waves, warm waters, consistent swells and abundant, uncrowded breaks

AKWAterra
www.akwaterra.com

K59 SURF TOURS
info@k59surftours.com

world surf atlas
wannasurf.com
spots, maps and surf businesses
all you need to plan your trip

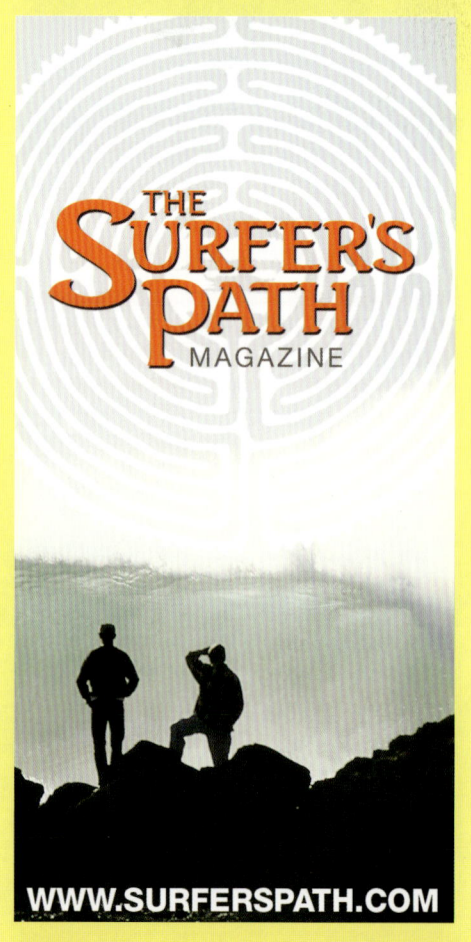

THE SURFER'S PATH MAGAZINE
WWW.SURFERSPATH.COM

The Stormrider Guide Europe

Nomadsurfers

your SURF TRAVEL AGENCY

BOAT TRIPS
SURF RESORTS
KITE & SURF SCHOOLS
SURFCAMPS & SAFARIS
......WORLDWIDE

Are you tired of living in the same town and surfing terrible cold waves? Then Travel! Surf! Learn! Meet interesting crazy people and their stories! Different cultures! Yummy foods! Airports! Warm climates! Weird animals! Warm water! Perfect long waves! LIVE! We have BOAT TRIPS and RESORTS in the most exotic destinations, perfect to come alone, with friends or in couple. We also have SURFCAMPS for begginers or intermediates who want to LEARN to SURF. Nomadsurfers has the cheapest prices for the budget travellers and also luxurious resorts for surfers looking for some more comfort!

Maldives New Lohifushi Resort + 5 boats • Mentawai 4 resorts + 5 boats • Tahiti resort & boat • Philippines resort • Malaysia artificial Wave Pool • Brazil surfcamps: Rio, Natal, Florianopolis & Bahia • Morocco, France, Portugal & Spain surfcamps • Australia resorts, surfaris & Van rentals • Bali resorts, surfaris & Lombok Sumbawa boat • East Indonesia boat (no crowds!) ...and many more !

100 SELECTED SURF DESTINATIONS WORLDWIDE
Now you can book your FLIGHTS with us !!!
Tel.: ++34 / 971 30 69 92
info@nomadsurfers.com

WWW.NOMADSURFERS.COM

Index

3Ds	64	Brunt Skerries	136	**E**		Grindavik	38	La Derecha del Cartel	200
		Brusand Beach	43	Easkey Left	66	Gronhogen	46	La Fitenia	201
A		Bucks Mill	103	Easkey Right	66	Guernsey	112	La Garita	199
Aberavon	88	Bunatrahir Bay	67	East Runton	119	Gulf of Bothnia	47	La Guancha	196
Aberdaron	82	Bundoran	64	Eastbourne	117	Gwenvor	109	La Izquierda del Muelle	199
Aberdeen Beach	133	Bunkers	120	Eddies	123	Gwithian	109	La izquierda	194
Aberdeen Harbour	132	Bunmahon	73	El Agujero	196			La Izquierda	200
Abereiddy	84	Bus Stop	142	El Alto	196	**H**		La Rocco	113
Aberystwyth	83	Byberg	42	El Burro	193	Haga Park	46	La Santa Derecha	190
Achadas de Cruz	174			El Callado	202	Ham	137	La Santa Izquierda	190
Ackergill	136	**C**		El Camplejo	190	Harbour Trap	83	Lackan Bay	67
Agua de Alto	160	Cabo Girão	177	El Charco	202	Harlech	82	Laggan Bay	145
Angjarnsudden	46	Caleta de Caballo	190	El Circo	196	Harlyn	105	Lago do Linho	164
Anglesey	82	Caravans	145	El Comedor	197	Harrow Harbour	137	Lagoa	160
Annestown Bay	73	Carbis Bay	109	El Confital	198	Hartlepool	122	Lahinch Beach	68
Apelviken	45	Castlehill	138	El Confital	201	Hartley Reef	123	Lahinch Left	68
Arbroath	132	Castlerock	61	El Conquistador	201	Hayle	109	Langland Bay	87
Ardmore	73	Caswell Bay	87	El Fronton	196	Hayling Island	116	Las Bajas	191
Ardnave Bay	144	Caves	121	El Lloret	197	Hells Mouth	82	Las Canteras	198
Arguineguin	199	Cayton Bay	120	El Muelle	195	Hellstø	42	Las Galletas	201
Armadale Bay	140	Challanborough	111	El Paso	196	Highcliff	115	Las Lagunas	192
Åsa – Stenudden	44	Chapel Porth	108	El Picacho	196	Hoddevika	41	Las Salinas	193
		Chapman's Pool	114	El Quemao	190	Hogklint	46	Les Brayes	113
B		Cliff	143	El Roque	196	Holy Island	123	Lillsnäck Point	47
Bacton	119	Coldingham Bay	132	Ervik	40	Holywell Bay	108	Lista	41
Baixa de Viola	158	Compton	116	ESP	88	Horton Beach	86	Little Fistral	106
Bajo del Medio	195	Constantine	105	Esquerda da Igreja	164	Hunts Bay	87	Littlehampton	116
Balephetrish	144	Contendas	163	Europie	142	Hustadvika	40	Llandudno	82
Balephuil	144	Contreiras	175					Llangennith	86
Balevullin Bay	144	Cornish Left	68	**F**		**I**		Llantwit Major	89
Ballinskelligs Bay	72	Cotillo Beach	192	Faja da Areia	175	Inch Reef	71	Llwyngwril	82
Ballybunion	70	Coumeenole	70	Faja da Ovelha	176	Inch Strand	71	Long Strand	72
Ballydavid	70	Crab Island	68	Faja do Araujo	161	Inchydoney	72	Longsands	123
Ballyheirnan Bay	62	Crab Island	87	Faja do Belo	165	Incredible Wave	73	Los dos Hermanos	202
Balmedie	133	Crackington Haven	104	Faja dos Cubres	165	Inishcrone	67	Los Enanos	197
Balnakeil	141	Crantock	107	Faja dos Vimes	165	Inverallochy	133	Los Lobos	195
Bamburgh	123	Cregg Beach 68		Fall Bay	86	Inverbervie	132	Los Patos	202
Banff	135	Cromer	119	Falmouth	111	Isla Graciosa	188	Los Pescadores	198
Bantham	111	Crooklets	104	Fåro	137	Islay	144	Los Piccolos	189
Barley Cove	72	Croyde Beach	103	Farr Bay	140	Isle of Wight	116	Lossiemouth	135
Barmouth	82	Croyde Reef	102	Feiticeiras	164			Lossit Bay	145
Barvas	142	Cruden Bay	133	Fennels Bay	73	**J**		Loughros More Bay	63
Bath Rocks	83	Cruz Roja	193	Filey	120	Jameos del Agua	188	Lowestoft	118
Benone	61	Cullen	135	Fishermans	82	Jardim do Mar	177	Lugar de Baixo	177
Black Middens	123			Flag Beach	193	Jersey	113	Lunan Bay	132
Black Rocks	61	**D**		Fort le Marchant	112	Johnshaven	132	Lundy Bay	105
Bloody Foreland	62	D's Point	226	Fraserburgh	134	Joss Bay	118	Lusty Glaze	106
Blyth	123	Dalbeg	143	Freshwater East	85			Lyme Bay	114
Bocabarranco	196	Dalmore	143	Freshwater West	84	**K**		Lynmouth	102
Boilers	86	Derecha de los Alemanes	194	Freshwater	116	Kappelhamnsviken	46		
Boquines	197	Derecha del Castillo	198	Freswick Bay	136	Kåseberga	45	**M**	
Bore	42	Derecha del Faro	199	Fuera de la Bajeta	202	Keiss	136	Machir Bay	145
Borth	83	Derrynane	72			Kenfig Sands	88	Machrihanish	145
Boscombe	115	Direita do Passe	164	**G**		Kennack Sands	111	Madalena do Mar	177
Bournemouth	115	Dirk Bay	72	Gardur	38	Kilcummin Harbour	67	Maghera Beach	63
Bovisand Reef	111	Dom Hue	113	Garretstown	72	Killard	69	Magheroaty Beach	62
BoyndieBay	135	Dooey Beach	62	Garrywiliam Point	70	Kilmurren	73	Magheroaty	62
Bragar	143	Doolin Point	68	Gaviotas	203	Kimmeridge Bay	114	Magilligan	61
Brandon Bay	70	Doonbeg Castle	69	Generosa	195	Kingsbarns	132	Majanicho	194
Brighton	117	Doughmore	69	Gills Bay	136	Kvassheim	43	Mangersta	143
Brims Ness	139	Downend Point	103	Glencolumbkille	63	Kyle of Tongue	141	Manorbier	85
Bristol	195	Droskyn	108	Glommen	45			Margam	88
Broadbench	114	Duckpool	104	Godøy	40	**L**		Marloes Sands	84
Broadhaven South	85	Dunaverty	145	Godrevy	108	L'Ancresse Bay	112	Marske	122
Broughton Bay	86	Dunbar	132	Gorleston	118	La Barra	198	Mats Väg	47
		Dunfanaghy	62	Gotland Island	46	La Caleta de Famara	191	Mawgan Porth	105
		Dunmoran Strand	66	Graveyards	145	La Caleta	202	Mejillones	194
		Dunnet Bay	138	Green Point	68	La Cicer	197	Mellbystrand	45
		Durham	122	Grève de Lacq	113	La Derecha de Almáciga	203	Melvich	140

The Stormrider Guide Europe

INDEX

Middle beach	145	Playa de Pared	192	R		Shit Pipe	139	Tofta	46
Mölle	45	Playa de Salinetas	199	Rabo de Peixe	158	Shoreham	117	Tolcarne Wedge	106
Molokai	197	Playa del Hombre	199	Reanough	70	Sikhjalma	47	Tolsta	142
Monte Verde	158	Playa del Inglés	199	Red Strand	72	Sinclair's Bay	136	Torbay	114
Mosca Point	199	Playa del Mujer	192	Redcar	122	Skagerrak	44	Torö Stenstrand	46
Mossies	70	Playa del Socorro	202	Refsnes	43	Skinningrove	122	Torrisdale	140
Mosteiros	159	Playa Honda	189	Rest Bay	88	Skirza	136	Towan	106
Moy Beach	68	Plemont Beach	113	Reve havn	43	South Fistral	107	Tramore Strand	73
Muckros	63	Point Perfect	43	Rhossili	86	South Shields	123	Träslövsläge	44
Mull of Kintyre	145	Polkerris	111	Ribeira da Janela	175	Southbourne	115	Trebarwith Strand	104
Mullaghmore Head	65	Pollacheeny Harbour	66	Ribeira Quente Left	160	Southerndown	89	Trevone	105
Mullaghmore Strand	65	Pollan Bay	62	Ribeira Quente Right	161	Spanish Left	200	Treyarnon	105
Mundesley	119	Polzeath	105	Robin Hood's Bay	120	Spanish Point	69	Tullaghan	64
Murkle	138	Ponta Delgada	175	Rolling Stones	38	Spekes Mill	103	Tullaghan	65
		Ponta do Pargo	174	Rosapenna	62	Spey Bay	135	Tullan Strand	64
N		Ponta do tristão	174	Rossbeigh	71	St Agnes	108		
Newbiggin	123	Ponta Garça	160	Rossnowlagh	64	St Andrews	132	U	
Newburgh	133	Ponta Negra	163	Runswick Bay	121	St Brelade's	113	Unstad Beach	40
Nigg Bay	132	Ponta Paul	176			St Brides Bay	84	Unstad Left	40
North Fistral	106	Ponta Pequeña	176	S		St Combs	133	Unstad Right	40
Northcott	104	Ponto do Queimado	162	Salga	162	Steinen	42	Upton	104
Northumberland	123	Populo	160	Saligo Bay	144	Stinky Bay	113		
		Porlock Weir	102	Saltburn Beach	122	Stonehaven	132	V	
O		Port Bharrapol	144	Saltburn Point	122	Strandhill	66	Väddö	47
Ogmore-by-Sea	89	Port of Ness	142	Saltstein	41	Strathy	140	Vagabundo	196
Oldshoremore	141	Portballintrae	60	San Juan	191	Streedagh Strand	65	Vazon Bay	112
Ollie's Shipwreck	39	Port-Eynon Point	86	Sandend Bay	135	Suicidios	194	Vik	45
Orkney islands	137	Porth Ceiriad	82	Sandford Bay	133	Summerleaze	104	Vila Franca	160
Ownahincha	72	Porth Oer	82	Sandsend Bay	121	Sumpters	86	Vila Nova	162
Oxwich Bay	87	Porth	106	Sandside Bay	139	Sunnyside Bay	135		
		Porthcawl Point	88	Sandvik	38	Suppå	42	W	
P		Porthcawl	88	Sandwood Bay	141	Swanage	114	Walcott	119
Palmercove	135	Porthcurno	110	Sandymouth	104			Watergate bay	106
Paúl do Mar	176	Porthleven	110	Sango Bay	141	T		Watersplash	113
Pease Bay	132	Porthmeor	109	Santa Barbara	158	Tauro	199	Wembury	111
Penhale	108	Porthtowan	108	Santa Catarina	163	Tees	122	West Point	134
Pennan	135	Portinfer	112	Santa Clara	160	Tenby South Beach	85	Westport	145
Pentewen	111	Porto da Cruz	175	Santa Cruz	160	Terreiro	162	Westward Ho!	103
Perelle Bay	112	Portreath	108	Santa Iria	158	The Bubble	194	Whipsiderry	106
Perran Sands	108	Portrush East Strand	60	São Fernando	163	The Cribber	106	Whistling Sands	82
Perranporth	108	Portrush West Strand	61	São Jorge	175	The Gare	122	Whitburn	122
Perranuthanoe	110	Portstewart Strand	61	São Vicente	175	The Hough	144	Whitby	120
Pescadore	163	Portwrinkle	111	Saunton Sands	103	The Ledges	114	White Park Bay	60
Pete's Reef	86	Praa Sands	110	Scarasta	143	The Maze	144	White Rocks	60
Peterhead	133	Praia da Vitoria	163	Scarborough	120	The Peak	64	White Sands	132
Petit Port	113	Pumphouse	120	Scarfskerry Reefs	137	The Perfect Wave	73	Whitecliff Bay	116
Phingask	134	Punta Blanca	200	Scratby	119	The Rock	38	Whitesands Bay	84
Pico de la Laja	198	Punta de mujeres	188	Seahouses	123	The Severn Bore	89	Whitley Bay	123
Pigsty/Piggy	43	Punta de Salinetas	199	Seapalling	119	The V	108	Whitsand Bay	111
Playa Blanca	189	Punta del Tigre	192	Seaton	111	The Wall	108	Widemouth Bay	104
Playa de Cofete	192	Putsborough	102	Seaton	123	The Witterings	116	Wisemans	135
Playa de Esquinzo	192			Secrets	113	Thorli Beach	39	Withernsea	120
Playa de Famara	191	Q		Sele	42	Thorli	39	Woolacombe	102
Playa de la Canteria	188	Quarto Ribeiras	162	Sennen	109	Threecliff Bay	87		
Playa de la Garita	188	Queens	83	Shipwreck	192	Thurso East	139	Y	
Playa de las Mujeres	199	Quintanilla	197	Shit Creek	68	Tiree	144	Ynyslas	83

The Stormrider Guide Europe

El Toro, El Salvador